JN276732

新自由主義大学改革

~ 国際機関と各国の動向 ~

編　者

細井　克彦（編者代表）
石井　拓児
光本　　滋

東信堂

まえがき

　本書は、グローバライザーと呼ばれる国際機関が提示する新自由主義高等教育改革プログラムからの要請、およびそれに対する各国政府や大学の対応、とくに大学改革の現状と課題を解明し、日本の大学改革に見る普遍性と特殊性を明らかにすることを目的としている。ここに、グローバライザーとは、世界銀行（WB）、IMF（国際通貨基金）、WTO（世界貿易機関）、OECD（経済開発協力機構）などの国際経済秩序ないしは国際貿易管理を担当する国際機関のことをさす。グローバル化した国際社会における対応として、その基盤に新自由主義の理論と政策を据える潮流が有力であり、とくにグローバライザーによる新自由主義高等教育改革プログラムが各国政府と大学に提示され強制力を持って実行を迫られて、各国政府・大学もこれに否応なく応答し、その実現に向けて動いたことが、1980年代以降に新自由主義大学改革として世界的規模で展開された背景にあったと考えられる。新自由主義改革への政策類型には、① 1980年代末のワシントン・コンセンサス（アメリカ合衆国政府、IMF、世界銀行等の間で成立した融資条件に関する合意）による「小さな政府」、規制緩和、市場化、民営化などの新自由主義政策、およびその政策の途上国への押しつけ、② WTOへの加盟条件として各種のインフラ整備の要請に含まれる新自由主義的要素、③ OECDの経済成長、貿易自由化、開発（途上国支援）を目的とした先進国間の協議に見られる新自由主義的政策、などがあり、概してアメリカ型市場派グローバリゼーションという特徴を有しており、それに対する対応の仕方は各国政府や地域によって一様ではない。ところで、日本における新自由主義大学改革は1980年代に持ちこまれるが、本格的な展開を見せるのは1990年代後半であるといってもよい。その間に約10年間のタイムラグがあるが、とくに2000年代に入ると急激な展開を見せて新自

由主義改革を突出させ、それが内在的に持つ新しい装いの国家統制を昂進させてきたが、2009年の「政権交代」を経た現在でも何らかの見直しが期待されたものの、結局、新自由主義改革への回帰を果たし、むしろより先鋭化しており、学問の自由と自治は危機に瀕している。さて、学問の自由と大学の自治は大学にとって生命線のようなものであるが、その歴史と伝統を持つ欧米諸国と、その歴史が浅い日本を含むアジア諸国とでは、同じく新自由主義改革を経験しているといってもその現れ方はずいぶんと違っており、いわば「アジア的特色」とでもいうべき状況下で、大学とは何かが根本的に問われる様相を呈している。

以下に、本書の特徴と構成内容を概述しておきたい。

第一の特徴は、グローバライザーによる新自由主義高等教育改革プログラムとそのプログラムの各国政府・大学への浸透メカニズムを把握しようとしたことである。そのために、WTO、OECD、世界銀行、IMF、ユネスコなどの国際機関の大学、高等教育の改革にたいする考え方や手法を検討していることである。そのなかで、グローバリゼーションと新自由主義の関係構造を明らかにするとともに、新自由主義的グローバライザーの研究動向をふまえて、ガバナンス政策を含む高等教育政策の特徴および人的資本論を軸とした高等教育財政論を解明している。

第二の特徴は、各国の動向として欧米等（アメリカ合衆国、イギリス、ニュージーランド）とアジア諸国（日本、インドネシア、ベトナム、中国、韓国）の大学改革の状況把握を行ったことである。アメリカ、イギリスは新自由主義改革の発祥地といってもよく（それに先立ちチリをはじめ南米で実験が行われた）、とくにイギリスはヨーロッパ圏にありながらボローニア・プロセスのなかで独自の立場をとっていること、またニュージーランドはいち早く新自由主義改革を実施（見直しも）したことで知られている。一方アジアにおいては、インドネシアでは援助国・機関（IMF、世界銀行など）の要請を強く受けながら国内大学の力とのせめぎ合いのなかで改革に取り組んだところ、一方、WTO加盟条件の実行を遅滞ないし無視したとされる中国では社会主義市場経済化に向けた独自の改革をすすめるところ、中国の先例からWTO加盟を契機とした

厳格な条件履行を迫られたベトナムでの剥き出しの新自由主義改革に陥っているところ、また、韓国のIMFやOECD等とタイアップしながら大学関係者・団体の抵抗もあるなかでとくに2008年以降には大統領主導下で新自由主義改革へ急転回したところ、など、それぞれの国や地域の事情による特色が明らかにされている。そのなかで、学問の自由・大学の自治の歴史と伝統の浅いアジアでの改革状況は際立った特徴をもたらしている。言い換えれば、社会と大学の民主主義的基礎が問われ、大学とは何かがより深刻に問われなくてはならない事態になっている。

　第三の特徴は、日本における新自由主義大学改革の全体構造を捉えようとしていることである。国立大学法人制度に関わる政策─法制─実態を構造的に解明するとともに、公立大学法人の新自由主義的性格、学校法人の法制改革に見るガバナンス問題や自治の問題を明らかにしている。新自由主義大学改革の典型例とされる国立大学法人制度の政策論的、憲法論的、実態論（管理運営組織、研究教育組織とガバナンスの問題）的な分析、地方自治体と公立大学法人との関係性の違いと法人改革の実態と問題、私立大学におけるガバナンス理解の受け止め方とその改革の実態と問題、などを通じた新自由主義的グローバル化への対応（「グローバル国家」型構造改革）によって生じた大学の根本的な変質、すなわち、学問・教育の論理（「知の共同体」）から経営優先の論理（「知の経営体」）への構造転換が明らかになっている。

　第四の特徴は、以上の分析を通した縦軸として、ガバナンス問題にアプローチしようとしたことである。ここでは、ガバナンスを3つのレベルから把握しようとしている。まず1つはグローバライザーによるガバナンス論（政策）、2つ目は政府と大学の関係におけるガバナンス問題、そして3つ目は個別大学におけるガバナンス問題である。新自由主義グローバライザーは各国政府にガバナンスの転換を迫り、それを通じて新自由主義改革を各国の大学に浸透させたが、ここでいうガバナンスは特殊な意味合いを持たされており、かつ、このガバナンスには（大学）評価と財政配分の結合が必須のツールとして仕組まれているところに新たな特色がある。したがって、そこでの大学ガバナンスにおいては、国による目標設定─大学での計画の作成、実行

―国（の機関）による評価―国による資金配分、という一連のサイクル（目標管理制度）が想定される。これに忠実なのが日本政府・文部科学省がすすめる「大学改革」である。そこには、高等教育財政に対する公財政支出の低さの常態化という問題とともに、国際的に見た日本における大学「改革」の特異性が読みとれよう。

　以上の特徴とともに、本書ではユネスコのいう「学問の自由」・「機関の自治」を大学の国際基準として把握しており、それとの関係で新自由主義大学改革の対抗軸を追究しそれを克服する筋道を明らかにしょうとしていることである。とりわけ3.11後の問題状況は日本の「経済社会システム」の脆弱性を露わにしただけでなく、ここ10数年間にわたる新自由主義的政治手法の行き詰まりを如実にしているにもかかわらず、なおも野田佳彦民主党政権に続く第2次安倍晋三自民党政権がすすめている「非関税障壁」の撤廃を目指す環太平洋連携協定（TPP）は農業、医療、福祉をはじめあらゆる経済分野での関税の例外を取り払おうというものであるから、日本社会のあり方やしくみを根本的に変えられてしまうことであり、それは大学という領域でも例外とするものでないことを示している。グローバル化といわれる背景にはこうした社会のあり方そのものの変更が前提のごとくなっている。大学のあり方は否応なく社会のあり方を反映しているのであり、わけても社会の岐路にあっては顕著であり、社会のあり方の追究と切り結んだ大学のあり方の探究が求められていることに自覚的でなければならないであろう。

　　　　　　　　　　　　　　　　　　　　　　　　　　　　　編著者

目 次／新自由主義大学改革——国際機関と各国の動向

まえがき

第Ⅰ部　グローバリゼーションと新自由主義
——高等教育改革の原理と手法

第1章　グローバリゼーションと新自由主義 …………… 堀　雅晴　4
——高等教育と国際機関

1. グローバリゼーションと新自由主義の理解　5
2. グローバリゼーション・新自由主義と高等教育　6
3. グローバライザーの研究　11
4. 大学人にとっての試金石　18

第2章　世界銀行の高等教育改革プログラムと新自由主義 …………… 米津直希　25

1. 高等教育政策における国際機関の影響と世界銀行の位置　25
2. 教育投資のはじまりと初等教育への重点化　26
3. 新自由主義的政策のはじまりと展開　30
4. 世界銀行による高等教育改革の特徴　38
おわりに　40

第3章　世界銀行・OECDの教育財政論の展開と新自由主義 …………… 田中秀佳　45

1. 本章の視角と課題　45
2. 新自由主義前史としての世界銀行・OECDの人的資本論の展開　46
3. 世界銀行における人的資本論の新自由主義的展開　51
4. OECDにおける人的資本論の新自由主義的展開　53
5. 国際機関の人的資本論をめぐって　56

第Ⅱ部　グローバリゼーションと各国大学の改革動向

第4章　グローバリゼーションとアメリカの大学改革 …… 日永龍彦　64
——戦略とその実態

1. アメリカにおける新自由主義大学改革の特異性　64
2. アメリカの高等教育に内在する新自由主義的な諸側面　66

3. 連邦高等教育法改正の新自由主義的側面（1）
　　学習成果の評価基準化を通じた連邦政府の権限強化の動き　69
4. 連邦高等教育法改正の新自由主義的側面（2）
　　詳細な情報開示の要請　75
5. 連邦高等教育法改正の新自由主義的側面（3）
　　営利大学に対する規制の変容　78
小　括　79

第5章　グローバリゼーションとイギリスの大学改革……姉崎洋一　83
　　　　――イギリス高等教育の改革動向と経営・管理に関する現代的構造

1. イギリス高等教育の改革動向　83
2. 法的、政策的動態　86
3. イギリス高等教育改革の力学構造　91
4. 未来に向かっての大学改革の視点から英国の高等教育改革をとらえる　94

第6章　グローバリゼーションと
　　　　　ニュージーランドの大学改革…………………………石井拓児　101

1. 80年代から今日までのニュージーランドにおける政治的動向　101
2. NZにおける新自由主義大学改革の展開　104
3. NZにおける高等教育のグローバル化と新自由主義大学改革　112

第7章　グローバリゼーションと
　　　　　インドネシアの大学改革……………………………………梅澤　収　119

1. 発展途上国の高等教育政策　119
2. 2003年教育法の基本構造　126
3. 制度設計における再調整――公正さと自律性の両立を実現できるか　134

第8章　グローバリゼーションとベトナムの大学改革………山口和孝　140
　　　　――WTOと高等教育のprivatization

1. 資本主義の"春"と"冬"の同時到来　140
2. 高等教育改革戦略の大転換
　　――社会主義的理念の実現から新自由主義へ　142
3. 外圧による政策の急展開　145
4. 大学privatizationを推進する教育「社会化政策」　149
5. 大学privatizationの無原則的拡大と矛盾　152
6. 選択と集中がもたらした実態　154
おわりに　158

第 9 章　グローバリゼーションと中国の大学改革……………光本　滋　160

　本章の課題　160
　1．文革以前の大学管理体制　161
　2．「改革開放」と大学管理体制の改革　162
　3．高等教育の新自由主義改革　164
　4．「改革開放」と国際機関　170
　おわりに　177

第 10 章　グローバリゼーションと韓国の大学改革………浅野かおる　180
　　　　──国立大学を中心に

　1．韓国における大学構造改革とその手法　180
　2．国立大学法人化と評価　182
　3．新しい評価方式──成果中心、定量的評価の導入　188
　4．大学構造改革と国立大学　195
　おわりにかえて　202

第Ⅲ部　日本の大学改革と新自由主義
　──その普遍性と特殊性

第 11 章　新自由主義と国立大学法人………………………細井克彦　208

　1．大学法人化の政策的位置と本章の課題　208
　2．臨教審・大学審の大学改革政策、とくに 98 年大学審答申と法人化問題　209
　3．国立大学法人法の制定過程──文部科学省案と法人法制との乖離　212
　4．教育基本法「改正」前後以降の高等教育政策の転換　218
　5．民主党政権下の大学改革政策と国立大学法人　221
　おわりに　223

第 12 章　新自由主義と国立大学法人法……………………成嶋　隆　228

　1．構造改革・教育改革における国立大学法人化の位置づけ　228
　2．国立大学法人法の概要　231
　3．国立大学法人法の批判的検討　237

第 13 章　新自由主義と国立大学のガバナンス
　　　　………………………………………………植田健男・川口洋誉　244

　1．国立大学法人の管理運営組織　244
　2．国立大学の教育研究組織　249

第14章　新自由主義と公立大学　　　　　　　　　　　光本　滋　262

1. 公立大学法制の特質　262
2. 公立大学法人化の過程　264
3. 公立大学法人化の影響　271
4. 公立大学評価法制の運用　273
5. 公立大学法人化の新自由主義的特徴　279

第15章　新自由主義と私立大学　　　　　　　　　　　蔵原清人　282

1. 学校法人制度の特徴——国立大学法人等と比較して　282
2. 私立大学のガバナンスはなにが問題とされているか　286
3. 私立大学の真の改革課題は何か（1）——学校法人の組織問題　291
4. 私立大学の真の改革課題は何か（2）——大学の自治の問題　295

補　章　「グローバル国家」型構造改革と大学　　　　岡田知弘　301

1. 「グローバル国家論」と日本の高等教育　301
2. 「グローバル国家」型構造改革と
 　行政改革の一環としての国立大学法人化　302
3. 小泉構造改革と産業競争力強化の一環としての国立大学法人化　305
4. 構造改革の進展と大学再編圧力の高まり
 　——「究極の構造改革」としての道州制　307
5. TPP問題と日本の大学制度——おわりにかえて　310

結　章　総括と問題提起　　　　　　　　　　　　　　細井克彦　314

1. 問題設定　314
2. 3.11東日本大震災・福島原発事故が提起するもの　316
3. 世界のなかの日本の大学——その普遍性と特殊性　329
4. 大学の公共性と自治の再興　341
   おわりに　347

著者紹介　350

あとがき　354

事項索引　359

人物索引　365

執筆担当一覧 (あいうえお順、◎編集代表　○編者)

浅野かおる	福島大学行政政策学類・教授		(10章)
姉崎　洋一	北海道大学大学院教育学研究院・教授		(5章)
○石井　拓児	愛知教育大学大学院教育実践研究科・准教授		(6章)
植田　健男	名古屋大学大学院教育発達科学研究科・教授		(13章1)
梅澤　　収	静岡大学教育学部・教授		(7章)
岡田　知弘	京都大学大学院経済学研究科・教授		(補章)
川口　洋誉	愛知工業大学・基礎教育センター・講師		(13章2)
蔵原　清人	工学院大学工学部・教授		(15章)
田中　秀佳	帝京短期大学こども教育学科・講師		(3章)
成嶋　　隆	獨協大学法学部・教授		(12章)
日永　龍彦	山梨大学・大学教育研究開発センター・教授		(4章)
◎細井　克彦	宝塚医療大学保健医療学部・教授、大阪市立大学名誉教授		(11章、結章)
堀　　雅晴	立命館大学法学部・教授		(1章)
○光本　　滋	北海道大学大学院教育学研究院・准教授		(9章、14章)
米津　直希	名古屋大学大学院教育発達学研究科・院生		(2章)
山口　和孝	埼玉大学教育学部・教授		(8章)

新自由主義大学改革
―国際機関と各国の動向

第Ⅰ部
グローバリゼーションと新自由主義
―― 高等教育改革の原理と手法

第1章　グローバリゼーションと新自由主義
―― 高等教育と国際機関

堀　雅晴

　本章の目的は、1970年代以降のグローバリゼーションと新自由主義の捉え方、またそれをめぐる高等教育の世界的状況、そしてグローバライザーと呼ばれる国際機関の国際連合教育科学文化機関（UNESCO）、経済協力開発機構（OECD）、世界貿易機関（WTO）の研究状況を明らかにすることである。

　そのポイントを先取りすればグローバリゼーションが人為的現象であって、その推進的な思想に新自由主義（以下、市場派グローバリゼーションと呼ぶ）が位置付けられ、その影響が高等教育にも及び、各国で共通の対立軸を生んでいることである。またこの点に関して国際機関でいえば、一方で資本主義経済社会の維持・発展を目的として、各国に貿易・投資・資本の自由化を迫っている市場派グローバリゼーションの推進役である国際通貨基金（IMF）や世界銀行・OECD・WTOの活動もあるし、他方でUNESCOのように前者からの圧倒的な影響力により内外に矛盾を抱えつつ、その前文に「正義・自由・平和のための人類の教育」が謳われる憲章を掲げ、正義派グローバリゼーションの拠り所という大義をかろうじて維持してきている活動もある[1]。なお2008年9月のリーマンショックを受けて開催された主要20カ国・地域（G20）のロンドン・サミット以降、ケインジアン的救済策を求める方向性が新たに強まっていることが注目される[2]。では、さっそく具体的に述べていきたい。

1. グローバリゼーションと新自由主義の理解

　まず現状認識から述べよう。21世紀初頭の世界は、前世紀後半以降、とりわけブレトンウッズ体制が崩壊した1971年以降、グローバリゼーションと呼ばれる政治・経済・社会・環境等の諸次元で、地球規模の大変動が生じる事態のなかにある。私たちが目の当たりにしている高速化・高度化・大量化する媒介輸送・伝達手段による、地球大でのヒト・カネ・モノそして情報の集中・集積そして偏在（＝貧富の拡大）、また地球環境の悪化、それに対する一連の主要国首脳会議（G8）やG20での度重なる対策協議にも関わらず一向に講じられない有効な手立ては、こうした事態の複雑性と、内在する利害対立の深刻さを象徴するものである。

　この事態へのプロセスのなかでは、戦後世界を形成していた国民国家を単位とする国家間関係（＝国際化）の進展が、さらに超国際化とも呼ばれる多様化（多国籍企業・国際（非）政府間組織・国際運動団体）と（ローカル・ナショナル・リージョナルの各レベルでの）多層化・ネットワーク化する諸主体への構造転換があった。またこの事態をめぐるイデオロギー対立では、一方でIMF・世界銀行のワシントン・コンセンサス（プログラム）（＝新自由主義）に沿って進める市場派グローバリストと、他方で左翼からのグローバルな連帯と分配的正義を求める世界社会フォーラムを始めとする正義派グローバリスト、右翼からの世俗主義と消費主義を克服するイスラム共同体の建設をめざす聖戦派グローバリストが対峙している[3]。

　ここで留意したいことは、S.サッセンの次の指摘である[4]。それはグローバリゼーションを促進する制度や過程には、新自由主義を推進するWTOやグローバル金融市場、正義派グローバリズムを広げる戦争犯罪法廷等の明白な力学とともに、ナショナルな諸制度（領土・権威・諸権利）の内部で着実に進行する脱ナショナリゼーション（＝民間化・国際化・グローバル化）の目立たない力学の存在である（後述）。

　次にグローバリゼーション論にはさまざまな議論があるけれども、本章の立論をサポートしてくれる議論では先のサッセンの議論とともに、渡辺治の

ハーヴェイ理解[5]とスティーガーの市場派グローバリゼーション理解[6]がある。

前者のポイントでは、チリなどの開発独裁政権、英米での経験、そして中国に至る各国政府の新自由主義政策の採用について、ワシントン・コンセンサスの圧力と国内要因の両側面からと、「固有の要因と思惑」[7]に基づく「重層的並列的な動き」[8]から把握する視点である。この視点は、冒頭で触れた問題意識に応える視点を提供してくれる。また後者のポイントでは、市場派グローバリゼーションの主張を整理してくれていること[9]と、そのなかに後述することになる、UNESCO・OECD・WTOの各見解と重なる「主張3」（「グローバリゼーションを統括している者はいない、誰のせいでもない」）を検討したところである。その「主張」に対するスティーガーの反論は、こうである。すなわちグローバリゼーションとは決して自然的ではなくて人為的なものであり、政治経済的にも軍事的にも超大国である米国の外交政策と国内政策によって、「グローバリゼーションの内実と方向性」[10]が左右されている、と。

2. グローバリゼーション・新自由主義と高等教育

グローバリゼーション・新自由主義と高等教育をめぐる概観については、様々な叙述が可能である。ここで紹介するのは、UNESCOが2009年7月に開催した2009年高等教育国際会議（the 2009 World Conference on Higher Education：WCHE）が契機となって、前回1998年のWCHEの際に発足したGUNI(Global University Network for Innovation)が編集した『変容期にある高等教育：社会的責任に向けた新たなダイナミックスを（*Higher Education at a time of Transformation：New Dynamics for Social Responsibility*）』(2009年)から、とくにC. エスクリガスを代表とする編集チームが書下ろした序章（副題と同名）[11]である。

まずグローバリゼーションの現状理解では、彼女らは新しい機会の創出と同時に、不平等の惹起とシステムの限界がみられるとし、グローバリゼーションを生み出すパラダイムシステム・モデルの見直しと改善を行う必要があり、その時期が来ていると考えている[12]。その際に「もうひとつ別の世界

が有り得る」を信条として、①人間こそ新世界の形成にとって決定的な役割を果たすこと、②可能なシナリオと別の世界を分析し、それに向かって着実に踏み出していくことが不可欠となっている。そのなかで③高等教育機関の携わる教育研究の意味はとてつもなく大きなものを持っている[13]。

　次にこの 10 年来、世界の高等教育に大きな変容をもたらしている要因として、次の 6 点を指摘する[14]。〔ただしそこには、どういうわけか、当該要因自体を生み出す市場派グローバリゼーションの存在が指摘されていない。引用者、以下、〔　〕内は同様である。〕①高等教育への需要が増大していること（入学者総数：1999 年の 92 百万 [女性 44.2 百万] 人から 2006 年の 143.9 百万 [同 71.9 百万] 人へ）、②国家の役割の縮減と高等教育市場の出現（予算削減と獲得競争、伝統的な学術価値の変容 [学生の被雇用性の向上、市場価値のある研究テーマとリベラル・アーツの間での人的・財的資源の偏重と軽視、GATS の後ろ盾]）、③民間教育機関の台頭と提供者の多様化（営利・非営利・宗派の点および公的支援の有無の点で様々で、問題となる営利での社会的存在への無自覚および設備投資や先行投資の要らない知識の教授への偏向）、④資金提供（依存）先の多様化（補助金・経常経費の削減と、授業料制度の導入と値上げ、学生への教育ローンの創設、学生・両親への高まる依存度、ただし財政負担と国の関与の在り方をめぐる論争の継続化）、⑤国際化と国境を越えた教育（ICT 技術による遠隔地教育の発達および公的資金の不足、GATS のなかで登場し、各国政府の政策・規制により左右されること）、⑥質保証とランキングに向けたアクレディテーション（当初、ボランタリーな民間機関のイニシアで始まり、政府と連携しつつも独立していた認証団体であったが、本項が①～⑤の中で懸案事項として浮上するなかで現在では、同制度は政府の下で、ほとんどコントロールされていること、また⑤に関する認証主体が送り出し国か受け入れ国か、あるいは国際規模の団体かどうかで議論があること、UNESCO・OECD のガイドライン（後述）の作成にも資格認定書の相互認定上から重要であること）。

　また 1998 年の WCHE 開催以降、いわゆる「象牙の塔」や「市場指向型大学」の両パラダイムを超えた、高等教育の役割に関するヴィジョンと使命をめぐる議論が進められている。〔ちなみに本書の刊行は、その成果をまとめたものであると考えられる〕。そして議論の際に生じる主な対立軸[15]と、彼女ら

の打ち出す社会的責任（social responsibility）を理念とする、進むべき方向性[16]が確認されている。

　まず前者では4つの対立軸がある。①【受動的機関 対 能動的・参加的機関】引き続き社会的需要に対応し学生の受け入れに責任を果たしていくのか、あるいはデジタル時代にあっては知識へのアクセスは格段に容易になっており、その面での大学の役割は低下しているわけで、本来の反省的・批判的なそれに立ち戻る責任があるのではないか。②【営利性 対 知識の社会的価値；知識経済 対 知識社会】大学で生み出される知識が超専門的で断片的な状態で生産部門へ提供され、その営利性を高めている事態〔＝知識経済〕が進行するなかで、一方で人文・社会・倫理・哲学の各知識が後景化する事態も生まれ、他方で当該知識が今日の社会的紛争の根源や解決策に欠かせないとの認識の下で、両者のバランスの在り方を探る重要な挑戦知も生まれている。③【公共財 対 民間財】高等教育がその教育によって多産的な市民〔productive citizens〕を生み出すことで、社会に価値を付加するものなのか、あるいは専ら個人的にその教育のおかげで高給を稼げたり、その他の利益にあずかれるものなのか。後者の見解は GATS によって強まっている。④【社会的意義 対 競争性】財政危機のなかで大学の意義が問い直されており、学生をはじめ収益性の高い研究プロジェクトを引き付け、名声を高めるための教育機関間での高まる競争、大学ランキングへの注目度の上昇にみられる市場化、民間教育機関の参入による大学の研究教育活動の営利化がますます促進されるけれども、そのなかにあって知識の社会的有用性と生活の質的向上に向けた大学の社会的責任を強調すべきある。

　次に後者の、社会的責任の理念と進むべき方向性の骨子は、こうである。①知識に関する知識（複雑性・不確実性・学際性、様々なソースから成る知識の統合化、知識の前進に関わる倫理的社会的環境的意味についての分析）、②社会的意義と教育（教育目的の再考、市民的自覚に基づく教育、カリキュラムの再考、グローカル性のための教育：民主主義・シティズンシップ・間文化性）、③有意義な知識と研究（グローカルなニーズに基づく研究）および競争から共同へ（グローカル性に向けたネットワーキング）、④持続可能性：社会のための新たな方向性の構築、⑤社会への公開：

知識と公的関与（市民社会とのリンク：知識の民主主義化、社会のための思想刷新のセンター、グローバル文化のコスモポリタン的センター）。

　以上の検討を踏まえて、彼女らは、次の諸点を確認して結論とする。①高等教育の役割は、いつの時代にあっても必須のものである。②質と財政支援（ファイナンシング）は、高等教育にとって2つのキーワードとなっている。③教育は集合的な人間発達も必要とする公共財である。④経済世界のサービスとしての教育だけをみるのではなく、これまで以上に重要な取り組みとなっている、持続的な人間発達を生み出す教育をみる必要がある。⑤先述の社会的意義については次の諸点から引き続き検討されることで、有益な代替案を提示していくべきである。ア）今世紀の政治・経済・社会の各文脈、イ）その適切性、ウ）ローカル・ナショナル・リージョナル・グローバルの各レベルで活動する、全ての高等教育機関のニーズの連携方法、エ）諸機関の共同が他でも相乗効果を生む方法、オ）地球規模でのアクセスが可能となる、効果的なシステムと機関の関連づけの方法である。

　以上のところでエスクリガスらの議論紹介を終え、ここではもう少し踏み込んだ議論を2点加えておきたい。ひとつは1970年代以前から今日まで続く高等教育の国際化の動きに加えて、新たにグローバリゼーションの対応策の一つとして国際化を理解する者（J. ナイト[17]）と、いまひとつはそこにグローバリゼーションと新自由主義も含めて理解する者（B. デイビスら[18]）の議論である。

　まずナイトは、国際化に関する5点にわたる神話の存在を指摘している。ポイントを書き出せばこうなる。①国際化のエージェントとしての外国人学生：実際にはそうではなくて、社会的にみてもアカデミックにみても周辺化した存在である。本当は外国人学生の受け入れによる収入増加と国際ランキングの上昇を考えている。②質の代用品としての国際的な評判：より高い国際化した大学が、より良い評判を得ることになるという信仰に依拠しており、これは強固な国際的な評判が質にとっての代用品となるという間違った考えと結び付いている。国際化が、常に改善された質や高い水準に翻訳されるものではない。③国際的な機関間での諸協定：より件数の多い方が、より多く

の名声と魅力を獲得することになるとの考え。④国際的なアクレディテーションの取得：より多くの国際的アクレディテーションの星を有している機関ほど、より一層国際化しており、それ故より良質である。これは、まったく本当ではない。質に関する外国での認証は公共関与ないしは民間事業のいずれかを通じてなされるものであり、教授・学習、研究、社会貢献に関連する国際活動の範囲や規模そして価値に関して発言しているものではない。⑤グローバルなブランド化：当神話は、大学の国際化を努力する目的が、グローバルなブランドや立ち位置を改善するものであるという不確かな仮定に関連する。グローバルなブランド・イニシアティブにおける目的・期待されるアウトカム・投資は、アカデミックな国際化にとって必要なものとは異なる。国際的なマーケット・スキームが国際化プランと同等であるということが、神話である。戦略的に成功を収める国際化アジェンダが、より一層国際的に目立つ存在に導き得るということを否定するものではないけれども、〔国際的なブランドとしての〕認知は目的ではなくて、〔アカデミックな国際化の〕副産物である。以上、ナイトの指摘する諸神話については、別途に検討する

表1-1　インタビューで語られたナラティブと言説

60年代、70年代、80年代初頭の大学	80年代末から現在までの新自由主義型大学
より少数で、より高いエリート、より大きな対個人的で、より高い信頼、同僚的・民主主義的／排他的で差別的／非効率的	より多数で／より高いアクセス／非対個人的、低い信頼、マネージャリアルでヒエラルキー的／官僚的、終わりのないペーパーワーク、女性により好意的
文化においてより高い安定的役割／より少ない競争観と、大学の知識と専門に対する要求／原則の範囲内への依存	文化において非安定的な役割、知識の相対性、アカデミック・ワークの価値へのより多くの疑問／大学の知識と専門への産業界からのより多くの要求／金銭的な原則に基づく
より高いアカデミックな自律性／非応答的なアカデミックにとって、高い余裕性／学生にとって、より多くの時間／学生らのニーズの無視	少ないアカデミックの自律性／非応答的なアカデミックにとって、少ない余裕性／学生にとって、より少ない時間／学生らに対する、より多いアカウンタビリティ
エリートと排他的学生団／学習者としての学生／ほとんどがフルタイム学生／固定化されたキャリア・パス、学修の事前決定的、社会的に決定された範囲	大規模で多様な学生団／消費者としての学生／増加するパートタイム〔学生〕／不確実なキャリア・パス、学修エリアの高い選択性

出所：B. Davies,M.Gottsche&P.Bansel,The Rise and Fall of Neo-liberal University, *European Journal of Education*, Vol.41, No.2,2006,p.314

必要があるが、日本の各大学が文科省の政策補助金を得て進める国際化事業にも大いに当てはまるところがあるように思われる（例 2014 年度概算要求～世界に勝てるグローバル人材の育成：スーパーグローバル大学（新規 156 億円、トップ型 10 大学・グローバル牽引型 20 大学））。

次にデイビスらは新自由主義型大学の特徴を、次のように把握している（表 1-1）。ここでのポイントは当該大学が、たとえ新自由主義の 25 年間のなかで生じた肯定的な要素を認めながらも、そこに市場派グローバリゼーションを推進するアクターの堅持する内在論理をはっきりと読み取ることができることである。換言すればアカデミック原則から金銭的原則への転換、自己の知識要求から産業界からのそれ、アカデミック側に少ない自律性、消費者として大規模で多様な学生の受け入れといった論理こそが、前述でサッセンが強調していた、領土・権威・諸権利を越えて進む脱ナショナリゼーションの促進を支えるそれとなっていることがわかる。

3．グローバライザーの研究

(1) UNESCO

UNESCO は前に触れたとおり、1998 年に WCHEW を開催し、「21 世紀に向けての高等教育世界宣言：展望と行動」等の一連の政策文書をもってその存在感を高めていたようにおもわれる[19]。しかし 1995 年の WTO 協定の合意（世界貿易機関の発足）と 2001 年のドーハ・ラウンドの開始以降（後述）、GATS に基づき高等教育も他の貿易サービスのなかに含めた交渉が行われてきた（現在も交渉が継続中であるが）。そのなかで M. A. ロドリゲス（UNESCO・前高等教育局長）や Education International（教育労組の国際団体）[20] 等を巻き込んで、グローバリゼーションのなかでの UNESCO の高等教育での果たす役割をめぐる対立が生じた[21]。UNESCO は組織全体として自らの立場を明確化することが迫られ、『グローバル化社会における高等教育（*Higher Education in a Globalized Society*）』(UNESCO 2004) と題する教育部門でのポジション・ペーパーをまとめるに至っている。

このペーパーの主旨とは、UNESCO の立場とは高等教育が「全ての人々の有益なもの」となるために諸条件を確立することである。またそのために地球規模で提供される高等教育の質を保証したり、当該ステークホルダー(特に学生)に発生している問題への自覚を促したりすることによって、高等教育へのアクセスの公正さの保証および文化的多様性の尊重(国家主権のそれと同様に)の確保を行うことである[22]。そしてこの立場から、一連の会議を踏まえながら、2005 年に、OECD と共に「国境を越えて提供される高等教育における質保証に関するガイドライン」[23]の公表に漕ぎ着けるまでになったのである。

以上の点に関して、次のように状況説明する研究者がいる[24]。それは 1998WCHE 以降、今日まで、質保証と国境を超えた提供に関する議論における UNESCO の役割は一方で社会的包摂と公正への実質的な注意を明確に払いながらも、他方で当該案件を解決するための助言者役や監視役を果たすというよりは、むしろ進行役や会議の主催者役を果たすだけとなっている。そのために質保証と国境を超えた提供に関する否定的側面(質測定に適合しない学問の周辺化や「学問の自由」の制約、国ごとのユニークな取り組みへの制約、「文化の多様性」保護への沈黙)への関心をまったく示さなくなっている、と[25]。

(2) OECD

2011 年 9 月で 50 周年を迎えた OECD は第二次大戦後の米国による欧州復興機関(欧州経済協力機構 OEEC,1948 年設立)を前身としており、正規の国連システムの一員としては数えられていないけれども、「富裕国クラブ」の司令塔(かつシンクタンク)としてグローバル・ガバナンスのコアを支えてきている。具体的には OECD は主要国首脳会議(G7/8)では事務局を担って「G7/8 合意」担保のためのサーヴェランス活動を行い、G8/20 では調整機関の一員や G20 の首脳会議や財務相会議のメンバーにもなっているのである[26]。

その活動スタイルの特徴とは、一般的説明としては財政力をもつ IMF と世界銀行や多くの国際条約締結のリーダーシップを執る UNESCO とは異なり、いわゆるソフトパワーの発揮にある。そのために必要な情報の収集・広

報をはじめ、政策の分析・立案と人材の確保・養成を行ってきている (例：Centre for Educational Research and Innovation、1968 年設立と Programme on Institutional Management in Higher Education、IMHE プログラム：1972 年開始)[27]。また実態的には、中枢国における時々の支配的経済イデオロギーの熱烈な信奉者として立ち振る舞うことを常とし、その点ではかつて OECD 内で支配的であったケンジアン・コンセンサスも、現在では新自由主義に取って代わられている[28]。

次に活動目的は、たとえば日本の高等教育の調査報告書[29] が「第 1 節 OECD 調査報告書の目的」で述べるように、「人格の完成」(教育基本法第 1 条教育目的) を目指す活動自体を対象とはしておらず、「各国が社会上の目的や経済上の目的を達成する」手段としての「高等教育の組織、政策運営、教育活動がいかに役立つか」(日本語版 8 頁)(下線は引用者) にある[30]。

さらに現在までの教育政策の特徴は次のとおりである[31]。ちなみに、後述Ⅲ期以降がこの新自由主義の影響下にある。Ⅰ期 1960 年代の東西冷戦と「ビッグサイエンス」、Ⅱ期 1970 年代の社会的目標とリカレント教育、Ⅲ期 1980 年代の研究活動(リストラに起因する経済社会問題への対応、勤労生活・教育の「質」改善・教育機会の拡大、教育インディケーター・プロジェクトの着手)、Ⅳ期 1990 年代以降の教育の経済学と質モニタリング (加盟国の増加と活動範囲の拡大、教育の経済理論への転回、教育・学習の質評価 [PISA]、リカレント [人間・社会資本、知識基盤経済での教育の役割、生涯学習]) である。

最後に、Ⅳ期で普及に努められた高等教育政策文書には、*Redefining Tertiary Education*(1998、全 160 頁) と *Tertiary Education for the Knowledge Society*(二分冊、700 頁余、2008 年)がある[32]。前者は「Tertiary Education(第三段階目の教育)」という用語を新たに用いて、その中に非大学組織を位置付け、米国のように全入時代を迎える中等教育の卒業者の「60％、80％そして 100％」(同書 37 頁)を吸収する「新らたなパラダイム」(同上) を提示するものである。後者はその成果を 10 か国から 24 か国へと被調査国を広げて、改革経験を総括するものである。たとえば、この最終章[33] を読めば、各国の政策責任者に対して、(各節の言葉を使えば)OECD 自体に政策執行の複雑性〔困難性〕を認めつつも成功事例から教訓も得られていることから、引き続き費用対効果分析等に基

づく合理的行動の堅持および情報の不完全性・非対称性や心理的諸要因への留意にも心がけながら、改革効果を極大化するために眼前の各種障害の克服を訴えていることがわかる。

最後になったが、OECDは新自由主義を基本原理とする行政思想であるNPM(New Public Management)を世界に広めるために大いに貢献してきた国際組織でもある。先行実施する政府経験者を迎えての専門部門(Public Management Committee：PUMA)の設立を手始めに、閣僚級会議の定期開催や各国調査と広報活動を精力的に行ってきた[34]。そのため各国の高等教育行政もNPMの影響のもとに置かれ、国情を無視した形でのいわゆる政策収斂現象を生み出してきていた[35]。そこでOECDは今世紀に入ってから、NPMの弊害と病理が露呈するなかで、NPM批判を無視できず、「ポストNPM」の対策に着手し始めている[36]。

(3) WTO/GATS

表1-2　WTO/GATSをめぐる論点別の批判派と擁護派の見解

争点事項	批判派	擁護派
国家の規制権	教育を規制するために行われる、国家の政策空間と国家能力を制約すること。	国家の規制力に期待すること。
開発途上国へのインパクト	教育サービスに関して南北間の不平等交換が促進されること。南の諸国が自国の高等教育制度を発展させることが妨げられること。	南の諸国が、教育制度を発展させることに味方すること。
教育の公平性	教育ファンドを民営化し、(教育への)アクセスを閉鎖してしまうこと〔不公平化〕。	教育に対する、より大規模な提案と投資が生み出されること。
教育の質	教育の質を掘り崩してしまうこと。	競争を通じた、教育の質〔向上〕が期待されること。
教育の伝統的機能	(社会統合、国家建設などの)教育の伝統的機能を変更する。教育がそれ自体として目的化することになる。	労働条件を改善し、教育分野における新規雇用を生み出すこと。
提言	完全に撤退すること(GATSからの教育の除外)。	継続すること(徹底的な自由化への関与は、教育に対してポジティブとなる)。

出典：A. Verger, WTO/GATS and the Global Politics of Higher Education, Routledge.2010, Table6.1, p.120.

第1章　グローバリゼーションと新自由主義　15

表1-3　GATSと教育に関するグローバル・アクターの位置

アクター	行動のレパートリー	その〔GATS〕効果・意味合いのレパートリー	提案
OECD	教育界と業界とのブローカー役、加盟国間でアイデアを普及すること。	〔国家の〕政策空間を重視すること。高等教育への提案と投資を応援すること。開発に味方すること（たとえ開発によって不平等交換を促進させることになっても）。	教育貿易の挑戦と機会を探究すること。
世界銀行	レポートとワーキングペーパーでの穏やかな勧告をおこなうこと。	GATSが開発途上国における、高等教育へのアクセスを応援すること。	自由化を継続すること。
UNCTAD（国際連合貿易開発会議）	加盟国間で助言することと、アイデアを普及すること。	公共サービスへのアクセスを制限し、不平等交換を応援する可能性があること。〔国家の〕政策空間を制限すること。	〔政府によって〕その関与が構築される場合を警戒すること。
UNESCO	加盟国間で助言することと、アイデアを普及すること。	教育の質を掘り崩し、教育へのアクセスを制約する可能性があること。不平等交換を応援し、文化的多様性を尊重しないこと。	〔政府によって〕関与が構築される場合を警戒すること。他の変数（質・アクセス・文化的多様性）を考慮すること。
諸大学（International Association of Universities：IAU37）	会員間でアイデアを普及すること。会員に対して、国政レベルでの活動を行うように注意喚起を行うこと。	〔国家の〕*政策空間を制限*すること。教育の不平等交換に賛意を示すこと。教育の質を掘り崩すこと。教育の伝統的機能を変更すること。	教育の自由化の一時凍結。当該交渉過程への大学〔IAU〕の参加を拡大すること。
Education International (EI)	WTOの各国代表に対するアドボカシーとロビング。会員団体に対して、国政レベルでの活動を行うように注意喚起を行うこと。	〔国家の〕*政策空間を制限*すること。教育の不平等交換に賛意を示すこと。教育への財政支援と教育提供を民営化することと、〔教育への〕アクセスを制限すること。労働条件を悪化させること。教育の伝統的機能を変更すること。	教育をGATSから除外すること。教育の自由化の一時凍結。GATSの進展を中止に追い込むために、各国でのキャンペーン活動を組織化すること。代替的な高等教育手段を採用すること。

引用者注：(1) イタリック体で強調している「*政策空間を制限する*」の意味自体は本文でも表中にも説明がなくよくわからない。しかし表1-2で使われている「教育を規制するために行われる、国家の政策空間と国家能力を制約する」の例からの理解はできる。
(2) 表は元々、縦軸が自由化度の尺度となっており、最上部に「プラス」の最大にOECDを、「マイナス」の最下部に国際的教育労組団体のEIをそれぞれ記している。

出所：Verger, ibid., Table7.1, p.147.

まずWTOとGATS(サービス貿易に関する一般協定、1995年1月発効)をめぐる高等教育分野での議論と、それを展開する主なアクターの布陣を、表1-2と表1-3で、ごく簡単にみておきたい。

表1-3に関する補足説明としては、先述のUNESCOの苦しい立場についての、ヴェルガーの指摘に注目したい[38]。まず①UNESCOとしては、有力な加盟国が教育のサービスモデルを積極的に支持してGATS交渉に臨んでいることから、反対に回れないこと[39]、②UNESCOはWTOのメンバーでもオブザーバーでもないことから、影響力行使に苦労していること[40]、③UNESCOは2001年に開催した質保証フォーラムにWTOの代表者を招こうするが財政難を口実に断られ[41]、その後GATSでの教育自由化は不可避であるとの認識が深まり、OECDに協力して前述の「国境を越えて提供される高等教育の質保証に関するガイドライン」(2005)を作成することになったことである。

最後に国内での数少ない先行研究のなかで、ここでは大森不二雄[42]から声高に指弾されている、高等教育研究者が抱いているとされている「WTOに関する5つの誤解」を検討したい[43]。その理由は、大森の言説が先述した日本国内から発信される、グローバリゼーションと新自由主義のそれであると考えるからである。

まず、彼のいう「誤解」とは、①WTOは市場開放を各国に強要する世界政府的な国際機関である、②WTOが個々の市場開放や自由化措置を決める、③WTOの交渉の結果として外国の教育事業者がいっせいに参入してくる、④今次の交渉で教育が初めてWTOの対象になった、⑤アメリカは教育における市場開放の旗手である[44]、というものである。

以上の指摘に対して、ふたつのことを述べたい。ひとつは「誤解」だといわれる内容自体である。それは、専門家にとって、目新しい内容ではない点である。大森には、そうした「誤解」が生まれる背景にまで踏み込んだ検討をしてもらいたかった。管見では文科省・外郭団体(大学評価・学位授与機構等)とそれへの協力研究者(そのなかに大森も含まれる[45])によって国際活動のチャンネルが占有されているなかで、一般の大学関係者にその責任を到底課すこ

とはできないだろう。その点、大森自身も、1995年の GATS 締結の際、「各国政府が大学関係者等と十分に協議していなかったことが・・・認識の齟齬をもたらした大きな原因」[46] と認識し、「もっぱら教育関係者の責に帰するのは酷」[47] としていたのであるから、当該 GATS 締結時点の外にもその視野を広げておく必要があろう。

いずれにしろ、こうした事態が起こる背景には、OECD が指摘する、（大森からの指摘にはないが）文部科学省によって「〔日本の〕高等教育機関に対する事細かな管理・財務の両面にわたる指揮監督を行うことが慣行化」[48] されてきたところの、当然の帰結ではないかと考えた方が自然であろう。

もうひとつは、大森のいう「〔交渉〕担当官」[49] からみれば「国家間の貿易・経済交渉は、経済の論理より以上に政治と外交の論理で動いていること」[50] を、教育関係者は「肝に銘じなければならない」[51] と説きつつ、同時に彼らに「突きつけている課題」とは「〔サービス貿易交渉の場において〕政治と経済の論理が渦巻くなかで教育の論理をいかに追求していくか」[52] であるという見解について、どのように考えればいいのかである。

さて、この大森の語る「担当官」の認識では、「教育の論理」が、あきらかに「政治と経済の論理」に対して劣位にある。「担当官」レベルでの話であれば、そういう場合もあるかもしれない。しかし日本政府を代表する者の立場で論じるとすれば、その認識は先述の「人格の完成」規範の観点からみて、それでいいとは決して思われない。

また教育関係者の主張する「高等教育は公共財であって、GATS に含めるべきではないという主張」[53] は、大森からは「いわば証文の出し遅れ」[54] だとして一蹴されている。しかし百歩譲って先述の「人格の完成」規範を持ち出さなくとも、大森からは、文科官僚 OB としてそれなりの見識が述べられてもよかったはずである。また Educational International 等は GATS 第1条 (b) でいう「政府の権限による行使」によるサービス（＝公教育）が GATS でいうサービスに含められないとする条文がありながら、どういうわけか教育サービスのなかに「政府の権限による行使」によるそれが含められていることを批判しているし、研究者・文科省関係者からも「最大の継続的イッシュ

ー」[55]だとの指摘もあるし、世界保健機関（WHO）からも、同様の観点から「政府の権限による行使」規定の曖昧さを指摘する検討文書[56]がHPに現在も引き続きアップされている。したがって、このような状況を考慮すれば、「証文の出し遅れ」だとする大森の語る「担当官」の認識が、どう考えても根拠のあるものとはいえないのである。

　いずれにせよ、以上のことから、大森の当該言説は、一応、先行研究のなかでも官僚OBとしてのキャリアや経験知を活用した内容であるといいうるけれども、肝心のグローバリゼーションと新自由主義の言説に正面から向き合って検討するものではないと考える。逆に、それらの言説に真先に屈服して、国内の教育関係者に対しても自分と同様に、それらへの受忍を意図するものだといっても過言でないであろう。

4. 大学人にとっての試金石

　最後に、グローバリゼーションと新自由主義をめぐる、日本政府（文部科学省）と各大学および諸関係団体の立ち位置をめぐって、どのような基本的な構図となっているのかをみておきたい。

　まずはじめに市場派グローバリゼーションに積極的に加っている日本政府のなかにあっても、文科省では財政支援を梃子に大学関係団体からの支持を得ながら「設置認可、設置基準、認証評価の3者が一体となっ」[57]た官制統治を行い、国外からの高等教育機関の参入を防ぎつつ[58]、国際化拠点整備事業（グローバル30）や留学生30万人計画による、国内基準に基づく国際化拠点大学づくりを進めている[59]。しかし国内では、すでに先述のとおり脱ナショナル化が生じており、そのなかで私立大学の占める割合の大きさ、国立大学の法人化、経営大学院での国際アクレディテーション機関からの認証取得[60]、欧州共通単位制度への国内大学のそれのシンクロ化が、その際立った兆候としてみることができるであろう。

　したがって、日本の大学と大学関係者は、自らが国家セクターの同伴者ではなくて市民社会セクターの一員であるとすれば、自らが関与するいわゆる

国際化戦略（政策と事業）の実行にあたって、次のような、自らの真価が鋭く問い質される試金石があることを十分に自覚しておかなければならない[61]。（ちなみに、そうした自覚に欠ける者は、すでに市場派グローバリゼーションに実質的に加担させられているであろう。）

それは、第一に市場派と正義派のどちらのグローバリゼーションに与するのかどうか、第二に世界市民社会のアクターとして、自らに、平和への展望（ヴィジョン）を有する成熟した民主的主体としての自覚と覚悟があることをしっかりとした態度と行動で表明することができるのかどうか、第三に「コスモポリタン民主政の展望」[62]（D. アーキブージ）のもと国内外の民主化活動に関わりつつ、国際機関の正統性の向上と機能強化に寄与したり、市民と共にグローバル・ガバナンス構築に参画したりする決意が本当にあるのかどうか、である。

[注]

1　UNESCOでは、1984年に、米英の脱退があった（米2003年、英国1997年に復帰）。これは直接には米がUNESCOの外部で保持していた覇権が、同様に内部でも維持できなくなったことに苛立った結果である（最上敏樹『UNESCOの危機と世界秩序』東研出版1987年：124、139、147頁）。またその結果、1980年代半ばに、UNESCOはコア予算の30％が減額となったり、世界銀行から長く続いていた教育プログラムの受託者の立場を失うことになった（K.Mundy&M.Madden, Unesco and Higher Education：Opportunity or Impasse?, R. M. Bassett and A. Maldonado-Maldonado eds., *International Organizations and Higher Education Policy：Thinking Globally, Acting Locally?* Routledge, 2009, p.51）。最近でも、2011年10月に、パレスチナ自治政府からの正式の加盟申請を承認した（賛成107、反対14、棄権52〔日本〕）。これに反対した米国は、翌月に予定していた6000万ドルの拠出金（年間予算の22％に相当）を凍結した（Charles Onians「パレスチナ、ユネスコの加盟国に」「AFPBBNews」2011年11月1日、http://www.afpbb.com/article/politics/2838446/8016176 閲覧日2013年7月17日）。なお、この凍結措置は現在も継続され、UNESCOでは経費削減等が強いられている。その結果、「本〔2013〕年については赤字をカバーでき財政バランスが均衡する見通しだが、長期的にはもたない」とのボコバ事務局長の演説が先ごろあったという（日本ユネスコ国内委員会「運委489・普及委94-10　第191回ユネスコ執行委員会の結果について」（2013年6月4日）3頁、http://www.mext.go.jp/unesco/002/006/002/006/shiryo/1335934.htm 閲覧日2013年7月17日）。ちなみに日本政府との関連では、UNESCO・ILO「教員の地位勧告」（1966年）の遵守に関わって、2002年に全日本教職員組合が申立て(Allegation)を

Joint ILO/UNESCO Committee of Experts on the Application of the Recommendations concerning Teaching Personnel,CEART) に行った結果、CEART は教職員への統制を強める日本政府に数度に亘る是正リポートを送付する事態となっている（http://www. h3.dion.ne.jp/~u-minato/Recom-files.html 訪問日同上、大臣会見概要 2008 年 10 月 31 日 www.mext.go.jp/b_menu/daijin/detail/08111802.htm 訪問日同上も参照）。

2　M. B. スティーガー（櫻井ほか訳）『新版グローバリゼーション』岩波書店 2010 年、M. B. Steger&R. K. Roy（2010）, *Neoliberalism：A Very Short Introduction*, Oxford University Press.

3　スティーガー前掲書

4　S. サッセン（伊豫谷登士翁監訳）『領土・権威・諸権利：グローバリゼーション・スタディの現在』明石書店 2011 年

5　渡辺治「日本の新自由主義：ハーヴェイ『新自由主義』に寄せて」渡辺治監訳『新自由主義：その歴史的展開と現在』作品社 2007 年

6　スティーガー前掲書

7　渡辺治前掲論文 295 頁

8　同上

9　スティーガー前掲書、118 〜 131 頁

10　同上、125 頁

11　C. Ecrigas, J. Lobera and the Editorial Team（2009）, New Dynamics for Social Responsibility, GUNI（ed.）*Higher Education at a time of Transformation：New Dynamics for Social Responsibility*, Palgrave Macmillan, pp.3-16.

12　*Ibid.*, p.3.

13　*Ibid.*, p.4.

14　*Ibid.*, pp.4 〜 6.

15　*Ibid.*, pp.7 〜 9.

16　*Ibid.*, pp.9 〜 15.

17　J.Knight, Five Myths about Internationalization, *International Higher Education*, Number 62, 2011.

18　B. Davies, M. Gottsche&P. Bansel, The Rise and Fall of Neo-liberal University, *European Journal of Education*, Vol. 41, No. 2、2006.

19　深山正光「UNESCO と高等教育：90 年代のとりくみの展開」東京高等教育研究所・日本科学者会議編『大学改革論の国際的展開：UNESCO 高等教育勧告宣言集』青木書店 2002 年

20　EI に加盟する教員組合は、394 団体（171 カ国）だという（A. Verger, *WTO/GATS and the Global Politics of Higher Education*, New York：Routledge. 2010, p.134）。日本からは日本教職員組合が加盟し、現在、アジア太平洋地域委員会 2010-2013 の会長は同中央執行委員長の中村譲氏が務めている（http://www. ei-ie. org/asiapacific/en/aboutus. php 閲覧日 2013 年 6 月 5 日）。全日本教職員組合では 2011 年の定期大会で EI 加盟が提起されたが、現在、そのままとなっており、EI 第 7 回世界大会（2015 年）までには最終判断が下されるのだろう（http://www.zenkyo.biz/modules/zenkyo_

torikumi/detail.php?id=410 閲覧日同上）。

21 D. Blackmur, A Critical Analysis of the UNESCO/OECD Guidelines for Quality Provision of Cross-Border Higher Education, *Quality in Higher Education*, Vol. 13, No. 2, 2007, S. Uvalic-Trumbic, Unesco：The World's Reference Point for Change in Higher Education, in R. M. Bassett and A. Maldonado-Maldonado eds., *International Organizations and Higher Education Policy：Thinking Globally, Acting Locally?* Routledge, 2009, A. Verger, *WTO/GATS and the Global Politics of Higher Education*, New York：Routledge, 2010.

22 UNESCO, *Higher Education in a Globalized Society*, UNESCO Education Position Paper, 2004, p.25.

23 文部科学省訳「UNESCO/OECD『国境を越えて提供される高等教育の質保証に関するガイドライン』（仮訳）」（2005）http://www. mext. go. jp/a_menu/koutou/shitu/06032412/002. htm、閲覧日 2013 年 5 月 9 日。

24 K. Mundy & M. Madden, Unesco and Higher Education：Opportunity or Impasse?, R. M. Bassett and A. Maldonado-Maldonado eds., *International Organizations and Higher Education Policy：Thinking Globally, Acting Locally?* Routledge, 2009.

25 *Ibid.*, pp.57 〜 58

26 R. Woodward, Fifty More Years?：Reform and Modernization of the OECD, *Political Insight*, September, 2011.

27 立命館大学と同アジア太平洋大学は 2012 年に会員登録したが、当時、会員数は世界 50 カ国以上の 250 機関に上っているという（http://www. apu. ac. jp/home/news/index. php?page=article&storyid=2443 閲覧日 2013 年 6 月 5 日）。ちなみに日本ではこの他に、愛媛大学、広島大学、桜美林大学、開倫塾、神戸大学、国立教育政策研究所、東京大学、早稲田大学が会員となっている（http://www. oecd. org/edu/imhe/imheoecdforumonhighereducation-listofmemberinstitutions. htm 閲覧日同上）。ちなみに開倫塾は高等教育機関ではなく、HP によると、1979 年創立、2013 年 6 月現在 62 校舎、塾生 7040 名（2011 年度ピーク時塾生数）、教職員数 350 名を擁する北関東の塾である。

28 ただし OECD 加盟国は 2010 年に 4 か国（チリ、スロヴェニア、イスラエル、エストニア）が増えて 34 か国となり、チリらとともに手続きに入っているロシアも近く加盟するという。この間に非加盟国であるブラジル・中国・インド・インドネシア・南アフリカもパートナーとして事実上、同ガバナンスの下にあることから、今後の在り方問題が浮上している（R. Woodward, op. cit., p.18）。

29 OECD, *OECD Reviews of Tertiary Education*：Japan, 2009、同日本語版、森利枝訳『日本の大学改革：OECD 高等教育政策レビュー：日本』明石書店 2009 年。

30 鈴木宏尚「OECD 加盟の外交過程：『政治経済一体』路線としての自由陣営における外交的地平の拡大」日本国際政治学会編『国際政治』第 140 号、2005 年も参照。

31 R. Rinne et al, Too Eager to Comply? OECD Education Policies and the Finnish Response, *European Educational Research Journal*, Vol. 3, No. 2, 2004.

32 Amaral. A and G. Neave, The OECD and its Influemce in Higher Education, Critical Revision, in R. M. Bassett and A. Maldonaldo-Maldonado, ed., *International Organizations*

    and Higher Education Policy: *Thinking Globally, Acting Locally?* Routledge, 2009, p.92.
33　OECD, 11. 4 Understanding failure and overcoming obstacles to tertiary education reform, in *Tertiary Education for the Knowledge Society*, Volume 2, 2008, pp.323-333.
34　平井文三訳『世界の行政改革：21世紀型政府のグローバル・スタンダード』明石書店2006年、3頁（日本語版のための翻訳者序文）。
35　OECD, *Tertiary Education for the Knowledge Society*, Volume2, 2008, pp.315-317、堀雅晴「グローバル化時代の日本政治行政システム」大平・桂島編『「日本型社会」論の射程―「帝国化」する世界の中で―』文理閣2005年、326頁も参照。
36　堀雅晴「民主的ガバナンス・ネットワーク論」『立命館法学』第333・334号2010年第5・6号、2011年、1195頁。
37　IAUは、1950年にUNESCOを基礎として組織された、高等教育機関の国際組織であり、会員数は630である（http://www. iau-aiu. net/content/institutions 閲覧日2013年6月5日）。ミッションは「自らの目的のための知識追究の権利と真理探究が導くところはどこへでも追究できる権利」「多様な意見の寛容と政治的干渉からの自由」に置き、活動のなかには「UNESCOや世界銀行等の国際機関の諸政策に関し、高等教育への懸念の声をあげる」があがっている（http://www. iau-aiu. net/content/iau-statutory-documents 閲覧日同上）。ちなみに日本からは35大学が加盟している（http://www. iau-aiu. net/content/institutions 閲覧日同上）。
38　A. Verger, *WTO/GATS and the Global Politics of Higher Education*, New York：Routledge. 2010, p.130.
39　*Ibid.*, p.128.
40　*Ibid.*, p.129.
41　*Ibid.*
42　大森不二雄氏の公表されている経歴はこうである（「教育政策ネットワーク」代表幹事 http://www. geocities. jp/education_policy2008/cv/ohmori. html 閲覧日2013年6月4日）。「1983年に文部省に入省。地方勤務（岐阜県教育委員会管理部長）、海外勤務（在英国大使館一等書記官、在米国大使館参事官）を含め、高等教育、初等中等教育、国際教育学術交流など、幅広く教育行政に従事。（中略）<u>2002年から2004年にかけて、</u>文部科学省高等教育局視学官として、WTO（世界貿易機関）の貿易交渉において、教育分野の交渉担当官を務めるとともに、ユネスコやOECDによる国境を越える高等教育の質保証の枠組み作りにも参画。並行して、外国大学の日本分校や日本の大学の海外分校を認める政策転換を推進」（下線は引用者）。2003年7月に熊本大学教授に就任し、現在は2010年10月より首都大学東京教授。なお2012年6月1日から4年間、大阪市教育委員会委員を務めることになっている。橋下徹大阪市長の行った教育委員の公募に応じ、市長の最終面接を経て議会同意のもとで任命されたからである（http://www. city. osaka. lg. jp/kyoiku/page/0000170548. html 閲覧日同上）。そして2013年11月には、教育委員会議で教育委員長に選出された。
43　大森不二雄「WTO貿易交渉と高等教育」塚原修一編『高等教育市場の国際化』玉川大学出版部、2008年。
44　同上、84～86頁。

45 T. Kimura〔木村孟〕, A. Yonezawa〔米澤彰純〕, F. Ohmori, *Quality Assurance in Higher Education/ Post-Secondary Education from Japan's Viewpoint*, OECD/Norway Forum Trade in Educational Services, 2-3 November 2003, Trondheim, Norway.
46 大森 , op. cit., p.80.
47 Ibid.
48 OECD, *OECD Reviews of Tertiary Education*：*Japan*, 2009, p.100.
49 大森 , op. cit., p.92. なお註 42 の経歴からみると、この「担当官」とは多分に大森自身のことであるように思われてしまう。
50 Ibid.
51 Ibid.
52 Ibid.
53 大森 , op. cit., p.80.
54 Ibid.
55 Mundy, Karen and Mika Iga, Hegemonic Exceptionalism and Legitimating Bet-Hedging：paradoxes and lessons from the US and Japanese Approaches to education services under the GATS, *Globalisation, Societies and Education*, 1（3）, 2003, p.289. ちなみに大森論文では、その公表時（2008 年）において、この「最大の継続的イッシュー」はすでに解決済みとなっているとの認識のもとに、「証文の出し遅れ」を述べているかまでは定かではない。
56 David P. Fidler, Carlos Correa and Obijiofor Aginam, *Draft Legal Review of the General Agreement on Trade in Services（GATS）from a Health Policy Perspective,* THE GATS LEGAL REVIEW TEAM FOR THE WORLD HEALTH ORGANIZATION. 2005. http：//www. who. int/trade/resource/GATS_Legal_Review_15_12_05. pdf（閲覧日 2013 年 6 月 2 日）
57 この言葉は、2009 年高等教育国際会議（WCHE）での木村孟の、次からの引用である。「木村孟・文部科学省顧問より、『日本の高等教育の質保証と国際的な努力』と題し、日本の質保証システムが、設置認可、設置基準、認証評価の 3 者が一体となって運用されており、国際的な通用性を担保していること等についてプレゼンテーションを行い、各国の好評を得た」（高等教育局高等教育企画課国際企画室）（http：//www. mext. go. jp/b_menu/shingi/chukyo/chukyo4/025/gijiroku/attach/1288028. htm、閲覧日 2013 年 6 月 4 日）。ところで文科省の「国境を越えて展開される高等教育」への対応は、2003 〜 04 年の国際的な大学の質保証に関する調査研究協力者会から始まり、現在（2013 年）の中教審大学分科会大学のグローバル化に関するワーキング・グループ（WG）に至る審議で行われているけれども、そこでの審議は、この「3 者 1 体」型官制統制の維持が前提に置かれている。そのため、例えば WG 第 3 回議事録には、日本の大学には「包括的な学位授与権」（白井俊大学振興課課長補佐）が与えられていないためにエラスムス・ムンドゥス計画（欧州委員会）の「アクション 3」には参加できないことや、国際的な通用性に疑問が生じる「日本版ジョイント・ディグリー」（二宮皓主査）である「資料 8：ジョイント・ディグリーの我が国への導入案」が事務局から説明され意見交換している様子が記されている（第 3 回議事録〔平成 25 年 10 月 18 日〕http://www.mext.go.jp/b_menu/shingi/chukyo/chukyo4/036/

gijiroku/1341426.htm 訪問日 2013 年 12 月 18 日)。

58 テンプル大学ジャパンの例が参考になる(鳥井康照「外国大学の日本校」塚原修一編『高等教育市場の国際化』玉川大学出版部 2008 年参照)。同大学は 2003 年の「構造改革特区」への第 3 〜 4 次提案において、「外国の認定機関の認定を受けた日本校に、日本の大学に準じた法的地位〔＝私立学校法に基づく学校法人〕の付与を可能にすること」(ibid., p.204)を提案した。これに対して文科省は「特区として対応不可」(ibid.)と回答したという。当時の学長は鳥井のインタビューに、テンプル大学ジャパンの提案は、「〔米国中部教育認定協会認定校である〕アメリカの大学の分校として、アメリカ式のカリキュラムを採用し、かつアメリカ本校と同じ方針と内容で授業を行う能力と自由を保持すること」(ibid.)と答えている。なお鳥井によると、その当時、学校法人の設立を準備中とのことであった(ibid. p.209)けれども、HP(2011 年 11 月 11 日閲覧)によれば法的地位が文科省指定の「外国大学の日本校」である。そこで広報・マーケティングサポート部に問い合わせてみた(2011 年 11 月 18 日、電話でのインタビュー)。そうすると、すでに 2008 年時点で学校法人の設立準備を取り止めていた。ちなみに同大学の法人格は「有限会社」だという。理由は当時、文科省との交渉の中で学校法人に求められる資産の自己保有義務条件の緩和等で設立へのハードルがクリアーされつつあったけれども、肝心の本部理事会が日本での学校法人の設立によって、自らのガバナンスが損なわれるとの判断を下したからであるという。

59 日本政府は教育の国際化に熱心にみえて、実は、これまで「アジア太平洋地域における高等教育の資格の認定に関する地域条約」(1983 年 15 カ国署名、1985 年発効)に未締結だった。そこで 2011 年に同条約の改正案の採択会議を、26 カ国の参加を得て、東京で開催した。結局、会議では「改正条約の方針について賛同」しながらも締結せず、「今後、改正条約の批准に向け、関係省庁との調整も含め検討を進める」という。しかし、東京で開催しながら、一体、何が障害となっているのかは公表されていない(http://www. mext. go. jp/unesco/002/006/002/001/shiryo/attach/1321336. htm 閲覧日 2013 年 6 月 14 日)。ちなみにその前年の 2010 年 3 月、Asia-Pacific Quality Network(APQN)の Conference の席上で、Molly Lee 女史(UNESCO・バンコク)より、調印国は 21 カ国になったが日本と NZ がまだである。理由は両国の労働市場の関係から好ましくないとの判断がある。しかし 25 年以上経過して状況が大きく変化し、「国境を越える高等教育」問題もクローズアップされ、現在、同条約は改訂中であり、両国もその作業に加わっていると説明していた。

60 慶応義塾大学大学院経営管理研究科等は、国内では専門職大学院の認証評価を受けておらず、国際認証団体に加わっている。

61 アントニオ・グラムシ「大学とアカデミーが果たしうる新たな役割の問題」松田博編訳者『グラムシ「獄中ノート」著作集III 知識人とヘゲモニー「知識人論ノート」注解:イタリア知識人史・文化史についての覚書』明石書店、2013 年、46 頁以降参照。

62 D. アーキブージ、中谷義和ほか訳『グローバル化時代の市民像:コスモポリタン民主政へ向けて』法律文化社、2010 年。

第2章　世界銀行の高等教育改革プログラムと新自由主義

米津直希

1．高等教育政策における国際機関の影響と世界銀行の位置

　現在、多くの国の高等教育政策が新自由主義の影響下にあること、またそのような新自由主義を世界的に敷衍する主体となったのが国際機関、特に経済、あるいは金融に関する国際機関であるという認識は、多くの論者によって指摘されているところである。そうした国際機関からの影響はもちろん高等教育政策にとどまるものではなく、各国の行政全体に対して影響を及ぼしている。特に途上国においては、貸付を行う国際金融機関からの政策提言が強い影響力を及ぼすことがこれまでにも指摘されている。

　こうした背景から、高等教育政策に対する国際金融機関からの提言はより存在感と影響力を増しており、多くの国の高等教育政策にとって無視できないものとなっている。さらにこうした影響力を伴いながら、各国個別の高等教育機関のあり方などについてもしばしば提言を示しており、現在の高等教育政策を分析するにあたって重要な検討対象となっている。

　世界銀行は、そのように各国の高等教育政策に強く働きかける代表的な国際金融機関の一つである。例えば、世界銀行は2008年に『Global Trends in University Governance』を提出し、各国政府による高等教育の計画とその方向づけについての方法を示し、自治の認められる範囲や財政のあり方、公立の大学の運営方法などにまで言及している[1]。世界銀行はもともと開発支援を行う国際援助機関として設立され、戦後、各国の復興において役割を果たしてきた機関であるが、同時に貸付や投資などの経済力を背景に各国の行政・

政策に対しても大きな影響力をもち続けてきた。

　そこで本章では、新自由主義の趨勢の中での高等教育政策の特質を明確にする課題を見据えながら、ここでは新自由主義を世界的に敷衍する主体となった国際金融機関の一つとされる世界銀行に着目し、世界銀行による、教育への融資を中心とした政策の展開、および当該機関の高等教育政策への提言を検討する。

　第1に、世界銀行が教育投資を開始し、初等教育へとその重点を移していく動きに着目しながら、世界銀行の教育投資があくまで経済成長のために行われていることを示す。第2に、1980年代以降に始まる構造調整や、その結果としてのワシントン・コンセンサスの結実などに着目しながら、新自由主義的な体制が形成されていく状況を示す。第3に、これらを整理しながら世界銀行の教育投資における教育政策の特徴を示し、さらに世界銀行が促そうとしている自助努力の構造を確かめることで、高等教育政策の特質を明らかにする。

2. 教育投資のはじまりと初等教育への重点化

(1) 教育投資と人的資本論

　世界銀行による教育分野への融資は、1963年に始まる。この時期に注目された教育融資は、主な目的を労働力予測に基づくマンパワー開発としていたことから、融資対象の大部分を、普通中等教育と中・高等教育における職業技術教育が占めていた[2]。これは、教育への投資を行うことで「高い技術水準を持つ労働力を供給し、経済成長をもたらすことができると考えるようになった」[3]ためだとされている。

　教育分野への投資がはじめられる背景には、人的資本論の登場があった。人的資本論とは、1960年にシュルツ (T. W. Schultz) により提唱され、それ以降、シュルツやベッカー (Gary Becker) の研究により発展した理論である[4]。人的資本論の登場は、教育の費用と便益の計算に基づいて、教育に対する経済学的アプローチの位置を飛躍的に向上させたといわれる[5]。人的資本論におい

第 2 章　世界銀行の高等教育改革プログラムと新自由主義　27

ては、「人々が獲得する技能や知識が資本として見なされ、この獲得の大部分が意図的な投資に基づいている」[6]とされている。そのため、教育に経済的価値を付与し、教育を経済発展に貢献する要因として捉え、教育は個人と社会の両方に利益をもたらすものとして認識された[7]。

　このようにシュルツやベッカーは、修学によって放棄された所得も含んだ教育にかかる総費用を考慮した上で、教育への投資によってもたらされる収益率が、物的資本の収益率に比べて大きく、魅力的であるとして人的資本への投資の重要性を主張した[8]。こうした、費用便益分析を収益率の計算に応用し、発展していく方法は、「経済効果を有するすべての要素に、これと全く同じ方法論を適用することができる」[9]とされた。

　世界銀行でも、同時期の1960年代初頭から教育分野への参入が検討された。世界銀行の教育への融資については、当初からの明確な目的として、経済的要因が最優先で考慮されるべきとされていたが、この時点での教育プロジェクトへの融資導入の提案は、「収入の向上にはつながらず、資本集約的でもない」との理由から、一旦却下された[10]。シュルツの研究により教育が投資として見なされるようにはなっていくものの、当時の世界銀行は教育以外の分野において比較的優位な立場にあること、教育セクターのようなソフト・セクターには主観性が入り込みやすいこと、教育セクターは政治的問題に発展する可能性があることなどを理由に、世界銀行スタッフは教育セクターへの参入には後ろ向きだった[11]。

　教育の分野で生産性を高めるという認識が受け入れられ始めたのは、「高等教育や中等段階の職業・技術教育への投資」においてであった[12]。これは、高等教育、中等段階の職業・技術教育が高度な技術を持つ労働力を生み出し、経済成長をもたらすと考えられていたためである。さらには、1960年代の教育援助が、近代化論の影響のもとでエリート教育や中堅の人材養成の教育へ着目していたことも関連している[13]。他方、初等教育などの基礎教育は経済成長に直結しないと考えられ、消費対象とみなされていた。さらに、初等教育支援についてはその需要の高さから自国で行われるべきこととされた。それが覆り始めるのは、世界銀行が開発援助機関としての役割を強

く意識し始め、マクナマラ総裁下でベーシック・ヒューマン・ニーズ（BHN：Basic Human Needs）アプローチが導入された1970年代からのことである。

(2) 人材開発政策の世界的動向

　世界銀行による教育政策は、しばしば人材開発（manpower development）の戦略として位置づけられる。人材開発は第二次大戦後のアメリカで初めて体系的に実行されたという。1957年の「スプートニク・ショック」によって、アメリカは科学技術の発展を目指した政策を繰り広げていくが、その一環として科学技術の発展を担う人材の育成に重点が置かれるようになった。その実現のために1958年には国家防衛教育法（National Defense Education Act）が制定され、連邦政府による各教育段階への科学教育や自然教育等への財政補助が始まった。さらに1960年代はその政治的目標は経済力の優位を目指すものになり、人材開発は様々な分野での経済活動を担うことのできる戦略的人材へと拡大した。ここではハイ・タレント・マンパワーだけでなく、中等教育に結びつけられる中級マンパワーが対象となりはじめ、その教育訓練の領域は拡大することとなった。

　同時期に、世界各国で人材開発に対する研究も行われるようになり、イギリスにおける1963年の「ロビンス報告」、経済協力開発機構（OECD）を中心に1962年に共同作成された「地中海地域計画」、1960年の「アシュビー報告」など、多くの研究的試みがなされた。日本においては1960年の「所得倍増計画」で人的能力の向上や科学技術の振興を目指す姿勢が見て取れる[14]。また、1963年には経済審議会答申「経済発展における人的能力開発政策の課題と対策」が提出され、経済の発展という見地からの教育＝人材育成が議論されることとなった。

　このように、世界銀行における教育への融資の動向は、世界各国で行われた人材開発としての教育政策重点化と時期を重ねており、そうした各国の動きと連動していたことが見て取れる。とりわけ、それらが経済発展の観点に軸足を置いたものであったことを確認しておく必要があるだろう。

（3）初等教育への融資の重点化

1968年にロバート・マクナマラが世界銀行総裁に就任し、世界銀行の開発戦略の転換を表明したことが大きな転換点となり、その後、世界銀行は初等教育への教育融資を優先することとなった。その要因には、開発目標として貧困の撲滅という課題があった。

1960年代までの世界銀行の開発に対する考え方は、トリクルダウン仮説に基づくものだった。トリクルダウン仮説とは、「経済インフラへの投資によりもたらされる経済成長の成果が自然と多くの人々に分け与えられる」[15]という考え方である。しかし、この頃から、トリクルダウン仮説に基づく開発戦略がかえって先進国と発展途上国の格差を広げたとの反省がなされ、その後は地方における貧困の撲滅や社会開発が着目された。

こうした貧困撲滅のための基本的な考え方として、1970年代はベーシック・ヒューマン・ニーズ（以下、BHN）が登場した。BHNは「一家族の私的消費のために最低限必要な一定量——適当な食糧、住居、衣服、及び家計に必要な一定設備・家具」と「一般的に社会により、また社会のために提供される基本的サービス——飲料水、衛生、公共輸送、保健、教育・文化設備」と定義される[16]。初出は1954年の国連による「生活水準の国際的定義及び尺度」に関する報告であるが、貧困の問題がクローズアップされる中で国際的な関心を集めるに至った。

教育分野においても、教育システムの量的拡大が結果的に教育の質低下をまねいたこと、労働力予測の誤りによって過剰に労働力を供給したこと、中等・高等教育への融資の傾斜配分によって、結果的に高所得者層が優遇され所得格差がより拡大したことなどが問題点として挙げられている[17]。これを受けて、世界銀行は基礎教育の充実とその質的改善を行うために初等教育への融資を増加させ始めた。また、無就学者や中途退学者に対するノンフォーマル教育も融資対象とした[18]。これは、世界銀行が当時目指した高い経済成長と平等な所得配分の両立を促進する手段として教育が重視されたことも関連している。こうして、1970年代前半には、教育に対する融資が著し

く拡大し、かつ多面的になった[19]。また、この時期に導入された費用効果分析などによって初等教育への投資効果が高いとされ、ここから初等教育の重視が続くこととなった。

ただし、この時ただちに初等教育への融資が他の教育段階への融資を上回ったわけではなく、実際には人材開発にかかわる中等・高等教育段階に最も高い融資配分がされていた。一方で中等教育・職業技術教育修了者の深刻な失業問題が生じていたが、これに対しては職業中等教育から高等教育へ融資配分を変化させ、進学へと促すことで対応していた。これは、主に産業を中心とした教育の外部システムとの摩擦をなくす意図と、当時の労働力予測の妥当性への疑問視が、職業中等教育を優先させることへの懐疑を生んでいた現れだという[20]。いずれにしても、貧困の撲滅という方向性は打ち出したものの、実際の融資としてはそれ以前の動きを大きく変化せたとはいい難い状況であった。

3. 新自由主義的政策のはじまりと展開

(1) 構造調整政策の適用

1980年代に入り、1970年代の二度のオイルショックによる世界的な景気の後退、および途上国経済の悪化によって、世界銀行は経済成長と貧困撲滅という二つの開発目標のうち、再び経済成長へ重きをおくものへと転換させた。こうした経済状況の悪化は途上国における累積債務の問題を悪化させ、結果的にBHNに基づく開発政策を後退させることとなった。

世界銀行は、途上国の累積債務問題の原因を社会経済システムの問題ととらえ、1980年から構造調整融資を導入した。構造調整とは、「ある特定の部門や経済全体が閉塞状況に陥った場合に、その改善のために、一定の計画に対し融資をしたり、融資条件（conditionality）として一定の政策立案、および実施を求めるもの」[21]である。これらを通して、各国に「政府支出の削減、公務員の削減、国営企業の効率化や民営化、税制改革」[22]などが課された。

デヴィッド・ハーヴェイによれば、構造調整の手法が生まれたのは、メ

キシコのボルカーショックによる、メキシコのアメリカに対する債務不履行（1982～84年）がきっかけであるという。当時のレーガン政権はここで債務不履行になったメキシコに対し、債務の返済繰り延べを認める見返りに新自由主義改革を実施させた。その内容は、福祉支出のカット、よりフレキシブルな労働市場立法、民営化などの制度改革の実行などであった。こうした改革の実施を要請することが世界銀行およびIMFによる構造調整の手法として一般化し、両機関がこの手法を採ることによって、自由市場を押し進める考え方と、新自由主義の正統理論の普及、実施が世界的に広がる事となった[23]。

構造調整プログラムが狙っているのは、①貿易や投資障壁をとりのぞくことでその国の経済環境と外国資本誘引能力を改善すること、②歳出カットによって政府財政赤字を削減すること、③輸出振興によって外貨収益を拡大すること、そして、最も重要なのは、④その国の債務返済を確実にすることである[24]。これらは福祉支出へのカットや民営化の導入を伴うこととなったが、教育分野に対してネガティブな影響力をもたらした。それらは教員数などの抑制や受益者負担の導入に帰結し、結果的に途上国の貧困層にダメージを与えることとなった。また、例えば1983年にガーナで始まった構造調整プログラムでは、教育階梯の年限が変更され、大学入学までに17年間の教育がなされていたものを12年間に縮小、大学への補助金を削減し初等教育を増加させるなど、教育制度上の大転換を急速に実施させ、大きな混乱をもたらした事実が明らかにされている[25]。

(2) ワシントン・コンセンサスの展開

構造調整プログラムの融資条件として盛り込まれていたのが、ワシントン・コンセンサスという政策手段である。ワシントン・コンセンサスは、「1980年代前半における世界銀行の構造調整プログラム、および、IMFの安定化プログラムに関連する一連の政策手段を定義する」[26]という目的で、ジョン・ウィリアムソン（John Williamson）が考案した表現であり、経済の安定と経済成長の促進を目的として作成されていた。

ワシントン・コンセンサスが形成された背景には、前述のような1980年代の中南米諸国、一部東欧諸国などが累積債務問題を抱え、国際的な金融危機に発展したことへの危惧があった。これに対して債権諸国は累積債務問題に抜本的な解決策を講じる必要に迫られ、結果的には債務国への自助努力を要求した。それは、国際収支の改善、財務支出の削減、経済の市場化、貿易の自由化、政府部門の削減などであり、これらの金融支援の諸条件は前述の構造調整プログラムにおける融資条件（conditionality）として取り決められることとなった。この動きの中心となったのはIMFだが、しだいに世界銀行、アメリカ政府などの間で一つのコンセンサスとなっていった。こうした流れが1980年代の終わり頃から1990年代はじめにかけてワシントン・コンセンサスとして集大成されていくこととなった[27]。

ワシントン・コンセンサスの要素は、財政規律、教育や保健衛生に対する公的支出の拡大（初等教育、プライマリーヘルスケアが中心）、課税基準の拡大および限界税率の引き下げを目ざす財政改革、市場決定利率、為替レートの単一化と競走化、自由化、海外直接投資の促進、民営化の促進、規制緩和、財産権の保障、という10項目に集約される[28]。ここでは「市場はその他の仕組みに比べより効率的に資源を配分できる原理で、市場に介入しないことで、市場は最適に機能する」[29]という考えに基づき、民営化や貿易の自由化が図られている。結果的に、ワシントン・コンセンサスは一方で累積債務諸国を救済し、途上諸国の経済的成長を促すものとして開発途上諸国の支援策のベースとなった側面もあったが、かえって経済状況を悪化させたケースが大きな問題となった。金融引き締めによる景気後退の深刻化、公平な所得配分という視点の欠落、失業問題への対応不足、地域格差の継続などがその主たる問題であった[30]。

またワシントン・コンセンサスは、人的資本論との関係性も指摘されている。ポーリン・ローズは、人的資本論が1980年代前半にますます存在感を強め、さらに教育の収益率に関する分析と結びついた事を受け、人的資本論が収益率の適用と結びついて注目された時期と、ワシントン・コンセンサスの出現時期とが一致したのは、偶然ではないという。人的資本論は、新自由

主義的な課題が教育へと適用される機会を与えたこと、またそれによって、世界銀行が教育セクターへの関与を継続することになったことが指摘されている[31]。

(3) 高等教育への市場原理の適用

1990年には「万人のための教育（Education for All）」（以下、EFA）の運動が展開されることとなり、初等教育分野への貸付けを増額する方針が示された[32]。EFAは「国際的な教育開発重視の潮流の出発点となっている」[33]と言われるように、開発における教育の役割が一層強調されることとなった。そこで大きな方向性として確認されたのは、高等教育から基礎教育へと、その重点をシフトさせることであった。

世界経済の側面では、冷戦の終了によって出現した移行経済の影響により、より開放的な市場メカニズムの導入が図られることとなった。世界銀行は1991年の『世界開発報告』において「市場友好的アプローチ」を提唱し、さらに東アジア諸国の経済成長へ着目することで、その後の教育投資の基本的な姿勢を確立していった。すなわち世界銀行は、東アジア諸国における経済成長の基本的政策の一つとして人的資本の形成をその手段として位置づけ、教育への投資を重視していたのである。なかでも、とりわけ初等・中等教育においては政府による積極的な介入を認めていたのである。その一方で、中等教育以後においては民間部門の活用が促されるなど、教育投資の傾斜的な配分が求められていた[34]。

この方針の性格は『Higher Education lessons for experience（高等教育-経験に学ぶ-）』[35]（1994年）の報告書に引き継ぎつがれている。同報告書は、高等教育の「危機的状況」を以下のように述べている。それは、経済成長と社会的発展のためには高等教育への投資が重要であるにも関わらず、ほとんどの国々で高等教育は政府の資金提供に強く依存しているため、教育予算が圧縮されている状況で、高等教育の質を維持し、あるいは改善しなければならないということである。報告書では、こうした状況に対して多様な財源のあり方の模索や、教育を受ける者の自己負担の増加を求めていた。

1995年の世界銀行年次報告ではこの内容を再掲し、高等教育機関に対して同様の方向性を示し、この高等教育のあり方を改めて強調している。すなわち、高等教育改革の目指すべき最良の方向として、①高等教育の多様性を教育機関の種類と実施の両面で拡大すること（私立教育機関の開発促進）、②公立教育機関に、財源の多様化を促す動機付けをすること、③公共資金の配分を成果に応じた傾斜配分にすること、④高等教育における政府の役割を定義し直すこと、⑤高等教育の質と公平性を高める政策を導入することである[36]。私立の教育機関を中心とした高等教育機関の拡大、財源の多様化、公的資金の傾斜配分など、公的資金の削減と同時に、高等教育の質を高めることから、各高等教育機関の強い自助努力が求められている事がうかがわれる。

　さらに、高等教育機関における政府の主要な責任は、「教育機関の（中略）活動を可能にする政策環境を提供すること」であり、「高等教育機関が国家の教育・研究ニーズをより効率的に充足するよう、公的資金をテコにして促す」[37]ように変わりつつあると指摘している。ここでは高等教育機関の「自律性」を高めながら、それらが国家のニーズにあった教育・研究を自助努力で行うべきことが示唆されている。また「高等教育向けの貸付は、教育制度の構造の多元化と資金ベースの多角化を強調した教育政策の枠組を採用する準備の整った諸国に供与されることになろう」[38]と述べ、貸付を必要とする国の高等教育政策に対して方向付けをしているととれる表現で、影響力を示している。

　さらに『Priorities and Strategies for Education』(1995年) では、教育改革の実施を阻む勢力として、政府、教員組合、エリート、学生などを挙げ、アフリカ社会におけるエリート層である学生たちが反対勢力となっているために、高等教育で受益者負担や補助金削減が進まないとするなど、世界銀行が重視する政策に対抗する勢力を「抵抗勢力」として批判する姿勢を見せている[39]。

　以上のように、世界銀行の教育政策においては初等教育がより重要な投資先として位置付けられ、概して高等教育に対しては収益率を根拠として財政

削減の方針が示されてきた。特に上述の年次報告（1995年）からも分かるように、そうした方針は「多様」な高等教育機関への誘導、成果による財政配分、個人負担の増加、国家による大学の教育・研究の財政的コントロールなどを伴って示されたものだといえる。

(4)「グッドガバナンス」の採用と狙い

1)「グッドガバナンス」の敷衍

　1980年代末になって、世界銀行は政策文書の中で「ガバナンス（governance）」という概念を採用するようになる。ガバナンスという言葉そのものは決して新しいものではなく、1338年に造語され、古くから使用されてきた言葉である。1980年代末に世界銀行が用い始め、次にIMF、さらには国連開発計画（UNDP）でも用いるようになったとされる[40]。すなわち、世界銀行および関連諸機関は、それまで使用してこなかったガバナンスという言葉を、何らかの理由で意図的に使用し始めたとみることができる。

　世界銀行によって初めてガバナンスが使われた提言は、1989年に発行された研究成果『Sub-Saharan Africa：From Crisis to Sustainable Growth（サハラ以南アフリカ─危機から持続可能な成長へ）』であった[41]。ここでは、ガバナンスを「多様な行為者が、さまざまな利害に関して相互の理解が必要となる場合に、その利害を調整して事態を管理するための技法」という意味だとしている。この提言書によると、ガバナンスはここで採用されるまで、開発領域の中でほとんど使われることがなかったという。

　ガバナンスがどのような意図で使用され始めたのかについては、以下のような見解がある。すなわち、各国政府は世界銀行との協調性を持つことを通告されているとはいえ、協定条文によれば世界銀行は政治への介入を許されていない。そのため、「いくらか古語に属する『統治』（governanceのこと…引用者注）という言葉を選んだ」[42]という指摘である。すなわち、政治への介入が許されない世界銀行が、協定に抵触しないように「ガバナンス」という言葉を選択し、さらに「グッドガバナンス」として統治のあり方を示すことで、事実上、各国の政治領域へ介入するために作り上げた言葉だと指摘されている。この

点について、遠藤乾も同様に、世界銀行がいわゆる第三世界の国々において正当に介入できるように企図されている点を指摘しながら、ガバナンスが国家や市場の機能不全を是正することを志向しながらも、それらを否定するものではなく、国家の限界を社会の潜在力で保全しようとしたものだったと指摘している[43]。

この提言書において世界銀行は、ガバナンスは「開発のために一国の経済および社会的資源を管理するさい、権力を行使する態様のことである。世銀にとって、Good Governance とは健全な開発管理と同義である」[44]ともしており、特に経済的・社会的資源の管理およびその規範として使用されている。

1994 年にはガバナンスの定義を「権力が国家の経済と、開発のための社会的資源のマネジメントに行使される方法」と若干変更しているが、依然として経済に焦点をあてている。この中で特徴として挙げられているのが、(1) 政治体制の構造、(2) 国家の経済と、開発のための社会的資源のマネジメントにおいて権力が行使される過程、(3) 政府がその方針と機能を設計し、策定し、実践する能力である。1 番目の特徴は世界銀行の職能の外にあると考えられるため、世界銀行の焦点は 2 番目と 3 番目の特徴にあるとされる[45]。

こうした新たな概念として打ち出されたガバナンス概念については、すでにいくつかの先行研究があり、重要な指摘がなされている。例えばハースト (P. Hirst) は、グッドガバナンスが国際開発機関と自由主義政府で普及することで広く使われるようになった点を指摘している。そしてその際に世界銀行がその貸付にさまざまな条件への追従を付与しながら、グッドガバナンスの促進を支持する人々を牽引してきたとする。ハーストによれば、グッドガバナンスが意味するのは私的経済行動に役立つ、効果的な政治枠組みを作り上げることであり、それは安定した政治制度や法的規制、政府が実際に機能できる範囲に限定した効率的な国家管理、国家から独立した強固な市民社会などとされる[46]。

市民社会との関連ではウッズ (N. Woods) の指摘が注目される。ウッズによれば、世界銀行や IMF のいうグッドガバナンスは、政策の決定から実施、

評価までのプロセスと、そこに市民と政府の全面的な関係性を含んだものである。その上で、両機関がグッドガバナンスにおいて重視したのが、市民の「参加」と「所有権」だと述べる。その理由をウッズは、両機関が推進するプログラムに対して市民らの積極的な参加を促す必要があったからだと指摘している。さらに、市民たちによる「参加」や「所有権」を強調するような政策に対して両機関が高い評価を与える事によって、グッドガバナンスの考え方を根付かせていった事が指摘されている[47]。こうした市民の参加について「教育への需要が高いにもかかわらず政府による供給が十分でない地域において特に積極的に推奨される」[48]という事実は、その背景を示しているといえよう。

2) 高等教育政策における「ガバナンス」の適用

　以上のような経過でガバナンス概念が敷衍し、高等教育政策の中でも用いられるようになってきた。2000 年に提出された世界銀行報告書において、「ガバナンス」という言葉は、高等教育機関における意思決定と実施を許可するための、公式・非公式両面での合意の事を意味している。それは個々の機関とその管理者（supervisors）の間の関係について言及している外部のガバナンスも、機関内における権限系統について言及している内部のガバナンスも含んでいる。ガバナンスはマネジメントとかなりの部分で重なっており、マネジメントは方針の実施、遂行とみなされ、主に『良いガバナンスのための道具』として扱われると説明されている[49]。

　このガバナンス理解においては、羽田貴史の考察が示唆的である。羽田によれば、「評価」が高等教育ガバナンスにおける新しいツールであり、その背景には、ニューパブリックマネジメント（NPM）と国民国家を越えた高等教育のガバナンスの必要性があると述べ、この双方の必要を満たす新たなガバナンスが評価だとしている[50]。つまり、羽田は①新自由主義的改革の一部とされる NPM と高等教育市場の国際化において評価の役割を必要性のあるものとし、②評価は大学における管理、運営、経営等において機能しうるものだとしている。こうした羽田の理解は、社会的背景を捉えつつ、大学の

管理、運営、経営等における評価を「ツール」として捉えている点で特徴的である[51]。この説明に基づく限り、高等教育ガバナンスとは、大学経営における枠組みを規定する概念であり、そこで規定された大学経営を、評価によって計測可能だとみなすものだったと考えられる。このような考え方は、高等教育の市場化及び高等教育サービス貿易の自由化に必要とされ、登場した概念であったといえよう。

以上のような意味合いから、ガバナンスとは利害調整という考え方を含んでいると指摘できるだろう。当該組織の内部及び外部の関係者間での調整が行われ、それらにとって組織運営がより良く実施されるためにマネジメントを使用することになる。また、前の二つの報告書におけるガバナンスが、基本的に国家と当事者との関係の中で使用されている事も注目に値する。すなわち、ガバナンスは国家との関係性を強く持つ言葉として想定されていると考えられ、さらにいえば、利害関係者である政府の意思を、大学がどうデザインするかという観点から使用されうる概念だといえる。

4. 世界銀行による高等教育改革の特徴

(1) 教育による経済成長

ここまでみてきたように、世界銀行における教育セクター問題は、多くの場合それが経済成長につながるかどうかという点で評価されてきたと考えてよいだろう。そういう意味では、世界銀行による高等教育政策提言に通底しているのは、それが融資対象国の経済発展を促すかどうかであって、さらに具体的には、経済発展のための融資の配分方法をどうするかという点に直結しているものと考えられる。

1960年代、高等教育（及び中等の職業・技術教育）がより直接的に経済成長を促すと考え始められ、教育セクターへの融資は、その後、収益率計算の導入によって初等教育へとシフトすることになる。さらに、世界的な経済状況の悪化を迎えた1980年代以降、高等教育進学者数の増加ともあいまって公的負担が増大する中で、高等教育は資金源の「多様化」を迫られる事となった。

教育への支出が、その時々の経済状況や国民需要によって変化する事は十分に考えられることであるが、以上のように世界銀行による高等教育への支出を通史的にみてみると、そこに「高等教育政策」といえるものがあったかどうかは疑わしい。世界銀行が関心をよせているのは、高等教育の財源や支出に関する政策であり、さらにそれが経済成長につながるかどうかという点に焦点化されるものだと考えられる。

(2) 自助努力の促進

ポスト・ワシントン・コンセンサスが提起された 1990 年代に、国際機関による住民参加の位置づけが変化してきたことが指摘されている。

ローズ（P. Rose）は、マラウイの住民参加と、そこにおける世界銀行による構造調整のあり方について述べている。マラウイを含めた多くのサハラ以南アフリカの国々では、教育供給において、その地域（community）が重要な役割を担っていた。学校の設置や修繕において、金銭的にも、直接的な手伝いとしても地域が貢献をしていた。マラウイでは、19 世紀終わりに正式な教育制度が施行され始めてから、そうした自助（self-help）が重要視されてきた。それは、不十分な教育資源を補う目的として重要であり、同時に子どもの教育に人々を巻き込む意味でも重要であった。マラウイが 1964 年に独立した後、政府は多くの区で、自助（self-help）への熱意が欠けてきているのに気づき、その可能性については慎重な立場を取っていた。それにもかかわらず、農村地域における初等教育の建設はそれぞれの地域に任された。この背景には、世界銀行国際開発協会の教育セクターへの貸付け条件の影響があった。

そのような地域への委任は、やがて「自己責任」ともいうべきものとなっていく。マラウイ教育省は、住民自治とは人的資源や金銭によって学校設置に貢献するものとして解釈していた。こうした動きは、住民による学校への参加と所有の意識を強めていく事になったが、一方で、政策としての住民参加への焦点化が先行し、教師や保護者などを含むその他の教育関係者は不在のまま、政策決定と計画においては教育省と国際機関による優位が続いた。

地域参加は、ポスト・ワシントン・コンセンサス下において、持続可能な

開発と貧困の緩和という意味で重要視された。例えば、経済危機の中にあった1980年代のサハラ以南アフリカにおける教育システムにおいて、地域参加はより重視されることとなった。すなわち、経済危機のもとにあって、初等教育の普遍化の達成のために教育システムを急速に拡大していくには、代わりとなる資源が必要だったのである。そうした中、住民参加が、動員しやすく、有効活用できる資源としてとりあげられた。当時の世界銀行は、初等教育における授業料導入はもはや援助できないため、公的資金が不十分なところでは特に地域間でのコストシェアリングが望まれるとして、教育費の地域負担を提案した。

こうしたことから、国際機関の関心は、もともと存在していたボランタリーのコミュニティの負担に対して価値付けをし、それを市場原理に統合する事で、地域参加の本質を変えることにあると指摘されている[52]。

このような考え方は、高等教育においても適用されていると考える事が可能であろう。1990年代以降、国家財政のスリム化が図られながら、同時に高等教育の充実が図られたのは前述の通りだが、1994年の世界銀行年次報告にあるように、資金源を広く想定しながら、当事者たちの「自助努力」によって組織の改善を求めている。

おわりに

以上みてきたように、世界銀行による教育への関与は、経済成長のための融資として始められ、その姿勢は現在でも一貫して続いているといえる。また、融資配分においては人的資本論、収益率換算などの理論を使いながら、あくまで経済成長にとって効率的か否かという観点からの配分がなされていた。

世界的に経済状況が悪化すると、債務国に対して社会経済システムの改革を求め、自らの理論を債務国に導入するべく構造調整融資を導入し、いわゆる国家のスリム化、公的機関の効率化、民営化、税制改革などを伴う社会経済システムの改革を行った。それは、のちにワシントン・コンセンサスとし

てまとめられ、貸付の条件として多くの途上国に適応される事となった。これは一定の成果は挙げたものの、さらなる経済悪化を引き起こす原因ともなった。こうした改革の中で、特に高等教育は社会よりも個人への還元が強調され、公的な資金援助は削られることとなった。

さらに、「グッドガバナンス」の概念を敷衍し、限られた資源の中で利害調整をする必要性を持ち出す一方、高等教育機関の「多様化」を促し、自由な資金源の獲得、公的資金の傾斜的配分、高等教育の質保障などの考えのもとで、高等教育に対する公的資金の削減と、それぞれの高等教育機関へのいっそうの自助努力を求めた。

こうした世界銀行の教育融資は、途上国の経済的発展を目的としたものであり、一定の成果はあったとしても、それぞれの途上国が持っていた文化や伝統をも経済成長のために変質させるなど、問題があった事は否めない。さらにその経済的発展も、大きな目的は構造調整プログラムにおいて示されたような、確実な債務返済に重点が置かれていることは明示しておかなければならない。

経済成長にとって教育は重要なファクターであるため、経済のために教育が使われるという構図は描かれやすい。そのうえ、世界銀行の動きは国際的な合意を伴いやすく、さらに融資の条件とされる改革構想は強い強制力をもって敷衍する。世界銀行による融資を通じた教育政策への介入は、今後も注視すべき問題だといえよう。

[注]
1　World Bank, *Global Trends in University Governance*, 2008
2　廣里恭史「第二章　世界銀行の教育理念と政策—開発理論と現実の狭間に漂う政策変遷の回顧と展望」(江原裕美編『開発と教育　国際協力と子どもたちの未来』新評論、2001年7月、p.166)。
3　同上。
4　ポーリン・ローズ(浜野隆訳)「9 ワシントン・コンセンサスからポスト・ワシントン・コンセンサスへ—国際的な政策アジェンダがマラウイの教育政策・実践に及ぼした影響」(ヒュー・ローダー、フィリップ・ブラウン、ジョアンヌ・ディラボー、A. H. ハルゼー編、広田照幸、吉田文、本田由紀翻訳『グローバル化・社会変動と

教育 1 市場と労働の教育者科学』東京大学出版会、2012 年 4 月、p.274)。
5　同上。
6　同上。
7　同上。
8　同上書、p.274-275。
9　同上書、p.275。
10　Kapur, D., Lewis, J., et al.（1997）, *The World Bank. Its First Half Century*, 1. History (Washington, DC：The Brookings Institute), p.168-169.
11　Kapur, D., Lewis, J., et al.（1997）, *The World Bank. Its First Half Century*, 1. History (Washington, DC：The Brookings Institute), p.168-169.
12　ポーリン・ローズ、前掲書、p.275。
13　江原裕美「第一章　開発と教育の歴史と課題」（江原裕美編『開発と教育　国際協力と子どもたちの未来』新評論、2001 年 7 月、p.52-56)。
14　『新教育学大事典』第 4 巻（第一法規、1990 年、pp.266-267)。
15　廣里・前掲書、p.167。
16　西川潤編『社会開発　経済成長から人間中心型発展へ』有斐閣、1997 年。
17　廣里・前掲書、p.167。
18　同上。
19　ポーリン・ローズ、前掲書。
20　廣里・前掲書、p.168。
21　浜野隆「世界銀行の教育政策」日本教育政策学会編『教育政策と政策評価を問う』2005 年 6 月、p.87。
22　同上。
23　デヴィッド・ハーヴェイ（渡辺治監訳）『新自由主義―その歴史的展開と現在』作品社、2007 年、43-44 頁。
24　スーザン・ジョージ、ファブリッチオ・サベッリ著、毛利良一訳『世界銀行は地球を救えるか 開発帝国五〇年の功罪』（朝日選書、1996 年 12 月、p.71 〜 72)。
25　浜野・前掲書、p.87-88。
26　ポーリン・ローズ、前掲書、p.276。
27　ワシントン・コンセンサス形成の動きについて、詳細は、盛真依子「『ワシントン・コンセンサス』の諸問題とその克服への道―中南米における『ポスト・ワシントン・コンセンサス』の適用をめぐって」（『岡山大学経済学会雑誌』39（3）、2007 年、p.224）を参照されたい。
28　ポーリン・ローズ、前掲書、p.277。
29　同上。
30　盛真依子「『ワシントン・コンセンサス』の諸問題とその克服への道―中南米における『ポスト・ワシントン・コンセンサス』の適用をめぐって」『岡山大学経済学会雑誌』39（3）、2007 年、p.226。
31　ポーリン・ローズ、前掲書、p.278。
32　浜野・前掲書、p.85-89。

33 江原・前掲書、p.70。
34 廣里・前掲書、p.171-172。
35 同報告書に関しては、斉藤泰雄が興味深い考察を行っている。斉藤は同報告書でチリの事例報告が頻繁になされている点に着目し、1981年に軍事政権とシカゴ・ボーイズ（米国シカゴ大学で新自由主義的な経済学を学んだテクノクラート集団）の組合わせのもと、新自由主義的高等教育改革が行われた事を明らかにしている（斉藤泰雄「開発途上国の高等教育と国際的援助—世界銀行政策文書の分析」『国立教育政策研究所紀要』第140集、2011年3月）。世界銀行が同報告書でチリの高等教育に対して積極的な評価を行っている点は、世界銀行がこの時点でどのような高等教育政策を志向していたかを語る点で示唆的である。
36 世界銀行『世界銀行年次報告』1995年、p.36。
37 同上書、p.36-37。
38 同上。
39 浜野・前掲書、p.89。
40 福田耕治、真渕勝、縣公一郎編『行政の新展開』（法律文化社、2002年12月、p.19）。
41 スーザン・ジョージ、ファブリッチオ・サベッリ・前掲書、p.195。
42 スーザン・ジョージ、ファブリッチオ・サベッリ・前掲書、p.190。
43 遠藤乾編著『グローバル・ガバナンスの歴史と思想』有斐閣、2010年1月、p.4。
44 World Bank, *Sub-Saharan Africa*: *From Crisis to Sustainable Growth*, 1989.
45 World Bank Governance: The World Bank's Experience, 1994, xiv.
46 Paul Hirst, "Democracy and Governance," in Jon Pirre ed., Debating governance: authenticity,steering,anddemocracy, （NewYork, 2000）.
47 N. Woods, "The Challenge of Good Governance for the IMF and the World Bank Themselves," World Development, vol. 28 No. 5（2000）, 824-826.
48 ポーリン・ローズ（浜野隆訳）「9 ワシントン・コンセンサスからポスト・ワシントン・コンセンサスへ—国際的な政策アジェンダがマラウイの教育政策・実践に及ぼした影響」（ヒュー・ローダー、フィリップ・ブラウン、ジョアンヌ・ディラボー、A. H. ハルゼー編、広田照幸、吉田文、本田由紀翻訳『グローバル化・社会変動と教育1 市場と労働の教育者科学』東京大学出版会、2012年4月、p.288）。
49 World Bank, *Higher Education in Developing Countries*, 2000, p.59.
50 羽田貴史「大学組織とガバナンスの変容—戦後日本型高等教育の着地点—」『COE研究シリーズ27 大学の組織変容に関する調査研究』（広島大学高等教育研究開発センター、2007年2月、p.12）。
51 ただし羽田のガバナンス理解のベースには、以前よりアメリカで使用されてきた一般名詞としてのガバナンスがあり、1980年代末に世界銀行を含む国際機関が意図的に使用し始めたことを考慮していないように思われる。近年、急速かつ頻繁にガバナンスが取り上げられるようになってきた点を考慮するのであれば、世界銀行を始めとした国際機関との関連で読み解く必要があるが、この検討については今後の課題として残されている。

52 Pauline Rose, "Community Participation in School Policy and Practice in Malawi：Balancing local knowledge, national policies and international agency priorities", *Compare：A Journal of Comparative and International Education*, (London, 2010).

第3章　世界銀行・OECDの教育財政論の展開と新自由主義

田中秀佳

1. 本章の視角と課題

　本章では、世界的な新自由主義高等教育改革の特質を明らかにする方法として、人的資本論に依拠した世界銀行とOECDの高等教育財政政策に着目し、その展開過程を整理する。

　教育内容・評価の標準化、教育における市場原理の導入、公財政支出の縮小といったかたちで展開される「教育のグローバリゼーション」について、それらは「知識基盤社会」というキーワードを前提として、今日の時代状況の中で必要かつ必然的な改革として広く把握されている。しかし、教育改革とはニュートラルな性格を有しているものではなく、教育に対する特定の主体による、特定の価値選択が存在していることを見出し、そのメカニズムが分析されなければ、今日起こっている現象の本質を明らかにすることはできない。

　理念や意義が十分に問われることなく展開される現代高等教育改革について、その主要な駆動主体である「グローバライザー」としての国際機関において、これまでどのような高等教育財政の論理が採用され、現在に至っているのか。以下、特定の社会的・政治経済的文脈の中で、特定の主体（国際機関）が明確な意図を持って展開してきた、教育政策としての人的資本論を跡づけていく。まず、今日の新自由主義高等教育改革理論としての人的資本論の特質を整理する上で、はじめに教育計画における人的資本アプローチの「主唱者」[1]とされる世界銀行とOECDの「改革前史」を整理する。具体的には、

世界銀行によって60年代以降展開されてきた人的資本論を概括し、80年代後半に人的資本論に依拠した教育論を展開し始めたOECDの動向を整理する。続いて、新自由主義が本格的に展開される90年代以降の人的資本論のロジックを整理する。

2. 新自由主義前史としての世界銀行・OECDの人的資本論の展開

(1) 世界銀行によるマンパワー予測理論の展開

1950年代後半、シュルツ、ベッカー、ボウマンらシカゴ大学の経済学者を中心として、国民所得増加に対する人的資本の寄与に関する研究がスタートした。50年代から60年代にかけてはインド、パキスタン、ガーナをはじめとしてアングロサクソン系、フランス系の植民地が次々と独立し、世界的な政治状況が転換する時期であった。その状況に対応することを期待されたのが世界銀行であり、国際銀行としての中心的役割は欧州復興から途上国の発展へと移ることとなった。そのためのツールとして、世界銀行に採用されたのが人的資本論である。シュルツ、ベッカーらの専門領域は農業経済学であり、世界銀行における人的資本論も、まず農業開発の分野において採用された[2]。日本における教育投資論は、60年代において主に中等教育と対象として、経済発展という「社会的要請」との関わりにおいてのみ論じられ、その観点から政策として援用されたが、世界的にみるとその観点は必ずしも一般的ではなく、農村部の貧困と学校教育歴の低水準との間の相関性や、農業研究機関における研究がもたらした経済効果など、基本的には貧困問題に端を発する教育格差の解消を目的として展開していった[3]。当時の世界銀行の関心としても、人的資本論を用いたのは経済成長のためではなく、物的資本よりも人的資本の開発に関心があったためとされる[4]。

世界銀行が教育分野への融資を開始したのは1963年であり、そこでは農業発展のために必要な専門家や技術者がどれくらい必要なのかという関心から、マンパワー予測理論（manpower forecast）が用いられた。当時の工業化の流れの中で日本と同様に世界銀行においても、マンパワー予測はその人材養

第3章　世界銀行・OECDの教育財政論の展開と新自由主義　47

成のための教育計画を立てるために用いられた。そこでは職業技術教育が重視され、技術者の養成を目途として中等学校の多様化、工学系学部の設立が志向された。

　この時期の中等教育多様化政策について、かつて世界銀行に所属していたハイネマンの総括によれば、政策推進の根拠となっていたマンパワー予測策定時に、工学部の設立は他の学部に比べより多額の費用がかかるというコスト計算を行なっておらず[5]、また同じくかつて世界銀行に所属していたサカロプロスも、職業教育と普通教育課程の間に明確な効果の違いはみられなかったとし、マンパワー予測の論理的誤りを後に指摘した[6]。当時推進されていた「中等教育多様化」政策において、工学系以外の分野―芸術、科学、人文、初等教育、教養教育、大学院教育など―については、「必要な投資」としてではなく、消費財として扱われ、世界銀行内のマンパワー養成部門が正当化された[7]。そして、途上国に対する融資は、資本の要求の一環としてのマンパワー養成、そのための教育プロジェクトへの優先的支出がすすめられた。そこでは、中等教育のカリキュラムが世界銀行の意図するかたちで多様化された場合―例えば、男子であれば金属工場、材木工場での実習、女子であれば家政科を含むような中等教育プロジェクトの実施といった実学―にのみ貸付がおこなわれた[8]。

　ハイネマンの整理によれば、この時期から1980年まで援用された政策理論としてのマンパワー予測は、世界銀行の教育担当セクターが、世界銀行内でその資源配分を担当する経済学者に対して、より多く貸付金を支出することを正当化するために用いられた。こうして教育セクターは、各国の貸借プログラムの範囲内で資金投入先の獲得競争が行われる中、合理的に機能することとなり、各国は世界銀行に対する要求を自ら限定化しつつ、提供されるプロジェクトや資源に対応していった[9]。

(2) 世界銀行の1980年代における収益率理論の採用

　1970年代中葉になると、教育部門の担当者の転換を期にマンパワー予測に基づく融資の見直しがはかられ、80年代に入って新たに採用されたのは

サカロプラスによって取り組まれた収益率（rate of return）計算であった。途上国における実業教育のための融資が有効に機能しておらず、教養的な能力こそがより重要であるという指摘は、65 年の時点で世界銀行外部の研究[10]によってなされていたことであったが、融資プログラムの正当性を脅かすものとして捨象され、実業科目や技術訓練は労働市場で役立つという命題は、それまで疑われてこなかった。理論の転換がなされた背景には、教育部門の変化に加え、改善されない途上国の貧困状態に対する激しい批判が世界銀行になされたことがある。収益率計算に基づいて、世界銀行は経済発展にとって有効なのは初等教育および中等段階の教養教育であるというスタンスをとった。80 年に刊行された世界銀行による政策文書[11]においてその点が強調され、それ以降世界銀行がそれらに関与する正当性を示す手段として、収益率計算が用いられることとなった。

　サカロプラスによる収益率理論の特徴は、教育への投資に伴う成果を個人所得の増加分に依拠する私的収益率（private rate of return）と、経済発展に依拠する社会的収益率（social rate of return）に区別し、(1) 社会的収益率は、初等教育が高等教育を著しく上回る、(2) 高等教育においては、私的収益率が社会的収益率を著しく上回る、という結論を導くものであった[12]。80 年代から 90 年代にかけて、収益率計算の結論を根拠として、初等教育向け融資の増大と職業教育・高等教育向け融資の削減が実施された[13]。この結果、旧社会主義国を含めた途上国を中心として、高等教育費用の削減と同時に授業料の導入がはかられることとなった。86 年の世界銀行の文書では、途上国において高等教育の公的支出を利用者から回収（cost-recovery）するという、「利用者負担」を進めることが提起された。なお、同じく 86 年には D.B. ジョンストンによる「コストシェアリング」論が提起された[14]。これは、従来一般的に政府支出によって賄われていた高等教育財源を、高等教育によってもたらされる私的収益を勘案することによって、授業料や学生ローンなどの方法で学生・家計支出によっても共有（cost-share）するべきであるとする議論である。86 年に出された二つの文書は、独立的なものであるが、内容として同様の主旨をもつ。しかし、「利用者による費用負担」（受益者負担）を表す表

現として、費用回収（cost recovery）や利用者負担（user charge）、あるいは授業料（tuition fee）などよりも「共有」(share) という文言による国民に対する政策的支持の得やすさから、「コストシェアリング」は、90年代以降世界的に浸透し、1994年には世界銀行も同様の文言によって高等教育における私費負担を提言するようになった[15]。

収益率計算に依拠しつつ、世界銀行は途上国に対して授業料・学生ローンの導入を条件として貸付をおこなうこととなるが、特に南米においてはチリを中心としてその後の新自由主義教育改革の端緒となり、またサブサハラアフリカでは「政策の強制」が問題とされるなど、各国に大きな影響を及ぼした[16]。60年代以降の世界銀行の教育部門における融資の展開は、現代において概して批判的に総括されているといえる。その理由として、人的資本論の妥当性の問題に加え、機関内部での政策形成過程に多くの問題を含むものであったことが、ハイネマンやサカロプラスによって指摘されている[17]。60年代から80年代まで展開された職業教育の展開を柱とした「中等教育多様化」は、表面的にはマンパワー予測という理論的根拠に基づいて実施されたものであるが、実際上は世界銀行内部の教育部門が資金獲得可能な対象が、経済的需要と直接的に結びつけることのできる分野に限られていたという組織的問題が存在していた[18]。また、後述のように収益率理論も、科学的妥当性が欠如したものとして総括されるものであったが、理論内在的な問題とともに、理論が優先的政策を正当化するための手段として専ら用いられたことが、大きな問題を引き起こす要因となった[19]。

(3) 1980年代におけるOECDによる新自由主義の勃興としての人的資本論の展開

OECDは設立（1961年）された当初から、教育に対して常に中心的課題として関心を寄せ、60年代には冷戦構造のもとで科学的人材の養成を最重要課題として挙げていたが、不況が深刻化する70年代になると失業・雇用問題に焦点化された[20]。そこで、模範的教育モデルの一つとされたのは日本の教育システムであった。即ち、国家的な人材養成計画に基づいた国家的なカリキュラム統制や、能力別に労働者を選別する受験体制[21]などについて、

OECD は「日本の学校制度は世界で最も効果的である」[22] とした。

　一方で、OECD は 1980 年代に至るまで、各国が一様的な政策を適用することを推奨してこなかった[23]。OECD による教育財政論としては、1960 年につくられた研究グループによって収益率計算に基づいた授業料や学生ローンの導入を提言した文書があるが[24]、各国の政策として現実的に実施することまでは想定されていないものであり、より本格的に教育財政論が展開されるのは 1980 年代後半から 1990 年代初頭にかけてのことであった。この時期に OECD が教育政策に本格的に取り組み始めたのは、70 年代の石油危機によって先進国の永続的発展に急速な陰りがみえたためであり、これ以降経済的観点に目的を絞った教育政策が、経済学者や社会学者らの手によって精緻に検討されはじめることとなった[25]。

　OECD の人的資本論は、それまで教育の私的投資の側面に着目せず、専ら経済成長との関係で捉えられてきたが、その枠組みは次のように転換された。すなわち、私的収益率を計算するための人的資本論を重視する一方で、教育費用の公的支出の根拠としての社会的収益率については、スクリーニング理論を援用して公的支出の縮小を強調するという選択的修正をおこない、小さな政府・公共サービスの利用者負担を正当化するための理論へと変容したのである[26]。

　1980 年代以降急速な産業・技術の構造変化を背景として、自由市場形成に適合した人的資本の投資が政策として急速に強調されるようになった。そこで採用されたのが教育の個人的投資とその利益を強調した人的資本論であり、マージンソンをイデオローグの一人とするその理論は、自由市場を重視したものであった。公教育について、公的な支出よりも個人にとって収益をもたらすものとして私的投資の側面を強調する 80 年代後半以降の人的資本論は、公共選択論、PA 理論などとともにマネジャリアリズムの理論的要素として、その後世界的に展開される新自由主義政策の一部に位置づいた[27]。

　オルセンによれば、新自由主義的に修正された人的資本論に基づいて OECD が設定した人間像は、しっかりとしたトレーニングプログラムによって「体型」が維持されなければ (kept in good shape)、「堕落」(deteriorate) して

しまう受動的な存在として規定されているとされており、この観点に立ってまずイギリス、オーストラリア、ニュージーランドなどアングロ・サクソン系の国家における経済政策・教育政策のあり方が志向された[28]。個々人の教育への投資とそこでの永続的な訓練（perpetual training）は、当時の構造的な経済問題を解決するとされ、教育が新経済（New Economics）において職業・労働の再編成の基礎となり、国際市場において必要とされる能力に適応するような高度な技術をもち、柔軟性のある労働力を形成することが期待された。

3．世界銀行における人的資本論の新自由主義的展開

(1) 国際機関としての強化と人的資本論の展開

1990年代に入ると、国際機関の力関係の変容とともに、新たな教育論が進展することとなった。具体的には、それまで教育分野において重要な位置を占めていたユネスコの弱体化と、世界銀行を中心とする他の国際機関の圧力によるユネスコの組織的性格の転換である[29]。ユネスコは、その当時まで教育についての様々な統計を取り、またそれを世界的に広めてきた唯一の機関であったが、80年代に入ると国家の経済競争力の計測とランク付けに資する教育統計を取るべきであるという要求が向けられるようになった。また、80年代末にはアメリカがユネスコに対して、ユネスコに代わってOECDが経済競争力の指標としての教育統計の作成を行うべきであるという提言がなされ、実際に1992年から年度ごとに『図表で見る教育』の刊行を始めて以降、OECDは知識や技能に関する統計・指標を出すようになった。ユネスコは、80年代の時点で「イデオロギー的相違」を理由の一つとして、新自由主義の立場を取るアメリカには83年に、イギリス、シンガポールには85年に脱退され、予算が大きく落ち込むことで組織的に弱体化していた[30]。ユネスコによるプログラムに関わる費用の75％が世界銀行によって賄われ、教育プログラムへの融資の際に各国の貿易、税制、産業政策に関与する中で、90年代の世界銀行は教育を扱う国際機関として他に対抗しうるものが存在しない状況が生まれた[31]。

(2) 2000年代における新たな人的資本論の展開

　一方で、世界銀行内部においても中央の部局と各地域の担当者との間での対立が存在していた[32]。このような状況のもとで、中央部局による収益率理論に依拠した教育政策の転換が2000年代に起きた[33]。2002年の文書において、収益率計算として導かれた新たな結論は、高等教育よりも初等教育に優先的に投資すべきという従来の見解とは異なり、高等教育への投資の重要性を説くものであった。世界銀行の政策転換は、組織内外からの政策に対する批判の高まりとともに、教育部門の内部機構および組織外部における政治的関係に変化が生じたことが契機となった。世界銀行が収益率計算に依拠して政策変更を行った背景には、既に述べたとおり、内部において中央と各地域担当との対立的関係があった。ハイネマンによれば、マンパワー予測に基づいた時代と全く同様の状況があり、地域担当者から収益率計算に基づく教育融資政策に対して「将来的な投資を誘導するために過度に収益率に依拠し」、「その誤りは破滅的状況を招くことになる」との批判がなされていた[34]。また、組織外部からも、2000年の世界銀行・ユネスコの独立機関のタスクフォースによって、「収益率計算は、高等教育機関の貢献度について、限定的理解しか持たず、個人的所得と税収の増大という点のみを重視している」と批判され、政策変更せざるを得ない状況がもたらされた[35]。

　これに伴い、世界銀行は新たな政策の正当性を次の二つの理論的変更によって示そうとした。第一は、収益率計算方法の変更である。世界銀行（2002）によれば、新たな定理は、(1) 高等教育は経済成長にとって重要な要因であり、それによってもたらされる社会的収益率も従来考えられていたものよりも高い、(2) 教育は政治の安定化を促進し、民主主義社会の維持にとって大きく寄与するものであり、非貨幣的な価値も含めた長期的な社会的収益が大きい、として社会的収益をより重視するものであった[36]。世界銀行のほか、後述のOECDも同様の見解を示し、また英国の2003年度の教育白書においても高等教育の「幅広い利益」が強調された[37]。知識社会において、「知識は重要である」という信念からだけではなく、具体的な社会収益率計算に関する研究結果に依拠しながら、高等教育の重要性を指摘した[38]。第二は、高

等教育概念の変更である。「高等教育」について、伝統的な学問領域や、それを対象とする機関である大学などを主に指し示す「Higher Education」ではなく、より経済・労働市場と結びついた実業的な教育を含めた中等後教育を幅広く捉え、「Tertiary Education」と表現するようになった。第一の点と関わって、高等教育（Tertiary Education）がもたらす社会的利益は、経済的観点を多分に含む概念となったことにより、その貨幣的価値が上昇することとなった。さらに、中等後教育を包括的に捉えた際に、そこでのTertiary Educationの経験を個人が経ることによって、私的・社会的な経済的利益に関わる人的資本の増大だけではなく、その人的資本が社会に正の外部経済性をもたらすことを、「社会資本」概念を用いることによって意義づけするようになった。しかし、「社会資本」は人的資本における収益率計算と同様に、あるいはそれ以上に、教育による資本蓄積の結果を特定することが困難なものである。それにも関わらず、国際機関が自らの教育施策、教育論を意義づける手段として援用されている点は、これまでの場合と同様であるといってよい。

　概念の変容を伴いつつ、社会的重要性を持つものとして把握されるようになった高等教育であるが、しかしながら、社会的収益が強調されながらも、その費用負担の方法については「コストシェアリング」が維持された。費用負担の主体として、政府ではなく「受益者」である学生およびその家庭を重視する考え方が、今日における新たな人的資本論の特徴であり、大学ガバナンス論を構成する財政論としての特徴である。コストシェアリングを含めた現代高等教育財政の論理構造については、次節において述べる。

4．OECDにおける人的資本論の新自由主義的展開

(1) 1990年代における生涯学習論と人的資本論

　OECDは、1973年に労働者を念頭においた継続的な教育論として「リカレント教育」を提唱した[39]。リカレント教育は、ユネスコが65年に提唱した生涯教育論[40]における教育の継続性・永続性の不明確性に対して、批判的観点を含んだOECDによる生涯学習論の端緒であるといえるが、財政論

を含めた議論については、上述のように80年代後半に展開されるようになり、より具体的な生涯学習論が90年代に入って示された。まず、94年に中等後教育を包括的に捉える新たな高等教育の観点をもつ生涯学習概念と、生涯学習の新たな供給方法の提起がなされ、95年には後のPISAテストにつながる新しい教育指標と学力の分析手法の開発が始められた。そして、高等教育を含めたOECDの生涯学習論の全体像が96年の『Lifelong Learning for All』において示され、同年にOECDは「知識社会論」を提起した[41]。この時期に、OECDの教育論は幅広い教育段階にわたり、その内容と財政論について、そのあり方が展開されることとなった[42]。教育財政論については、96年に人的資本論の計測方法に関する提起がなされ[43]、また同じく96年に生涯学習社会における費用負担についての検討がコストシェアリング論に依拠しながら展開されたことを端緒として、人的資本をキーワードとした多くの分析が2000年代以降もなされていった。なお、人的資本やそれによってもたらされる社会資本という観点は、学力論と深く結びついて、教育財政論としての文脈を超えた議論が展開されていく[44]。

　このような矢継ぎ早ともいえる教育施策の新自由主義的展開[45]は、この時期において市場に対する確固たる信頼がOECD内部に強く存在していたからである。96年から2006年まで事務総長を務めたD.ジョンストンについて、スプリングは彼の就任以来の発言—「自由市場がグローバルの平和と繁栄させるというユートピア構想を持っている」、「市場原理が戦争（他者のものを奪うこと）を陳腐化させ経済を発展させてきた」—から、自由市場こそがグローバル社会の平和と繁栄をもたらすというハイエクとの自由主義思想の類似性を指摘する[46]。D.ジョンストンは、経済成長に必要なものとして、また経済優先の負の側面としての格差や失業といった社会不安に対応する統治の問題として、教育・福祉・社会保障における人的資本への投資のあり方と、社会資本として社会的結束（social cohesion）を個人が意識化すべきという「新たな心構え」（'a new mind set'）に関心を寄せた[47]。このような状況において、OECDおよびD.ジョンストンが参考としたのは、やはり日本型教育システムであったという点は興味深い事実である。97年、OECDの出版物におい

て、D. ジョンストンは、「人的資本の柔軟性と能力の高さという点で、日本は人的資本への投資を通じて、相対的な優位性を確立したという点において真の先駆者（true pathfinder）である」として、日本の 60 年代以降の教育システムの「先駆性」に言及した[48]。また、高等教育については、2002 年に D. ジョンストンの指示によって設置された独立的な教育部会の中で、6 つの戦略目標の一つとして「グローバル経済における高等教育の再検討」(Rethinking Tertiary Education in a global economy) が提起された。そこにおいて具体的な行動提起の一つとして確認されたのが高等教育ガバナンスの改善であり、その改善課題の一つが財源論（funding）であった。

(2) 新たな高等教育概念のもとでの高等教育財政論

1990 年代後半以降、OECD が高等教育財政論として柱としているのは先述のコストシェアリング論である。コストシェアリングに基づく財政の必要性は、大学ガバナンスのあり方と関わって、次のような論理で説明される。

OECD (2008) によれば、現代高等教育は経済競争の主要な推進力（'tertiary education is a major driver of economic'）であって、社会的経済的要請に敏感に対応すべきもの（'to be more responsive to the needs of society and the economy'）であるとする。そのための制度設計は、国家経済や社会的目標（'the nation's economic and social goals'）といった外部の期待に応えるために（'respond to external expectations'）、同僚性（'collegiality'）による管理と政府からの財政支出という自律性（'institutional autonomy'）モデルから、高等教育機関外部の諸主体によって各機関を「方向づけ／舵取り」（'steering'）する必要性が提起される。そして高等教育機関の財政のあり方については、国家的な優先事項と適合させ、社会経済的に寄与しうる教育・研究内容を下支えするようなものとして、政府をはじめとした学外の諸主体によって統制するとしつつも、従来のように財政責任を国家が中心的に負うのではなく、利益を得るものによって分担・共有（'cost-sharing'）することが、ガバメントからガバナンスへという高等教育の転換モデルとして示されるのである[49]。

高等教育財政におけるコストシェアリングについて、OECD は生涯学習

における財源論の文脈からも次のように説明する。初等・中等教育は社会的収益が相対的に大きく重要であり、生涯学習社会でもなおそれらの拡充・向上が必要であるが、その結果として教育費全体の財政負担は、国家財政が限界にある中で、他領域、特に高等・成人・職業教育に跳ね返ってくるとする。一方で、高等教育に対する需要もなお拡充し続けており、財政困難・大衆のニーズの充足・高等教育の質の維持というそれぞれに背反的な条件がある中で、経済界や家庭などとの負担における「パートナーシップ」、即ち「受益者負担」(the beneficiary pays) 的なコストシェアリングが必要となる[50]。

5. 国際機関の人的資本論をめぐって

　ここまで世界銀行とOECDの教育財政論の展開過程と整理してきたことをまとめると、まず一点目には以下に示すとおり段階的な変容を遂げながら今日に至っていることが指摘できる。(1) まず、人的資本論はわが国においては60年代に教育投資論として展開された時期に着目されたものの、それ以降の国内政策での展開はみられなかった。しかし、世界的にみれば、今日の教育改革の基盤となる理論として位置づいていることが看取できる。(2) また、人的資本論の展開は、60年代のシュルツやベッカーら初期の理論から、70年代には教育計画論の破綻とともに議論が衰退するが、新自由主義の台頭する80年代後半に修正されつつ、教育改革の主要な論理として再登場することとなった。(3) さらに、1990年代後半から2000年代初頭にかけて、新自由主義教育改革の「第二段階」[51]としての教育改革の展開とともに、人的資本論はその内容を再度変容したかたちで重要な教育財政の論理として位置づいた。

　また、二点目として国際機関の教育政策として、人的資本論は (1) 時代ごとに内容は異なりつつも常に用いられ、常に国際的に大きな影響を与えてきた、そして、(2) 収益率計算方法や人的資本概念の変容にみられるように、その時々において定義や測定対象などの基準が揺れ動いてきているだけでなく、実際上は曖昧なものであり、厳密な計算が必ずしもなされないにも関わ

らず政策として採用されてきた。即ち、(3) その時々の政策意図によって、恣意的な数字・結果が用いられることを可能とするものであり、事実、世界銀行の政策展開でみたように、各国の教育政策に重大な影響を与えるものであった。

　国際機関の採用してきた人的資本論について、本稿では教育政策としての人的資本論の性格と機能に焦点化し、理論そのものの妥当性を検証することを本稿の目的としなかった。ゆえに、教育財政論としての人的資本論の是非を結論として導出することはできない。なぜなら、一つには人的資本論は、先述のように、今日においては学力概念とも関わって教育内容論として展開されてきており、その分析にはさらなる検討が必要となると思われるからである。また、世界銀行およびOECDが採用する、社会資本との相関性を強く打ち出した人的資本概念の内容、例えば「社会的結束」といった観点は、社会民主主義の立場からも、新自由主義的立場からも支持される内容であり、その評価についてはやはりさらなる分析が必要となると思われる[52]。事実、両者の理論的合流あるいは理論的妥協のもとに、今日のグローバルな教育論が推進されており、またそれゆえに、世界的な流れとしての知識基盤社会論、そこでの人的資本概念、学力概念が強力に展開されている捉えることができる。しかし、「教育のグローバリゼーション」という現象が、国際機関が国家枠組みを超えて、地球規模で教育の「政治的コントロール」[53]をおこなうものとして展開されている以上、それを自明の前提として現代教育改革を認識することは、大きな問題を有していることを改めて確認しておきたい。

　最後に、本章の人的資本論の世界的状況の整理は、わが国の高等教育システムを論じる上でも極めて重要である。なぜならば、「知識労働者の需要は指数関数的に増加し続ける」という人的資本論のレトリック[54]は、日本における雇用・労働の再編成や、知識基盤社会へ向けた教育改革の前提となっているといえるからである。その検討は本稿の課題を超えるものであるが、知識基盤社会において求められているエンプロイアビリティ、それを個人が習得するための高等教育、そのための個人の投資と競争、そして改革の結果としてもたらされている実態は、人的資本論の検討を抜きにして分析しえな

い状況となっているのである[55]。

[注]
1 Spring, J., Globalization and Educational Rights, Lawrence Erlbaum Associates, 1999, pp11-12.
2 Heyneman, S. P., The history and problems in the making of education policy at the World Bank 1960–2000, *International Journal of Educational Development* 23, 2003.
3 名和弘彦「教育財政の機能」『教育財政と学校』(明治図書、1967年)。
4 op. cit. Heyneman, pp316.
5 ibid.：pp317.
6 Psacharopoulos, G., The planning education, Comparative eucation review Vol30, No4, 1986.
7 op. cit. Heyneman, pp317.
8 ibid.：pp318.
9 ibid.：pp319-320
10 Foster, P. J., Education and Social change in Ghana. University of Chicago Press, Chicago, 1965.
11 World Bank, Education Sector Working Paper. World Bank, Washington DC, 1980.
12 Psacharopoulos, G., Returns to education：An international Comparison. Elsevier Scientefic Publishing, Amsterdam, 1973., Psacharopoulos, G., Higher Education in Developing Countries：A Cost-Benefit Analysis. World Bank, Washington DC, 1980., Psacharopoulos, G., Returns to education：a further international update and implications. The Journal of Human Resources 20, 1985, pp583-604.
13 World Bank, Financing Education in Developing Countries：An Exploration of Policy Options. Washington D. C, The World Bank, 1986., World Bank, Priorities and Strategies for Education, Washington D. C, The World Bank, 1995.
14 Johnstone, D. B., Sharing the Cost of Higher Education：Student Financial Assistance in the United Kingdom, the Federal Republic of Germany, France, Sweden and the United States, New York, The College Board, 1986.
15 World Bank, Higher Education：the Lessons of Experience, Washington D. C, The World Bank, 1994., W, Woodhall, M., Funding HE：the contribution ob economic thinking to debate and policy development, The World Bank, 2007, pp25.
16 op. cit. Heyneman, pp327.
17 ibid., G. Psacharopoulos, World Bank policy on education：A personal account, International Journal of Educational Development, Volume 26, Issue 3, May 2006.,
18 G. Psacharopoulos, World Bank policy on education：A personal account, International Journal of Educational Development, Volume 26, Issue 3, May 2006, pp330.
19 op. cit. Heyneman, pp319.
20 Bassett, R. M., The WTO and the University：Globalization, GATS and American Higher

第 3 章　世界銀行・OECD の教育財政論の展開と新自由主義　59

Education., edited by Altbach, P. G., Studies in higher education, Routledge, 2006, pp42.
21　Spring, J., Education and the rise of the Global Economy, Lawrence Erlbaum Associates, 1998, pp55.
22　Reviews of National Policies for Education：Japan, January11, 1970.
23　Marginson, S., The free Market：A Study of Hayek, Friedman and Buchanan and the Effects on the Public Good. Kensington, NSW：Public Sector Reseach Centre, University of South Wales, 1992. pp49.
24　Study Group in the Economics of Education, Economic Aspects of Higher Education. Paris, OECD, 1964.
25　Dehmel, A., Making a Europian area of lifrlong learning a reality? Some critical reflections on the European Union's lifelong learning policies, Comparative Education, v42 n1, pp49-62, Feb 2006.
26　Marginson, S., The free Maarket：A Study of Hayek, Friedman and Buchanan and the Tffects on the Public Good. Kensington, NSW：Public Sector Reseach Centre, University of South Wales, 1992. pp49.
27　Mark Olssen, The Ascendary of Neoliberalism, Mark Olssen, John A. Codd, Anne-Marie O'Neill, Education policy：globalization, citizenship and democracy, SAGE, 2004, pp138.
28　ibid.：pp149-150.
29　Cusso, R., Restructuring UNESCO's Statistical Services：The "Sad Story" of UNESCO's Education Statistics：4 Years Later, International Journal of Educational Development, v26 n5, pp532-544, Sep 2006.
30　ibid.：pp533. 福田誠治によれば、UNESCO の「知識と技能に傾斜した学力観の転換と、国家が一方的に知識や技能を注入するという教育観の転換を迫」り、「人権問題に傾斜した運動」を転換することに対してアメリカ、イギリスが反発をした（福田誠治「ヨーロッパ諸国の教育改革からの示唆」三菱 UFJ リサーチ＆コンサルティング『季刊政策・経営研究』Vol2（2009 年）、32 頁）。
31　op. cit. Heyneman, pp325-328.
32　ibid.：pp328.
33　op. cit. Woodhall, 2007, pp19-20.
34　op. cit. Heyneman, pp329.
35　World Bank, Task Force on Higher Education and Society, Higher Education in Developing Countries：Peril and Promise, Washington D. C, The World Bank, 2000, op. cit. Woodhall, pp20, and op. cit. Heyneman, pp329.
36　World Bank, Constructing Knowledge Societies：New Challenge for Tertiary Education, Washington D. C, The World Bank, 2002, pp76.
37　Department for Education and Skills（DfES）, The Future of Higher Education, London, The Stationery Office, 2003.
38　McMahon, W., Education and Development：Measuring the Social Benefits, Oxford, Oxford University Press, 1999. MacMahon によれば、「高等教育の社会的収益率は従来の計算と比べ数パーセント程度上昇した」とされる。

39　OECD『リカレント教育―生涯学習のための戦略』(1973 年)。
40　ポール・ラングラン著、波多野完治訳『生涯教育入門』(全日本社会教育連合会、1971 年) を参照。
41　前掲福田を参照。
42　Dehmel によれば、生涯学習論について、90 年代以前のそれはユネスコの影響力が大きく、人権的視点が中心であったのに対して、90 年代以降においては政策課題から人権論が抜け落ち、実利的で経済目的的内容へと変容した（op. cit. Dehmel, pp51）。
43　Measuring What People Know：Human Capital Accounting for the Knowledge Economy, OECD education committee employment labour and social affairs committee, 1996（OECD 編『知を計る 知識経済のための人的資本会計』インフラックスコム、1999 年）．
44　W. Michalski, R. Miller, B Stevens, "Economic flexibility and social cohesion in the twenty-first century：An overview of the issues and key points of the discussion, 1997, Human capital investment：an international comparison, 1998, Human Capital：How what you know shapes your life 2007.
45　前掲福田、19 頁。
46　op. cit：Spring, Education and the rise of the Global Economy, pp160-161.
47　Johnston, D. J., "A New 'Mind Set' for Social Policy", The OECD Observer, No205, April/May 1997, pp5.
48　ibid. わが国の人的資本論の展開過程については、拙稿「1960 年代教育投資論の日本的展開過程」『名古屋大学大学院教育発達科学研究科紀要』第 54 巻第 2 号 (2008 年)、122-124 頁を参照。
49　OECD, Tertiary Education for the Knowledge Society VOLUME 1 SPECIAL FEATURES：GOVERNANCE, FUNDING, QUALITY, 2008. この OECD の文献において、2004 年以降のわが国の国立大学法人化制度は、このモデルへの改革事例として位置づけられている。
50　Paye, J. C., Strategies for a Learning Society, The OECD Observer, No199, April/May 1996, pp4-5, Leuven, E., Tuijnman, A., Life-long Learning：Who Pays?, The OECD Observer, No199, April/May 1996, pp10-13.
51　新自由主義教育改革の二段階的過程については、世取山洋介「新自由主義教育改革研究の到達点と課題」佐貫浩・世取山洋介編『新自由主義教育改革 その理論・実態と対抗軸』(大月書店、2008 年) を参照。
52　この点について、OECD 内部における思想的な対立と併存が指摘されている (前掲福田、19 頁)。この状況を理解する上では、新自由主義派と社会民主主義派の「知識基盤社会」のもとでの「人的資本」の捉え方を整理する必要があると思われる。その検討については別稿を期すこととなるが、国家の枠組みを超えて展開する多国籍企業のもとで、前者はそれに必要な人材という観点から人的資本を重視し、後者は多国籍企業が国家・国民の利益とかけ離れたかたちで資本蓄積をおこなう状況の中で、高度な労働力の養成こそが国家と国民自身の利益を維持する手段であるという点から同様の結論に至るとみることが出来る。

53 Spring, J., Education and the rise of the Global Economy, Lawrence Erlbaum Associates, 1998, pp251.
54 フィリップ・ブラウン、ヒュー・ローダー（中村高康訳）「グローバル化・知識・マグネット経済の神話」ローダー他編『グローバル化・社会変動と教育 1　市場と労働の教育社会学』(東京大学出版会、2012 年)、156-157 頁。
55 　ブラウン、ローダーは、より多くの人が高等教育を求め、保証なきアスピレーションへ向けた教育投資を「機会の罠」と呼び、またその結果生じる知識労働の需要超過を「知識経済のパラドックス」とする（同上書）。このように人的資本論に基づく知識経済の矛盾状況が指摘される一方で、主唱者にとってみれば、現在の問題状況は旧来の教育内容・教育システムからの脱却が完了していないために起きているのであり、それは知識基盤社会の確立へ向けた過渡的現象に過ぎないのかもしれない。そして、現在の問題状況を打開する革新と創造へ向けたさらなる競争こそが、例えば元 OECD 事務総長であるジョンストンが構想していた知識社会の像であっただろうといえる。現実状況をどう捉えれば良いのか、すなわち人的資本論や知識社会論は、内在的に破綻した理論ということができるのか、あるいはある主体からみれば想定内であり理論通りに進行しているといえるのか、などの論点が挙げられるが、新自由主義改革の理論と実際についてはハーヴェイの新自由主義分析が参考となる（デヴィッド・ハーヴェイ（渡辺治監訳）『新自由主義―その歴史的展開と現在―』作品社、2007 年)。

第Ⅱ部
グローバリゼーションと各国大学の改革動向

第4章　グローバリゼーションと
アメリカの大学改革
――戦略とその実態

日永龍彦

1．アメリカにおける新自由主義大学改革の特異性

　本章は、80年代以降のアメリカにおける新自由主義大学改革の実態を明らかにすることを目的としている。アメリカの初中等教育における新自由主義改革については、先行研究において、グローバル・エコノミーにおける国際競争力を支える人材育成に、教育目的を一元化していく過程として整理されている。そしてその過程は2つの時期に区分される[1]。前半の第1期は1980年代初頭から90年前半に至る時期である。レーガン政権下での連邦政府による財政支出削減を州政府が穴埋めし、結果的に学校の教育活動の成果に対する州の権限強化が進んだ時期である。第2期はそれ以後、2009年のオバマ政権誕生を経て現在まで続いており、連邦政府が教育の成果に対する権限を掌握し州間競争を促進することを特徴としている。2つの時期を通じて、一部の州における先行的な改革、連邦政府による先行的改革の全国化、連邦政府による州政府への改革実行の強制、という段階を踏んで展開してきているのである。そこで本章でも、この間の州や連邦の政府機関と大学関連団体の動きに焦点をあてて検討し、初中等教育段階における新自由主義改革との異同を明らかにしたい。また、この過程で提起される改革諸施策がアメリカ本国でどのように取扱われ、評価されているかについてもあわせて明らかにしておきたい。このことがアメリカモデルをただ後追いしている印象のある昨今の日本の大学改革動向の背景を読み解く鍵になるからである。

　ただし、アメリカの高等教育における新自由主義改革を考える上で、筆者

は厄介な事情があると考えている。一般に「新自由主義改革」の特徴としては、私的所有権至上主義と市場原理主義により「小さな政府」を追求すること、すなわち、市場への参入障壁となる規制を緩和し、そこへ投入する公的な資金を削減するとともに競争的に配分することが指摘できる。そして教育改革においては、教育目的が経済成長あるいは国際競争力の確保に資するという点に一元化されることから、政府による統制の強化がこの改革に続くと言われている。しかし、アメリカ社会はその建国の時から私的所有権を重視してきた国である。また、大学についても、それが存在するアメリカ社会と同様に、市場原理によって形成され、発展してきたと言われている[2]。大学の開設も、その設置認可が厳格な州がある一方で、届出だけで開設できるところもあるなど、州を選びさえすれば参入障壁はほとんど無いに等しい。さらに、少なくとも連邦政府から投入される公的な資金は、日本のような教育機関に直接補助金として支出されるのではなく、当該機関に在籍する学生に対する奨学金と言う間接補助金として支出されている。このことは、学生を確保しなければ連邦政府の補助金を得られないということを意味しており、極めて競争的に配分されているということになる。

　つまり、一般にレーガン政権下で始まったと言われる新自由主義改革の諸要素が、少なくとも高等教育に関して言えばさまざまな形で歴史的に組み込まれてきており、80年代以降だけではとらえきれないのである。そこで本章ではまず、先行研究の言う第一期にあたる部分を少し長い時間軸で概括する（第2節）。その上で、第二期にあたるものとして連邦高等教育法の改正動向を取り上げ、標準テストの結果を用いた評価導入の動きと（第3節）、個々の学生の入学から卒業後までの詳細なデータベースの構築による教育の成果把握の動き（第4節）、利益追求型（for-profit）の営利大学に対する規制の動向（第5節）を見ることで、本章の目的を果たしたい。

2. アメリカの高等教育に内在する新自由主義的な諸側面

(1) 市場における学生の獲得と寄付を通じた財源の確保

　アメリカの大学はその発足当初より、私立はもとより、公立であっても学生や寄付の獲得を通じた競争にさらされていた。南北戦争後の19世紀後半以降は「州立」を冠する大学が多数設立されるようになったが、「州立」大学も州政府からの補助が期待できる訳ではなく、「地域の消費者と寄付者を引きつける能力」による「競い合う組織」と位置づけられていた。大学の学長や理事会は、「教育内容は学生に魅力的なものになっているか。どのような大学の活動が寄付者や地域の住民の支持を得ることになるか。新しいプログラムが地域の慣習に反したりしてはいないか」など、常に市場経済の原理を意識しなければならなかったのである[3]。実際、1800年から1860年の間に設置された大学が241校で同じ期間に閉校した大学は40校、閉校率が17％であったことが報告されているように[4]、アメリカの大学は競争環境のなかで淘汰されていった。その後、第二次世界大戦後の復員軍人対策をきっかけとして連邦による奨学プログラムが拡大した。それとともに大学は順調な成長を遂げたが、70年代後半以降には大学進学該当年齢人口（アメリカの場合は18～24歳＝「伝統的な学生」）の長期的な減少が予想された。この大学の「冬の時代」に危機感を強めた大学関係者はさまざまな生き残り策を講じ、結果的には全体として縮小することなく、少しずつ拡大を続けた。また、この頃から利益追求型の営利大学やICT（情報通信技術）の発達を活用したeラーニング主体の大学なども参入してきた。このように、市場原理に従って競合した結果、「アメリカの高等教育が制度的に多様で、しかも大学の序列的な階層構造（ハイアラーキー）を内蔵」しつつ、多くの大学が淘汰されずに、競争力のあるシステムが形成されてきたと言われている[5]。

　しかも、東西冷戦の終結を1つの契機とするグローバリゼーションは、留学生の獲得や海外からの研究資金の導入、優れた研究者の獲得という従来の方法の単純な拡大に留まらなかった。分校の開設や遠隔教育を利用した教育サービスの提供などを加え、アメリカの大学による財源獲得のための活動を

第4章　グローバリゼーションとアメリカの大学改革　67

「国境を越えた高等教育のサービス貿易」とみなし、それに対する障壁を低くする、あるいは撤廃することを各国に求めるものであった。つまり、アメリカの大学がその市場を世界に拡大した、まさにアメリカナイゼーションと呼べるものであったのである。

(2) 政府支出の削減と高等教育の私事化の進展

　アメリカ社会が成熟し、経済成長も鈍化していく80年代初頭にレーガン政権は発足した。レーガン大統領は、富裕層の減税による労働意欲の向上、企業減税と規制緩和による投資の促進などを通じてインフレーションの抑制と経済成長の回復を目指すレーガノミックスと呼ばれる経済政策を展開した。同時に、福祉や教育などの歳出を削減し、軍事関連予算を大幅に拡大するなどの歳出配分を転換して「強いアメリカ」の復活を目指した。

　このような政策の遂行は、70年度以降毎年赤字を計上している連邦財政収支の赤字幅を急拡大させることになり、連邦政府の奨学政策にも大きく影響することになった。1983年には『危機に立つ国家』が公表され、教育改革の必要性が強調されたが、カーター政権下で拡大された学生に対する経済支援のための予算は削減された。実際、経済支援の予算は1980年から1986年までの間に実質ドル・ベースで10％縮小し、同時に支援の内容も、ペル・グラントと呼ばれる給費制の奨学金の割合が縮小し、連邦政府が保証するローン（貸与型の経済支援）の割合が高くなっていった[6]。

　すでに見たように、この80年代は大学進学該当年齢人口が減少する時期と重なっている。学生数の減少は、連邦政府による学生への経済支援を通じた間接的な補助金が減少することを意味する。それだけでなく、黒字額が拡大傾向にあった州財政も連邦財政収支の赤字拡大につられて80年代半ば以降の悪化し、州政府による大学への支援も減少した。そのため、設置者の別を問わず大学財政の授業料への依存度が高まることになった。しかも、各大学は、学生支援サービスの拡大やコンピュータ設備など教育環境の向上などを含む学生確保のための諸施策、人件費の上昇、アファーマティブ・アクションや障害のある学生の受け入れ・諸情報の提供など各種法律へのコンプラ

イアンス（法律遵守）費用の上昇などが重なり、授業料の高騰を招くことになった。実際に1985-86年度から1995-96年度の10年間に、四年制私立大学の学費は約40％、四年制公立大学では約50％上昇した[7]。この授業料の上昇が学生のローンへの依存度を高め、後述する「返済不履行率」を引きあげ、高等教育に対する連邦政府の権限強化の根拠とされていくのである。

(3) 州政府による大学の業績に基づいた資源配分の導入とその展開

　80年代は、納税者の反乱を契機として、政府機関の関与する諸活動についてのアカウンタビリティ（accountability：説明責任）の履行が求められるようになる時代であった。同時に、伝統的な学生層が減少する中で大学がその生き残りをかけて自己改善努力をはかった時代でもあった。そして、その努力の中には、大学（団体）主導でそれぞれの大学が独自の方式を用いて教育研究活動の成果を測定する活動（アセスメント）も含まれていた。その結果を州政府に提示することによりアカウンタビリティが果たされるという考えが受け入れられていたのである。しかし80年代半ば以降、財源獲得のために研究を重視する傾向が助長され、学士課程における教育水準の低下が指摘された。そのため、大学に支出する財源を活用することでえられた結果を州政府主導で精査することを求める動きが見られるようになった。しかも、精査の結果は、大学の目的に対する達成度（outcome）を中心とする業績（パフォーマンス）を共通の指標で測定し、大学間比較が可能な形で公表すべきであるというように、新しいアカウンタビリティの要請がなされるようになった[8]。

　新しい要請に応えるため、州政府レベルでは、測定された各大学の業績と財源配分を連動しようとする試みが行なわれた。1981年にテネシー州が初めて導入したのを皮切りに90年代に導入する州が増加し、2000年に28州で極大となり、その後は減少傾向にあることが、すでにいくつかの先行研究で報告されている[9]。また、サウスカロライナ州が一時期財源のすべてを業績に基づいて配分しようと試みたが、実現にはいたらず、ほとんどの州で業績に基づいて配分されているのはせいぜい5％程度に留まっているとのことである。財源配分をする以上、各大学を比較できる厳密で正確な情報が不可

欠になるが、大学の活動の成果を示すもので数量化が可能なものがあまりないことも、業績に基づく財源配分が全米に普及しない要因の一つであろう。その代わりに、財源配分には結びつかないが、業績を示す情報の開示を統一的に行なうシステムの開発を進めている州は 2000 年以降増え始め、2003 年時点で 46 州にのぼると言う。この間の ICT の急速な発展がそれを支えているが、その中で、後に述べるような、個々の学生の入学前から卒業後までのさまざまな情報を蓄積し、それを分析することで大学としての業績を把握しようとするようなシステムの開発も進められてきているのである。

　以上本節では、アメリカの新自由主義改革の第一段階とも言える、公財政支出削減、市場における諸資源の獲得をめぐる競争と大学教育の私事化の状況、そして、アカウンタビリティの要請に応えるために、州政府が実施した業績連動型の財源配分とその後の推移を概括した。そこで以下の節においては、連邦政府段階の権限強化の試みを伴って行なわれてきた新自由主義改革の第二段階について跡づけていくこととしたい。

3．連邦高等教育法改正の新自由主義的側面（1）
学習成果の評価基準化を通じた連邦政府の権限強化の動き

（1）1990 年代の高等教育法修正とアクレディテーションにおける学習成果の測定の重視
　周知の通り合衆国憲法により、連邦政府は大学に対する直接的な統制の権限を持たない。そこで、連邦政府が拠出する補助金の受給資格をアクレディテーション団体による認定を受けた教育機関に限定し、アクレディテーション団体が行なう評価活動を規制することで、間接的に教育機関に影響力を行使するというしくみを第二次世界大戦後確立してきた。1990 年代の連邦政府の権限強化も、基本的にこのしくみを使ってその実施が図られたといえる。
　すでに見たように、1980 年代には、大学に対する政府歳出の削減等を一因として大学の学費が急激に上昇することとなった。その一方で、家庭の収入や連邦政府による支出の伸びは学費の上昇に追いつけず、学生は学費を支

弁するためにローンによる多額の負債を抱え、結果的に返済できなくなるものも急激に増加することとなった。また、低所得者層や身体障害者の学生がローンによる学費の支弁を避けて高等教育の享受を放棄してしまうという事態を招くことになった。

　レーガン政権を引き継いだブッシュ政権下で行なわれた1992年の高等教育修正法の立法過程では、教育機会の平等の達成を目標とし、連邦政府による奨学プログラムを健全に運営するためのシステム作りが目指された。その途上、下院教育労働委員会（Education and Labor Committee）において、教育省の視学総監（the Inspector General）が「毎年貸付金や給付金として学生に付与されている数十億ドルの公的資金が危機にさらされている。その一因は、アクレディテーション団体が認定を行う場合に適切で効果的な方針を用いていないからである」と証言した。これを契機として、評価のあり方を含めたアクレディテーション団体に対する規制の強化が図られることとなった。法制定により実現した内容の詳細は別稿に譲ることとするが[10]、奨学プログラムの健全性を担保するために、州政府機関、民間のアクレディテーション団体、連邦政府機関（教育省）による三重のチェック体制が形成された。同時に、従来あいまいであった教育省長官によるアクレディテーション団体の認定基準とその認定手続きについても、連邦規則として制定すべきことが法定された（HEA92 §496(o)）。つまり、規制のための法の形式という点では、従来と比べて格段に強化されたのである。そして同法を受けて94年に制定された「学生に対する財政的援助に関する規則（Student Financial Aid Regulations, 34 CFR 1994）」では、教育省長官によるアクレディテーション団体の認定基準項目の数が、従来の基準に比べ著しく多くなった。とりわけ、評価すべき事項についての条項も新設され、教育課程（Curricula）、教員組織（Faculty）、施設・設備・備品など、教育に関する諸条件の整備（インプット）に関わるものだけでなく、教育内容やその成果に関わるものも評価が求められることになった。具体的には、プログラムの期間と授業の履修および学位・免許状取得に関する諸費用の関係など、費用に見合うプログラムを提供しているかどうかを評価することや、大学が掲げる使命（mission）への学生の到達度や学生ローンの返済

不履行率など、教育の成果に関わるものについての評価が要請された（§602.26(b)）。これらは、アクレディテーションによる評価を通じた大学教育の標準化を指向するものであった。なお後述するように、この年の修正において、「学生の知る権利」を拡大することを目的に、個別教育機関の詳細な情報公開システムである IPEDS（Integrated Postsecondary Education Data System）に各大学が情報を提供することも義務化された。

　規則制定の4年後にあたる98年の第105連邦議会で、92年法の修正審議が進められた。そこで成立した1998年高等教育修正法（1998 Amendments to Higher Education Act of 1965, P. L. 105-244、以下、「98年法」と略す。）では、92年法で新設された州政府機関によるチェックの規定は廃止された。その一方、アクレディテーション団体に対しては、学費高騰が止まらないなか、より少ない費用で学生の達成度をより高めることに評価の重点を置くことが求められた[11]。そのことは、アクレディテーション団体の評価基準に対して求められることになった項目の筆頭に「当該大学の使命（mission）への学生の到達度」が掲げられ、それを評価する際に「卒業状況（course completion）、州による資格試験結果、就職率（job placement rates）を適切に勘案」するよう求められたことにも表れている。

(2) スペリングス報告書とその波紋

　98年法については2004年ころから修正協議が始められ、2008年8月に高等教育機会法（HIGHER EDUCATION OPPORTUNITY ACT, P. L.110-315、以下、「08年法」と略す。）の成立とともに修正・継続が承認された。この修正途中の2006年9月に、当時の教育省長官の名前をとったいわゆる「スペリングス報告書」[12]が公表された。報告書は、「知識基盤社会」において大学の卓越性の維持が経済成長の原動力であることを確認した上で、アメリカでは、近年の大学の学費の高騰にも関わらず、その卒業生が得た学位や資格に値する能力を身につけていないと指摘した。その結果、卒業生が相応な職を得られないため、連邦奨学金の返済不履行率の高騰を招いているとして、大学とそれを評価するアクレディテーション団体を批判した。

その上で報告書は、改革諸施策の成否を握るのがアカウンタビリティの一層の向上であると主張した。とりわけアカウンタビリティの履行において、①現行のデータシステム（上述のIPEDS）には財政援助（奨学資金）と卒業率とに関する情報（＝教育というパイプラインを通ることで得られる学生の成長に関する信頼できる情報）が不足していること、②そのため、政策立案の担当者や学生・保護者が詳しい情報に基づいた意思決定ができないこと、を指摘した。そして、各大学は経費と学生の成果（success outcomes）に関する情報について透明性を確保すべきこと、各機関が学生の学業達成（achievement）の結果を測定する（assessing）場合は、学生の入学時の学力に対する付加価値（value-added）という観点から判定（measure）すべきこと、などを提言した[13]。

さらに、そのような学習成果を測定するために、高等教育機関には、批判的思考や分析的推論、文章表現などのスキルの測定のために開発されたCollegiate Learning Assessment(CLA)などのような標準テストの利用を推奨した。他方、アクレディテーション団体にも、その評価の重点を、大学へのインプットや運営プロセスから卒業率や学生の学習成果の測定（learning assessments）に移していくよう変化を求めた。しかも、アクレディテーション団体が行なう評価において、学生の学習成果その他の成果を示す指標を通じて大学間比較を可能にするよう基準を見直すこと、評価結果の公表により透明性を高めること、などを提起した[14]。このことは、各大学の個性と多様性を尊重する目的適合性の評価や自己改善を支援する評価など、アクレディテーションにおける評価の本質的な部分を、画一的な学習成果という基準による規制的な評価へと転換させることを意味している。

そこで以下では、スペリングス報告書に対する各関係者の反応や法案成立までの動きをアメリカの『高等教育新聞（THE CHRONICLE of Higher Education）』電子版の記事に基づき跡づけてみたい。

まず報告書から約一年後の記事[15]では、2007年に入ってから教育省長官が、学生の学習成果による評価をアクレディテーションのプロセスに盛り込むよう、連邦規則改正に動いていたことを伝えている。それに対して、多くの大学やアクレディテーション団体は、学生の学習成果によって大学間の比

較ができるような評価を強制することは、連邦政府によるカリキュラムへの介入を意味するとして反対した。加えてアクレディテーション団体は、教育省長官自らが任命する「教育機関の質と誠実性に関する全米諮問委員会 (National Advisory Committee on Institutional Quality and Integrity：NACIQI)」が、連邦規則改正前に報告書が求める評価基準の導入をアクレディテーション団体に強制していることについても批判していた。

　また、それから約2ヶ月後の記事[16]では、上下両院および共和・民主両党に所属する連邦議会議員グループが教育省長官による連邦規則改正作業の停止を求め、長官もそれを断念したことを伝えている。議会は、大学の業績を評価する手法の決定権を教育省から剥奪しようとしており、下院の法案でも、「(学生の達成したものの測定は、) 各大学の使命との関連で検討されるべきであり、異なる大学のプログラムに対しては、個々の大学が定める個別の基準を適応することもできる」と規定されていたのである。この規定は最終的に成文化された法と同じ主旨のものである。また、両議院ともNACIQIの刷新を目指しており、教育省長官がすべての委員を任命している現行のしくみを、議会が過半数を任命するよう改正することを検討していた。

　このような経過を経て、アクレディテーションにおける評価に一律の学習成果に関する基準を導入することが困難であることを、教育省長官も認識するにいたった。その一方で、2006年の報告書公表後、規則改正もないまま、長官の意を受けてその速やかな実現を進めてきたのがNACIQIであった。NACIQIは連邦政府によるアクレディテーション団体の認証審査をする機関でもある。実際、NACIQIの審査では、CLAなどの標準テストによる学生の学習成果の測定の評価基準化を厳格に求めていたことが伝えられており、同年12月にはアメリカ教養教育学会 (American Academy of Liberal Education：AALE) のように、学習成果の測定方法が不十分として連邦政府の認証の停止を勧告されるアクレディテーション団体も出ていた。教育省長官も2007年4月にこの勧告を受入れ、AALEの認証を停止した。

　しかし、有力な地域アクレディテーション団体の審査が2007年12月に行なわれるのに先立ち、教育省長官は自らNACIQIの委員に対し、学生の

学習成果の測定方法は個別の大学に委ねる必要があること、標準テストのような画一的な方法がすべての大学にあてはまる訳ではないことを明言した[17]。

(3) 学習成果の測定への対応の多様性

上述のような経緯を経て、標準テストによる学習成果の測定の強制を通じたカリキュラムの標準化に対する連邦政府の権限強化のもくろみは潰えたと言える。その要因の一つには、1980年代以降のアカウンタビリティの要請の高まりに対して、アクレディテーション団体が学生の学習成果の測定方法の開発を個々の大学に求めてきたことを指摘できる。評価を通じて個々の大学の使命や目的への適合性を高める方向での自己改善を支援し、高等教育の多様性の確保に努めてきたのである。実際に08年法も従来のアクレディテーションが果たしてきた上記のような役割を認め、アクレディテーション団体が「宗教的なものその他のものを含む、各大学の掲げる使命を尊重するように」評価基準を適用するよう求める表現が殊更に追加された。また、前述の98年法において基準に含むべき項目の筆頭に掲げられていた、「当該大学の使命（mission）への学生の到達度」を評価する際には、「当該教育機関が定めた当該機関あるいはプログラム毎の異なる基準」を考慮することも求められた。NACIQIの委員も18名に増員され、3分の1にあたる6名ずつを大統領（当面は上院）、下院、教育省長官の三者がそれぞれ任命するよう改められた。

しかし、CLAをはじめとする標準テストの利用については、大学の対応は分かれているようである。スペリングス報告が公表された1年後には、400以上の加盟校を有するアメリカ州立大学協会（American Association of State Colleges and Universities）と200以上の加盟校を有する全米州立大学・国有地交付大学協会（National Association of State Universities and Land-Grant Colleges）が、授業料から標準テストの結果に至るデータを公表する共有システムの運用を計画していることが報じられている[18]。このシステムはVoluntary System of Accountability(VSA)として運用されていて、VSAのウェブサイトによると

2012年6月現在、上記2団体の加盟校の61％が情報を提供している。ただし、学生の学習成果を測定する方法については統一されておらず、2012年度以降テストの種類を増やすとともに、標準テストによらないValue Rubricという評価規準を活用することも認めるなど、未だに検討段階にある。

また、スペリングス報告公表5年後の状況を取り上げた別の記事[19]では、公表当時121大学の約3万人の学生がCLAを受けていたが、5年後の2011年段階でも200大学程度への拡大にとどまり、公立大学も含め、すべての機関がその結果を公表しているわけではないと伝えている。

とりわけ私立大学は標準テストのもつ教育改善への意義は認めていても、その結果の公表には慎重なようである。報告書公表当時、1000近くの会員大学からなる全米私立大学協会（National Association of Independent Colleges and Universities）のウォレン（Warren, D. L.）会長は、スペリングス報告が提起した「大学間の比較可能性」に反対することを表明し、標準テストのデータを含まない会員大学の諸情報を同協会のウェブサイトに公表することを検討しているとも伝えられていた。

このように標準テストへの対応に差が出ること自体、アメリカの大学の多様性を示していることになるが、個々の大学の情報をより積極的に公表しようとすることでは一致している。次章で述べるように、連邦政府の権限拡大に慎重な議会も、個々の大学の情報提供を拡大し、アカウンタビリティの一層の履行を求めることには積極的であったからである。

4. 連邦高等教育法改正の新自由主義的側面（2）
詳細な情報開示の要請

(1) 中等後教育統合システム（IPEDS）の導入とその展開

すでに述べたように、州立大学の大半はアカウンタビリティを履行する一環として様々な情報を州政府に提供し、各州政府はそれを統合して公表するシステムを公開している。しかもそこでは、各大学の統計的な情報に限らず、個々の学生単位で入学から卒業後の進路までを跡づけるようなデータ（Unit

Record：UR）を集積するシステムまでもが構築されている。しかし、それらのシステムで公表されているのは州立大学のデータが大半で、私立大学のものまで含むものはそれほど多くない。それに対して、教育機関の統計的な情報の提供を全米レベルで行なっているのが中等後教育統合システム（Integrated Postsecondary Education Systems：IPEDS）と呼ばれるもので、国立教育統計センター（National Center for Education Statistics：NCES）が1986年に立ち上げたものである。IPEDSには、個別大学の学生数、各教育プログラムの修了状況、卒業率、教職員、財政状況、学費、学生に対する奨学支援の受給状況などのデータが含まれており、92年法によりアクレディテーション団体の評価を受け、連邦奨学金の受給資格を得た中等後教育機関のすべてがIPEDSへの情報提供を義務づけられた。さらに98年の修正を受けて、IPEDSで収集された諸情報から、各教育機関の理念、学費、奨学資金の需給状況、在学者の状況、授与される学位や資格などを検索できるシステム（College Opportunities On-Line：COOL）の運用を開始した。各教育機関に在籍する学生の他、将来学生となる子どもやその保護者の諸情報へのアクセスを容易にすることを目的とするものであった。

　その後、98年法の修正協議がはじまる2004年には、教育省の意向を受け、従来のIPEDSを上記URシステムへと大きく見直すためNCESも調査研究を進めた。すでに見たような標準テストの義務化とあわせて、各大学の学生の学習成果を学生単位でフォローアップし、それぞれの大学の業績をより明らかにする、すなわちアカウンタビリティの履行状況をさらに向上させることを目的とするものであった。

　しかし、調査研究が実施されているうちから、『高等教育新聞』紙上には学生のプライバシー保護に懸念があるとの指摘が繰り返され、そのような懸念を打ち消す内容を含む上記NCESの調査研究結果報告書[20]が公表されたあとでも、そのような指摘は続けられた[21]。記事の中では、私学関係者から学生の個人情報が学生の教育のためではなく、政治的な関心に基づいて使われてしまうことが指摘されている。また、仮にこのような変更が法制化された場合には、個々の大学は大幅な情報関連システムの改編が求められ、提

供が求められる膨大な情報を報告する担当者を複数雇用することが必要になることにも言及されている。このことは各教育機関のコスト増に直結するため、その実施は必ずしも容易ではないだろうと予測されていた。

(2) スペリングス長官による IPEDS 改革の試み

スペリングス長官は、NCES の調査研究の内容を支持し、その方向で IPEDS を改革しようとした。その際、先の「スペリングス報告書」で、現行の IPEDS が「初めて学位あるいは資格取得を目指す、フルタイムの学生」という、いわゆる「伝統的な学生」に限って情報収集していることを問題視した。実際の学生の大部分を占めるパートタイムの学生や編入学生がどのような学習行動をとっているのかについての情報が欠落していると指摘したのである[22]。そして、州政府、大学団体、個別大学あるいは大学システム等が、CLA 等により測定された学生の学習成果に関する情報を大学内外の関係者が相互に利用できるようなシステムを開発することに対して、連邦政府が支援することを提言した[23]。

その後、98 年法の修正協議が進み、UR システムに対する反対に直面する中で、長官はアクレディテーション団体に対する規制強化と同様に、連邦規則改正を通じて IPEDS 改革の先行実施を試みた。2007 年 1 月 24 日付の『連邦官報 (Federal Register)』に標準テストの結果を含む学生の学習成果情報、学費、奨学資金、フルタイム学生 1 人あたりの教育費などさまざまな情報を概括した形の情報を追加して収集する改正案を提起したのである[24]。UR システムそのものの導入ではないが、各教育機関は学生の個別情報（UR）を収集した上でないと回答できないものであった。

しかし、実際に成立した高等教育機会法には、本法のいかなる条項も、本法が定める支援を受ける個人、連邦奨学金受給資格を付与されている教育機関に在籍する個人、などの個人が特定されるような情報連邦政府によるデータベースの開発、公開、運営についての権限を与えるという解釈をしてはならないと定められた（HEOA2008, §134(a)）。そのようなデータベースには、学生個人を長期間にわたって追跡するような UR システムも含まれていたた

め、2007年初頭の教育省長官によるIPEDSの改革案は実現不可能となった。他方、州政府レベルで開発されたデータベースにおいては、学生個人を長期間にわたって追跡するようなURシステムの運用を妨げるものではないことも明記された。実際、上述のNCESの調査研究報告書では、2003年に公表された研究において、39の州で一つ以上のURシステムを運用していることが報告されている。それらは基本的に公立大学から情報を収集しているとのことである。また、一部の私立大学についても情報収集の対象としている州が12あり、その数は増加傾向にあることも伝えている。ただし、URシステム自体の縮小を検討している州もあるという[25]。

なお、08年法成立にあわせて、IPEDSに報告する情報が膨大なものになった。同法は、情報の収集、報告作業を行なう教育機関の負担軽減を求めてはいるが、大学側からの批判は根強いものがある。

5. 連邦高等教育法改正の新自由主義的側面（3）
営利大学に対する規制の変容[26]

公的な資金で提供されてきたサービスを営利企業に任せて効率化を図るというのも新自由主義的改革の特徴の1つである。教育面でいえば営利目的（for-profit）の企業が学校の運営に参入する障壁を低くし、公的な資金を得られるようなしくみを整備することがそれにあたる。本章の最後に、営利大学に対する規制が高等教育法改正とともにどのように変容しているのかを見ておきたい。

アメリカでは1970年代後半からアリゾナ州に本部を置くフェニックス大学（University in Phoenix）などいくつかの営利大学が存在してきた。フェニックス大学は1976年に創設され、78年にはアリゾナ州を管轄する地域別アクレディテーション団体（North Central Association of Colleges and Schools）の認定を取得している。そして、このような営利大学が急速に成長するきっかけになったのが本章でみてきた1992年の高等教育法改正であった。92年以前においても、復員軍人支援プログラムとして営利大学で復員軍人が学ぶ費用の補助が

行なわれてきた。それに加えて 92 年法は、連邦政府の奨学支援プログラムの適用範囲に営利大学を加えたのである。これにより連邦政府の認証を受けたアクレディテーション団体に認定された営利大学の学生が連邦政府の奨学支援プログラムに参加することを通じて、営利大学に投入される公的資金が大幅に拡大することになった。

　ただし、営利大学についてはもう 1 つ別の要件が課せられた。それが財源構成比率に関する「85/15 ルール（後に 90/10 ルール）」である（HEA92 §481）。同法第 4 編「学生への支援」(Title IV–Student Assistance) による多様な奨学資金から得られる財源を営利大学全体の財源の 85％以下に抑える、言い換えれば、営利大学は連邦政府の公的資金以外から独自に 15％以上の財源を調達することが求められたと言うものである。低所得者層を広く受け入れている営利大学の在籍率や卒業率の低さ、ひいては学費ローン返済不履行率の高さが認識されており、そのような大学を 100％公費で維持することには反対の声も強かったためである。

　その後の各種調査研究において、連邦の公的資金への依存度の高い営利大学ほど学生の学習成果があがっていないこと、依存度の低い営利大学ほどローンの返済不履行率が低くなることなどが報告された。しかし、98 年法は営利大学側に有利になるよう、公的資金の上限を 85％から 90％に引き上げた（90/10 ルール）。08 年法の審議過程ではさらにこの規制自体の撤廃も含めて検討されたが、米国会計検査院 (United States General Accountability Office) が、営利大学学生の卒業率、就職状況、ローン返済不履行率、資格取得率などの低さを指摘したこともあり[27]、08 年法の下でも財源構成比率に関する「90/10 ルール」は一部変更の上そのまま維持されている。

小　括

　以上、本章はで、主に 80 年代以降のアメリカにおける新自由主義大学改革の動向を記述してきた。とりわけ連邦政府段階の改革においては、初中等教育段階と同様、アメリカの経済競争力に資する人材を育成することを目的

としていることが確認された。また、80年代以降の連邦・州双方の財政状況は決して良好ではないため、大学は授業料や寄付、さらには研究者が獲得する外部資金など、公的な財政支出以外の財源を、グローバル化が進む自由な世界市場の中での競争により確保しようと努力していた。本質的に新自由主義のイデオロギーが常態化していると言われる由縁であろう[28]。しかしそのことが、授業料の高騰を生み、ユニバーサル段階における学生の多様化や低学力化、研究重視の帰結としての教育軽視、などの要因による学士課程教育の水準の低下につながることで、州立大学を中心に州政府主導による教育の成果に重点をおいたアカウンタビリティを強く求められるようになっていった。連邦法においても、連邦奨学金の受給資格認定において、それまで主導的な立場にあったアクレディテーション団体を批判し、州政府機関の設置を一旦は制度化するなど、90年代半ばまでの大学改革動向は、初中等教育段階と同様の展開を見せていると言えよう。

　その後今世紀に入り、大学の業績に基づく財源配分の限界に気づいた各州政府は、共通様式で比較可能な大学の情報開示システムの構築へと政策を転換していく。そのような州政府による先行的な改革を連邦レベルで実現しつつ、教育活動の成果の把握に関する連邦政府の権限強化を図ったのがブッシュ政権下の教育省長官のスペリングスであった。しかし、標準テストの義務的使用や学生個人単位の情報に基づいて教育活動の成果を把握するシステムの義務的使用といった改革は、大学（団体）のロビー活動もあり、いずれも連邦議会に阻まれることとなった。したがって、初中等教育段階の改革で指摘されている、州政府主導の改革の全国化や連邦政府による強制的な実施については、今のところ実現に至っていない。このことは、長年の競争的な環境の中で、民間主導のアクレディテーション団体の支援による自己改善活動を続け、多様なシステムを構築してきたアメリカの高等教育システムの強靭さがここまでは保持されていたことを示しているのだと考えられる。しかし、オバマ政権に代わったあとでもアカウンタビリティに対する要請は強くなるばかりである。特に、営利大学の教育の質の低下がその背景にある。引き続き、アメリカにおける大学改革動向を注視しておく必要がある[29]。

[注]
1 世取山洋介「アメリカにおける新自由主義改革の展開―政府間関係の変容に焦点を合わせて」、「アメリカにおける新自由主義教育改革へのふたつの対抗軸―学校における共同と教育における平等―」、佐貫浩・世取山洋介編『新自由主義教育改革その理論・実態と対抗軸』大月書店、2008年、p.188, p.298
2 江原武一『大学のアメリカ・モデル―アメリカの経験と日本』玉川大学出版部、1994年、p.24
3 P. G. アルトバック他編、高橋靖直訳『アメリカ社会と高等教育』玉川大学出版部、1998年、pp.66-67
4 喜多村和之『大学淘汰の時代―消費社会の高等教育（中公新書965）』、中央公論社、1990年、99. 48-50
5 江原『前掲書』、pp.25-31
6 犬塚典子『アメリカ連邦政府による大学生経済支援政策』、東信堂、2006年、p.190
7 犬塚『前掲書』、pp.195-199
8 Ruppert, S. S. "Roots and Realities of State-Level Performance Indicator Systems." In Gaither, G. H. (ed.), Assessing Performance in an Age of Accountability：Case Studies, New Direction for Higher Education, No.91, Jossey-Bass, 1995, pp.13-16.
9 山崎博敏「アメリカの州立大学におけるパフォーマンス・ファンディング」、米澤彰純編『大学評価の動向と課題』（高等教育研究叢書62）、広島大学大学教育研究センター、2000年、吉田香奈「アメリカ州政府による大学評価と資金配分、国立大学財務・経営センター『大学財務経営研究』第4号、2007年、吉田香奈・柳浦　猛「米国テネシー州における高等教育財政とパフォーマンス・ファンディング」広島大学高等教育研究開発センター『大学論集』第41集、2010年、などを参照。
10 拙稿「アメリカ合衆国連邦政府とアクレディテーション団体との関係に関する考察」、大学基準協会『大学評価研究』第1号、2001年
11 105th Congress 2nd Session, Senate Report 105-181, pp.69-71.
12 U.S. Department of Education, A Test of Leadership：Charting the Future of U.S. Higher Education, 2006.
13 op. cit, p.4, pp.13-14.
14 op. cit, p.24.
15 Basken, P. "Bush Administration Spars With Accreditors", THE CHRONICLE of Higher Education, Sep. 24, 2007
16 Basken, P. "U.S. Review of Accreditors May Produce a Showdown", THE CHRONICLE of Higher Education, Nov. 30, 2007
17 Basken, P. "Federal Panel Shows Greater Tolerance of Letting Colleges Define Their Own Measures of Success", THE CHRONICLE of Higher Education, Dec. 19, 2007
18 Basken, P. "A Year Later, Spellings Report Still Makes", THE CHRONICLE of Higher Education, Sep. 28, 2007
19 Field, K. "Spellings Panel Spurred Progress in Some Key Areas but Failed to Remake

American Higher Education", THE CHRONICLE of Higher Education, Sep. 18, 2011
20 Cunningham, A. F., and Milam, J. (2005). Feasibility of a Student Unit Record System Within the Integrated Postsecondary Education Data System (NCES 2005-160). U.S. Department of Education, National Center for Education Statistics
21 Field, K. "Proposed Student-Data System Can Be More Secure, Report Says", THE CHRONICLE of Higher Education, Apr. 1, 2005
22 U.S. Department of Education, ibid. p.14
23 op. cit, p.23
24 Blumenstyk, G. "Education Dept. Seeks More Students Data", THE CHRONICLE of Higher Education, Mar. 2, 2007
25 Cunningham, A. F., and Milam, J. op. cit. pp.8-9
26 本説の記述は、米国議会図書館の議会調査室（Congressional Research Service, the Library of Congress）の報告書（Institutional Eligibility and the Higher Education Act： Legislative History of the 90/10 Rule and Its Current Status, Updated January 19, 2005）を参考にしている。
27 General Accountability Office, Student Outcomes Vary at For-Profit, Nonprofit, and Public Schools, GAO-12-143, 2011
28 Rhoads, R. A. and Liu, A. Globalization, Social Movements, and the American University： Implications for Research and Practice, Smart, J. C. (ed.), Higher Education：Handbook of Theory and Research Volume XXIV, Springer, 2009, p.301
29 同時に、本章で取り上げた近年のアメリカにおける大学改革動向は今後の日本の大学改革諸施策を吟味する上でも重要である。例えば、2012年8月28日に公表された中教審「新たな未来を築くための大学教育の質的転換に向けて～生涯学び続け、主体的に考える力を養成する大学へ～（答申）」は、2008年の中教審「学士課程教育の構築に向けて（答申）」が示した学士課程教育の質的転換のための方策を着実に実行するための具体的な手だてを明示している。その一環として、大学評価・学位授与機構と大学入試センターが統合して国立学校財務・経営センターの業務を引き継ぐとされる「新法人」と認証評価機関などの大学支援組織が行なうべき施策が列記されている。そこには、①各大学の1年間の成果を比較可能な形で情報発信する「アニュアル・レポート」として自己点検・評価の公表や活用を行なうこと、②新法人が2014年度から運営する「大学ポートレート（仮称）」を積極的に活用促進すること、③アセスメント・テスト（学習到達度調査）、学修行動調査、ルーブリック等、学生の学習成果の把握の方策について多元的に研究・開発を促進すること、④認証評価機関が学習成果を重視した認証評価を行なうこと、などが重視されている。「大学ポートレート」に至っては、本稿で取り上げたVSAのデータを活用して運用されているCollege Portraitと名称まで同じである。本章で見てきた改革諸施策がアメリカ本国でも未だ試行錯誤の段階である以上、日本の大学改革の施策として取り入れるのであれば、十二分に慎重な検討が必要なことはいうまでもない。

第5章　グローバリゼーションと
イギリスの大学改革
——イギリス高等教育の改革動向と経営・管理に関する現代的構造

姉崎洋一

1. イギリス高等教育の改革動向

　イギリス（ここでは主としてイングランドに限定する、なお、英国と表記する場合もある。）の高等教育は、第二次大戦後から今日にいたるおよそ70年の間に、極めて大きな変容を遂げてきた。それは、法的には1944年教育法から2004年高等教育法、さらにその後の近年のドラステイックな改革を迫る高等教育政策の中に看取することができよう[1]。

　歴史的にとらえれば、それは大きく4つの時期区分をとることが可能であろう。

　第一は、1944年教育法から1979年のサッチャー政権誕生までの期間である。戦後直後わずかに2%の大学進学率、5万人の学生というエリート養成を主眼とする大学は、オックスフォード、ケンブリッジ両大学に代表される学寮制を敷くリベラルアーツ型の教育、それに続くロンドン大学、さらには19世紀末葉から20世紀初めに設立されてきた都市大学（マンチェスター、リバプール、シェフィールド、リーズなど）の構成からなるものであった。その後、英国社会の復興と産業社会の要請を受け止めた1960年代のロビンズ報告（1963）などの政策による「新大学」(当時、サセックス、ヨーク、ランカスター、ウオーリック、エッセクス、ケント、イーストアングリア)の増設、地方自治体を設立主体とするポリテクニク（当初はデイプロマ、後に学位授与権獲得）の増設、など高等教育機関の量的増大がはかられた。またUGCなどによる大学財政保障、オープンユニバーシテイ設立による高等教育機会の拡大などもこれに加

えられる。1960年代末葉の世界的な大学紛争は、英国にも影響を与えたが、それらが実際に矛盾として噴き出すのは90年代以降といえる[2]。

　第二は、サッチャー、メージャー時代の保守党政策による「教育改革」の影響である。サッチャー型改革は、当時のレーガン大統領による米国の教育改革、中曽根康弘首相による日本の臨教審型教育改革に大きな影響を与え、市場化・民営化を軸として公教育体系の再編解体を促すものであった。英国では、1988年教育改革法がその象徴的な内容を示すものであった。これを受けて1992年には、高等継続教育法が成立した。これによって、ポリテクニクと大学の分別は消えて、新大学が各地に設立された。(中には、オックスフォードブルックス大学、ウエスティングランド大学、ノーサンブリア大学のように中堅位置に食い込む大学もあらわれた) この一連の法改正は、公教育の基本制度原理、財政原理を大幅に変えるものであった。また、増大する中等、高等教育要求を制度的重層化、NPM手法によって再編することをねらいとした。この間に、フォークランド戦争、炭鉱ストライキの圧殺、ソ連、東欧型「社会主義」国家の崩壊、湾岸戦争、などの政治経済的激変があり、サッチャーは、財政打開に打ち出した人頭税の不評があり退陣を余儀なくされた。サッチャー政権の施策を引き継いだメージャー政権末期には、高等教育政策の次なる時代の基調を示す、デアリング報告 (1997年)、ケネデイ報告 (1997年) などが示された[3]。

　第三は、保守党政治の貧富差拡大、強引な改革政策に反発する国民に対して、第三の道、ニューレイバーを掲げ「政権交代」を迫ったブレア労働党政権が誕生したことである。しかし、その政策内容は多くの矛盾を含んだものであった。一方には、サッチャー型政治経済路線の基本線の継承があった。とりわけ、外交、財政政策では、米国追随型の新自由主義的、軍事大国主義的施策が導入され、イラク戦争加担、NPM型行政改革、自治体の自助努力政策が遂行された。他方では、国民の中に渦巻く貧富格差の拡大への不安、NHSや社会保障などの福祉国家施策の土台の揺らぎの不安など、この先英国がいかなる道を進むのかの不透明さへの危惧などに応えるべく、「教育、教育、そして教育」を政権誕生の第一声としたブレアは、教育改革に「第

三の道」型施策の導入を企図した。高等教育においては、デアリング報告において4つの柱が打ち出されたことを基本軸とした。①経済及び社会への高等教育の貢献を強化すること、②参加拡大及び公平なアクセス、学習・教授、研究における卓越性、③高品質の高等教育セクターを維持すること、④卓越性を可能にすること（HEFCE＝高等教育財政審議会）である。これを受けて、高等教育在籍率の拡大をねらう「参加拡大」(WP) 施策と並行させて、高等教育機関の授業料値上げ、「質保証」に関わる大学評価の徹底、RAE(Research Assessment Exercise) などを前提として大学のリーグテーブル（国内大学ランキング）結果による高等教育機関の競争的種別化、HEFCE による財政コントロール強化など、国境を越えて共通に見られる高等教育のグローバル化動向（世界銀行、IMF、WTO、OECD などの国際的大学の基準・枠組みづくり、他方での EU のボローニャ・プロセスなどの動き）に対しての英国的対応がはかられるようになってきた[4]。ブレア政権は、イラク戦争の米国追随加担の根拠のねつ造疑惑、国内施策の財源見通し困難などによる施策の打ち切りの増大などによって人気が凋落し崩壊した。シュアスタートプログラム、チルドレンズファンド、コネクションズ、ニューデイール施策など、部門間・行政領域間の枠組みを超えて結合させての、家庭・家族、子ども・若者の福祉と教育、職業能力開発、「社会的移行」の包括的支援策や新大学での多くの新たな領域での専門的資格を有する人材育成などの施策の多くは、財源不足で打ち切られるか、自治体の財政責任に委ねられるか、民間団体や個人等による私的負担、あるいは大学独自の財源確保に委ねられることになった[5]。ブレアの後を継いだブラウン政権もさしたる成果をあげることができず、短命に終わった。高等教育においては、その間に、与党議員からも反対が出て僅差で成立した 2004 年高等教育法は、大学の授業料値上げの施策、大学の経営、統治に関しての新たな枠組みなどを提示するものとなった。

　第四は、労働党政権に代わって保守党キャメロン首相・自民党クレッグ副首相の連立政権（2010 年 5 月）が誕生したことである。この政権は、財政危機を前面に打ち出して、より一層の NPM 施策の徹底、緊縮財政政策を進めるための「公的セクター予算支出枠組み」を提示して、それまでのニューレ

イバー政権によって進められてきた施策・事業を見直し、大幅に削減ないしは廃止を打ち出してきた。その施策は徹底した新自由主義施策の強化である。無論、国民の反発を織り込んでのことである。保守党の間には揺らぎはなかったが、自民党はその公約の多くを放棄ないしは修正することになり、支持者たちからも不評を買うことになった。高等教育に関しては、これらの結果、大学を構成するステークホルダーの利害関係（理事者、大学教職員、学生）の対立の顕在化、大学の競争的種別化をめぐる激しいランキング競争と大学グループ再編（ラッセルグループ、1994 グループ、など）の進展、米国型専門職大学院の増大と普及、大学統治における同僚的ガバナンス・ピア評価に対してそれを否定的にとらえる企業的経営・業績達成評価の強まりとそれに対する抵抗、突出した上げ幅になった大学授業料に対しての学生団体や国民諸団体からの全国的な授業料値上げ反対運動の顕在化などが生じてきた。EU のボローニャ・プロセスへの対応における優位性の確保、国際的高等教育市場へのアングロ・アメリカンの一員としての積極的な参入（大学評価ビジネス産業育成、外国への英国大学の進出促進、非 EU 圏留学生拡大による財源確保）、高度専門的職業人養成への対応など、この政権の立ち位置も比較的明瞭になりつつある[6]。

2. 法的、政策的動態

1）2004 年高等教育法の成立

1997 年のデアリング報告の流れを受けた The Future of Higher Education（『高等教育の将来』）『高等教育白書』（2003 年 1 月刊行）を踏まえて Higher Education Act2004（2004 年高等教育法）が成立した。

2004 年高等教育法は、大学評価に関しての新たな機関（第 1 章「芸術・人文科学研究審議会」）の設置、学生の苦情申立審査（第 2 章）、授業料及び機会均等施策（第 3 章）、学生支援施策（第 4 章）、雑則・一般規定（第 5 章、雑則）の 54 ヵ条、7 つの附則から成る法であった[7]。

同法の最も大きな焦点となったのは、それまでに、毎年上げられてきた授業料が、一定の上限を設けるとはいえ、自由化を認めたことである。（同法第

3章、イングランドでは、23〜26条、ウエールズでは、27〜28条、外国人には29条、など）この結果、『高等教育白書』でうたわれていた2010年までに上限3,000ポンドまでの授業料値上げについて、実施が可能となった。また、学部別授業料の差異性も承認されることとなった。このことの代償措置として、高等教育へのアクセスに関する機会均等措置がはかられた。すなわち、奨学金制度については、「高等教育給付奨学金」(Higher Education Grant) から「生活費奨学金制度」(Maintenance Grant) と名称変更し、家庭所得が1万7500ポンド以下であれば、2,700ポンド、1,7501ポンドから37,425ポンドの間では所得に応じた支給がされ、また低所得出身学生や障害者、母子家庭出身には「特別支援給付奨学金」(Special Support Grant) が措置された。また、この場合、授業料は、前納ではなく、就職後年収が1,5000ポンドを超えた時点から支払うこととされ、学生は、The Student Loan Company（学生奨学金公社）からローンを組み、在学中の生活費と授業料（上記学生奨学金公社から大学に支払われる）をまかなうこととなった。しかしながら、このことは、「参加拡大」(Widening Participation in Higher Education；WP) 政策があるとはいえ、低所得家庭出身学生には強い経済的かつ心理的負担を強いることとなった[8]。

この授業値上げ政策については、労働党は2001年の総選挙マニフェストで授業料値上げをしないとしていた経緯もあり、2004年1月27日の下院 (House of Commons) の第2次読会では与党からのいわゆるバックベンチャーが続出し（72議員反対、19議員欠席）、最終的には賛成316票、反対311票というわずか5票の僅差での可決であった。同年3月31日の下院の第三次読会では、保守、自民、労働党の一部の反対があったが賛成309票、反対248票（欠席棄権が増えた）で可決されて、上院たる貴族院 (House of Lords) に送付された。反対意見の中には、現行の1,125ポンドで据え置き、卒業後の後払いにすべき（Ian Gibson議員）との提案もあったが（賛成288票、反対316票）否決された。ただし、労働党政府は、今後の授業料値上げには慎重たるべきとの与党議員からの強い声もあり、2010年以降の授業料値上げには議会の十分な審議が必要であること、各大学が3000ポンド以上の授業料を課さないように監視をすることを約したが、それらは2010年の労働党から保守・自

民の連立政権への交代によって反古とされることになった[9]。

イングランド（ウエールズ、北アイルランドを含む）のこのような授業料値上げの動きは、新自由主義的な高等教育財源の多元化・民営化（学生納付金の増大を含む）に基づくものであり、欧州において突出した動きをつくりだしたといえる。当然のことながら、欧州の他の国々に多大な影響を与えていることは疑う余地のないことである。しかしながら皮肉なことに、連合王国（UK）内部では、スコットランドが同地域出身学生には、依然として授業料無償措置を継続していること（地元及び欧州諸国出身学生は無償、イングランド、ウェールズ、北アイルランド在住者には授業料を課す）ウエールズではその後有償から無償への揺り戻しの動きがあること、などの不統一性があることは留意される。

2）ブラウンレポート（2010年10月）の影響

2010年10月に、Securing a Sustainable future for higher education an independent review of higher education funding & Student finance.（「高等教育の持続的将来保障のための高等教育財政及び学生財政に関する独立見解」）と題したレビュー報告が、同年5月に発足した保守党・自民党の連立政権に提出された。いわゆる、ブラウンレポートとされる報告書である。60頁に及ぶ同報告書は、上院（貴族院）議員のLord John Brown（元BP社長、元王立工学アカデミー会長）を座長とした7人の委員の調査と討議（2009年11月に前労働党政府による委託）をまとめ、高等教育の公的助成制度の見直しを迫るものであった。これは、ブレア政権が確約した高等教育進学率を50％に引き上げるという方針が、2010年には45％近くまで上昇し、近づいたが、他方では、政府の公的助成がこの進学者増大に追いつかず大学財政を圧迫しているとの認識を示し、これを是正すべきとして、①年間3,290ポンドに上限設定されているイングランドの大学授業料を、授業料設定は大学の裁量に任せるべき、②学生は在学中に授業料を納付するのではなく、授業料ローンの返済は、卒業後就職して年間2,1000ポンドを超えてから返済を開始する、パートタイム学生も授業料ローンを受けられるようにする、③各大学は入学許可学生数を、自由に設定できるとする、④現在のHEFCE（前出：高等教育財政審議会）、高等教育品質

保証機構（QAA）、などの高等教育監督組織を一元化して高等教育カウンシル（Higher Education Council）を新設すべきとしたものであった[10]。

レビューの構成は、第一に、イングランドにおける大学授業料と大学進学率の歴史的変遷を概括している。すなわち、50年前の年間進学率が6％時代の授業料無償時代、1960年代のロビンズ報告による高等教育拡大方策が90年代まで続行し、その結果高等教育財政難が生じたこと、デアリング報告（1997）が打開策として、授業料有償を導入提案し、その後2004年高等教育法はさらにその授業料引き上げを承認し、卒業後返済制度を導入させたとしている。第二は、2010年5月に発足した保守・自民連立政権は、その予算編成においてComprehensive Spending Review（「包括的歳出見直し」）を発表したことに言及していることである。政府予算は、5月に政権交代があったこともあり、例年3年の見直し期間を4年とした上で、リーマンショック（2008年）後の政府の債務残高悪化による構造的財政赤字を解消するために、2014～15年度までに、保健省と海外援助予算を除く各省庁の予算を平均19％削減することとなること、高等教育については、ビジネス・イノベーション・技能省（BIS）の予算は、4年間で25％の削減、大学の政府交付金も2011年度から4年をかけて段階的に40％削減するとしたものであった。とりわけ、人文・社会科学の政府交付金は、STEM学科と称される（Science, Technology, Engineering, Mathematics）領域の交付金が現状維持据え置きとされたこともあって、ゼロ査定となり、授業料値上げが必至となったことである[11]。

3）保守党・自民党連立政権発足と大学財政削減の深刻な危機

この結果、2010年12月には、英国下院は、イングランドの大学授業料の年間上限枠を大幅に引き上げる議案を賛成323票、反対302票のわずか21票差で可決した。これには、野党労働党だけでなく、与党内の反対票が多く出たことを示した。同じ議案は、上院貴族院で、賛成283票、反対215票で可決された。この結果を受けて、イングランドの大学授業料は、2012年秋から3、290ポンドの現行額から6,000ポンド、条件付きで9,000ポンドまで引き上げられ、この範囲内の授業料値上げ幅は、各大学の裁量に委ね

られることになった。これらの授業料返済は、政府監督下の学生ローン公社が学生に代わって返済し、学生は卒業後年収が2,1000ポンドに達して以降、年収分の9％を30年間にわたり返済することとなった。ただし、返済開始後30年を経ても完済されない場合は、ローン残高は無くなるものとされた。実際の推移は、多方の予想に反して多くの大学が上限9、000ポンドの授業料を決定した。この背後には、人文・社会科学などの学科は、存亡の危機にさらされ、やむなく授業料値上げの苦渋の選択を迫られたこと、また大学間のランキング競争もあり、低授業料を設定した場合の学生評価への危惧が働いたこと、研究よりも教育に重点を置く大学などでは、授業料収入が大学経営に占める比率が高いこと、しかもそうした大学ほど低所得者家庭出身学生比率が高く、また他の外部資金の収入を多く見込めないなど、意に反して授業料を低く設定できず、授業料値上げに踏み切らざるを得なかったことなど、大学内の経営方針をめぐる混乱と学生と大学経営層との対立・矛盾を示すものとなった[12]。2010年、2011年冬から2012年春にかけて、ロンドンを始めとする主要都市での学生や大学教員組合などの授業料値上げ反対のデモンストレーションは、かつてない広がりを示した[13]。イングランド以外のスコットランド、ウエールズ、北アイルランドにもこの授業料値上げの影響は、大きいものがあった[14]。「包括的歳出見直し」施策は、ビジネス・イノベーション・技能省からの通達によって、HEFCEの教育・研究の大学向け交付金の減額を迫った。2011～12年度交付金は、前年度比約6％(実質約8％)の減額となり、各大学は、経営上の大きな打撃を受けることになった[15]。UUK(英国大学協会)会長は、このような施策に関して、憂慮の念を表明し、大学のガバナンスの危機を訴えた[16]。ただし、UUKは、かつて「英国高等教育セクターの将来規模と構造」と題した報告書(2008年7月)において「高等教育の将来像」の「3つのシナリオ」を示していたが、それらはいずれも必ずしも現実とは合致するものとは言えなかったことを示した。すなわち「変化への穏やかな対応」「市場主導の競争的」な内容、「雇用主主導の柔軟な教育」である[17]。なお、連立政権が導入した「包括的歳出見直し」施策は、その淵源は、世界銀行の示したpublic spending expenditure framework[18]にあり、

ここでは、詳しくは論究できないが、アングロ・アメリカン諸国においては、主人—代理人 (PA) 理論[19]と並んで、その公共財政施策の共通シナリオとなっていることに留意する必要があろう。英国においてもその影響は色濃いものがある。

3. イギリス高等教育改革の力学構造

1) 英国高等教育政策の政治・経済・学術的力学構造

イギリス（英国）の高等教育に関する政策決定構造は、当然のこととはいえ、簡明ではない。

一つには、大学・高等教育機関の生成の歴史的複雑さがある。現在、英国の大学群は、設立根拠法、運営規則、設置形態、教育課程などによって、おおよそ7つの類型が存在する。①オックス・ブリッジ、② LSE、③旧大学（1992年以前の大学）、④新大学（1992年以後の大学）、⑤ダーラム大学等、⑥高等教育カレッジ、⑦継続教育カレッジである[20]。

二つには、上記の大学・高等教育機関群に対して影響を与え、方向付けを与える国家的メカニズムである。英国の大学は純粋な私立大学は一つのみとされ、その他は、何らかの法人もしくは会社組織を設立基盤としている。それらに対して、学位授与もしくは、財政補助を通じてコントロールを行使しているのが政府、省庁及び大学監督機関である。

この事情をより詳しく述べれば以下となる。

第一に政府に関しては長らくの二大政党時代の影響があり、保守党、労働党の政策が大きな影響を有する。さらには、それらと連動する政策諮問委員会、白書、緑書、法律が具体的な政策を代弁することになる。大学の学位授与、認可は議会を通した法律に基づくことになる[21]。

第二に大学政策にコミットする省庁に関しては、省庁再編があり、この間めまぐるしく変動してきた。その都度名称が変動してきたが、現在高等教育に直接関与しているのはビジネス・イノベーション・技能省（BIS）である。そしてその下には、高等教育財政審議会（HEFCE）が位置付く。これらは、

多様な評価指数を用いた大学評価（教育、研究）による包括的交付金を司ることにより、大学・高等教育機関の財政的統制を行っている。他方、貿易産業省、科学技術庁下には、研究カウンシル（RC）、工学・自然科学研究カウンシル、バイオテクノロジー・生物科学研究カウンシルなどが位置付く。それらは、プロジェクト経費等による統制に関与しているといえる[22]。

　三つには、大学政策の方向に影響を与える社会的メカニズムである。これらは、多様なアクター、ステークホルダー群の相互の働きかけによって、ある種の社会的ベクトルを形成していくものといえる。大学協会（UUK）、CVCP　Committee of Vice Chancellors and Principals（大学学長・校長会議）、大学学術諸団体（ラッセルグループ、1994 グループなど）、政党、産業界団体、国際的機関（EU、OECD、WB、IMF、ユネスコ等）、さらには学生団体、教職員組合団体、国民世論などがこれに加わる[23]。

2）国内における競争的財政配分政策と国際的高等教育政策への参入

　以上の構造の中で、大学政策に関して、とりわけ近年大きな影響を与えているのは、第一は、競争的な大学評価による財政誘導政策である。国や企業等からの研究費の獲得に関しては、RAE（Research Assessment Exercise）によるリーグテーブル評価が大きな影を落としている。この卓越性確保のための、大学学長等のリーダーシップ発揮による大学ガバナンスの革新、ランキング（国内、国際）評価引き上げのための多様な対策、優秀な人材確保のための人事の流動性促進、研究における被引用論文数の拡大、主要国際学術誌への投稿、国際学会での役割、外部資金獲得数の多寡などが、大学改革主流の要件となってきている[24]。第二は、国際的な高等教育政策への関与及びネットワークの形成である。イギリスは、EU のボローニャ・プロセスには比較的距離を置いた対応を示してきた。そこには、ボローニャ・プロセスそれ自身が、アングロ・アメリカンの影響下にあるとの自信や達成基準をクリアしているとの自負があるからとされてきた[25]。他方では、グローバルな高等教育市場をねらった政策には、先鞭を果たす役割を担ってきた。THE や QS ランキングによる国際的大学基準の水路付け[26]、英国大学の国際的進出（アフリ

カ、東南アジアなど)[27]、アメリカのアカデミックキャピタリズム、主人―代理人理論の移入による大学ガバナンスの「革新」の動向、途上国高等教育機関への政策コンサルタント機能の発揮などである。国際的展開の中には、かつての英国連邦時代のコロニアリズムが、新たな装いの下に影を落としていると思われる面が伺える[28]。

3) 大学ガバナンスの変容と大学の同僚的・学術的自治の危機の進展

イギリスの大学は、オックス・ブリッジ、ロンドン大学、旧大学、新大学などによって、大学ガバナンスの形態は多様である。

オックス・ブリッジは、長年のカレッジ自治の慣習を尊重し、バイス・チャンセラー(Vice Chancellor)はカレッジ間の学問的な相互信頼を前提とした緩やかなリーダーシップを旨としてきた。大学財政や競争的研究・教育評価においても余裕があることが前提であった。しかしながら、その慣習を破るべく新たに乗り込んできたバイス・チャンセラーとカレッジ間との緊張と対立には、大学ガバメントとガバナンス、あるいは同僚評価と企業的業績達成評価、との矛盾が現れているといえよう[29]。

ロンドン大学においても、多様な部局、研究所、カレッジ群の中で、いかなる大学統治を示すのかについては、長年の議論が横たわっている。その中にあって、国家的政策形成にコミットしている部局の存在[30]と同時に他方では成人教育の伝統と結合してのユニークなカレッジの形成も[31]あり、こうした多様性をいかに尊重するのかは、重要な論点となっている。

都市大学を中心とした旧大学においては、大学統治における二重の組織(大学評議会と教授会の関係性)のアカデミック統治が長らく支配的であったが、近年においては、大学バイス・チャンセラーのリーダーシップによる近代的大学経営と従来の評議会・教授会自治との間には、厳しい緊張関係が生じてきているとされる[32]。とりわけ、部局の改廃、予算の配分には、RAEなどの評価によるリーグテーブルの評価が最も厳しく顕在化するのが、この旧大学群であるとされている。また、競争の厳しさは、大学間のコンソーシアム形成などによる対抗軸の新たな拠点化の動きも看取される[33]。ラッセルグル

ープの入れ替わりなど、競争が露骨である点も特徴である。

　新大学、とりわけポリテクニクを前身とする場合は、地方自治体等からの大学経営運営委員会への参加があり、大学人との協働のありかたが問われてきている[34]。この種の大学の財政基盤の多くは、競争的外部研究資金よりも授業料と地域との連携による収益が大きな要素を占めており、その学生誘致政策や教育的カリキュラム構造の魅力が鍵を握っているとされる。職業的資格や専門職人材養成の比重が大きいだけに、教育評価の指標化の困難など、新たな研究課題が提起されている[35]。

4. 未来に向かっての大学改革の視点から英国の高等教育改革をとらえる

　J.S. ミルが「大学教育について」を St. アンドリュース大学の学長就任演説において述べたのは、19世紀末葉であった。そこでは、学問の自由・真理探究と教養人の育成こそが大学の使命であり、職業人養成などは、大学の使命とは無縁とされた。「大学は職業教育の場ではありません・・・有能で教養ある人間を育成することにあります」[36] このようなリベラルアーツ型の古典的な大学理念が、今日においてどのように受け止められるのかは、一つの論点である。オックス・ブリッジは、そのコアとなっている学生教育を主たる任務とするカレッジ（学寮）の伝統と、大学院や研究所を軸としたリサーチ拠点との統合という矛盾した課題を抱えている[37]。

　大学の使命が、学問真理探究の自由、社会の市民的リーダー育成、職業人養成の三要件であることを提起したのは米国の大学教育モデルに由来するが、それとて古典的なモデル類型である。三つの責務を同時に果たすことは、困難な課題でもある。イギリスにおいても、職業人、専門職養成、新たな資格付与は、もはや避けられない課題となっている。新大学が果敢にこのことに挑戦してきたが、最近の高等教育財政政策における包括的財政支出抑制政策は、この課題遂行に大きなダメージを与えようとしている[38]。

　今日、国境を越えての大学・高等教育の動向は、グローバルモデルとして

の大学像の創造を提起している。それは、OECD などが提起する 21 世紀型大学像の探究を求めることになる。知識基盤型社会に必要とされる専門職人材及び市民的教養人、巨大な科学技術開発に求められる大学・高等教育機関の研究・技術開発力の創造など、政策的グランドデザインの風呂敷は大きい。

しかしながら、実際の高等教育改革は、新自由主義的な財政原理を根底においた大学統治形態を強引に改編しようとしている。

この点で、イギリスにおける、戦後の大学再編とそのガバナンスの変容過程は、とりもなおさず、大学のミッションの再定義に関わる内容を含んでいる。一つには、エリート段階から英国的ユニバーサルアクセス段階に突入する中で、高等教育人口の拡大を支える財政構造のありかたが問われ、高等教育財政の公共性が問われている。授業料や奨学金をどのように考えるのか、大学間の格差構造をどのように把握すれば良いのか、二つには、大学の国内的・国際的ランキングが英国発で指標化される中で、大学評価のありかたをいかに考えるかが最前線で問われている、分野間の差異性をどう考えるかはその一つの例である。基礎的学問分野、芸術・人文・社会科学領域などと、自然科学系の評価との違いをどのようにとらえるのか、指標や数値化へのこだわりとともに、数値化されにくい分野の評価をいかに行うのか、このことが実際的に論じられているのも英国の特徴である[39]。三つ目は、アングロ・アメリカン諸国と呼ばれる英語使用諸国のグローバライザーとしての役割の問題である。米国、英国、豪州、ニュージーランドなどの高等教育改革路線が、世界の高等教育改革に与えている影響は大きい。はたしてそこに貫いているのは何か、欧州高等教育圏の動向や東アジア圏の動向をにらみながら、解明が必要になってきているといえよう。

[注]
1 例えば、Robert Stevens, *University to UNI The Politics of Higher Education in England Since 1944*, POLITICO'S, 2004, David Warner & David Palfreyman, *The State of UK Higher Education*, Open University Press, 2001
2 Ibid, University to UNI, pp.26-27
3 姉崎洋一「イギリスにおける大学成人教育の危機と新しい可能性」(日本社会教育

学会編『高等教育と生涯学習』日本の社会教育第 42 集、180-191 頁、東洋館出版）1998
4 姉崎洋一「社会的排除に抗する 21 世紀型高等継続教育の課題」、ミリアム・ズーカス「社会的排除に立ち向かう大学の役割の課題―最近の英国における高等継続教育政策」鈴木敏正・姉崎洋一編『持続可能な包摂型社会への生涯学習』大月書店、2011 所収、9 章（姉崎）193-210 頁、10 章（ズーカス）211-228 頁
5 ニック・エリソン「イギリスと EU における社会政策の動向」（姉崎・向井訳、第 2 章、53-78 頁）、鈴木敏正編『排除型社会と生涯学習』北海道大学出版会、2011 所収、リチャード・テイラー「イギリスにおける社会的統合と生涯学習政策」、平塚真樹・乾彰夫「ポスト産業社会イギリスにおける若者の移行過程変容と若年支援政策」（第 2 章（テイラー）、53-68 頁、第 5 章（平塚・乾）109-134 頁、いずれも前出注 4 文献所収）Caroline Glendinning, Martin Powell and Kirstein Rummery edited：*Partnerships, New Labour and The Governance of Welfare*, The Policy Press, 2002, Anthony Giddens, *Over to You, Mr. Brown*, Polity, 2007
6 The Bologna Process：Retrospect and Prospects, Higher Education Volume 30 Number1, 2005,
7 原文は、次の web サイトでダウンロードできる。http：//www. legislation. gov. uk/ukpga/2004/8/contents/enacted　邦訳と背景解説については、上原有紀子、吉田多美子「英国 2004 年高等教育法の制定」国立国会図書館、『外国の立法 229』（2006. 8）
8 Chris Duke & Geoff Layer edited, *Widening Participation*, niace, 2005.
9 特に、自民党は、公約に授業料値上げに反対を掲げていたこともあり、支持者を含め、公約違反と批判を受け、地方選挙で大幅な後退を余儀なくされた。政権交代後の保守党の強硬姿勢の中には、一部の大学を完全な私立大学に変える意図も伺える。なお、この文脈については、2012 年 3 月に行ったロンドン大学バークベックカレッジ学部長、ミリアム・ズーカス氏（3 月 28 日）、リーズ大学元上級講師キース・フォレスター氏（3 月 25 日）、リーズ大学法学・社会科学・教育学部長のジェレミー・ハイアム氏（3 月 27 日）の聞き取りにも伺えた。なお、英国の授業料・奨学金問題の歴史的変遷については、芝田政之「英国における授業料・奨学金制度改革と我が国の課題」国立大学財務・経営センター　大学財務経営研究　第 3 号、2006. 8、pp.89-112 参照
10 原文は、次の BIS の web サイトからダウンロードできる。http：//www. bis. gov. uk/assets/biscore/corporate/docs/s/10-1208-securing-sustainable-higher-education-browne-report　なお、簡単な解説は、山田直「英国大学事情・2012 年第 4 号」（通算 112 号）（文科省科学技術政策研究所での 2012 年 2 月 15 日の講演資料）および Higher Education Funding and Student Finance, Putting Students First, October, 12, 2010, fullreport：http://www, independent. gov. uk/browne-report
11 注 9 のミリアム・ズーカス氏、ジェレミー・ハイアム氏のインタビューでは、この点での危惧が強く表明されていた。
12 例えば、Musab Younis, *British Tuition Fee Protest, November 9, 2010, London*, a journal for and about social movements Event analysis, Volume 3（1）：172-181（May 2011）、

第5章　グローバリゼーションとイギリスの大学改革　97

　　Professor Roger Brown Liverpool Hope University, *MARKETS RULE, OK? THE COALITION GOVERNMENT'S HIGHER EDUCATION REFORMS IN CONTEXT*, Oxford Lecture 14 November 2011, pp.1-16,
13　ibid
14　スコットランドでは、同地域出身学生及びEUからの外国人には大学授業料無償を維持している。イングランド、ウエールズ、北アイルランド出身の学生からは1820ポンド（医学部2,895ポンド）を徴収している。なお、エデインバラ大学、セント・アンドリュース大学ではスコットランド以外の英国人学生からは、年額9,000ポンドの授業料を徴収している。理由は、それらの地域からの学生が無償であると殺到するからだとされる。なお、EU以外の国からの留学生の授業料は、各大学の裁量に委ねられ、多くの場合、イングランド出身の学生以上に高額な授業料が徴収される場合が多い。
15　注9のインタビュー。
16　UUK会長コメント「大学によっては、学科の閉鎖等につながる可能性がある。公的研究評価に基づく研究への交付金額も削減されることになり、特に自分科学分野への影響が大きいことを憂慮する」（前出注記10、山田直資料、10頁）。なお、UUK（全英大学協会）とは、UK全体（イングランド、ウエールズ、スコットランド、北アイルランド）をカバーする大学協会のことであり、そのメンバーシップは現在133大学である。
17　Universities UK, *The future size and shape of the higher education sector in the UK*: *demographic projections*, 2008, pp.1-52 なお簡便な解題は、村田直樹「英国高等教育の将来像」アルカデイア学報2342号、2008.12.7
18　*Evaluating Public Spending*：*A Framework for Public Expenditure Reviews*（World Bank Discussion Paper, 1997）
19　例えば、藤村正司「主人・代理人論からみた高等教育システム」広島大学高等教育開発センター　大学論集　第39集、2008年3月、185-203頁
20　『諸外国の高等教育』文部科学省65頁、2006、及びMichael Shattock, *Managing Good Governance in Higher Education*, Open University Press, 2006では、オックス・ブリッジ統治モデル、スコットランド統治モデル、都市大学統治モデル、高等教育法人モデル、米国大学統治モデル、を主要類型にあげている。
21　HEFCE, Higher Education in England, pp.1-78, 2008
22　文部科学省先導的大学改革推進委託事業、国立大学財務・経営センター主催セミナー、芝田政之「英国大学の資金配分と施設整備―イングランド高等教育財政協議会の資本的経費資金交付の仕組み」2008年2月18日、配付資料、3頁
23　ラッセルグループは、funding（資金獲得）、regulation（法整備）、大学環境の改善、優秀なスタッフと学生の確保を目的とする大学団体である。
24　RAE（Research Assessment Exercise）については、毎年HEFCEから、the outcomeが刊行される。その戦略的プランについては、HEFCE, Strategic plan 2006-11, pp1-52, 2008参照。
25　これは、2007年3月のリーズ大学調査時に、大学本部の職員にインタビューをした

時に明瞭に示されていたが、他に前出注6文献を参照。
26 例えば、QS World Universities Rankings, 2012 Report, pp1-30, john O'Leary, Executive Board, QS World Universities Rankings（presentation paper）QS RANKINGS：DO THEY SUPPORT DECISION MAKING AMONG INTERNATIONAL STUDENTS?, International Conference；World Performing Universities, 10 October 2012, Singapore
27 例えば、Ian PASHBY, The University of Nottingham's Malaysia Campus and future plans for Asia engagement, presentation paper, International Conference；World Performing Universities, 11 October 2012, Singapore, 東南アジア諸国には、米英豪州の大学の進出が盛んになっている。
28 注26, 注27の国際会議に参加したが、シンガポール、台湾、マレーシア、香港、バングラデイッシュ、インドなどの参加者の意識には、かつて宗主国であったこと、あるいは留学による影響からか、英国の高等教育モデルへの親和性の強い発言が多かった。また、ハーバード大、エール大学、メルボルン大学の報告には、アングロ・アメリカン共通の枠組みが示唆されていた。この点の論究は、別の機会に稿をあらためて論じたい。
29 前出注20, Michael Shattock, Managing Good Governance in Higher Educationのオックス・ブリッジ型統治参照、なお、英国におけるVice Chancellorは、邦訳上は副学長であるが、実質的な学長である。知られるように 英国は、歴史的には勅許状方式の大学認可であったがために、Chancellorが王室関係の名誉職であるからである。この点で、オックスフォード大学に着任したバイス・チャンセラー・副学長のDr, Jhon Hoodのトップダウン型「改革」政治と各カレッジ、大学人との緊張と対立は2006-7年に多くの議論を巻き起こした。一連の新聞記事にその様子が伺える。強引な授業料値上げの要請、カレッジの慣習的自治の否定発言、公立校出身の女子学生の入学拒否の不当疑惑、等々がこの時期に集中した。"Vice Chancellor warns：tuition fees will rise again"（Oxford Student, 12th October 2006）, "John Hood calls for higher top-up fees"（Cherwell 13th October 2006）, "Congregation passé reform amendment"（Cherwell, 17th November 2006）, "Admissions to be reformed"（Cherwell 4th October 2006）, "Oxford set to vote on"（THES：Times Higher Education Supplement, 9th November 2006）, "Ending Self –Governance"（THES：Times Higher Education Supplement, 9th November 2006）, "Many regret Oxford and degree choice"（Cherwell 2nd March, 2007）, "Dons warily vote to reform"（THES 17TH November 2006）, "Defeated v-c will be called to Commons"（THES 22ND December 2006）, "Forget the gown-casual wear will do for Oxford exams now"（THES, 2nd February 2007）
30 ロンドン大学は、1836年創設だが、各カレッジ研究所は独立しており、その連合体が通称ロンドン大学である。19のカレッジ12の研究所の連合からなり、学生数は10万人を超え、その全体の統治システムは複雑で把握が困難である。ユニバーシテイカレッジ（UCL）、キングスカレッジ（KCL）、インペリアルカレッジ（ICL）、ロンドンスクールオブエコノミックス（LSE）などは、オックス・ブリッジと肩を並べる国家の中枢人材養成機能をもつ。これに対してバークベックカレッジ（BBK）、東洋アフリカ研究学院（SOAS）、教育研究所（IOE）などは、より民衆的、教育研

第5章 グローバリゼーションとイギリスの大学改革　99

究的な側面を有する。バークベックカレッジ（BBC）の学部長のミリアム・ズーカス氏には、2009、2010、2011、2012の英国訪問時にこうしたロンドン大学の統治についてインタビューを行った。なお、ICLは2007年に独立して、ロンドン大学からは離れた。

31　上記ミリアム・ズーカス氏のインタビュー。BBCは、ロンドンメカニックスインスチチュートを前身とし、パートタイムの成人学生への教育機会を提供してきた伝統がある。現在はフルタイム、パートタイムの学生19,000人が在籍し、学部、大学院の教育と研究を行っており、通称、london's Evening Universityの名称で呼ばれ、ユニークな学風で知られる。ジョージ・バークベックの1823年の演説、"今や、知識の普遍的な拡張を祝福すべき時代である"は著名である。1920年にロンドン大学に編入された。

32　リーズ大学のジェレミー・ハイアム氏へのインタビューは、2010年2月、2012年3月に行った。その一つは文末資料5を参照。リーズ大学は，ラッセルグループに属するが、世界のトップ50大学に入るとのVCの改革姿勢は、部局の統廃合、収益部門と非収益部門の競争的再編を強行し、いくつかの部門は廃止の道を辿らざるを得なかった。また、RAEの評価とともに、人文社会科学系の予算の削減（ゼロベース）は、学生の授業料値上げと共に、専任教員の研究的競争関係を促進し、他方では予算削減から契約講師の解雇に結びつき、大きな波紋を残した。その前兆を示した成人教育部門の改廃については、姉崎洋一「転換期の英国大学と大学成人教育の岐路―リーズ大学を中心に」（『北海道大学大学院教育学研究科紀要』第93号、250-265頁」2004年）参照されたい。なお、シェフィールド大学については、「日英高等教育に関する協力プログラム」プロジェクトによって、報告書が刊行され、筑波大学との統治比較などもなされている。『高等教育におけるリーダーシップとガバナンス』(大学評価・学位授与機構編、英国大学に対する訪問調査報告書、2005年)

33　リーズ大学、シェフィールド大学、ヨーク大学はコンソーシアムを結び、ホワイトローズと名付けている。この名称はバラ戦争時代に由来し、ランカシャー地方の赤バラ（マンチェスター大学）との対抗をも示している。マンチェスター大学は、2004年にマンチェスター（ビクトリア）大学とマンチェスター工科大学と合併し、英国内有数の巨大大学となった。いずれも競争力拡大を目的としている。なお、ホワイトローズは、シェフィールド、リーズ、ヨーク大学の連携で、連携することで、オックス・ブリッジなどと対抗する力をつけてきている。

34　ポリテクニクを前身とする新大学では、オックスフォードブルックス大学のように旧大学の中に割り込むような大学もあるが、どちらかといえば、地域での評価を高めることに力点を置くケースが多い。ロンドン地区の新大学（イーストロンドン大学、ノースロンドン大学など）では、教育的に重要な貢献をしながらRAEなどでの劣位にあることから来る経営困難が知られ、またリーズメトロポリタン大学、マンチェスターメトロポリタン大学、シェフィールドハーラム大学などでは、留学生を含む学生数増大による授業料収入拡大にウエイトを置いていて、その質保証に課題を抱えている。地元自治体からの財政補助などは、資格付与型のカリキュラム開発

に力を入れるというチャレンジも生み出している。レスター・デ・モントフォート大学やハダスフィールド大学などがその事例に属する。

35 ユース＆コミュニテイワーカー、プレイワーカー養成に関する調査で、デ・モントフォート大学（1998年）、リーズメトロポリタン大学（2005年、2007年）を調査したことがあるが、専門的職業人養成とそれにふさわしいカリキュラム構成、授業のデザインが大きな課題となっていた。この種の議論の方向を示すものとして、Paul Ashwin edited, *Changing Higher Eaducation*, Routledge, 2006

36 John Stewart Mill, Inaugural Address delivered to the University of St. Andrews, Feb. 1st 1867, 邦訳『大学教育について』岩波文庫、2011年、12頁

37 苅谷剛彦『イギリスの大学・ニッポンの大学 - カレッジ、チュートリアル、エリート教育―グローバル化時代の大学論』中公新書ラクレ、2012 参照

38 前出注32のラッセルグループに属するリーズ大学のインタビューで明らかになったことと同様にあるいはそれ以上に、新大学の財政危機は深刻である。また、このことは、さらに大学と成人教育部門と双方にリンクするノーザンカレッジなどの宿泊型継続教育カレッジにも大きな打撃を与えている。その前兆については、姉崎洋一「社会的排除と高等継続教育の再編構造―英国ノーザンカレッジの地域再生実験を軸に―」（日本社会教育学会編　年報「日本の社会教育」第50集、『社会的排除と社会教育』186-199頁、東洋館出版、2006年）

39 例えば、前出注26報告、及び例えば、Roger Brown, Quality Assurance in Higher Education, The UK Experience, RoutledgeFalmer, 2004. 参照

第6章 グローバリゼーションと
ニュージーランドの大学改革

石井拓児

1. 80年代から今日までのニュージーランドにおける政治的動向

1983年5月28日にニュージーランド（以下、NZ）とオーストラリアの間で締結された経済緊密化協定（Australia and New Zealand Closer Economic Relations）は、以後の両国間における貿易自由化の布石となったというだけではなく、ベトナム・シンガポール・チリ・ブルネイ・ペルー・マレーシア・フィリピンそしてアメリカといった太平洋をとりまく各国間の自由貿易協定の締結へと波及するものであった。これが今日、日本政府の協議参加の是非をめぐって重大な政治的焦点となっている、TPP協定（Trans-Pacific Strategic Economic Partnership Agreement：環太平洋戦略的経済連携協定）の歴史的前提である[1]。

興味深いことに、NZ—オーストラリア経済緊密化協定が結ばれた翌1984年に誕生したロンギ政権は、新自由主義の手法にもとづく大胆な行財政改革をすすめると同時に、この手法を公教育分野へも拡大・適用した。NZの大学改革は、「新自由主義大学改革」として措定してよい。

ただしNZの新自由主義大学改革は、直線的に進行したわけではなかった。改革の問題が次第に明らかになるにしたがい、絶えざる修正と是正が施されてきた。本章では、30年近くにおよぶNZにおける新自由主義大学改革の歴史的経験について、時期区分しながら段階的に整理し、それぞれの特徴を示すこととする。あらかじめNZ政権の変遷（表6-1を参照）をもとに時期区分をすれば、次のようになる。

1980年代の第一次・第二次ロンギ政権（労働党単独政権）下において財務省

表6-1　NZ政権の変遷

	時期	首相	政権党	
第Ⅰ期	1984年7月～1987年7月	ロンギ(1)	労働党	
	1987年7月～1989年8月	ロンギ(2)	労働党	
	1989年8月～1990年9月	パーマー	労働党	
	1990年9月～1990年11月	ムーア	労働党	
第Ⅱ期	1990年11月～1993年6月	ボルジャー(1)	国民党	
	1993年6月～1996年10月	ボルジャー(2)	国民党	
	1996年10月～1997年12月	ボルジャー(3)	国民党	連立政権
	1997年12月～1999年12月	シップリー	国民党	NZ第一党との連立政権
第Ⅲ期	1999年12月～2002年8月	クラーク(1)	労働党	連合党との連立政権
	2002年8月～2005年9月	クラーク(2)	労働党	革新連合党との少数連立政権
	2005年9月～2008年10月	クラーク(3)	労働党	革新党との少数連立政権
第Ⅳ期	2008年11月～2011年11月	ジョン・キー(1)	国民党	ACT党等との連立政権
	2011年11月～	ジョン・キー(2)	国民党	ACT党等との連立政権

に主導されて行財政改革を中心にすすめた〔第Ⅰ期〕、この新自由主義改革が社会領域の全体にわたって浸透し、個別具体的に制度化がすすめられた〔第Ⅱ期〕、そして、新自由主義改革の制度的欠陥が指摘されるようになり、その見直しがすすめられた〔第Ⅲ期〕である。また、2008年のリーマンショックの余波を受け、NZ通貨の大幅な下落や経済危機に直面するようになると、政権交代を期に新しい改革の潮流が生まれつつある。これを〔第Ⅳ期〕ととらえることができる。

筆者はすでに前稿において、〔第Ⅲ期〕にあたる90年代末からすすめられた新自由主義改革是正状況を、大学評価システムの内容に即して解析することを試みた[2]。1999年から2008年まで続いた労働党を中心とする連立政権は、新自由主義改革から一定の距離を保ちながら、さらに従来の福祉国家的枠組みとは異なるいわゆる「第3の道」を選択したとみられるが、これをイギリス労働党のブレア政権（1997～2007年）の政策とパラレルなものとみるものもあれば[3]、「福祉国家の再設計（Redesigning the Welfare State）」と評価するものもある[4]。「第3の道」を福祉国家的制度の再設計とみるのか、ある

いは新自由主義改革の延長線上に位置づけようとするのか、その評価はなおも流動的である。

　ともあれ〔第Ⅱ期〕における新自由主義改革の進行とともに社会経済全体の行き詰まりはますます明確となり、競争主義的な教育制度・大学制度のもと教員不足をはじめとする深刻な教育システム不全がもたらされ、さらに格差問題ならびに民族的マイノリティやジェンダーといった社会的弱者のいっそうの不利益が、新自由主義改革それ自体と密接に関係してきていることも研究的に明らかとなってきてもいた。こうして〔第Ⅲ期〕の大学改革は、「競争モデルからの転換」を掲げ、新自由主義とは位相を異とする NZ に特徴的な大学ガバナンス改革がすすめられたのである。

　NZ の大学改革は、〔第Ⅲ期〕以降、新自由主義的手法をさらに促進させつつも、市民参加・学生参加制度を大学行政・大学ガバナンス制度の骨格のなかに組み込みながら、単なる国家統制手法にとどまらない新しい制度設計を模索してきた。これを「新福祉国家的制度設計」とみなしうるかどうかはなおも慎重な判断が必要であるが、それでも独自の展開を見せていることは確かであろう。皮肉なことに、〔第Ⅳ期〕において新自由主義改革が再加速することによって、〔第Ⅲ期〕改革の「福祉国家的制度部分」と「新自由主義的制度部分」が次第に判明しはじめてもいる。

　そこで本章では、前稿において得られた知見をふまえながら、さらに今日的・現代的な状況を加味することによって、新自由主義的な大学制度の基本的枠組みを再検証することとしたい。そのために、(1) NZ における新自由主義教育改革の進展状況をまずは歴史的段階的に整理することからはじめる。その際、冒頭で示したように大学改革の背景にある NZ 経済界の動向および大学改革に一定の影響を与えたとみられる NZ における高等教育のグローバリゼーションの状況を確認する。そのうえで、(2) とりわけ〔第Ⅲ期〕から〔第Ⅳ期〕への政権交代の背景をふまえながら大学改革の状況を比較検討することによって、その特徴と特質を導き出す。(3) 以上を通じて新自由主義的大学改革制度設計の基本枠組みをあらためて素描することになる。このことは同時に、一度形成をされた福祉国家的制度部分としての NZ 型大学ガバナン

ス制度―すなわち大学行政制度への学生参加・市民参加そして当事者としての大学教職員ならびに労働者代表の参加の仕組み―が容易には融解しえない制度的経験を蓄えていることを示すことになるであろう。

2. NZにおける新自由主義大学改革の展開

(1) 〔第Ⅰ期〕および〔第Ⅱ期〕における大学改革の素描

NZにおける大学改革の展開は、以上の行政改革ならびに社会改革の歴史段階と当然のことながら接合する。NZ行政改革の特質を整理・分析している和田明子ならびに平井文三の研究によれば、世界に先駆け新自由主義改革を昂進してきた〔第Ⅰ期〕および〔第Ⅱ期〕のNZの改革はNPM（新しい行政経営）にもとづく手法が採用されたものであることが示されている[5]。この時期、公務員改革や各種公的機関の民営化など、その改革がきわめて急進的かつ大規模であったことから世界から大きな注目を集める要因となった。

ところでこの改革の背景として、NZが国際金融貸付機関（いわゆるグローバライザー）による構造調整プログラムを引き受けてきたことはより重要な問題として指摘されなければならないであろう。例えばロンギ政権下で内閣府長官を務めていたジェラルド・ヘンズレイは、IMFからの強い政策誘導があったことを回顧している[6]。

また、ロンギ政権下における新自由主義改革の背景のもうひとつの特徴は、ビッグビジネスのサポートを受けながら政策形成をすすめたことにある[7]。NZのビッグビジネスは、イギリス新自由主義改革の動向を相当に強く意識しながら矢継ぎ早に改革提言をすすめてきた[8]。なかでもビジネス・ラウンドテーブル（Business Roundtable：NZBR）は、80年台後半にエデュケーション・フォーラム（Education Forum：EF）というシンクタンクを立ち上げて教育改革プログラムの積極的な提言活動をすすめ、また関連書籍の出版活動を含めてロビー活動や世論形成に大きな役割を果たした[9]。

〔第Ⅰ期〕における大学改革は、市場原理を導入するための基本的な制度設計が中心であり、その包括的な制度骨格は1989年教育法として示された。

これによって国立大学は法人化され、各大学の管理運営を統括する機関として評議会（Council）が設置された。評議会は政府との交渉を通じて各大学の使命を記述する「チャーター(Charters)」を作成することが義務付けられ、また外部機関の評価によるアカウンタビリティを求められるようになった[10]。この段階で「授業料（tuition fee）」も導入されている。

また国立の研究所においても分割民営化（政府を最大株主とする株式会社）がすすめられた。教育改革の主戦場は、高等教育分野というよりもむしろ初等中等教育分野におかれていたという事情もあるが[11]、大学改革はあくまでも制度設計の基本部分にとどまるものであった。

1990年選挙で労働党が敗北し、国民党による新政権が誕生する〔第Ⅱ期〕には、新自由主義的特質をより実質的に機能化させたことに特徴をみることができる。この政権は、財政赤字削減を主たる任務とする政権であり、医療費の個人負担制度の導入、労働市場の自由化、年金受給年限の引き上げなどをすすめたが、大学改革分野でも財政削減を中心としてそのための競争的な仕組みを整備することとなった。

この段階で、教育改革の基本骨格を示したのは経済団体のNZBRであった。NZBRは、政権交代がおこなわれる直前、1990年2月にStuart Sextonを執筆者とする改革レポートを提出し、より一層の新自由主義改革の推進を提言していた[12]。Sextonは、1979年から1986年までイギリスのサッチャー政権のもとで教育改革アドバイザーを務めた経歴をもつ人物でもある。

この改革提言は、教育分野への市場原理および競争的環境を導入することを基本的な観点として貫きながら、①教育に対する第一義的な義務を有するのは親であり国家ではない、②したがって、教育に対する費用は親が自分で捻出すべきであり国家は負担すべきではない、③そのため具体的な教育制度としてバウチャー制度が最適であること、を主張するものであった。こうして国家予算の削減を中心的な課題としながらこれを教育分野にも適応させることが改革構想の柱として明確化されてきた。

1990年に国からの交付金を支給していた大学研究基金委員会（University Grants Committee）が廃止されるとともに、1993年には国民党政府トッド調査

会が設置（10人編成の大臣諮問グループ、MCG）され、大学に対する国家負担（公的負担）の削減について勧告しようとした。結局、調査会内部で意見の一致を見なかったために勧告は取り下げられたが、国民党政府はこれを支持し、「課程費用」の75％までの国家負担を削減する方針を決定していた[13]。

こうして〔第Ⅰ期〕および〔第Ⅱ期〕の改革で各大学は財産運用等一定の権限を付与されるようになったが、そのことは同時に財源確保をめぐる各大学の自己責任をおしつけるものでもあった。大学助成金については、1992年に学生数を積算根拠とする一括助成システム（a bulk funding system）が導入され、各大学は研究費・教育費・施設整備費とさらには教員人件費等をも含んでその配分と運用について責任を負うこととなった。

1992年に中央政府による授業料設定の権限は放棄され、各大学ごとで独自に授業料を設定することになった[14]。各大学の財政基盤は十分とはいえず、そのため各大学は相次いで授業料を値上げせざるをえなかった。このため政府は、1996年に利子付き奨学金制度として「学生ローン制度（The Student Loan Scheme）」を開始している。この政策は、表面的には学生の大学での修学を支援することを目的としているが、現実には大学への公費負担を極力縮減しながら授業料を導入することによってこれを私費負担へと次第に転嫁していくことを求めるものであったと言わなければならない。こうした私費負担の増加は、大学生・大学院生からの強い批判を受けるところとなり、その後の政権交代のひとつの要因（引き金）ともなるものであった。

(2)〔第Ⅲ期〕における新自由主義大学改革の転換

90年代後半の「第二の金融危機」に直面したNZは、さらなる改革の是正に取り組まざるをえず、教育改革もまた新しい段階へ入ることとなった（〔第Ⅲ期〕）。具体的には、1999年9月「ニュージーランドにおける将来の高等教育政策（緑書）」（"A Future Tertiary Education Policy for New Zealand：Tertiary Education Review", Green paper)、1999年11月「21世紀における高等教育政策（白書）」（"Tertiary Education in New Zealand：Policy Direction for the 21st Century", White Paper）が出され、評価機関（Quality Assurance Authority New Zealand；QAANZ）、研究科

学技術省 (Minister of Research, Science and Technology；MoRST)、科学技術研究基金 (Foundation of Research, Science and Technology；FRST) が設置された。

　再び政権を獲得した労働党は、行き過ぎた新自由主義改革を是正する動きを見せるようになっていた。新自由主義改革自体が期待されたほどの成果を挙げることができなかったことや社会的歪みの拡大が一般的に懸念されるようになったことなどが背景にある。この具体的な動きの一つに、雇用政策の大幅な変更がある。1980年代の規制緩和によって非正規雇用者の増大にともなって社会的不公正が拡大していることが指摘され、非正規雇用者の正規雇用を促進するための措置として労働法の改正がすすめられた。

　こうした新しい改革のもうひとつの背景に、国民投票によって決定されたドイツ型の小選挙区比例代表併用制 (MMP) の導入がある (1996年初めて実施)。それまで実施されてきた小選挙区制とそのもとでの二大政党制に対する批判が強まり、選挙制度の抜本的な改革がすすめられた。以降今日まで連立政権が続くことになるが、そのもとで政治決定に関するプロセスにより多様な国民の意見が反映されるようになってきている。この意味でNZにおける30年近い新自由主義改革の動向は、さらに大別して小選挙区制度時代のそれと比例代表併用制時代のそれとに区分することができる。

　1999年に成立した労働党政権のもとで「競争」から「協同」への大学政策の転換をうながす政策形成の母体となったのが、2000年4月に設置された高等教育諮問委員会 (Tertiary Education Advisory Commission、TEAC) であった。この委員会は、構成員のなかには大学の研究者も含みながら高等教育の改革に関する諸提言活動を行った。その提言内容は、4つの報告書　① Shaping a Shared Vision (2000年7月)、② Shaping the System (2001年2月)、③ Shaping the Strategy (2001年7月)、④ Shaping the Funding Framework (2001年11月) にまとめられている。なお、TEACは2003年以降、高等教育委員会 (Tertiary Education Commission：TEC) に改組されている。

　2002年7月には、政府によって「高等教育戦略 (Tertiary Education Strategy：TES)」が定められ、この内容に従って大学改革の目標や方向性が決められている。TESは、おおよそ6つの柱で構成されており、①大学システムの能

力や質を強化すること、②マオリの発展に貢献すること、③すべての国民が知識社会に参加することを可能とするために基礎的な技能を向上させること、④知識社会の形成のために必要な技能を発展させること、⑤太平洋の人々の発展と成功のために、訓練を行うこと（教育費を出すこと）、⑥研究・知的生産および知識の吸収を強化すること、がその基本的な枠組みである。このTESは、2002年から2007年までの政府の目標となる。さらに具体的な内容は、Statement of Tertiary Education Priorities(STEP) に記述されている。

　このもとにあって、TECの果たしている役割はきわめて重要である。TECの諮問にもとづきTESやSTEPに大きな影響力を与えることとなるからである。さらには、政府の大学予算の配分、国家経済や社会の目標にもとづく大学教育・訓練の規模を確定し、各大学の「チャーター」や「プロファイル」についても調整を行い、大学システムの方向性を指し示す (steer) こととなる。また大学予算のうちの競争的資金も、TESに示された内容にもとづいて判断・決定されるからである。

　1989年NZ教育法（2004年改正）では、TECの任務と役割および組織構成の仕方についてはかなり細かに法的に整備されており、後述するように、その民主的な手続きについては参考にすべき点を多く含んでいる。その一方で、委員会がその活動の計画・評価にあたっては「一覧化された成果表」にもとづいて細かな指導を大臣から受けるとの規定を盛り込んでいるように（NZ教育法§159KE）、NPM手法が存分に採用されていることは見逃せない。

　大学予算に関わる制度としてふたつの新しいシステムが導入されてきていることが注目される。ひとつは、パフォーマンス・ベイスド・リサーチ・ファンド（Performance-Based Research Fund：PBRF）制度[15]であり、ふたつめはセンター・オブ・リサーチ・エクセレンス・ファンド（Centers of Research Excellence Fund、以下CoRE）制度である。後者は、王立研究所と大学が連携して研究を行う特定の研究に対して重点的に予算配分をし、質の高い研究活動や研究者養成の実現をめざす事業であるとされている。PBRFによる教員個人の業績評価の方法と大学全体の評価方法ならびにこれにもとづく資金配分の方法についての詳細は別稿に委ねざるを得ないが[16]、要は、各個人の教員評価の

第6章　グローバリゼーションとニュージーランドの大学改革　109

総点が大学全体の評価となり、この大学全体への評価に応じて個別大学に対する交付金の額が決定されるという仕組みである。このPBRF制度については、NZ国内からも多くの問題点・疑問点が指摘されている[17]。

(3)〔第Ⅲ期〕大学改革の注目すべき論点

このように、〔第Ⅲ期〕のNZ大学改革においては、TECとよばれる政府から相対的に独立し大学政策への専門的意見を反映させる高等教育政策機関を設置し、実質上この機関が「高等教育戦略目標(TES)」への達成度を評価し、また評価にもとづく財政配分に関する制度設計をも担当した。「競争と評価と配分」を中心とする制度設計は、新自由主義的手法そのものが取り入れられてはいたが、大学政策の決定過程（政策形成手続き）のあり方等、見るべき点は少なくない。

例えばPBRF制度のあり方をめぐっては、その制度化の段階から大学・大学人の間で激しくその賛否に関する議論が交わされ、またそうした論議を受け、制度改善の取り組みがすすめられてきた。一つの象徴的な例は、PBRF制度が若手研究者や新しい分野に挑戦しようとしている研究者 (New and Emerging Researchers、NE) には不利になるとの指摘を受け、制度改善をすすめたことである。NEの場合には、その他の一般研究者同列での評価を避け、スコア上は「C(NE)」および「R(NE)」として別の表記が付されるようになった。また、当初、EFTS (Funding on equivalent full-time student formula) と呼ばれる「学生登録数」に基づいて配分される予算枠と、PBRFにもとづいて配分される予算枠とを、経年で順次逆転させていくことが検討されていたが[18]、NZ国内の多数の研究者からの批判があり、結果としてPBRF予算枠は現在も大学運営費の一部にとどめられている。

〔第Ⅲ期〕大学改革のもうひとつの象徴的な出来事は、学生の授業料負担を軽減する措置がとられたことにある。先述のとおり、「学生ローン制度」(The Student Loan Scheme：SLS) は1992年の国民党政権の下で実施された学生支援政策であるが、現実には学生に対し政府が有利子で学資金を援助するものであり、学生と卒業した若い労働者の「借金まみれ」という状況を生み出すもの

であった。制度導入後の（個々人の）借金の総額は 80 億 NZ ドル（約 6400 億円）にのぼると NZ 学生自治会（New Zealand University Student Association：NZUSA）[19]は指摘している。こうした事態が明らかとなり、NZUSA は大学交渉・政府交渉をすすめることとなった。そのアジェンダのなかで、本来大学における研究・教育が公的な性格をもつものであることが確認され、アジェンダ内容を整理した文書 Student Support in New Zealand(1999) がまとめられた。2002 年の教育法改正（Education (Tertiary Reform) Amendment Act 2002）で在学中には利子が発生しないことを決め、さらに 2005 年には国内に滞在する学生にのみ無利子とすることを決めている[20]。

また 2004 年には、「学生生活手当（Student allowances）」として、フルタイムで大学に通う学生で家族からの経済的な支援を受けることのできない者に対して生活費用を支給する制度が設けられた。25 歳未満の学生で、両親の収入がある一定の金額に満たない場合に政府から手当を受給することができ、親の収入が高くなるにつれて受給できる金額は減少する。25 歳以上の場合には、両親との同居の場合に受給金額は減少するが、親の資力調査は対象とはならない。

(4)〔第Ⅳ期〕大学改革の展開と特徴―新自由主義大学改革の再加速―

見てきたように、〔第Ⅲ期〕において確立されてきた NZ の大学ガバナンスシステム・大学評価システムは、世界的に見ても有数の市民参加・学生参加制度を整備している[21]。NZ の大学政策および大学評価において中心的な役割を果たしている TEC は、その委員の選出にあたっては委員の利害関係について全面的に情報公開がなされなければならず（NZ 教育法 159KC）、また利害当事者からの委員選出に当たっての意見反映の機会を 2 ヶ月にわたって保障すること（NZ 教育法 159D）が政府には義務づけられている。これによって大学の常勤のアカデミック・スタッフならびに事務員は、2 ヶ月の間に自らの代表者を選挙によって選出していくことになり、こうして学生・院生の代表者を含めて委員の過半数が大学関係者で構成されることになる（NZ 教育法 171）[22]。

第 6 章　グローバリゼーションとニュージーランドの大学改革　111

　とりわけ注目されるのは、学生参加のシステムづくりと法整備の経過であろう。具体的に、TEC への委員の選出ならびに各大学における評議会（Council）委員の選出においても、学生自治会およびその全国連合組織がその責任を負っている。OECD は大学評価への学生参加のレベルを 4 段階にわけ、①内部評価において学生が質問表に回答すること、②外部評価の現地訪問の際に、学生が専門家から意見を求められること、③外部評価の専門家チームのオブザーバーとして、学生が意思決定の段階で高等教育機関や教育課程そのものへの評価に加わること、④学生が国レベルでの質保証機関の運営に参加すること、をあげている。この報告書でも、NZ はまさに④のレベルでの学生参加を推進している事例として高く評価されている[23]。

　こうした〔第Ⅲ期〕の大学改革に対するゆり戻しのなかで、〔第Ⅳ期〕の改革はすすめられてきている。〔第Ⅳ期〕の国民党政権下における大学改革の焦点は、おおよそ次の 2 点に集約される。

　第一は、高等教育予算を漸次的に低下させていることである。国民党を中心とする少数連立政権は大学運営費交付金について、縮小させることを提案している。また学生ローン制度（SLS）についても、4 年間での「キャップ制」を導入することで、留年等による 5 年目以降の継続的な奨学金の受給について制限を加えることを提案している。

　第二に、NZ の新自由主義大学改革は、〔第Ⅲ期〕に形成してきた NZ の優れた大学ガバナンス制度を最大のアタックの対象としている点にある。経済団体 NZBR 内部に組織されている教育シンクタンクであるエデュケーション・フォーラムは、TEC の構成員が 20 名を超えて大きな規模となっていること、TEC を事務的にサポートする職員数が相当数にのぼることをあげ、「公務員改革は成功していない」「行政減量（小さな政府）できていない」と指摘する。これを受けて〔第Ⅳ期〕の国民党政権は、現在 TEC を縮小もしくは廃止する改革を目論んでいる[24]。

　また国民党との連立政権を組む ACT 党は、もともと 80 年代ロンギ政権で中核を担ったロジャー・ダグラスが、ロンギと袂を分かった後につくった政治グループであったが、2009 年 9 月に「学生自治会加入自由法（The

Education (Freedom of Association) Amendment Bill)」を提案し可決させるなど、学生の自治的政治的参加に対して制限を加えはじめている[25]。

3. NZ における高等教育のグローバル化と新自由主義大学改革

(1) NZ における教育輸出産業の成長と展開

ここまで、NZ における新自由主義大学改革の展開に関する歴史的経過を素描し、各段階（時期）ごとの特徴を時々の政権がかかげる政策課題との関係において整理してきた。これら新自由主義大学改革を土台の部分で規定し続けているのは、じつは NZ 高等教育のグローバル化ともいうべき現象である。「教育輸出（education export）」は拡大の一途をたどり、今や NZ 国内産業全体のなかでも有力な産業分野のひとつとなっている。高等教育機関のグローバル展開が NZ 国内の教育制度改革にも強く影響を与えていたとみられる[26]。

新自由主義行政改革が一挙的にすすめられた 1980 年代の半ば頃、NZ 政府は、従来の海外援助（aid）として位置づけていた教育活動を、貿易産業（trade）として位置づけるようになっていた[27]。1987 年には民間に組織された NZ 市場発展委員会（New Zealand Market Development Board：NZMDB）が、各高等教育機関がそれぞれ私費留学生の獲得を競い合うべきであることを提言してもいた。こうして 1989 年の改正教育法は、①留学生は国内学生を排除しない範囲で入学を認め、②留学生は教育サービスの提供のために必要な経費を全面的に負担すること、③費用の全額負担には、教育活動のみならず事務的活動（関節経費）にかかるひとりあたり分をも含むことを定めた。

1990 年代には、産業組織である New Zealand International Education Limited(NZIEL、2000 年に Education New Zealand：EdNZ と改称) が結成され、より専門的に教育市場の開発がすすめられた。NZIEL はこの 10 年間に政府機関への働きかけをおこない、その結果、2000 年には「輸出教育産業（the export education industry）」が、政府の政策に明確に位置づけられるようになり、NZ 経済の新しい大きな構成要素として認知されるようになった。続く 2001 年

8月には、教育省から「NZにおける教育輸出：この分野の成長のための戦略的アプローチ」と題する答申が出され、政府は「教育輸出」に対し公的にファンドするようになる。

NZ観光協会（Tourism NZ）とNZ貿易協会（Trade NZ）は、NZIELから名称を変えた教育産業協会（EdNZ）と協定を結び、New Zealand International Education Marketing Network（NZIEMN）を形成し、さらに強力にロビー活動を推し進めた。2003年には「教育輸出税」と「作業成長ファンド」が導入され、学校その他の教育機関が、留学生からの授業料収入全体に対してある税率がかけられこれを教育省に納める仕組みが設けられた。

こうしてNZにおいては、1990年には3,538人であった留学生の数は、2003年には34,915人にまでほぼ10倍に拡大した。教育産業協会は、留学生が高等教育機関に対して納める授業料のほかに、NZ国内での滞在費等生活経費を考慮すれば、国内経済に相当に貢献していることに着目し、2005年段階で2.1億NZ$もの経済効果をもたらしていると試算している[28]。OECD調査（2004年）では、NZの教育産業は、サービス輸出のなかの4番目、全輸出産業のなかでも15番目に位置するなど国内産業の主力となりつつある[29]。

MartensとStarkeは、以上のようなNZ高等教育のグローバル展開を分析しつつ、その問題点を次のように指摘している[30]。第一に、他の輸出産業と比べても、教育産業は海外市場の動向に依存しており不安定であることである。オーストラリアとの競合が激しく、イギリスやカナダもビザの取りやすさを改善しながらこの市場に乗り出してきている。さらにシンガポールや香港といった新しい競合も生まれてきている。第二に、NZ国内でこの教育産業に従事する労働者は2万人にものぼっているが、この分野に依拠しすぎることはかなりの危険を伴っていることである。海外市場に依存せざるを得ないがゆえに、この市場が後退することになればそのまま失業率が増大することになるからである。そして第三に、留学生の数が多くなればなるほど英語教育の質は低下するという矛盾を抱えていることである。教育サービスの質が低下すれば、留学生の獲得もまた困難な局面を迎えざるを得ないであろ

う。Martens らは、「この分野における NZ のアドバンテージはすでに失われつつある」とし、「教育輸出産業は、今や現代のモノカルチャー経済政策である」と厳しく指摘している。

いずれにせよできる限り多数の海外留学生を国内に受け入れる体制を整備することは、大学授業料を設定してきたことおよび学生数に応じた予算配分のスキーム（voucher system of funding）を導入してきたことと深く関わってきた。NZ 高等教育のグローバル化が、国内大学の制度改革に連動して及びしてきた影響は無視しえないほどに大きいと言えよう。

(2) 新自由主義大学改革と NZ 型大学ガバナンス

以上を俯瞰して言えることは、NZ における新自由主義大学改革は、おおよそ〔第Ⅰ期〕を通じて制度骨格が構想され、〔第Ⅱ期〕には評価機関の設置とこれにもとづく競争的な予算配分制度の仕組みが具体化されてきたものということができる。学生の授業料負担で言えば、〔第Ⅰ期〕に授業料を導入し、〔第Ⅱ期〕でその大幅な値上げがすすめられたことにより、飛躍的に私費負担依存体制へと移行したことになる。同時に学生ローン制度を設けることによって授業料値上げ政策を補完していた。〔第Ⅰ期〕と〔第Ⅱ期〕を通して言えることは、これらの制度構想および設計ならびに教育政策の具体化の主たる部隊が財務省もしくはビッグビジネスのサポートを受けているメンバーであったということである。

これに比べて、〔第Ⅲ期〕は高等教育委員会（TEC）を設置したこと、また TEC のメンバー選出にあたっての民主的手続きを重視したこと、さらには TEC が各関係機関・関係者との協議と対話を重視したこと、そしてこの TEC が基本的には大学政策の全体像を設計し、各大学のプロファイルの承認手続きと予算配分についても積極的な役割を果たすことによって、大学政策の形成過程はかなりの程度で関係当事者間の合意を基調とするものへと変化してきた。

この意味において、NZ の教育改革・大学改革は、国家の教育に対する投資の重要性に対する国民的な支持と合意が形成されてきた歴史的経緯があ

り、NZBR に代表される国家の教育費負担軽減の主張はストレートに実現することはなかったのである。

こうしてみれば、30年に及ぶ NZ における新自由主義大学改革は、より大きくは〔第Ⅰ期〕と〔第Ⅱ期〕の前半部分とそれ以降とに大別することが可能である。またこうした時期区分をより根底的に規定しているのは、小選挙区比例代表併用制へと転換した選挙制度の改変によるものとしてみることができる。以後、単独政党が過半数を得て政権を担当することはなく、多様な民意が政策形成に反映されることとなったことが深く関わっている。

とりわけ注目されるのは、大学行政・大学政策に関する合意形成システムのありようであろう。「社会民主主義的福祉国家」を採用してきた NZ にとって、過去の経験からきわめて強い制約が働いてきており、かつ立ち戻るべき原点が絶えず国民的な潜在意識の中で振り返られることによって、新自由主義改革はその理論的な内容に比べれば、実態においては相当に異なる現実的運用が迫られてきていることはもっと注目されてよいであろう[31]。学生生活手当（Student Allowances）にみられるような学生生活にかかる費用を公的に保障する制度の導入は、生活保護制度ならびに女性参政権を世界で最もはやい段階で位置づけてきた国家的国民的性格と連動していることはおそらく間違いないところであろう。

[注]
1 TPP に関する歴史的経緯を含む包括的な問題構造の分析については、ケルシー．J 編著『異常な契約―TPP の仮面を剥ぐ―』（環太平洋経済問題研究会・農林中金総合研究所共訳、農文協、2011）を参照されたい。
2 石井拓児「ニュージーランドの大学改革と評価―新自由主義大学改革「転換」の行方と NZ 型大学ガバナンス制度の検討―」（大学評価学会編『大学改革・評価の国際的動向』晃洋書房、2011 年）
3 Codd, J., "Is there a 'Third Way' for education policy?", Codd, J. and Sullivan, K., eds., *Education Policy Directions in Aotearoa New Zealand*, Dunmore Press, 2005. ただしコッドは、「結局 NZ における『第 3 の道』が掲げているのは、なお引き続く新自由主義の追求に他ならない」と結論している（p15）。
4 Dalziel, P. and John, S. S., eds., *Redesigning the Welfare State in New Zealand*： *Problems, Politics, Prospects*, New York： Oxford University Press, 1999.（芝田英昭・福地潮人監訳『ニ

ュージーランド福祉国家の再設計―課題・政策・展望―』法律文化社、2004年).
5 和田明子「ニュージーランド・モデルの New Public Management」(『行政 &ADP』2000～2001)、平井文三「行政経営ふたたび」(『行政 &ADP』2003～2005)、同「ニュージーランドのマネジメント改革の新次元」(『季刊行政管理研究』No.116、2006)。
6 Clark, M..,ed., *For the Record : Lange and the fourth Labour Government*, Wellington, Dunmore Publishing, 2005, pp131-132.
7 Olssen,M. and Kay Morris Matthews,. *Education Policy in New Zealand : The 1990s and Beyond*, The Dunmore Press, 1997.
8 教育分野が本格的に新自由主義教育改革論議の対象となったのは 1987 年に財務省が行政改革方針文書『政府経営』(The Treasury, 1987) を発行してからである。この報告書は全 2 巻で構成され、その第 2 巻は全面的に教育問題にあて、教育を「市場交換可能な商品」とみなしつつ教育システムの非効率性およびアカウンタビリティの欠如を制度的結果として指摘し、その背景に政府による介入・統制があることを批判した。経済改革・行財政改革の必要から出発した改革は、財務省が主導するかたちで教育改革へと波及し、また経済改革がそのまま教育改革のモデルケースとして位置づけられながらすすめられていくこととなった。なお本報告書に関する批判的分析としては、Peters, M. and Olssen, M., "Compulsory Education in Competition State", in Boston, J., Roberts, P. and Peters, A. M., *Neoliberalism, Higher Education and Research*, Sense Publishers, Rotterdam/Taipei, 2008. が優れている。
9 NZBR の NZ 教育改革に果たした影響の分析については、以下の文献を参照されたい。Marshall, J., Peters, M. and Smith, G. (1991), "The Business Round Table and the Privatisation of Education : Individualism and the Attack on Maori", Discourse.
10 杉本和弘「ニュージーランド―「競争」から「協同」への高等教育政策転換―」(馬越徹編『アジア・オセアニアの高等教育』玉川大学出版部、2004)
11 NZ の初等中等教育改革については、石井拓児「ニュージーランドの新自由主義教育改革の新しい段階―新自由主義教育改革の実験は成功しているのか―」(民主教育研究所編『人間と教育』第 55 号、旬報社、2007) および同「ニュージーランドにおける新自由主義教育改革の展開とその特徴―新自由主義教育改革の今日的段階―」(佐貫浩・世取山洋介編著『新自由主義教育改革―その理論・実態と対抗軸―』大月書店、2008) を参照のこと。
12 Sexton, S., *A Report Commissioned by New Zealand Business Roundtable on New Zealand Schools and Current Reform*, Wellington : Business Roundtable, 1990.
13 Boston, J., "The Funding of Tertiary Education : Enduring Issues and Dilemmas", in *Redesigning the Welfare State in New Zealand : Problems, Politics, Prospects*, 1999.
14 1992 年の授業料政策については、その起源を 1988 年の「ホーク報告 (the Hawke Report)」にたどることができる。1990 年には 120NZ$ だった授業料は、OECD 報告書によれば、2011 年の段階で 3600NZ$ (平均) となっている。ホーク報告の分析については、Olssen,M., *The Neo-Liberal Appropriation of Tertiary Education Policy in*

第 6 章　グローバリゼーションとニュージーランドの大学改革　117

  New Zealand：*Accountability, Research and Academic Freedom*, NZARE,2002. が詳しい。
15 TEAC にはジョナサン・ボストンが加わり、国民党前政権下の教育改革に対する批判的な評価を行い、新しい改革推進のイデオローグとして登場した。ボストンらはイギリスの RAE システム（Research Assessment Exercise）およびオーストラリアの ARQF（Australian Research Quality Framework）を参考にしながら研究をすすめ、PBRF 制度を構想した（Bakker, Boston, Campbell and Smyth, 2006 and Boston,2002）。2004 年から 3 年間の試行的実施の後、2007 年から本格実施されている。Bakker, L.., Boston, J., Campbell, L., and Smyth, R., *Evaluating the Performance-Based Research Fund*：*Framing the Debate*, Institute of Policy Studies Victoria University of Wellington,2006. ならびに Boston,J., *Designing a Performance-Based Research Fund for New Zealand*：*Report for the Transition Tertiary Education Commission*, June,2002. を参照のこと。
16 前掲、石井 2011。
17 制度批判の論点は、交付金が特定の大学・分野・個人に集中すること、社会的活動など個人情報を政府が管理できること等が指摘されている。Curtis, B. and Matthewman, S., "The Managed University：the PBRF, it's impacts and staff attitudes", *New Zealand Journal of Employment Relations* 30（2）, 2005. や Duncan,G., "Shifting Discourses in Higher Education：The Performance-Based Research Fund in New Zealand", Morly, I., ed, *The Value of Knowledge*, Inter-Disciplinary Press, Oxford, United Kingdom, 2007.. ほか多数。
18 NZ における大学ファンディングシステムの全体像については、水田健輔「ニュージーランドにおける高等教育ファンディングの改革―比較評価の視点から見た改革のデザインと日本への示唆―」（国立大学財務・経営センター『大学財務経営研究』第 4 号、2007）が詳しい。
19 NZUSA は 15 の大学学生自治会の代表委員で構成する全国組織である（2013 年）。
20 Boston, J., "Tertiary Education Policy", in Shaw, R. and Eichbaum, C., *Public Policy in New Zealand*；*Institutions, processes and outcomes*. Auckland：Pearson Education New Zealand, 2005.
21 NZ の大学ガバナンスについては、Locke, S., "Governance in New Zealand Tertiary Institutions：concepts and practice." *Journal of Higher Education Policy and Management*, Vol.23, No.1, 2001. が詳しい。
22 また、マオリ族や女性参加についても法制度的にシステム化されていることも特筆されるべきであるが、この点に関する歴史的経緯については紙幅の関係でここではこれ以上触れることができない。
23 OECD, *Tertiary Education for the Knowledge Society*：*VOLUME 1*：*Special features*：*Governance, Funding, Quality-VOLUME 2*：*Special features*：*Equity, Innovation, Labour Market, Internationalisation*, OECD Education & Skills, vol. 2008, no. 9, OECD, Paris,2008.
24 NZ における新自由主義教育改革の包括的な指針として示されている以下の文献が参考になる。Harrison, M., *Education Matters*：*Government, Markets and New Zealand Schools*, Education Forum, Wellington, 2004.

25 NZにおける大学ガバナンスへの参加制度に関する歴史的変遷と個別大学ごとの状況ならびに法制度的仕組みと今日的な制度改革については、米津直希「ニュージーランドにおける学生自治会の法的地位をめぐる位置づけの検証―大学運営・政策決定及び質保障への学生参加の観点から―」(大学評価学会年報『現代社会と大学評価』第8号、2013)が詳しい。

26 Codd, J. (2004). Export Education and the Commercialisation of Public Education in New Zealand, *New Zealand Annual Review of Education*, 13.

27 NZの留学生受入政策は、1980年代の半ばまでは、1950年に作成されたコロンボ・プラン(Colombo Plan)にもとづくもで、海外からの留学生の受け入れの多くはいわゆる「私費留学生」であったが、いずれも授業料負担はなく、国内学生と同様の援助資金を受けていた。Alvey, J.E., ed., *Perspectives on the International Sale of Tertiary Education Services*, Palmerston North：Centre for Public Policy Evaluation, Massey University, 1999.

28 Education New Zealandのホームページを参照のこと。

29 OECD-CERI, *Internationalisation and Trade in higher education*：*Opportunities and challenges*. Paris：OECD, 2004.

30 Martens, K. and Starke, P., Small country, big business? New Zealand as education exporter, *Comparative Education*, vol.44, No.1, 2009.

31 とりわけ新自由主義的の改革に対して、教職員組合など既存の労働組合がなお相当に強い規制力を発揮していることは注目に値する。NZでは、教職員組合として大学教員組合(AUS)・専門学校教員組合(APT)・幼稚園教員組合(KTA)・中等学校教員組合(PPTA)・初等学校教員組合(NAEI)・教育大学組合(TCA)などが存在しているが、新自由主義的教育改革が全面的に展開されはじめた1980年代後半から、これらの組合が共同して中央レベル・地方レベルで協議会(Combined Teachers Association：CTA)を組織化し、教育改革・教育政策に関する検討を随時行いつつ、政策提言を活発にすすめてきている。以上、Grant, D., *Those Who Can Teach：A history of secondary education in New Zealand from the union perspective*, Steele Roberts, 2003. を参照のこと。

第7章　グローバリゼーションと
インドネシアの大学改革

梅澤　収

1. 発展途上国の高等教育政策

　経済のグローバル化・ICT革命、及び知識基盤社会（Knowledge-Based Society）の時代にあって、タイ（1990年）・マレーシア（1998年）・インドネシア（2000年）等の東南アジア（ASEAN）諸国もまた、自国の国際競争力の強化と高等教育を連結させるために、国立大学の「法人化」(自律性付与の国立大学」) を導入した。これらは、「グローバライザー」と言われる国際通貨基金（IMF）や世界銀行（World Bank）、またアメリカを中心とする開発援助諸国が、「構造調整」の名の下に、「小さな政府」「規制緩和」「市場原理」「民営化」等の新自由主義的な政策（「ワシントン・コンセンサス」Washington Consensusと言われる）を、発展途上国に「融資の条件」として求めたからでもあった[1]。元世銀副総裁でノーベル経済学者であるスティグリッツ（Stiglitz, J：2002）によれば、グローバリズムの正体は、このワシントン・コンセンサスが世界中を席巻したということであり、アメリカの金融セクターには広範な市場を提供したものの、発展途上国もその恩恵を受ける層は一部に限られ[2]、途上国の貧困は依然減少しないままであることを告発している。このような批判を受けてIMF・世界銀行も1990年代以降は貧困削減を最重要課題として、途上国政府の「よき統治」（グッドガバナンス）の実現をめざす援助方式に転換しているという（廣田恭史・林田和則 2006）。

　一方、途上国の教育政策や高等教育政策については、IMF・世界銀行等のグローバライザーだけの影響力だけではなく、例えば、"ESD(持続可能な

発展のための教育：Education for Sustainable Development)"や、"EFA(万人に教育を：Education For All)"の提言のような国連・ユネスコの（高等）教育方針も大きな影響力を持っている。スティグリッツによれば、ラテン・アメリカ諸国が1980年代にワシントン・コンセンサスの政策原理どおりの経済政策（「シカゴ・ボーイズの実験場」）が断行され悲惨な失敗を招いたのと異なり、東アジア・ASEAN諸国の発展は、ワシントン・コンセンサスどおりの選択をしなかったからだという。この点を踏まえれば、東南アジア各国が、援助国・機関の融資条件をクリアするために、どのような高等教育政策を戦略的にとったのかについては、国別の政策立案と実施過程を詳細に検討すべきであろう。実際に、世銀とUNESCOは合同で高等教育に関するカンファレンスを開催したり、合同の政策レビューや報告書を出しており、政策評価と検証を組み込んでいる。また、ASEAN諸国に注目すれば、東南アジア文部大臣機構(SEAMEO)のRIHED(地域高等教育開発機構)がタイ・バンコクに設置され、諸国間で活発な活動を展開している。従って、日本の高等教育政策研究についても、このような国際動向を踏まえていく必要があろう。

1) インドネシアの分権化と教育改革

インドネシアは、アジア通貨危機後に30年以上続いた開発独裁型のスハルト長期政権（1967～1998年）が崩壊し、その後ワヒド政権下で1999年5月に地方分権法と中央地方財政均衡法を公布、2001年1月から施行している。教育行政についても、教育省の州・県レベルの事務所は廃止され、州・県の地方政府の教育局にその権限が委譲された。さらに、メガワティ政権（2001～2004年）による2002年の憲法改正では、教育に関するこれまでの憲法第31条「すべての国民は教育を受ける権利を有する。(2) 政府は、法律によって規定された公教育システムを運営し、かつ管理する。」を次（121頁）のように改定し、教育に対する国家責任と財政支援を明示した。

このように、教育を受ける権利は憲法条文でこれまでも規定されてきたが、2002年憲法改正によって、初等教育を国民の義務とし、政府がその費用を負担する責任を明確にし、そのために国家政府と地方政府それぞれの予算総

> 第31条　すべての国民は、教育を受ける権利を有する。
> 　2　すべての国民は、初等教育を受ける義務を負い、政府はその費用を負担する義務を負う。
> 　3　政府は、法律の定めるところに基づき、民族の知的水準を向上させるために、敬虔さ及び道徳を高め、一つの国民教育システムを運営及び維持する義務を負う。
> 　4　国家は、国民教育の運営の必要を満たすため、国家予算及び地方予算の少なくとも20パーセントを、教育予算に優先的に割り当てる。
> 　5　政府は、人類共同体の繁栄及び福祉の発展のために、宗教的価値及び民族の統一を支持し、科学技術を進歩させる。

額の20％を優先的に割り当てることを規定した。現実には規定する基準まで達していない（2009年で16.6％、ICHEFAP2010）し、とりわけインドネシアの高等教育への公的部門支出は、対GDP比で0.3％（私的部門支出0.9％。2008年）と非常に低い現状ではあるが、国の優先的財政措置までに踏み込んで公費教育への国家意思を示したことは大きい。

2）グローバル化対応の高等教育へ―合理的な制度設計―

インドネシアの教育省高等教育局長（当時）のSatryo, S. B. は、『高等教育長期戦略：2003-2010』(HELTS、以下『戦略』：2003年4月）において、グローバル化対応の高等教育の新しいパラダイムを次のように明言している[3]。

グローバリゼーションのインパクトが必要とする「高等教育の新しいパラダイム」（基本的枠組み）は、「マス教育、生涯学習、放送大学、質保証・適切性、アカンタビリティ＆自律性、そして公正性」を基本原則とするものである。そして、「高等教育システム改革」は、伝統的な学習組織から知の創造者へ、ランダムな計画から戦略的計画へ、そして、比較アプローチから競争的アプローチへという基本的方向で行う。…その二大戦略となるのが「(高等教育)機関の自律性」(institutional autonomy)と「アカウンタビリティ」(accountability)であり、この強力な高等教育計画が国家の競争力をもたらすであろう[4]。

『戦略』の基本的特徴を理解するために注目されるのが、Satryo, S. B, 2002 である。Satryoは、インドネシア教育省の（当時）高等教育局長として、途

122　第Ⅱ部　グローバリゼーションと各国大学の改革動向

上国の高等教育改革の今後の方向を次のように述べている。

> 「大学は、広範な知識生産システムにおいて特権的地位を依然として占めているが、現存の構造はあまりに硬直的で、現出している知識生産のモード（様式）、ますます多様化する学生の需要に適合することができていない。学生も大学教員いずれも、個人の成功は現出する知識社会で適材適所に就くことであると自覚している。問題は、大学が守備範囲としている教育や研究の中にあるのではない。」
> 「大学は"社会の良心"としての役割を維持する一方で、より実践的な役割を長期的に発展させなければならない。<u>もはや大学は、知識そのものを追究するのではなく、良質なマンパワーを提供し、知識を生産するのである</u>。この新しい経済志向パラダイムからしてアカウンタビリティが必要となるのである。こうして、高等教育は、アウトプット（成果）と国家発展の貢献によって評価されるであろう。」（下線は筆者）

このSatryoレポートは、「危機的状況から展望へ：高等教育が遂行可能な方法（From Peril to Promise：how higher education can deliver）」というテーマでBritish Councilが英国（Bailbrook House）で開催したセミナー（2002.3.19-23）で発表したものである。このセミナーは、WBとUNESCOが1998年合同設置した「高等教育と社会調査特別委員会'(Task Force on Higher Education and Society）の報告書（2000）『途上国の高等教育：危機的状況と展望』(Higher Education in Developing Countries ; Peril and Promise) を受けて、その後のフォローアップとして開催されたものである。本報告書は、発展途上国の教育政策や途上国教育支援策について、初等教育が重要で投資効果も高いという従前の見解から、高等教育政策を重視することが途上国の今後の発展にとって有効かつ投資効果が高いという新見解に、パラダイム転換した文書であるとされている。なお、本セミナーでは、Tariq Banuri(ストックホルム環境研究所将来の持続可能性プログラム部長)の提案によって、Satryoを含む23名の出席者の賛同を得て「南-南高等教育改革ネットワーク：SSHERN」(South-South Higher Education Reform Network) が結成された。

3）国立大学の国有法人化

以上のような分権型の社会制度改革の推進、及びSatryoレポートに示されたグローバル化対応の高等教育政策のパラダイム転換を志向して、インド

ネシアの大学改革は、82校（2000年当時は87校）の国立高等教育機関（University 48、Institute 6、School 2、Polytechnics 26：2007年現在）のうち、国内の有力大学であるインドネシア大学・バンドン工科大学・ガジャマダ大学・ボゴール農科大学の4つの国立大学を2000年に「国有法人[5]」（BHMN）へと移行する政策からスタートした。その後、北スマトラ大学（2003年12月）、インドネシア教育大学（2004年1月）そしてアイランガ大学（2005年）の3つの国立大学が国有法人へ移行し、現在7校が国有法人の形態を取っている（2013年5月現在）。

　国立大学の国有法人化のメリットは、①これまで、教職員の給料と施設設備の管理運営のために使途目的が限定されていた「政府補助金」が、従来どおりの額が使途目的は自由（block grant：一括補助金）で保証されること、②学科や特別プログラム等の改廃・新設が政府への報告だけで可能となるので、大学の経営戦略と自助努力により、多くの学生を獲得し、研究開発等によって収益を確保することで、結果的に教職員給与が改善されるという図式で理解されている。

　大学の財政的基盤を強化するための増収策として、次の3つがある（西野107頁）。

1. 大学入試の成績のよい正規の入学者のほかに、高額の入学金や授業料を納める者を優遇して入学させる「入学者特別選抜」制度を導入する。
2. 非正規プログラムによる増収策であり、エクステンション（Extension：公開講座、特別プログラム）や国際プログラム、ディプロマ課程の創設などを行う。
3. 外国大学との協力プログラムを創設すること。例えば、インドネシアの大学と外国の大学を同時に（Kembar＝Twin、双子）卒業できる「トゥイニング・プログラム（Program Kembaran）」や教員・学生の交換、学術活動実施における資源活用、単位互換等。

　つまり、正規の入学者を対象とした教育・研究をベースにしつつも、①富裕層の子弟からは高学費（入学金、授業料）を条件に学生の入学を許可すること、②正規に入学者できなかった者や外国人等を特別プログラムで掬い取って収

益確保を図る戦略である。

4）高等教育の実態・データから

このような国有法人化された大学等の政策動向の中で、インドネシアの高等教育ではどのような事態が生じているのか。UNESCOの統計報告書（UIS2010）やWorld Bankの報告書（World Bank2010a, 2010b）などのインドネシア高等教育データや報告書により、その現状を概観する。

まず、第1に、高等教育の学生数の急増である。1975年に約26万人に過ぎなかった高等教育の学生人口が、1985年152万人、1995年267万人、2005年364万人で、ほぼ10年間に100万人ずつ増加してきた。とりわけ、2000年以降の急増は明らかで、2000年316万人から、2008年に442万人へと8年間で約130万人増加している。日本は、2005年に403万人であった高等教育学生数が2008年398万人に減少し、既にインドネシアが学生数を上回っている。また、18-22歳人口で高等教育の在籍者率は、26％にまで達した（2008年段階。World Bank2010b）。ちなみに、1970年時点で北米及び西欧圏の大学生のシェアは世界の48％を占めていたのだが、2007年には、そのエリアの大学生シェアは23％に下がり、東アジア及び太平洋諸国圏が(14％：1970年)31％と世界最大のシェアを占める地域になった。

第2に、この「大学爆発」とでもいうべき高等教育人口の急増を収容しているのは、東アジア及び太平洋諸国圏においては、私立の高等教育機関の増設によるものである。インドネシアにおいても、1995年556校、1995年1,228校であった私立高等教育機関は、2001年には1,931校に、2008年には2,858校へと、私立単科大学を中心にしてその後も簇生している。国私別の学生比率は、国立系高等教育機関（82校）2.8％、私立系（2,858校）97％となっている。

第3に、インドネシアにおいて高等教育経費は、私的部門、すなわち、学生やその家族の経済的負担に多くを依存している実態がデータから窺える。インドネシアの高等教育総支出の対GDP比は1.2％であるが、公的部門支出0.3％、私的部門支出0.9％であり、私費負担の割合が75％となっている。韓国の場合、高等教育総経費に占める対GDP比が4％と図抜けて高く、し

かも私費負担率が85％と飛び抜けているのは別として、日本の対GDP比のそれが1.7％、私費負担率59％であることと比較しても、インドネシアの高等教育における私的部門への依存度はきわめて高い(2008年段階。UIS：2010等)。

　第4に、インドネシアの国(政府)の高等教育機関へ補助金は、その94％が国立に配分されており、私学補助は6％に留まっていることである。2009年の政府の高等教育予算は、18.5兆ルピア(約18億USドル＝1,440億円、1USドル＝80円で換算。以下同じ)であり、そのうち85％(15.7兆ルピア)を高等教育機関に補助したが、7校の国有法人大学に11％、75校の国立大学に69％の割合で補助金支出を行なった。ただし、政府の高等教育予算のうち37％は75校の国立大学の授業料・入学金等で構成されているので、それを考慮に入れると75校の国立大学への国のネットの(実質的な)補助率は25.7％となる。単純にカテゴリーごとに1校あたり国の平均補助率を出してみると、国有法人大学1.57％(785倍)、国立大学0.34％(170倍)、私立高等教育機関0.002％(1倍)となり、その格差は日本の比ではないことがわかる。

　第5に、インドネシアの高等教育進学率は、2001年14.9％、2006年18.2％、2008年段階で26.6％であって、大学の役割やあり方の変化を定式化した「トロウ・モデル」を参照にすれば、10年足らずの間に「エリート型(15％未満)」から「マス型(15～50％)」への転換期を迎えている。その社会的文脈の中で問題となっているのは、高等教育機会における経済格差が著しいことである。家庭経済力ごとの19-22歳学生の高等教育進学率を見ると、最下層1.1％、第2分位層2.72％、第3分位層5.64％、第4分位層18.25％、最上位層61.42％となっている(2006年データ。WorldBank2010b)。インドネシアの50％以上が貧困層に属する状況からすると、第3分位層以下の家庭にとって高等教育は手の届かないものであり、第4分位層にとっても高価な、「買い物(商品)」なのであろう。ところで、肝心の奨学金制度であるが、政府と非政府を含めて受給できるのは高等教育進学者の2％であり、かつその60％は国立系学生が受給している。Susanti(2010)によれば、2007年の高校卒業者の約64％が国有法人大学や国立大学を志願したものの約27％しか許可されておらず、厳しい受験競争の存在を考慮に入れると、結果的に富裕層

のための高等教育になっている実態が浮かんでくる。

　第6に、国有法人化の導入以降、国有法人大学（一般の国立大学も含めて）では、富裕層の学生をターゲットにした学生募集が公然と行われていることである。バンドン工科大学（ITB）を例にとって見ると、年度経常費の29％は政府の補助金、41.5％は研究プロジェクト資金、8.3％が学費（国立大学全国選抜試験をパスした学生の納付金）であり、残り21％は大学独自で確保しなければならない。そのためにとられた方策は、"Jalur Khusus（特別入学）"制度であり、入学試験に合格できなかったが入学料4,500万ルピア（約42万円）を納めて入学を許可され、入学後は特別な学納金を納めて学業を行う制度である。ITBの物質工学部の特別入学枠10ポストは1ポスト当たり2億2,500万ルピア（約211万円）で売りに出された。教育の商品化（商売化）の批判が起こるのも当然のように思えてしまう。

　以上6点についてインドネシア高等教育の実態を概観してきたが、経済格差と教育格差の問題が日本以上に激しい状況にあって、グローバル化と地方分権型に対応した高等教育の変革の必要性を認めるにしても、インドネシア共和国憲法で保障された「教育を受ける権利」の重要な要素である「（高等教育の）機会均等」をどのように向上させていくのかが大きな課題となっていると言えよう。

2. 2003年教育法の基本構造

　分権型国家・社会の構造改革が進む中で、また、以上のような高等教育の現実がある中で、教育制度の法整備はどのように進んでいるのか。これは、現在まで紆余曲折があり、法律として確定していない事情も含めて整理したい。

　まず、2002年憲法改正を受けて、「国民教育制度に関する法律2003年第20号」（以下、2003年教育法とする）が成立している。全22章77条からなるその基本構造は、「第1章一般規定（総則）」「第2章原則、任務と目的」「第3章教育提供の原則」の総則の部分、「第4章市民、親、コミュニティと政府の

権利と義務」「第5章学習者」を置いて、権利規範を基礎とする教育制度であることを明確に規定している。

それを受けて、教育制度の体系（第6章）、教授方法（第7章）、義務教育（第8章）、国家の教育基準（第9章）、カリキュラム（第10章）、教員及び職員（第11章）が示された後に、「第12章教育機関と条件整備」「第13章教育財政」「第14章教育経営」「第15章教育におけるコミュニティ参加」「第16章評価、認証、認可」、その他で構成されている。

見られるように、2003年教育法は、市民・親、コミュニティと政府の権利と権限にもとづいて、地方分権時代にふさわしい「参加と質保証」型の教育制度構想となっていることがわかる。

このことについて、当時の教育大臣 Fadjar, A. Malik は、次のように述べている（国民教育省発行2003年教育法（英語版）「はじめに」による）。

- （この法律の）基本哲学は、教育は、異なるステーク・ホルダー（利害関係者、当事者）が長期にわたる教育発展のプロセスに参加していく国民運動であることである。
- 法律の主たる目的は、人権と文化的多元主義の尊重と、共生の学習を若い人たちに教え込むこと、兄弟愛と連帯の精神である「多様性の中の統一」を打ち立てて、道徳と国民性を増進すること、である。
- インドネシア政府は、新法策定に際し UNESCO から多大なる専門的支援を受けて、UNESCO や国連が推進している「教育を受ける権利」分野の基本原則と規範を国の法制に組み込むことができた。

以上のような分権型国家・社会の構造改革が進む中で、2003年教育法は、「第14章教育経営」の総則（第51条）は、中等教育以下の学校については「学校を基礎とした経営 (school-based management)」とし、高等教育機関の経営は「自律性、公的アカンタビリティ、質保証、評価の可視化」の原則で行うことを規定した上で、この原則にもとづく学校組織の在り方として、「教育法人 (BHP = Badan Hukum Pendidikan、Legal Entities of Education)」を基本制度とすることを第53条で次のように規定した。

> 第53条　政府立または地域コミュニティ立によって組織されたフォーマル教育ユニット及び/又はフォーマル教育提供者（provider）は、教育法人の形態をとるものとする。
> 　2　第1項に規定する教育法人は、学習者に教育サーヴィスを提供する任務を行う。
> 　3　第1項に規定する教育法人は、非利益（nirlaba：non-profit）の原則に基づくものとし、教育ユニットを運営するのに必要な資金を運用することができる。
> 　4　教育法人に関する規定は、個別法によって定める。

　教育法人は、①「学習者に教育サーヴィスを提供する」任務をもつ、②非営利を原則とする、③フォーマル教育を行う組織、及び/又は提供する組織（provider）と定義されている。教育法人について、教育サーヴィスを直接に行う組織（ユニット：単位）と、その教育サーヴィスの実施組織を提供する組織（provider：設置し提供する者＝設置者）の2つを規定している。この実施組織と設置組織を明確に区別することは、例えば、国立学校は官僚制組織の一分肢であったこと、私立学校の多くが設置者である財団（yayasan）のコントロール下にあったことの反省として、教育組織や教育経営における自主性・自律性の尊重を考慮していこうとするものである。

1）教育法人法のゆくえ

　2003年教育法の成立後から、"SBM" と " 自律性付与 " の「学校組織と経営」形態の具体的な設計法案の検討が始まったが、法案段階から国民的論争が巻き起こった。この法律案は、当初から、国立大学等の「商業化（営利化）」（commercialization）をもたらすとの批判、また、低所得層出身者の学生が国立大学等の入学を大きく制限されるとの批判が学生・マスコミから起こり、反対デモなどが続いた。そのために、法案の調整が長期にわたり行われ、ようやく2008年12月17日に「教育法人法」(BHP Law)[6]として国会を通過し、2009年1月に大統領署名によって法律として公布された。

　しかし、いくつかの学生団体や大学職員団体等は、成立したこの法律に対して、インドネシア共和国憲法が規定する「すべての国民は教育を受ける

権利を有する」(第13章第31条) に違反するとして、憲法裁判所 (Constitutional Court) に「違憲審査の申立て」を行なった[7]。その結果、大方の予想を覆して、2010年3月30日に違憲判決が出され、この法律は無効となった。ユドヨノ政権 (2004年〜) は、この違憲判決によって、教育法人法の再設計を余儀なくされている[8]。

　教育法人法案の審議過程における法案追加・修正点も多かった[9]が、特に以下の3点が注目される。第1に、国立教育法人 (これまでの「国立大学」及び7つの「国有法人大学」もこの仕様での組織・経営改革を求められる。) に対して国は2分の1以上の補助金を行うこと、大学経常費に占める学費負担は割合は3分の1以下とすることとなった (第41条)。第2に、低所得層出身者に対して支援措置 (多様な方法で2割まで) を講じること (第40条3項、第46条)、第3に、教育法人の「利益の扱い」については、学校に収益があった場合、これまで設立財団に還元されてきたが、これができなくなった (第37条、第38条)。

2) 教育法人法の基本的な特徴

　ここで、2009年教育法人法について、その基本構造を整理しておく。本法律は、第14章全69条からなり、「総則 (第1章)」「任務、目的及び原則 (第2章)」「タイプ、形態等(第3章)」、「法人ガバナンス(第4章)」、「財産(第5章)」、「第6章補助金」、「アカウンタビリティと監督 (第7章)」「教員と職員 (第8章)」「経過規定 (第13章)」などから構成されている。このうち、「法人ガバナンス (条文数23)」と「財産と補助金 (同10)、アカウンタビリティと監督 (同8) でほぼ6割の分量であり、教育法人内部組織の管理運営ルールを定めた部分が大半である。

　第一に、教育法人は、「学習者に教育サービス提供することを任務」とし、その目的は、「基礎教育と中等教育に"学校を基礎とした経営"、高等教育に自律性を適用することによって、国民教育を増進すること」であり、以下の10の原則に基づいて、本法施行後に設置される教育ユニットは、教育法人の形態をとることとした。すなわち、①非利益 (nonprofit)、②自律性、③アカンタビリティ、④透明性、⑤質保障、⑥最善のサーヴィス、⑦公正なア

クセス、⑧多様性、⑨持続可能性（sustainability）、⑩国の責任である。

　第二に、教育法人のタイプは、提供者と教育ユニット（単位）の2タイプがあり、その形態は国立（BHPP）、地方政府立（BHPPD）、地域コミュニティ立（BHPM）の3種類である。既存の設置者の扱いについて、国及び地方政府が設置したもので「教育の国家基準を満たしている基礎教育及び中等教育組織」と、そして、国の設置した高等教育機関（国立大学）は、教育法人の形態を取ることとした。また、「基礎教育及び中等教育、高等教育機関を経営する財団や組合等」は、教育法人提供者として認めることとし、今後は「地域コミュニティ立教育法人（BHPM）の教育ユニットに組織変更できる」こととした。

　第三に、既存の教育機関が、どのように教育法人の形態に移行するのかについて、本法施行以前の政府及び地方政府によって提供されている教育機関は4年以内に、高等教育の国有法人（BHMN）は3年以内に、財団・組合等の機関は6年間以内に本法規定に準じた経営方法とすべきことを規定した。

3）国立大学から「国立教育法人大学」への転換

　Ahza（2008）によれば、これまでの国立大学（現行）と国立教育法人大学（新）のそれぞれの特徴を次のようにまとめている。新旧の基本的な違いは、これまで国立大学は設置者であり、かつ組織の運営者でもあったが、設置者と運営者を区別し、運営者（運営組織）に自律性を付与するということである。現行は、「政府が国立大学の所有者で、経営組織は政府官僚制のユニット（単位）であるので、政府に対する責任、政府所有の財産で収入は国家歳入となっていた」が、新法人では、「政府は、（国立の）教育法人の創設者となり、法人組織は自律的な法人となり、大学理事会（利益代表者組織）に対する責任を果たすことが求められ、財産と収入は法人のもの」となる。法案では自律性を付与された新法人大学の教職員の身分が争点となっていたが、現行の国立大学教職員の国家公務員に関しては、政府立、地方政府立、地域コミュニティ立いずれであっても、その教職員は、「政府援助を受ける人材としての公務員の性格をもつ教育法人職員」という位置づけとなり、雇用契約によること

事項	国立大学 (又は国家所有の高等教育機関)	(国立) 教育法人大学
政府の位置	国家のために、政府は国立大学の所有者	国家のために、政府は教育法人の創設者。
法的位置	政府官僚制のユニット	政府の設置した自律的な法人
ガバナンス	政府に対する責任	大学理事会に対する責任
財政	政府所有の財産 収入＝国家歳入	教育法人所有の財産 収入＝教育法人の歳入
教職員	公務員 政府決定	政府援助を受ける人材としての公務員 教育法人職員/雇用契約
合併と解散	政府	法人

とした[10](以下の表参照のこと)。

　大学のガバナンスについては、教育法人大学は、一般方針の決定、アカデミックな方針の策定、アカデミック以外の監査、教育経営の4つの任務を持つために、それぞれに利害関係者代表組織、教育者代表組織、非学術分野の会計監査組織、教育経営組織にその権限を与えている。Ahza(2008)によれば、大学理事会（Board of Trustees）が大学の一般方針を決定する「利害関係者代表組織」に、大学評議会（University Senate）が学術方針を監督する「教育者代表組織」に、学内監査会（Internal Auditor）が非学術分野の会計監査を行う組織に、そして、大学執行部（University Executives）が教育経営を行う組織に相当する。

(1) 大学理事会＝利害代表者組織

　このうち特徴的なのは、大学理事会であり、設置者及び設置代理者、教育経営役員、教育者代表、職員代表、教育団体（保護者）の代表、その他で構成し、教育経営長は、利害関係者代表組織の意思決定に関する投票権を持たない。その権限は、次のとおりである。

第22条　教育法人の利害関係者代表組織の任務と権限は、次の通りである。
a. 規約の内容策定及び変更と、予算編成及びその変更
b. 一般方針の策定と決定
c. 長期開発計画、戦略計画、年間活動計画、年間活動計画、予算計画等の決定

> d. 教育代表組織の責任者と同組織メンバーの決定
> e. 非学術部門の会計監査組織長及びその成員の任免
> f. 教育経営長の任免
> g. 教育法人の経営についての総合監督の実施
> h. 教育法人の活動に対する年間評価の実施
> i. 教育経営長、非学術分野の会計監査組織、及び教育代表者組織の各評価に関する年間報告の実施
> j. 法規定に則り、教育法人の必要経費の充足に努めること
> k. 教育法人の他の組織が権限上対処できない、財政問題を含む法律上の教育問題の解決

(2) 大学評議会＝教育代表者組織

教育代表者組織は、職務組織（unit kerja）から選出された教育者代表者で構成し、その長を互選するが、それは利害代表者組織によって認定される。その任務と権限は、以下の通りである（第27条）。

> a. 教育経営組織の学術方針とその実施の監督
> b. ノルマの達成状況や学術規定の決定及び監督
> c. 教育の質の方針と実施の監督
> d. 教育法人の戦略として決定された教育・研究・社会貢献の目標達成度の基準に照らして、カリキュラム方針や教育のプロセスを監督することで教育経営組織に改善勧告すること。
> e. Civitas Akademika の倫理コードの実施の決定と監督
> f. 学問の自由、学問的な（mimber＝英語で pulpit）、知識の自律に関する規定に対する監督
> g. 学術的な地位の授与及び剥奪の決定
> h. 学術的な方針実施の監督
> i. 研究、教育パフォーマンス、教職員の方針実施の監督
> j. 教育経営組織に対して教授推薦の判断提供をすること
> k. 高等教育学術憲章に基づいて、規範・倫理・学術の規程違反に対しての制裁を教育経営組織に勧告すること。
> l. 利害関係者代表組織に対して、教育経営組織によって準備される、戦略計画、実施計画、年間予算の判断提供をすること
> m. 利害関係者代表組織に対して、教育経営組織の学術分野パフォーマンスについての判断提供すること

第7章　グローバリゼーションとインドネシアの大学改革　133

(3) 学内監査会＝非学術分野の会計監査組織

非学術分野の会計監査組織は、教育法人が提供する非学術分野の活動の評価を実施する組織であり、その任務と権限は、以下の通りである（第30条）。

> a. 教育法人組織の内外の会計監査の方針を決定する。
> b. 教育法人組織の内外の会計監査結果を評価する。
> c. 教育法人組織の内外の会計監査報告の概要をまとめる。
> d. 内外の会計監査の基本成果における利害関係者代表組織や教育経営組織に対する、非学術分野の活動の経営改善についての助言や判断を提供する。

(4) 大学執行部＝教育経営組織

大学執行部は、教育経営を行う組織であり高等教育経営組織の任務と権限は次の通りである（第33条2項）。

> a. 学術的な方針の作成及び決定
> b. 利害関係者代表組織の決定した方針に基づいて、利害関係者代表組織が決定するための、教育法人戦略計画の編成を行うこと。
> c. 利害関係者代表組織によって決定された戦略計画に基づいて、利害関係者代表組織が決定するための、教育法人組織の職務計画や年間予算を編成すること。
> d. 既に決定した教育法人組織の職務計画や年間予算に従って教育を経営すること。
> e. 既に決定した教育法人組織の職務計画や年間予算に従って、研究及び社会貢献を実施すること。
> f. 法規定や組織の規約と会則に基づいて、教育経営長及び教育経営役員の任免を行うこと。
> g. 教育者代表組織の勧告に基づいて、高等教育学術憲章の規範・倫理・学術の規定違反に対し制裁を行うこと。
> h. 法規定や規約や会則に基づいて、gで示した内容以外の、違反行為に対する制裁を行うこと。
> i. 組織規約の規定に基づいて、教育法人組織の名称で外部へ働きかけること。
> j. 組織の規約や会則で規定した特定の方法で、他の任務を担うこと。
> k. 教育法人組織と、一般社会との良好な関係を構築すること。

上記の全体構成を概観すれば、まず、大学理事会は、大学評議会のメンバーの承認権、教育経営長と学内監査会のメンバーの任免権をもち、全体方針

等の決定承認権を保持する。一方、学長をはじめとする大学執行部は、権限を付与された諸事項に関して原案作成権を持ち、大学理事会の承認を得て執行する構造となっている。そして、大学評議会が学術的面で、また学内監査会が非学術面で独自な権限をもつことで、大学の自律性と固有性に配慮した制度設計となっている。

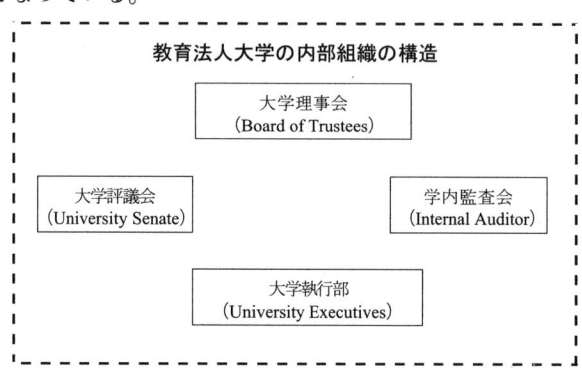

```
教育法人大学の内部組織の構造

            大学理事会
         (Board of Trustees)

  大学評議会              学内監査会
(University Senate)    (Internal Auditor)

            大学執行部
        (University Executives)
```

3. 制度設計における再調整——公正さと自律性の両立を実現できるか

　以上のように、分権型国家・社会の構造改革、そしてグローバル化対応の高等教育改革に挑戦しているインドネシアは、教育改革を政策的な優先事項として位置づけて取り組んでいる。それは、グローバル化に対応できる国家社会構築の一環として、グローバル対応の人材養成、ICTや科学技術の教育研究拠点の機能を高等教育が有効に果たすことで国家の経済的発展の原動力となることを期待してのことである。しかし、2002年憲法改正や2003年教育法が、権利論（教育を受ける権利）をベースとした「参加と質保証」型の教育制度となっていることからもわかるように、前者と後者の矛盾・相克として現実には展開している。この点、教育法人法は、「ステーク・ホルダー論」による国民参加と自律性付与による「ガバナンス論」を柱とする合理的な制度設計によって、各教育法人組織が前者と後者を調整し、主体的に教育活動を展開する枠組みを用意している。

　しかし、これに競争的な教育環境と質保証の枠組みが導入されることによ

って、各教育法人組織は、社会的ニーズと顧客を重視した改革を迫られることとなり、結局は、各教育法人の経営努力（管理運営力や才覚の問題）に焦点化されることになる。この一連の動きは、これまでの大学の在り方を大きく変えつつあり、競争的な文脈（環境）の制度改革に対する不安・反発や、高等教育における既存の権力構造の基盤を崩壊させることになるために、既得権益勢力からの抵抗もある。教育法人法が、一旦法律として 2009 年 1 月に発効したものの、2010 年 3 月末に憲法裁判所で違憲、無効の判決を受けたことは、教育の商品化による学費高騰で教育を受ける権利が侵害されるという、大学実態・実感に裏づけられた、学生・教職員団体の正当な批判だけでなく、このような漠然とした国民の不安感が、財団（yayasan）やイスラム宗教勢力等の「守旧派」を後押しした結果でもあろう。インドネシアの教育改革の動向は、グローバル化対応の教育法制度設計の事例として注目されるが、国民の理解と協力を得るためには、公正さと自律性の両立した制度設計とすることが必須であり、政府・国会はその調整力が求められている。

　インドネシアが、「知識基盤型社会」や ESD に適合した社会に行くのか、グローバルな市場競争が席巻し経済格差と貧富の差の拡大を放置したまま終わるのか。それは、国家政策と下からの国民運動のダイナミズムな展開によって歴史的に検証されていくのであろう。

　吉見（2010）によれば、大学を「知を媒介する集合的実践が構造化された場」と再定義し、その生命線（核心）は「有用な知」と緊張関係を保ちつつそれを知の全体の中に位置づけること、すなわち「リベラルな知」の探究にあるとしている。彼の歴史的整理によれば、12 世紀西欧に誕生した大学は、16 世紀の印刷革命の対応に失敗し、17、18 世紀に「一度死んだ」、デカルトやロック等の近代知の巨人は大学教授以外から生まれ、19 世紀に国民国家型大学（ベルリン大学 1810 年）としてやっと復活したが、この近代型大学を支える「国民国家」の力がいま後退し、ネットメディアの広がりで大学の価値（存在意義）も揺らいでいる（同上）と言う。

　しかし、私見では、グローバル化のなかで、権力の再構造化や役割の再定位の途中である国民国家は、相当な力をもって、大学との構造的再調整をし

ている段階であると認識したい。国立大学が国の機関（直接の設置者であり運営者）であることを止めたとしても、依然として主たる財政支援者であり、ルール（政策）の策定者でもある。国民国家は揺らいでいるのではなく、当事者（利害関係者）や国民（情報公開、アカウンタビリティ）を組み込んで、その権力構造やその淵源を再構築していると見れば、大学と国家の関係構造も調整中なのである。世界システム（グローバル）の構造の中で、大学は、「知の構造化」「普遍への志向」を生命線として、一般教養・職業・専門の有機的な結合をはかり、大学間連携や文化・市民活動としての側面を重視した改革実践が求められている。そうであるならば、新自由主義の本質（ハーヴェイ）を理解し統御する実践の取り組みが、大学を「決戦場」（アリーナ）として存在する。その意味では、大学の置かれた状況を認識し切り拓いていく「実践の場としての大学像」が見えてくる。大学は、その在り方を問いながら、新自由主義的な制度といわれるものを、国民のエンパワーメントのためのツールとして改良し組み込んで行くだけの力量と知恵がいま求められている。大学には、それを実現するための内部組織の改革力量が求められているのである。

[注]

1　内橋2009によれば、アメリカ国内においては中央銀行FRB議長に就任したポール・A・ボルカー（Paul A. Volcker：1979年8月～87年8月）が、M. フリードマンのシカゴ学派が提唱するマネタリズム的な金融政策の転換を行い、その後フリードマンの信奉者であるA. グリーンスパン（Alan Greenspan：87年8月-2006年1月）が引き継いだ。1980年代にケインジアンが政権中枢から去りマネタリストがその座にすわることとなったが、特に1993年に発足した民主党のクリントン大統領がこれまでのリベラリズム路線を捨てて市場原理主義を採り、ゴールドマン・サックス会長のR. ルービンを財務長官に迎えた95年頃から、「シカゴ学派優位が決定的となり、アメリカ中の大学やビジネススクールでフリードマン流の自由主義経済学が教えられるようになった」という。そして、国際的にはIMFやWTOやWBといった「国際機関や世界各国の官庁や中央銀行に自由主義経済学の洗礼を受けた卒業生が送り込まれ、『グローバリズム』の名の下に世界各国に市場原理主義を広めて」いったという（内橋2009：96-98頁）。

2　新自由主義経済の基本的な考え方は、「富める者が富めば、貧しい者にも自然に富が浸透（trickle-downトリクルダウン）する」という経済理論（思想）である。しかし、経済格差（貧困）の拡大を示すデータが事実として公表されている。確かに、土地・金融等のバブル経済によってパイは拡大し一部の富裕層が誕生し「経済は回復した」

が、国民全体への配分の改善は伴わなかったと言えよう。
3 Directorate General of Higher Education Ministry of National Education Republic of Indonesia 2003, *Higher Education Long Term Strategy 2003-2010*. 2003.4.
4 ibid. "Foreword" 私たちが訪問調査した高等教育局長（当時）Satryo, S.Bが執筆。
5 「国有法人」（BHMN：ベハエムエヌ）とは、"Badan Hukum Milik Negar"（Badan：機関、Hukum：法、Milik：独立、Negara：国家）の訳である。日本における「国立大学法人」と似た制度設計であるが、西野（2004）の訳を尊重し「国有法人」を用いる。
6 'BHP'は、'Badan Hukum Pendidikan'の略であり、'Legal education entity'の英訳をGunawan, J：2008はあてている。日本語訳は「教育法人」とした。(http://www.rihed.seameo.org/index.php?option=com_content&task=view&id=112&Itemid=45)
7 Education bill contestable' *Jakarta Post, 2008.12.26*. 本紙は、インドネシアの有力な英字の日刊新聞（公称5万部）である（ウェブ版 http://www.thejakartapost.com）
8 ibd. その後、2010年3月30日に違憲判決によって破棄された本法律であるが、2011年に入り高等教育機関のみを対象とした「高等教育機関法案」が作成され、2012年国会に上程され審議に入り、2012年7月13日に高等教育法として成立した。*Jakarta Globe, 2012.7.13* 参照のこと。今回の教育法人法とこの高等教育法の比較研究は他稿を期したい。
9 *Jakarta Post* でその動向を追うことができた。
10 教育法人法の第55条は、次のように規定している。

> (1) 教育法人の人的資源は、教員と職員から成る。
> (2) (1) における教員と職員は、教育法人の職員として勤務する公務員（civil servant）の地位にある。
> (3) (2) における教員及び職員は、国立教育法人、地方政府立教育法人、地域コミュニティ立教育法人の長と職務契約を作成し、BHP提供者においては法令、あるいは/ならびに規約において整備するものとする。
> (4) (2) における公務員は、以下の組織から報酬を得る。
>   a. 法規定に基づく中央政府及び地方政府
>   b. 教育法人の法令、あるいは/ならびに規約に基づく教育法人組織
> (5) (2) における立場に関する役職の任免及び教育者や職員の権利と義務は、法規定とともに法令あるいは/ならびに規約に基づく職務契約において規定する。
> (6) 教育者及び職員と教育経営役員との間で生じた争点解決は、法令あるいは/ならびに規約において規定する。
> (7) (6) のような見解の相違を解決する場合、その解決は、法規定に則って実施するものとする。
> (8) (1) のような教員及び職員に関する詳細な規定は、法令、あるいは/ならびに規約において規定する。

引用文献

Ahza, Adil Basuki., 'Education Reforms in Indonesian Higher Education' Asia-Link Symposium： Moving Towards New Approaches To EU-Indonesian Cooperation In Higher Education, 2008.10.31（http：//www.ehef-jakarta.org/web/images/docs/als_programme_draft.pdf）

Directorate General of Higher Education Ministry of National Education Republic of Indonesia, Higher Education Long Term Strategy, 2003-2010 2003

Gunawan, J, "University Governance in Indonesia Based on The Bill of Education Legal Entity", 2008（http：//www.rihed.seameo.org/ugseminar/PG_Indon.pdf）

深山正光『国際教育の研究〜平和と人権・民主主義のために〜』新協出版社 2007 年

廣田恭史・林田和則「発展途上国の教育開発に関する政治経済学試論〜「自立発展的」教育開発モデルの構築に向けて〜」『国際教育協力論集』広島大学教育開発国際協力研究センター、第 9 巻第 2 号、2006 年

インドネシア共和国「1945 年憲法」（日本語仮訳）（第 1 次ないし第 4 次改正を含む）翻訳者・島田弦、ICD NEWS、第 10 号、2003 年 7 月号

インドネシア共和国「国民教育制度に関する法律、2003 年第 20 号」（英語版：Act of the Republic of Indonesia Nunber20, Year 2003 on National Education System, http：//planipolis.iiep.unesco.org/upload/Indonesia/Indonesia_Education_Act.pdf）なお、この法律（原文）はインドネシアの 2003 年官報 78 号、官報付録第 4301 号に掲載されている。

インドネシア共和国「教育法人に関する法律、2009 年第 9 号」（Undang-Undang Republic Indonesia Nomor 9 Tahun 2009 Tentang Badan Hukum Pendidikan Dengan, http：//wrks.itb.ac.id/app/images/files_produk_hukum/uu_bhp.pdf）筆者の日本語訳については、科研費研究成果報告書（細井克彦研究代表者による中間報告書）『グローバライザーによる新自由主義的高等教育改革の動態に関する比較制度的・法制的研究』126-142 頁 2010 年 3 月に掲載した。なお、本訳文作業は、中田有紀氏（東洋大学）に仮訳（2009 年 12 月）を依頼し、現地調査等を踏まえて筆者の責任で完成させたものである。

Indonesia University of Education "Decision on Indonesia University of Education as State Corporate Body of Higher Education", 2004（Government Regulation of the Republic of Indonesia Number 6 2004）

ICHEFAP（The International Comparative Higher Education Finance and Accessibility Project） "Higher Education Finance and Cost-Sharing in Indonesia（*Updated April 2010*)", 2010

Jakarta Post, "Protests mar passage of education entity bill" Erwida Maulia,（http：//www.thejakartapost.com）2008.12.18

Jakarta Post, "Education bill contestable"（http：//www.thejakartapost.com）2008.12.26

Jakarta Post, "Education law still controversial" Erwida Maulia,（http：//www.thejakartapost.com）2009.1.6

Jakarta Post,（opinion）"Education legal entity bill" Teuku Kemal Fasya, LHOKSEUMAWE（http：//www.thejakartapost.com）2009.1.17

第 7 章　グローバリゼーションとインドネシアの大学改革　139

Jakarta Post, "Legal suit awaits schools failing to provide free education"（http://www.thejakartapost.com）2009.5.27
Jakarta Post, "After the board of education is scrapped"（http://www.thejakartapost.com）2010.5.29
金子元久『大学の教育力』ちくま新書、2007 年
Ramli, Murni "インドネシアにおける住民参加に基づく高等学校の改善に関する研究" Paper presented at Chubu Kyouiku Gakkai 56th, 2007 at Aichi Kyouiku Daigaku
中矢礼美（2005）「インドネシアにおける自律的学校経営に関する考察」『国際教育協力論集』第 8 巻、第 2 号、pp.51-62
西野節男「インドネシア　市場化と国家統一維持の政治的課題」馬越徹（編）『アジア・オセアニアの高等教育』玉川大学出版部、2004 年
Satryo, S.B., "Higher Education Refom in Indonesia" 2002（http://www.tfhe.net/resources/satryo soemantri brodjonegoro2.htm）
Stiglitz, Joseph E., *Globalization and Its Discontents,* Allen Lane 2002．訳書：鈴木主税：『世界を不幸にしたグローバリズムの正体』徳間書店、2002 年
Stiglitz, Joseph E., *Making Globalization Work* Norton & Company, 2006．訳書：楡井浩一『世界に格差をバラ撒いたグローバリズムを正す』徳間書店、2006 年
Susanti, Dewi.,"Privatisation and marketisation of higher education in Indonesia：the challenge for equal access and academic values", *Higher Education*, Volume 61, Number 2, 209-218
内橋克人『新版　悪夢のサイクル：ネオリベラリズム循環』文春文庫 2009 年
内橋克人、佐野誠（編）『ラテン・アメリカは警告する―「構造改革」日本の未来―』（シリーズ「失われた 10 年」を超えて―ラテン・アメリカの教訓）評論社、2005 年
梅澤収「インドネシアにおける大学改革・評価」大学評価学会編（シリーズ「大学評価を考える」第 3 巻）『大学改革・評価の国際的動向』晃洋書房、2011 年 4 月、42-57 頁
UNESCO-UIS（UNESCO Institute for Statistics）, *Global Education Digest 2010*；*Comparingeducation statistics around the world,* 2010.
World Bank. *Higher Education in Developing Countries*；*Peril and Promise*, 2000
World Bank. *Indonesia*：*Higher Education Financing*, Human Development East Asia and Pacific, 2010（a）
World Bank. "Indonesia：Higher Education Financing"（58956 Policy Brief）2010（b）
World Bank. "Investing in Indonesia's Education. Allocation, Equity, and A Efficiency of Pubulic expenditures", 2007
吉見俊哉『大学とは何か』岩波新書、2010 年

第8章　グローバリゼーションとベトナムの大学改革
——WTOと高等教育のprivatization

山口和孝

1. 資本主義の"春"と"冬"の同時到来

　国際経済市場への参入にむけて、アジアの途上国においては国際的競争力をつけるための大胆な国内改革を展開しているが、それは、経済構造だけではなく上部構造としての社会的諸制度の大きな変革を伴って進行している。ベトナムもその例外ではない。しかも、社会主義的理念を国是とする社会主義市場経済がグローバリゼーションの波と遭遇したときに発生する矛盾は、中国の例を待たず、深刻な問題を提起する。後に詳しく述べるように、国際経済市場参入をめざそうとするベトナム経済の"国際化"を支えることが期待されている高等教育改革は、これまで国公立大学のみであったベトナムの高等教育の一挙的なprivatizationをはかる方向で進展しているのだが、グローバライゼーションの津波に対する防波堤をもたないままに翻弄されている。そこには、世界銀行や世界貿易機構のようなグローバライザーの開発支援が大きく関わっている。その支援には、新自由主義の"丸裸"の手法がストレートに貫かれており、ベトナム高等教育privatizationの実態は、新自由主義的な教育改革の本質を描き出すものでもある。

　2007年夏、ベトナムの高等教育改革の戦略文書、「教育発展戦略　2000〜2010」(以下、「発展戦略」)の進捗状況を調査するために、ハノイの教育訓練省高等教育局を訪れたのだが、女性の高等教育局長が、「それはもう古い。これが今のものだ」と、少しはにかみながら手渡してくれたのが、「2006-2020　ベトナム高等教育改革アジェンダ」(Government No.14/2005/NQ-CP, Hanoi,

November 2, 2005、以下、「アジェンダ」）だった。「アジェンダ」の内容について にわかには理解できなかったので、「発展戦略」に関する質問と、それに対 する回答はすれ違いのままでヒアリングは終わった。後に、彼女のはにかみ には、大きな含意があったことを知ることになる。

　毎年、ベトナムの都市を訪れるたびに、外資系銀行や巨大ショッピング・ モールの高いビルが林立する建築ラッシュや欧米式の外食チェーン店が乱立 し始めている姿に戸惑いを隠せない。歴史を保持してきたホーチミン市の美 しさを特徴づけるコロニアル様式の建築物やマロニエの並木道は、むしろ、 近代化の邪魔者にされえているようにさえ見えてくる。

　この 10 年間、特に、2007 年 1 月ベトナムの WTO への正式加盟を契機に、 ベトナム社会は、大変動を遂げてきた。町並みの変貌それ自体が、国家主導 による経済システムの資本主義化と国際社会参入の具体的表現だ。しかし、 2 世紀近くかけて生成・確立・成熟してきた先進諸国の資本主義社会とは異 なり、今のベトナム社会は、マルクスが『資本論』で描いた本源的蓄積期に おける資本主義の暴力性と、その成熟期に導入された新自由主義の暴走が重 複して表出する社会の姿を示している。それは、いわば、我々が長い時間軸 で経験した資本主義の "春" と "冬" を同時に体験している姿であり、かつ、 抵抗を伴わない "丸裸" の新自由主義が、社会主義的理念の国是と深刻な矛 盾を露呈させている。

　ベトナムの高等教育政策とその実情にとっても、それは無縁ではない。外 資導入による急激な産業近代化に突き進む新しい労働力輩出が期待されてい るそれも、社会主義的な高等教育システムの転換に必要な社会的諸体制整備 が追いつかないままにグローバル化を目指し、矛盾をはらむ「大学改革」の 姿をみせている。それは、大学 privatization 政策による私立大学の無原則的 肥大化とその暴走を規制しようとする社会主義的国家統制の "タテマエ" の 複雑な絡み合いとして現象している。数多くの新設私立大学の学長にインタ ビューを重ねたが、ほとんどの発言に共通するのは、大学の市場化に対する 経営生産性であり、教育論は介在していなかった。大学教育の理念や大学の 自主性・教育の自由を主張する数少ない私立大学長は、大学国際競争を優先

する高等教育政策の無謀さを嘆き、自由希求への政府の抑圧姿勢に不満をもらしているのだが……。

　ベトナムのTPP加盟（2010年）も、WTO加盟と同じ国際市場への本格的参入を意図してなされた。WTO加盟初年より、海外からの直接投資は倍加し、急激な輸入超過と過熱した投資で貿易収支は赤字拡大し、急カーブのインフレに見舞われることになる。ベトナムがTPP（環太平洋経済連携協定）加盟を急いだのは、依存度が高い対中国貿易の入超を解消し、食料・貿易安保の観点から政治的衝突の多い中国からの経済的自立を図りたいからとする観測もある。しかし、TPP参加国の中で最も経済発展段階が低く、農業を中心に保護政策をとってきたベトナムは、TPPの影響を最も受けやすい国となるだろう。ベトナムの産業界・マスコミ・大学関係者は、TPP交渉参加を圧倒的に支持した[1]。Truong Tan Sang 国家主席は、「ベトナムは、ドイモイとより深く国際参入する決意をもってTPP交渉に参加し、TPPの多様性・協力体制に貢献する」[2]と意欲を示していた。日本におけるTPP議論では、ほとんど問題とされていないのだが、協定内容によっては、交易対象のサービス商品として位置づけられる教育も外資の投資対象となる。本稿は、TPP加盟後のベトナムの教育市場、特に、高等教育市場がどのような状況にあるかの分析でもある。

2. 高等教育改革戦略の大転換──社会主義的理念の実現から新自由主義へ

　1986年の第6回ベトナム共産党大会は、「ドイモイ」(Doi moi、刷新）というスローガンを用いて市場経済導入に大きく舵を切ったのだが、それは高等教育にも大きな変化をもたらした。「ドイモイ」の骨子は、国家主導による重工業重視の経済戦略を放棄して、消費財の生産に重点を置き、外国資本にも門戸を開放するという経済原理を導入し、それに伴って、「バオカップ」と呼ぶ"国家丸抱え政策"を廃止する国家戦略の大転換であった。この政策転換による民間企業の急速な増加、外国資本の流入、国家公務員採用枠の減少などの新しい社会状況に対応する人材育成が高等教育に課せられることと

なった。エリート学生に対する授業料無償・奨学金付与によって"国家必要人材の政策的養成と配分"という国公立大学の機能が、有償の私立大学の拡大と受益者負担による教育商品の市場競争に委ねられることとなった。

「ドイモイ」政策を規定した1992年の憲法改正で、私的資本経済を含む多様な経済セクターが定義され（第2章第16条・18条）、教育に関しても、国家管理領域の縮減と教育機関の設置形態多様化（第3章36条・41条）が規定されて、教育部門への「民活力」導入に門戸を開くものとなった。しかし、この段階における市場原理の導入は、「社会主義的市場経済」と定義され、共産党主導による社会主義的理念の実現をはかる色彩の濃いものであった。私的教育機関の設置に対しては、教育は国家管理であるとする社会主義的理念からの根強い懸念があり、それは大幅に制限されていた。1988年に、ベトナムで初めての「民立大学」[3]（Thang Long大学）が開設されたのだが、「民立」の制度規定は策定されなかった。この教育機関は、憲法改正後も学位授与権を与えられず、したがって、Thang Long大学自身が「民立大学規定」を政府に示してその存在確認を図らねばならない状況であった。

「ドイモイ」路線に沿う高等教育政策が体系的に示されたのが、「発展戦略」である。それは、冒頭において、「大学教育の発展は、共産党、国家や人民の共通事業である」と宣言する。続いて、「共通事業」として国公立大学を「半官半民」運営に移行させ、漸次、「民営化」する方針を示すとともに、高等教育の拡大に向けた具体的目標を提示する。すなわち、大学の設置形態として「公立形態を中心にする他、オープン[4]、半公立[5]、民立[6]、私立[7]という非公立形態の設置を承認する」とし、2010年までに、①修士号取得者大学教員の比率を41.6％から70％に増加、①大学入学者数を人口一万人当たり118人から200人に、②一万人規模の修士課程修了生を38,000人に、③3,800人の博士課程院生を15,000人に増加させるというものだ。それは、ベトナムの大学関係者の誰もが首をかしげるリアリティのない数値目標なのだが、その一方で、「すべての人民が、大学教育の発展に、知恵・人力・物力・財力を提供すること」という文脈で民活力の導入が繰り返し強調されている。

しかしながら、注目すべきは、大学教育の目標を「独立・自由・社会主義

の理想をもつ人民の養成」におき、「すべての人民が大学で学習することができる平等の機会を提供しなければならない」と、社会主義的理念の堅持と教育機会の平等を掲げ、「大学教育の教育商品化傾向に反対する」と宣言している点である。市場経済を導入しながらも、それを社会主義的理念という枠組みの中で維持しようとする姿勢が反映しているものであった。

ところが、「発展戦略」の中途期間である 2005 年に、新しく「アジェンダ」が出されたのだが、それは、「発展戦略」を否定し、その内容を大きく転換する戦略を示すものだった。朝令暮改が日常的なベトナム社会において、政府の政策が一夜にして変更されることは珍しいことではないが、この戦略転換がもつ意味は大きい。「発展戦略」と「アジェンダ」を詳細に読み比べると、その用語・文脈において、明らかに異なる書き手によって作成されたことが明瞭である。それは、関係者のインタビューでも確認された。

まず、「アジェンダ」は、「発展戦略」の進捗状況を総括し、「高等教育セクターの諸要素を統合し継続的なものにする状況になっておらず、その基盤も脆弱で、人民の学習要求・工業化・近代化・グローバリゼーションに対応する段階にはない」と批判する。その原因は、教育活動領域の不正・腐敗、高等教育セクター幹部の未熟性、資源活用の脆弱性などが克服されていないことにあるとする。そこで、新しい改革は、①グローバル化を図ることによって「高等教育システムを近代化する」、②「高等教育改革を、統一的・効率的・実践的方法において実現する」、③「資源動員の優先順位と投下地点を特定化する」、④「国家中央管理行政組織の諸機能を分権化させることで、高等教育機関の自主性を保障し、その社会的責務と透明性を向上させる」とする。

このように、「アジェンダ」では、高等教育行政の分権化と効率化、資源の選択と集中をはかる手法が前面に登場する。「発展戦略」で示されたマルクス・レーニン主義、ホーチミン思想や愛国的な価値の維持、および教育商品化論の否定の文脈は姿を消し、市場競争、「発展戦略」では否定していた教育の商品化、大学ガバナンスの転換、評価にもとづく資源の再配分という新自由主義的要素が全面的に展開されたものとなっている。つまり、高等教

育改革の具体策として、①積極的な大学民営化、②自主財政と自立的経営、③授業料の有償化、④海外資本による大学設立などが示された。半公立、民立という中間的な設置形態を認め、大学民営化に漸次的移行を図ろうとするのが「発展戦略」構想であったのだが、「アジェンダ」は、そうした中間的形態を認めず、一挙に、私立大学設置を誘導するものとなっている。2007年に高等教育局を訪問した際、半公立大学の設置形態と実態について質問を試みたのだが、この形態のものは既に「存在しない」という高等教育局長の回答にめんくらった。ある大学が半公立大学であることを当該大学長とのインタビューで聞いていたので、社会主義的法制と大学 privatization の調整を図るための過渡的形態として関心をもっていたからなのだが、「存在しない」という公式発言の背景にはこうした大きな政策転換があったからだろう[8]。

こうした突然で、かつ過激な戦略転換は、何によって推進されたものなのだろうか。時代は、ベトナム政府が、2006年のWTO加盟を国家の最優先課題として位置づけ、国際競争市場の仲間入りを果たそうとする時であった。

3. 外圧による政策の急展開

1980年代、発展途上国に対するUNESCOの教育事業経費が停滞したままの状況の中で、世界銀行（WB）は、教育事業拡充のための融資を10倍近く増加させていく。それは、「ワシントン・コンセンサス」と名づけられたWBの構造調整貸付政策を背景としている。その骨子は、発展途上国の融資に際し、「国際金融機関が援助に際し市場経済を条件とする行動パターン」[9]を採用することであった。WBはその後、国連の「開発ミレニアム目標」（2000年）による「貧困削減と成果重視」、「選択と集中」を媒介に、基礎教育に対する重点融資政策をとり始める。東南アジア諸国の中で、基礎教育については相対的に充実しているベトナム（識字率95％、2009年）は、1993年に初めてWBの教育融資を受けるのだが、教育関係8件のうち、その半分は、高等教育プロジェクトである。額にして初等教育プロジェクトの3倍近い[10]。

つまり、国際金融機関のベトナム教育改革戦略は、高等教育政策に焦点化され、その改革方向が社会システムの構造改革を誘発する構造となっている。

デヴィット・ハーヴェイは、国際金融機関の戦略を、「国際通貨基金と世界銀行によってますます新自由主義の度合いが良好なビジネス環境をはかる基準とされていったために、あらゆる国家で新自由主義改革の採用に向けた圧力はますます高まった」[11]と総括する。融資先に強要されるのは、「何よりも、強力な私的所有権、自由市場、自由貿易を特徴とする制度的枠組みの範囲内で個々人の企業活動の自由とその能力とが無制限に発揮されることによって人類の富と福利が最も増大する、と主張する。国家の役割は、こうした実践にふさわしい制度的枠組みを創出し維持することである」[12]。ベトナムもその例外ではない。

WBは、「ワシントン・コンセンサス」(1983-1989年)から「ポスト・ワシントン・コンセンサス」(1990-2004年)にシフトした後も、教育の市場化、教育セクターへの投資対象の多様化、教育サービスの交易商品化の方針は変更されていない。こうした政策は、ブレトン・ウッズ機関であるWTOの戦略に足を置き、教育商品をも貿易対象とするGATS（サービスの貿易に関する一般協定）の拡大を支えている。

ベトナム政府は、WTO加盟を国家優先課題として加盟交渉に入るのだが、社会全体の構造改革を求めるWTOの条件について、ベトナム政府の交渉団代表は、こう回顧している。「WTOの文章を読んで、十分に理解できる者は、国に誰もいなかった」[13]。ベトナムの新自由主義が"丸裸"だと評する理由のひとつはここにある。

ベトナムに対してWTOが強硬な姿勢を示した背景には、中国のWTO加盟交渉の"反省"があると推察されている。中国は、最後の最後までしたたかに国内利益の防衛を図ってすべての加盟要件を満たさなかった。そのため交渉妥結には15年もかかり、2001年に加盟を果たすことになる。しかし、それもいくつかの条件を除外してのことだった。中国政府代表龍永図は、GATSやWTOを主導するアメリカがいかに強圧的だったかを次のように回想する。「双方は、1頁ずつ柱の確認をはじめ、最後に七つの問題が残った。

アメリカ側は、『この七つの課題を中国側は必ず受け入れる必要がある。もし、受容できないなら、これまで協議した百頁以上にのぼる協定書は、すべて認められない。交渉は失敗ということになる』と詰め寄ったのだ」。この局面の打開は、最終的には、「朱鎔基総理が登場して七つのうち二つの課題には妥協して受け入れることで、アメリカにも勝利を与え、中国も面子を保つことで妥結をみたのだ」[14]。その後、中国は締結した内容を厳守してはいない。

　ベトナム政府は、先進国の教育モデルを導入することで、より高質の教育を提供することができ、それが、国内の教育を刺激し、教育機会の拡大と質の向上に繋がり、結果としてグローバル化の荒波の中で競争しうる国力を形成できると構想したのかもしれない。だがWTO加盟は、教育セクターの市場化を促進し、非公共セクターが公教育提供者としての位置を占め、教育がサービス商品として売買される仕組みを作り上げることに他ならなかった。つまり、「発展戦略」の愛国主義的教育理念維持や教育商品化否定路線のままでは、WTO加盟は果たせなかったのだ。交渉過程においてベトナムは、同じ社会主義国でありながら、中国とは異なって実行猶予期間も与えられず、中国よりも一層厳し条件が課されたのだった。その結果、ベトナムのWTOへの加盟は、「国家による経済管理の在り方や財政構造、WTO協定に沿った法制度の整備、さらには、その履行を担保する行政や司法機能の在り方にまで大きな影響を及ぼす」[15]ことになった。

　冒頭でふれたように、ベトナム社会全体が、TPP交渉に好意的な姿勢を示した背景には、一方的・強圧的に市場開放を迫られたWTOに比して、TPP交渉においては、メンバー国と対応な協議が可能とされたことが反映しているのかもしれない。

　ベトナムの高等教育関係者が、WTO加盟をどのように理解したのかについては、2006年12月にハノイ国際会議センターで開催されたWTO加盟とベトナム高等教育改革に関する国際フォーラムでの報告に明瞭である。(ベトナムは)「公的教育機関のprivatizationと私的教育機関の創設という二つの方向をとることになった。Privatizationとは、公的教育機関の運営方法に、公的所有を残しながら市場原理を導入することである。私的セクターの促進と

は、高等教育における非国家セクターの成長と拡大を推進することである」。「Privatization的措置とは、採算性と費用対効果の考えを公的教育機関に採用し、大学運営に必要とされる資源の動員を図るために、利益追求商業ベンチャーを関与させることである」。「高等教育における利益追求型私的セクターは、市場投機動向をうかがいながら、高等教育への投機的投資を図るようになってきた」。「利益追求型プロバイダーは、教育を利益のあがる他の貿易商品と同じにみなしている」[16]。完全な教育市場化の論理だ。

　ベトナム政府が、国際社会への参画を実現するためにWTOの要請を全面的に受け入れた国内事情と経緯は、チリのケースと類似している。チリでは、1973年のピノチェト軍事クーデターまでは、高等教育は国家によって保障され、授業料は無償であった。しかし、軍事政権（1973～1990年）は、アメリカの後押しで数多くの過激な政策を導入した。その一番の特徴は、あらゆる面に市場優先主義を導入し、世界で最初の"新自由主義政府"となったことだ。1981年には、高等教育セクターの完全自由化が図られ、低レベル私立大学が乱立しはじめた。同時に、伝統的な大学への公費補助が削減されて、私的資金による大学運営が迫られることとなる。授業料は有償化され、大学教員は公務員としての地位を失った。乱立した私立大学では研究活動は行われておらず、最新の図書という基本的なインフラの整備もなされないまま、質の低い教育活動にとどまっていた。その意味で、ベトナムの大学も極めて近い状況にあったといえるだろう。

　チリでは、1990年に民主化が始まるのだが、軍事政権下の政策の多くは引き継がれた。軍事政権のもとで大学民営化を推進したEducation Constitutional Organic Actは廃止されなかった。2006年から、ラテン・アメリカ諸国と二国間自由貿易協定（FTAs）を結んできたのだが、そのほとんどにおいて、貿易商品に教育サービスを含めていた。チリは、GATSにおいてはいかなる教育コミットメントをしなかったにも関わらず、実態としては、新自由主義的なグローバリゼーションに国内の教育システムを完全開放していたのだ。

　チリ政府にとっては、自由貿易問題は、開放経済による経済的利益をいか

に図るかの技術的問題でしかなく、ドーハ・ラウンドに出席した高等教育局高官は、「我々は、われわれが追求すべき方向性に関する合意形成についてまったく議論していなかった。つまり、協定そのものがそこにあっただけだ」[17]と述べている。教育商品化とその自由貿易対象化がいかなる意味を有するのかを検討することなく、グローバル化の波に乗ることだけを優先させる姿勢は、ベトナム政府の WTO 交渉に類似している。

　GATS 策定のウルグアイ・ラウンドでは、当初、教育を貿易対象商品とすることに関心はなかったのだが、GATS 合意のために採用された国連統計局による中心製品分類表（Central Product Classification）には、教育が含まれており、それがその後の途上国の経済市場開放に大きな影響を及ぼすこととなった。すなわち、国家によって提供されている国民教育システムが、私的エージェントによる教育サービスの参入を認めていない場合には、これを市場化するための規制緩和が求められる仕組みとなったからだ[18]。ひとつには、遅れている国内のあらゆる教育事業への外資導入を容易にすることとともに、決定的には、それを可能とする国内法制を"自由化"する条件整備が要請されることになる。ベトナムの高等教育もその例外ではなかったからだ。「発展戦略」の「アジェンダ」への一挙的な舵切り、すなわち、高等教育 privatization は、そのような文脈において理解されねばならない。

4．大学 privatization を推進する教育「社会化政策」

　グローバル化への対応という政治的要請を受け、ベトナム経済に民活力を導入する方策を経済セクター以外にも拡大する政策イデオロギーとして提示されたのが、「社会化」である。「社会化」政策とは、経済セクターとは独立した法制をもたないままの大学を新自由主義的な競争市場に投げ出すためのイデオロギーと一連の施策である。私立大学が、建学の理念と国内民間財力によって創設され、長い歴史的の中で国公立との区別を確立し、独自の教育法制のもとで運営されてきたというプロセスを経験していないベトナムの大学にとって、新自由主義的な大学 privatization 政策は、独自の大学法制を形成

する発想を産まず、また、それを醸成する時間もないままに、市場経済をさらに規制緩和する経済法制に組み込まれて出発した。そこに、社会主義的理念とのイデオロギー的な整合性を不接合にする最大の要因があった。「社会化」政策には、そのイデオロギー的整合性を図ろうとする政治的意思が反映している。

この「社会化」政策については、「人民による教育建設参加」をはかる「公平化実現」のためのものと評価する見解があるが[19]、これは政府の政策イデオロギーを鵜呑みにし、その政治的背景の理解を欠落させた解釈で、本質をとらえていない。「社会化」政策を詳細に分析し、こうした理解を批判するベトナム人研究者の論文がだされている[20]。この論文を紹介する形で、「社会化」政策の本質について紹介しておこう。

「社会化」政策とは、まず、1997年3月の閣僚会議で了解された「教育・医療・文化活動における社会化の主張と方向について」(「90/1997決議」)を端緒とし、2005年までにいくつかの「閣僚決議」を通して展開された。その政策指針のうち、教育セクターに関わる部分の概要を要約すると、①教育セクターの多様化、②教育サービスの受益者負担、③政府による教育予算の縮減と民間資金の導入を骨子とする。その趣旨は、「社会的公平は、『享受』によるだけでなく、各地域、各個人の諸能力を社会に還元し、貢献することによって表明される」(「90/1997決議」)とされている。

「社会的公平」とは、「バオカップ」から脱し、人民自身がその資源を提供することによって国家負担を軽減することと説明されている。「73/1999決議」では、「人民の物質的・精神的発達における教育…の享受レベルを高める」ために「社会全体・全人の広範な参加」が必要とする。文脈をこのように理解すると、「社会化」という政策用語はsocializationの意味ではなく、新自由主義的市場経済ロジックに基づく"小さな政府論"と受益者負担の社会主義的レトリックに他ならない。

この点をもう少し掘り下げてみよう。「社会化」決議は、高等教育のprivatizationを一挙に推進することを骨子としている。それまで、民立大学の設立がわずかながら進行してはいたのだが、「社会化」政策は、①地方政

府管理において民立教育機関の設置を許可することを宣言し、②国公立の中等専門学校の経営に企業経費を導入することを認めている（05/2005決議）。それによって、幼児教育機関のほとんど、小学校10-15％、中等教育学校40％、中等専門学校30％、職業訓練施設60％、高等教育機関の40％を民間セクターの負担とする数値目標が示されている。また、民間の学校設立に対しては、土地・建物の供与、免税措置がとられることとなっている。一般的には、学校設立後2年間は納税義務が課されず、経済的・社会的な力の弱い地域では、10年から13年にわたる免税待遇を与えるものとされる（第12条a「73/1999」決議）。また、納税義務発生後の収益に対する課税も、設立5年目までは、一般税率の半分、困難な地域では、11年目までそれが適用されることとなっている（第12条b「73/1999」決議）。こうした措置は、企業誘致のための優遇措置と同様のロジックによって、企業による教育機関設立を誘発するものだ。

　また、利潤追求を目的とする企業投資の学校運営には企業法が適用され、国公立大学の運営経費を民間資金依存にシフトさせ（「05/2005決議」）、さらには、「根本的に学費制度をドイモイする」と、国公立を含めて学費の受益者負担論が採用されている（「05/2005決議」）ことに注目することが重要である。当初から「73/1999決議」では、「民間機関に投資するために、国の資金、財産、経費は使用しないこと」として、高等教育拡大に対する国家責任を回避する姿勢をとっている。それに連動して、受益者負担論に立脚した大学財政自立論が前面に登場している。「学費によって、教育に必要な経費、学校の再投資のための蓄積金を担保し、通常経費を担いだす必要がある」とされている。これまで、国公立大学では、教職員給与を含む大学運営の必要経費が国庫負担されていたのだが、2005年段階からこれらすべてを学費で賄う方向性が出された。すなわち、受益者負担に転換する方策である。さらに、「05/2005決議」では、「職業訓練学校と初等教育を実施しない国公立教育機関の一部をサービス提供業としてその機能を替える」と、教育商品サービス論が採用されている。極めつけは、「国公立機関における『正規雇用者』の概念を縮減し、漸次的に『長期的労働契約』制度に移行」することが示されている。

教師の雇用は、契約制による流動的労働者としての扱いに転換される方向にある。

「05/005年決議」で示された「社会化」政策の本質は、緊迫する財政事情による公的責任の不備を民活力で補完する施策の域をはるかに超え、政府に帰すべき公共的責任の縮減、教育セクターへの企業参入拡大とその優遇、受益者負担政策の全面展開、教育機関経営の自立化、教育商品サービス化、教育労働者の流動化を推進する典型的な新自由主義への転換を図るところにあると分析できる。

これらを整理すると、教育における「社会化」政策の本質は、①教育プロバイダーの多セクター化、② for-profit の教育経営体の容認、③教育商品化・受益者負担論の導入、④公共部門における政府予算の縮減と民間活力の活用、④教育労働者雇用形態の流動化がめざされており、これこそ WTO の発想を具体化したものに他ならない。

しかしながらベトナム社会分析の難しいところは、この一連の「社会化」政策決議は、いまだ"絵に描いた餅"に過ぎないところにある。2011年実施のインタビューにおいて、元教育大臣[21]は、「社会化」政策を実施するための大学設置用地の貸与、免税、特定分野に対する国の資金投下を定めた「69/2007」議案が承認されたものの、その実施にはいたっておらず、非国立大学拡大の障害になっていると回答している。国家所有の土地処理、税金問題などそれぞれを管轄する省庁の合意がとれていないからだと。

5. 大学 privatization の無原則的拡大と矛盾

「アジェンダ」は、2020年までの高等教育機関進学者を人口1万人当たり450人、その40％を私的セクターにおいて収容できる規模を確保すると数値目標を掲げる。これは、観念的すぎるとされた「発展戦略」の数値目標をはるかに上回っている。大学教員の修士号取得者率を40％、博士号相当を25％とするところは、逆に「発展戦略」の数値目標を下方修正している。いずれにしても、政策文書とその遂行実態に大きなずれを生じさせているべ

トナムの風土において、この数字の変動自体にそれほど意味があるとは思えないが、事実として、「アジェンダ」路線は、私立大学の爆発的拡大をもたらし、私立大学は、「雨後の筍」と[22]新聞で揶揄される乱立状態を呈することになる。

2008年段階で私立大学・短大数は360校。そのうち、2006・7年をピークとしてこの10年間に新設され・昇格した大学は110校に上る。その中には、35億ドルの投資を受け入れて設立されたベトナムBerjaya国際大学や、45百万ドルが投下された外資系大学RMITがある。その一方で、Hong Bang大学のように、いまだに固定するキャンパスをもたないもの、テニス・コートの仮屋しかない大学、実験室はもとより図書室すらない"大学"が多数存在している。必置とされる教員の学位取得者数が、教育訓練省への報告と異なって著しく少ない大学、カリキュラムさえ用意のない大学、授業スケジュールもないままに、すべて非常勤講師が担当する大学なども少なからず存在する。入学者数の水増しなどは驚くにあたらず、Van Xuan短期大学のように、認可されていない分野や専門で学生を募集し、定員オーバーの学生を連携大学に"売り渡す"商売をしている大学もある。

大学数の肥大化は、これまで国家入学試験で一定の成績のとれない場合、高等教育から排除されてきた大学進学希望者の潜在的需要が膨大に存在することを示している。市場経済による経済活動の急成長が、高額な授業料を負担できる階層を一挙に増やしたことも背景にある。この膨大な需要を背景にして、私立大学は、ベトナム市場経済の下での"儲かる"巨大産業となった。明確な私立大学関係法制が存在せず、設置の奨励だけが先行し、政府の規制・監視も届かないために、今こそ"稼ぎ時"なのだ。ある私立大学長は、「投資金額は少ないが、どんな産業よりも儲かる産業だ」と喝破していた。政府は、私立大学拡充を奨励するために、土地の無償貸し出し策や外国企業の投資を誘導しており、「政府は、赤いカーペットを敷いて、投資家を歓迎すべきだ」、「外資による大学がきっと市場シェアを占めるようになる。教育訓練省は、この状況を把握して、さらなる奨励策をだすべきだ」[23]とまで言わしめている。投資対象となっている新設私立大学は、利潤追求型の優良企業体なのだ。

国家大学委員会副委員長を務めているホーチミン市国家大学の Pham Phu 教授は、経営体としての私立大学の利潤は、毎年 20 〜 30％増加しているとインタビューで述べている。「43/2006 決議」では、国公立事業の一部とすべての半公立・民立大学を企業に転換することが奨励されている。

　しかも、優良な民立・私立大学の設立者・リーダーは、一部を除いて政府中枢部に在籍していた高級官僚や共産党幹部である。非公立大学は、こうした高級職の"天下り"先ともなっている。法的規制よりもコネ・人脈が幅を利かせるベトナム社会において、こうした風土は、大学の設置審査・評価・資産処理にどう影響を与えるのだろうか。

6. 選択と集中がもたらした実態

　「アジェンダ」の主眼のひとつは、GATS の「モード 2」による留学生の自由な交換という教育貿易の拡大である。それを可能とするための条件は、国際的に通用する単位認定・成績基準の標準化、取得した学位の国際的通用性を担保することである。したがって、これまで旧ソビエト方式を採用していた学年制を単位制に転換し、それに伴った単位評価基準の策定が行われることになる。「単位制による正規大学・短期大学の教育に関する 43/2007/QD-BGDDT 規定」(教育訓練省規定) は、1 単位を学習 15 時間 (1 コマ 50 分) とし、実験・実習は 30 〜 35 時間、職場実習 45 〜 90 分を基礎単位としてカウントすることを定めた。加えて、授業履修には 45 〜 60 時間の自己学習時間を前提とすることも規定した。こうした考え方を基礎として、修了要件を 6 年制大学 180 単位、5 年制大学 150 単位、4 年制大学 120 単位とするとともに、GPA 制度の導入が規定された。同時に、大学カリキュラムも、2 年次までは、人文・社会科学、自然科学、外国語などの一般教養の履修、その後、専門教育という科目配分が、国内外の教育専門家の他、企業関係者を含めた国家レベル会議で決定されていった。こうした基礎整備の上に、国際競争力をもつ大学づくりがめざされている。

　それが、教育資源の集中による「国際基準大学」(WCU) 創設施策である。

政府は、全国の大学・短大を含む 376 校の内から 15 大学を選択し、そこに資源を集中投下するとともに、世界のランキングの高い大学との連携プログラムを開発して世界水準をめざそうとする。それは、政府直属の教育ドイモイ諮問機関が管轄し、関連省庁を包括したプロジェクトとなっている。WB の「新大学モデル・プロジェクト」(2009 年) を受けているからだ。しかし、伝統的にベトナムの大学には、国家大学においてすら教員の研究室は設置されておらず、研究機能を果たせる環境は脆弱で、国家大プロジェクトである「国際基準大学」も、2013 年度に初めて学生募集を開始した程度で、まだ、新しい施設の建設工事すら終わっていない大学も少なくない。したがって、その脆弱性を埋めるものとして海外の大学教員の採用・交流が期待されているのだが、実現性には大きな疑問がつきまとう。「国際基準大学」に選定されたハノイ越仏科学技術大学の学長はフランス人だが、外国人教授を雇用する計画は存在しないと言明する。研究室もなく十分な研究設備も提供できない上に、本国における大学教員給与に相当する手当を支給するは、資源の集中によっても極めて難しいからだ。かつては、社会主義国家の"国家奉仕型"公務員として薄給であった国家大学の正規教員の給料は、市場経済下においても、日本円にしてわずか数万円に過ぎない。したがって、「国際化」の可能な形態は、外国人教員による短期集中講義ということになるのだが、それは、「国際基準大学」の要件をはるかに下回る。独越大学では、ドイツの経営に行き詰まった底辺大学の教授を"買い叩いて"雇用したりしてつじつま合わせをしている[24]。期待されるのは、海外の大学で活躍しているベトナム人研究者なのだが、その多くは、フランス植民地時代の留学生で高齢化が進んでいること、二つ目には、近年の若い研究者は、政治的理由から帰国を望まない、あるいは、帰国が認められないことが指摘できる。この構想もどうやら"絵に描いた餅"になりそうな可能性が高い。

　政府による国公立大学への公費支援は、例えば、260 億ベトナムドンが交付されていたホーチミン市経済大学は、わずか 43.1 億ドンに削減され、その差額を自前で調達しなければならなくなった。国家大学でも、企業からの資金提供が望めない文科系学部では、正規学生より高学費がとれる非正規学

生を大量に採用するための特別コースや様々な研修プログラムを設置して増収を図ったり、キャンパスの一部を企業に貸し出して賃貸料を徴収したり、学生の一部を外国の大学に委託する特別プログラムで追加授業料を稼ぐなどの工夫が始まっている。学生に対する奨学金も大学負担とされた私立大学では、学生数の"水増し"で凌ぐことは経営上当然のこととなっている。

　そうした"経営効率"重視は、設備投資が軽便で学生の需要が高い英語、情報技術、金融関係などの学科・コースを乱立させる一方、基礎的学問分野の淘汰を生み出すことになっている。また、当然のことながら、研究施設をもたず、教育も貧困な環境に大量に押し込められた学生の教育レベルが、深刻な問題となっている。

　実は、こうした大学教育の質を向上させるための動きは、1998年に8,300万ドルが支援されたWBの第2次高等教育プロジェクトから始まり、2000年に質保証センターがホーチミン市国家大学とハノイ国家大学に設置されることになる。しかし、2010年度末に行われた100大学の評価は、外部評価機関が整備されていないために、外部審査対象となったのは、そのうちの40大学しかなかった。大学評価問題の分析は別の機会に譲りたいが、本稿の関心から注目することは、プロジェクト実施に関わる一連の政策・手順・実施条件などは、すべてWBの規定に従うこととされ、その意思と監視のもとで実施されたことだ。

　また、国家公務員として位置づけられていた国公立大学教員の待遇は、いまなお極めて悪く、躍進している先進企業の管理動労者の給与を大幅に下回っている。研究機能に重点が置かれない大学において、教員の研究能力は開発されず、低い給料を補うために、授業が終われば、アルバイトに追われるのが一般的な大学教員の姿である。"稼ぎ頭"の新設大規模私学は、そうした国公立大の若手教員を高給待遇で引き抜いている。成果主義で処遇にあたる私学の新しい雇用・管理方法は、若手教員には魅力的だ。その一方で、政府の高等教育政策に批判的な大学経営者は、公安の監視下に置かれたり、形式的にしか機能していない大学評価基準を厳格に適用されて迫害されている。

第 8 章　グローバリゼーションとベトナムの大学改革　157

　しかし、「社会化」政策は、"私的"な設置・運営体、すなわち、私立大学の私的所有財産と自立的経営権を社会主義法制上どう位置づけるかという難問に直面することとなる。

　ベトナムは、WTO 加盟交渉に際して、これまでの国有企業保護政策を放棄して「公平競争場」としての市場形成を求められた結果、市場経済化に伴って国有企業法・私営企業法・外国投資法・投資奨励法など企業別に定められていた各種企業法と経済活動に参入する組織形態を一体化する法制度整備を図らねばならないこととなった。2005 年後期国会で制定された企業法がそれである。それは、外資、国内資本、国有・私有を区別せず、市場で平等な扱いを受け、「公平な競争」を可能とするものであった。この企業法が、投資対象としての私立大学を促進することとなった。ベトナムでは、私立大学の運営に関する独自の法制が存在せず、民間化した大学経営・資産管理は、企業法に基づいて一般企業と同格に規定されることとなったからだ。当然のこととして、私立大学が財政的に破綻した場合も、企業法の適用を受けて処理されることになる。

　民立大学は、共同的組織による出資・共同管理体として設立されてきた。そうした大学に対して、「アジェンダ」は、早期に企業経営方式の組織に転換することを奨励している。しかし転換は簡単ではない。企業法に基づく私立大学への転換にとって、団体所有とされてきた民立大学への初期投資資産と蓄積されてきた収益の配分の仕方を規定するものが存在しないからだ。2005 年の教育法では、大学運営経費を控除した利益は、投資者の投資額に応じた配分と規定しているのだが、出資をせずに名義貸ししただけの団体が形式的な代表権を有する民立大学や国から供与された土地などをどう配分処理するかも決まっておらず、教育法規定は死文化している。民立大学理事会は、この問題をめぐっていまだに答えの出せない議論を続けることになっている。

おわりに

　かつて、軍事的劣勢のもとで「超大国米国に唯一勝利した国」としての称賛を得るだけでなく、破壊と貧困の中でも高い倫理性を示して、"社会主義の模範生"とまで称されたベトナムだった。いまや津波のように押し寄せる新自由主義の環境は、上は高級官僚から青年層に至るまで拝金主義と出世主義を蔓延させ、"行き過ぎる"自由志向に対しては、治安力が発動される政治構造を生み出している。研究機関としての伝統を形成してこなかったベトナムの大学からは、そして、"契約社員化"がはじまった大学教員からは新自由主義的改革政策への批判的検討は生まれてこない。その中で、賄賂は一般化し、国際開発援助プロジェクト資金の一部は、高級官僚の懐に転がり込み、入試や就職の"買い取り"、論文の捏造や学位偽造も当たり前のように横行している。そんな社会状況の中で、大学設置審査・評価が的確に実施される保障も可能性も悲観的にしか観測されない。そうした社会風土が、"丸裸"の新自由主義の横行を許容し、それへの"対抗"を示しているのは、正確なデータに基づかない観念的政策の乱発と省庁間の縦割り行政・官僚的怠惰だけだ。

　社会主義・共産主義を毛嫌いしたハイエクが生み出した新自由主義の思想を具体化するPDCAサイクルについて、ベトナムの大学行政幹部が語った言葉は忘れ難い。「そもそもそれは、社会主義計画経済の手法として我々が生み出したものであり、我々が学ばなければならないところは、量的数値目標だけを重視し、質を問わなかったことだ」と。新自由主義的手法は、外圧によって"仕方なく"ではなく、社会主義的手法と親和性をもつものとして受容されているのだ。

[注]
1 「ベトナム国内のTPPへの反応」(Viet Net, 2010年11月30日)では、96.94%が賛成。
2 「ベトナムはTPPに貢献する」Voice of Vietnam online, 2011年11月31日。
3 「民立」の表現は、1992年憲法で登場する。しかし、privateは社会主義的理念と背理するため、「私立」ではないという意味で、英語ではnon-publicと表現された。

第 8 章　グローバリゼーションとベトナムの大学改革　159

4　主として勤労者を対象とした通信・定時制教育機関。1 校が存在するのみ。
5　運営資金とインフラ資金の半分ずつを政府と民間で負担。実態的には、政府が土地・設備を提供し、運営は、大学の自主財政。
6　100％民間資金による運営。出資者・所有・運営は、政治的・社会的組織（保護団体）。利益は、組織所有。教育内容、学位授与などは政府管理。
7　政治的・社会的組織の他、個人の出資・運営を求めた大学。財政は自主権を有し、教育内容・卒業審査権など所有。
8　2005 年の教育法によって、法制度的には半公立大学は、民立に再編されて消滅することになったのだが、6 大学は実態として存在し続けている。
9　秋山孝允他『開発戦略と世界銀行』知泉書館、2003 年、p.54
10　廣里恭史「世界銀行の教育協力理念と政策」『開発と教育』新評論、2001 年、p.173
11　デヴィット・ハーヴェイ『新自由主義―その歴史的展開と現在』作品社、2007 年、p.132
12　同上書、p.10
13　To chuc lay y kien ve chuong trinh khung bac Dau hoc, Thanh nien, 2003 年 1 月 7 日（「教育カリキュラムの枠組みのための意見聴取」『タン・ニェン』）
14　龍永図「談判是這様完成的」『財経』、2001 年 11 月 5 日号、北京、p.35
15　坂田正三『2010 年に向けたベトナムの発展戦略　WTO 時代の新たな挑戦』アジア経済研究所、2010 年、pp.73-74
16　N.V.Varghese, GATS and Higher Education：the need for regulatory policies, Research papers IIEP（International Institute for Educational Planning）, March 2007, Hanoi, VN
17　Antoni Verger, WTO/GATS and the Global Politics of Higher Education, Routledge, New York, 2010, p.181
18　ibid., p.36
19　野田真理「ベトナムにおける『教育の社会化』政策と地域社会の活動」『ベトナムにおける初等教育の普遍化政策』明石書店、2008 年、p.101
20　Nguyen Thi Hoang Diem「ベトナムの教育の『社会化』政策と大学民営化の展開」『学校教育学研究論集』（東京学芸大学大学院連合学校教育学研究科）、第 21 号、20010 年、pp.29-31
21　Tran Hoan Quan, 在職 1987-1997 年、現・非公立大学協会会長、2011 年 2 月 1 日。
22　Hung Thuat, Thanh Ha, Trung CD, DH "Moc nhu nam sau mua", Tuiotronline, 2008 年 12 月 16 日。（「大学・短大：雨上がりの後に生えた茸のように」）
23　非公立高等教育機関協理事長（元教育大臣）とのインタビュー。2008 年 12 月。
24　Ngo Viet Trung, 'Xay dung dai hoc ang cap quoc te：thuc trang o Vietam', Tap chiia Sang, 2011 年 8 月 14 日（「WCU の建設：ベトナムの実情」）

第9章　グローバリゼーションと中国の大学改革

光本　滋

本章の課題

　社会主義中国の大学は、計画経済の一環として位置づけられ、支配政党であることを公認されている中国共産党の指導の下に運営されてきた。そのため、中国において国家が承認してきた大学の管理・組織運営の原則は、近代社会が承認・発展させてきた「学問の自由」を実現することとは異なるものであった。すなわち、教育機関は「社会主義建設に奉仕」するものと見られ、普通教育は政治的教化を、専門教育は計画経済に対応する人材育成をめざすものとされた。そして、各分野で要請すべき学生数の計画、教授や幹部職員の人事は政府が掌握し、個別大学は、計画経済の部分をなす経済主体＝「生産単位」と見なされてきた。このような中で、個別大学の管理運営の課題は「教育活動と生産活動、科学研究、社会活動との関係を正しく処理」することとされ、中国共産党組織が指導性を発揮する校務委員会が大学管理機関として重要な役割を果たす[1]。こうした体制が1980年代半ばまで続けられてきたのである。

　1990年代に入っての「社会主義市場経済」への移行に伴い、学生数を計画経済に基づく人材需要と対応させる体制は崩れてきた。とはいえ、大学の目的を政治・経済に従属するものと見なす体制は、今日も本質的には変わっていない。その下で、大学の再編・統合、学生定員の急速な拡大、国家財政支出の縮減、企業・地方政府等から資金を獲得するための組織的自律性の付与、法人化、大学企業の経営、学長・部局長への権限集中、政府による大学

評価と「国家的重点大学」「世界水準の大学」の育成など、中国ではドラスティックな大学改革が進行してきた。これらは、「効率性」「社会的要請」を規範としながら、大学の研究・教育組織を、国家を含めた資金提供者の意図に従わせるものとなっている。

このように、中国の大学では、かつての「中国的特色を持つ社会主義」を標榜した時代に形成された姿を大きく変え、「中国的特色を持つ新自由主義」[2]の改革が展開されている。本章では、その動向を整理しながら、国際機関の影響と中国の特殊事情の関係についての考察を行う。

1. 文革以前の大学管理体制

社会主義革命後の中国では、中国共産党による1951年の大学等の接収、1952年の「院系調整（学部・学科の再編）」と「私立学校公有化」により高等教育の国営体制が確立されて以降、大学は政府機関の一部として管理され、計画経済に基づく人材養成機関として育成されてきた。初期の大学は高等職業教育機関として再編が図られ、各省庁の監督により厳格な定員管理と人材配分が追求された。

その結果、形成された中国の高等教育は、突出した特徴を持つものとなった。大塚豊は、①総合大学が少なく、単科大学が多い、②理系偏重（「重理軽文」）、③中央・地方の諸官庁が独自に多数の高等教育機関を運営し、所管関係が複雑、の三点を挙げている[3]。初期の高等教育制度が形成される過程では、ソ連の制度の学習・受容が精力的に行われた。その結果、例えば、単科大学方式やごく細分化した専門家（「専業」）養成の組織が模倣された。また、大学教員の育成やカリキュラムの構築は、ソ連の強い影響により行われた。

とはいえ、ソ連モデルがそっくり取り入れられたわけではない。個別機関の管理においては、中国共産党委員会の指導の下での「校務委員会責任制」がとられた。統一計画に基づく入学者の選抜を全国統一試験により行った点や、卒業生の職場配置を極めて厳格かつ強制的に行った点などは中国の特色だといわれる[4]。

ソ連との政治的対立を経て、独自の社会主義路線を追求するようになった1950年代後半以降は、公社方式に対応した大学企業（校弁企業）を発展させるなどの政策がとられたが、計画経済に基づく人材養成機関としての大学の性格に大きな変化はなかった。中国の大学管理体制は「部門経済」と「業種経済」の一部とみなされ、国務院に設けられた数十の部・委員会がそれぞれ全国の関係分野、業種の人材・財産・物資を統一管理する体制の下、関連業種の教育機関を設立・管理し、専門人材を養成・配属する体制の中に大学は組み込まれ続けたのである[5]。この間、1950年代前半には10万人台だった学部（本科）の学生数は、1961年、80.8万人のピークに達した。大学数も1950年代半ばまで200校あまりに過ぎなかったものが、1960年1289校に増大、その後数年間で大規模な「院系調整」を経て、400校余りに落ち着いた[6]。

ところが、1966年にはじまる「プロレタリア文化大革命」により、10年に渡って伝統的な大学の機能は停止することになった。1970年から行われた統一試験の廃止と農村・工場などの生産単位の推薦による入学者の決定、紅衛兵による知識人の吊し上げと肉体労働への従事の強制（「下放」）など、この時期のできごとは、特異な内容を持つものである。とはいえ、大学を経済の一貫とみなし、政治によりコントロールしようとする体制は継続していたといってよいだろう。

2.「改革開放」と大学管理体制の改革

1977年、毛沢東の死去により文革の終結し、翌年、鄧小平の主導により「改革開放」路線がとられるようになると、経済成長と所得増加がはじまり、高等教育はふたたび拡大へと向かう。1978年の大学の学生数は45.9万人まで落ち込んでいたものの、1980年代半ばには、大学数は1000校、学生数は100万人を突破する。学生数はさらに増加し、1990年代末には300万人、2010年には1000万人に達した。30年余りの間に20倍になったのである。

このような著しい量的拡大と並んで注目すべきなのは、政府と大学の関係、

第 9 章　グローバリゼーションと中国の大学改革　163

および個別機関の管理体制が変化したことである。それは 1978-1984 年の間の再構築を経て行われた。文革により消滅した中央所管大学が順次復活を遂げていく過程で、高等教育機関の乱立と質の低下を防ぐため、国務院は「中華人民共和国学位条例」(1980 年) を公布した。一方、1979 年に教育部は「高等教育機関に対する統一指導、共同管理の強化に関する決定」を公布した。この段階では、中央政府による統括・指導の下、教育部・各省庁と地方政府がそれぞれ大学を設置・管理する体制が復活したのである[7]。

つづいて、高等教育管理体制の転換が図られた。1985 年の共産党中央委員会「教育体制の改革に関する決定」と 1986 年の国務院「高等教育の管理責任に関する暫定規定」により、中央政府の役割の中心は大学全体への指導・管理だとされ、学長が個別大学の管理責任の多くを負うことになった。ただし、それは中国共産党の指導の下で行うとされていた点に変わりはない。

このような「学長責任制」の実験は、北京師範大学をはじめとして、200 校近くの大学に広がった[8]。だが、この流れは政治的要因により中断を余儀なくされる。すなわち、1989 年の春から夏にかけて高揚した民主化運動に対して、共産党保守派は、これを「反革命動乱」と規定して暴力的に弾圧した (第 2 次天安門事件)。このことにより、「改革開放」の副産物として確保されつつあった自由は、経済的自由を除き、大きく制約されていくことになる。

1992 年の鄧小平による「南巡談話」をきっかけに、中国は市場経済への移行を加速、規制緩和を進めていった。1993 年 2 月、国務院は「中国教育改革・発展要綱」を公布し、政府の全体的な管理の下、大学が「社会のニーズ」に適応しながら「自主的管理」を行うとともに、個別の機関の管理は省政府レベルを中心とする二重管理体制の構築を強調した。「要綱」はまた、政府が直接に大学を設置するこれまでの方式を変えて、政府を中心としながら、社会の諸勢力が大学設置に関与する体制を形成するビジョンを示した。国務院はさらに、1995 年の「高等教育体制の深化に関する意見」において、中央政府が所管する大学の地方移管、または中央政府と地方政府の共同管理、企業・社会団体・個人の大学設置管理への関与を認める方針を打ち出した[9]。これらは、資金調達ルートの多様化を図ることで政府の財政負担を軽減する

一方、政府の機能を、大学に対する直接的な統制から、政策方針と計画の提示、資金配分を通じた誘導など、間接的な統制を行うことに切り替えていこうとするものであった。

実際には、これらの方針が決定される以前から、大学の地方移管や中央・地方政府による共同管理の実施、大学の合併は行われていたものの、その数は限られていた。こうした状況は行政改革により一変する。1998年3月の全国人民代表大会において決定された機構改革案により国務院の構成部門は40から29に減少、国家教育委員会は改組され、教育部となった。統廃合された部・委員会が所管していた大学はそれぞれ移管された。

このような中で、2000年までに556校の大学（普通大学387校、成人大学169校）が合併により232校（普通大学212校、成人大学20校）に再編された。また、509校の大学で管理体制の見直しが行われた（うち普通大学は296校）。うちわけは、中央政府から地方政府の所管または地方政府の所管中心に移されたもの360校（うち普通大学が205校）、省（市）業務庁・局から省（市）教育委員会の所管に編入されたもの18校、「共同建設」が進められた大学は数百校に達する。そして、後述するように、大学間の共同運営、大学と企業や事業体、研究機関等との連携も飛躍的に拡大した[10]。

3. 高等教育の新自由主義改革

(1) 教育法制の整備

中国共産党による国家運営は、中華民国時代につくられた近代的な法制を全面的に排除するところから出発し、かつ、法により社会主義権力が制約を受けることを拒んだことから、「人治」の色彩を強く持つものとして展開してきた。教育もその例外ではない。ところが、上述したような大学管理体制の改革を行うにあたって重要な役割を担ったのは教育法制の整備であった。このように一見すると矛盾する政策がとられることになったのは、社会の中に自由の領域をつくりだし、それを権力維持の観点から制御する手段としての法の役割が注目されるようになったためだと考えられる。篠原清昭の指摘

によれば、「改革開放」下の中国の国家政策は、伝統的な「人治」から「法治」への転換を特徴とするものであった。ただし、ここでいう「法治」とは、法を階級的な視点からではなく機能に着目して捉えようとする機能主義的法思想に裏づけられたものであり、経済成長との関係で教育の役割を位置づけようとする人的資本論を合理的に実現する媒介として教育法を位置づけようとするものであった[11]。

　このような観点から、教育における長年の「人治」の慣習にピリオドを打ったのは、1985年に教育部を改組して誕生した国家教育委員会であった。国家教育委員会は、1986年から1990年の第7次5カ年計画期間を教育法規整備計画期間として、1986年4月の「中華人民共和国義務教育法」制定をはじめとする一連の教育法規の法制化にとりくんだ。高等教育に関しては、1986年3月に国務院が公布した「高等教育の管理責任に関する暫定規定」が、政府には高等教育に対する管理責任の強化を求め、各高等教育機関にはその権限を拡大することにより、「各校および広範な教職員学生、設置者および雇用部門など各方面の積極性をさらに引き出し、高等教育をよりよく社会主義の現代化建設に奉仕させる」とうたった。そして、国家教育委員会の責任の筆頭に、「高等教育に関する党と国家の方針・政策、法律、行政法規の策定」を掲げた。こののち、国家教育委員会は、「普通高等学校招生暫行条例」（1987年4月）、「普通高等学校招生統一考試（統一入学試験）管理規則」（1988年11月24日）、「普通高等学校本科専業設置暫行規定」（1989年4月）などを制定していく。

　1990年代に入ると、教育法制の構築は、経済発展に貢献することを目的とし、教育機関が与えられた裁量権を行使しながら、効率的に成果を生み出すような経営を行うことを推進するものとなる。こうした方向は、1993年の「中国教育改革・発展要綱」に示された。要綱は「211工程」と称する、21世紀に向けて約100カ所の大学と一群の重要学科を重点的に育成する方針を掲げた。

　この方針の下、1995年9月に実施された「中華人民共和国教育法」は、一定の要件を満たした高等教育機関に対して法人格を付与することを認め

た。大学の法人化は、1993年における国営企業の株式会社化という国有企業改革の一連の流れの中で、所有権と経営を分離させるための制度改革であった[12]。そのねらいは、これまで多数の省庁のもとに乱立していた大学を整理統合し、政府の財政支出の軽減と効率化をはかるとともに、それぞれの大学が国からの交付金以外の資金調達を比較的自由にできるようすることで、「社会的要請」に対応した大学づくりをすすめることである。法人化により、政府から一定の権限が大学に委譲された。それは、教育部所管大学の副学長以下の管理職および一般職の人事・給与・財務管理・施設の設置・専門技術ポストの設置調整の審査・認可権、大学院をもつ大学等（科学研究機構を含む）に関連する専攻の修士学位授与組織の審査・認可権、博士学位授与組織の博士課程院生指導教員の資格審査・認可権などである。

さらに、地方政府への権限委譲もすすめられた。地方所管の大学の学位（学士・修士）の審査・認可権は所管の地方政府に、教育部所管大学の授業料徴収水準の審査・認可権は大学の所在する省政府に委譲された。これらを通じて、教育内容や授業料の水準を中央政府の統制により一元的に管理するのではなく、地域毎のニーズや所得格差を反映したものにしていこうという趣旨であった。この時期、地方政府の指導のもとに北京や上海など大都市部を中心に、多数の民営大学が設立されていくことになる。

これらと並んで、政府は1995年の「普通大学学部教育活動評価実施法」制定を皮切りに、教育評価に関する一連の政策文書を相次いで公布した。1998年の「中華人民共和国高等教育法」は、「大学の学校運営水準と教育の質は、教育行政部門の監督とその組織による評価を受け入れる」（第44条）と規定している。政策文書は学部教育活動評価に対する指導書の役割を果たしているといわれる[13]。これらにより、政府は評価により大学教育を管理する力を手に入れたのである。

(2) 財源の多様化・重点配分と評価

「211工程」など研究・教育拠点形成のための国家プロジェクトは、国だけでなく地方政府による大学の推薦と資金投入をもたらした。例えば、上海

市からは、全国100校の重点大学のうち10校が選定されたが、その中には8校の国立大学のほか、2校の市立大学が含まれていた。その結果、従来は市費により運営されてきた市立大学に、国費も投入されることになった。同時に、「共同建設」の名により、国立大学に対する地方政府の資金投入も行われるようになった。出資の割合は、国、地方政府とも50：50とされ、対象とされた大学には、地方政府の行政区域からの入学者を増やすなど、出資者の要請に応じることが求められる。

　ところで、「211工程」に関しては、1996年から2000年の間、計196億800万元が投入された。投資がハードウェアに偏っていたとの反省から、1998年12月、「知識経済に関する挑戦に立ち向かい中国の近代化を実現するため、世界先進レベルの一流大学を複数育成すること」をめざして、教育部の提出した『21世紀に向けた教育振興行動計画』が国務院の審議を経て公布された。同時に開始された「985工程」により、教育部は1999年から2001年の3年間に、通常の経費とは別に、北京大学と清華大学に対し各18億元を投入することを決定した。「985工程」の進行に伴い、援助を受ける大学はさらに7校、25校と拡大した。ここでは、関係する省・市および部門との共同出資による学科レベルの向上、教師陣の形成、インフラ設備などが行われた。2004年から「985工程」は第2期に入り、対象大学は従来の34校に加えて、新たに5校が選定され39校となった[14]。

　こうした重点配分が行われる一方で、1990年代末から各大学は深刻な資金不足に陥った。1999年から2004年にかけて学生数の急激な増加がはかられたにもかかわらず、それに見合った公財政支出が行われなかったためである。特に教育経費の不足は深刻であった。公財政により賄われる教育経費は総額の1/4程度にとどまり、残りのうち1/4は授業料、1/2は大学が自前で調達しなければならない状況となった。そのため、大学はさまざまな方法で独自の財源を調達しなければならなくなった。2006年には、教育部、国家発展改革委員会、財政部の3部門が、高等教育機関の授業料徴収水準の決定権限を所在地方政府に委託する通知（「高等教育機関の費用徴収の管理強化に関する通知」）を行った。省レベルの教育行政管理部門が学生1人当たりの費用、

地域の経済発展水準と地域住民の家計負担能力などの要素を考慮して徴収水準案を提出し、省政府の価格管理部門と財政部門が非営利の原則とコストシェアリングを考慮して審査・決定するというしくみである[15]。

　政府は大学評価制度の見直しにも着手した。すべての高等教育機関の教育状況を「優良」「良好」「合格」「不合格」の4段階で判定し、結果を予算配分に反映するというものである。1999年、教育部は新設大学と国家重点建設大学の間にある大学の教育活動に対し、無作為抽出評価を実施した。さらに、2002年には、「合格評価」(日本の設置認可に相当)、「優秀評価」(重点大学の選定)、「無作為抽出評価」という3種類の評価方式を「教育活動水準評価」に統一し、2003年末までに、全国の大学計296校に対して教育活動評価を行った。2004年になると、教育部は「2003-2007年教育振興行動計画」を発表し、「大学教育の質保証システム」の整備、および「質に関する評価・コンサルティング機関」を設立し、5年を周期とする「全国大学教育質評価制度」を実施するとの方針を打ち出した。この計画により、2004年8月、「教育部高等教育教学評価センター」が正式に発足した。2008年9月までに行われた第1次の大学本科教育評価作業において、589校の本科大学が評価を受け入れた。のべ6000人の研究者が評価者として動員され、10万点余りの学生の答案用紙と卒業論文を審査・閲読、3万余コマの授業を参観した。また、大学の教育担当部門と管理運営部門を訪問し、各種の座談会、学生の基本技能について試験を行ったという[16]。

(3) 個別大学の管理体制の改革

　中国の大学内部組織の管理はかつて、「事務支配」(「行政治校」)と呼ばれてきた。すなわち、長い間、教員が大学の管理に参加する組織は作られず、大学の将来計画、研究・教育、評価などに関して、教員組織は発言権を持たなかった。ところが、1993年以降の改革により、再編を経て大学の規模が拡大し、学部・学科等が急速に増える中、大学内部の組織管理にも変化が起きた。すなわち、大学の内部に、学術委員会、学位委員会、教員職位評価審査委員会などの組織が作られ、一部の教員代表が主要な教学事項の管理に参加

する権限を持つようになったのである。一方、事務組織側の権限を減らすために、学部・研究科に自由裁量権を与え、組織管理の体制を作り、教員の委員会を機能させるなど、大学は様々な改革を行っているという[17]。

このような「事務支配」から「教員支配」への管理体制の変化は、「中国教育改革・発展要綱」以降の改革において、大学が政府から管理権の一部を委譲されたことに伴う動きだといってよい。ただし、それは「211工程」や「985工程」など、研究・教育拠点（重点大学）を形成することをめざして、特に理工系の研究・教育分野への人材配置をスムーズに行うために導入された面が強い。

大学内部の管理体制の変化は、これら一連の大学政策の結果として行われている。したがって、大学の「教員支配」は、学長および部局長の権限強化をもたらしたものの、一般の教員には権限拡大が及んでいない。むしろ、「211工程」や「985工程」により莫大な資金が投じられる中、任期付教員ポストが増大し、教員の雇用は不安定になりつつある。北京大学では、講師・助教授に3年期限の任期制を導入した。所属学部の審査により更新は可能だが、講師は2回、助教授は2回（自然科学系）または3回（人文社会科学系）が更新回数の上限である。また、一部の教授職にも任期制が入れられた。同時に、海外留学者を積極的に呼び戻したり、他大学の出身者を積極的に採用するなどして、伝統的に行われてきた内部からの採用・昇進を原則として認めない方向へと人事方針が変化している[18]。

こうした中で、個別大学の政策を形成するために、高等教育に関する研究組織の影響力が増大している。北京大学の高等教育研究所は、1994・95年の総合大学の研究モデルについての検討をはじめに、1997年の教育思想の討論、続いて、大学の発展モデルについての検討やその実践的課題についての討論を展開してきた。同大学はまた、学内に「教育研究会」という組織を置いている。研究会長は学長であり、研究会は各学部の管理職に対する指導権限を持つ。この組織は、大学の発展方向に照らしながら、各学部等の研究成果に対する評価を行い、表彰を行う。研究会による受賞は、教員の昇進に大きな意味を持つという[19]。

産学連携は学部・学科、中国政府、および省政府によりすすめられている。中国の工業化を牽引してきた清華大学は、ほぼすべての学部・学科が校営企業を持つに至った。これら企業における兼職、および勤務時間に大学の施設を利用して行った職務発明による報酬制度の整備もすすんでいる。大きな発明は中国政府（科学技術開発部）が管理するものの、そのほかのものは大学ならびに各学院と系が管理することになる[20]。これらは研究者個人や大学にとってインセンティブとなる反面、キャンパスでの過剰な商業活動と基礎研究の軽視など研究環境における歪み、さらには社会の研究開発資源の非効率な配分にもつながりかねない。さらに、教授や大学院生の多くが、アカデミックな研究・教育を軽視し、商業的価値の高いものへとシフトする弊害もあると指摘されている[21]。

4.「改革開放」と国際機関

(1) 経済成長への貢献とコストの適正化

これまで見てきたように、今日では中国の高等教育は新自由主義改革へと大きくシフトしている。これらは直接には中国共産党内部における論争を経て政策化されたものであるが、背後では国際機関の関与が強力に行われていたことを指摘しなければならない。

「改革開放」以降、中国はユネスコ、世界銀行、EU、APEC、世界貿易機関などとの協力関係を構築してきた。これらのうち、社会経済の改革にとりわけ大きな影響を与えたのは世界銀行と世界貿易機関であった[22]。中国は1979年、世界銀行に加盟すると、1985年までの間に、高等教育に関係する八つのプロジェクト融資を受けた。1981年7月にはじまる「大学発展プロジェクト」(University Development Project) はその最初のものであり、かつ中国が受けたプロジェクト融資としても最初のものであった。

「大学発展プロジェクト」の目的は、中国における科学・技術分野の高等教育と研究の強化を援助することであった。プロジェクトは、中国の高等教育の問題を、人口に対する学生の比率が非常に小さく、研究成果の産出が少

なく、かつ教育の質が低いことだと分析した。そして、第一段階として、26の主要な大学の卒業者の数と質を改善し、および研究成果を増加させ、大学と教育部における管理を強化することを目標として、土木工事、備品、器材、専門家の派遣・協力などを提供するとした。また、大学教員のレベルアップを行うために、教員の計画的な海外留学を促進するとともに、カリキュラムの整備、責任教育時間の増加、教育統計や事務・予算管理システムの整備などをすすめる必要があることを強調した。融資額は計2億ドルであった。

プロジェクトはさらに、高等教育機関内部の効率性の改善、地域大学の強化、教育部以外の政府部門が所管する工業大学校と放送大学・通信教育課程の整備による中等後教育の体系を確立することを最終的な目標に掲げた。注目されるのは、プロジェクトが、それまでの中国においては、最小限かつ限定的な分野にとどめられていた社会科学系の教育を強化する必要を指摘したことである。これらは、1983年以降、新規プロジェクトとして順次実施されていくことになった。

まず、1983年9月から開始された「ポリテクニク・放送大学プロジェクト」(Polytechnic and Television University Project)において、世界銀行は、中国政府が生産力を高め、高度技術人材の質を改善することができるように、17の大学校、および放送大学と関連施設を対象とした施設・設備の整備が行われた。このプロジェクトは1992年6月まで行われ、総計8500万ドルが融資された。

世界銀行は続いて、1985年2月から1992年12月の間、第2期の「大学発展プロジェクト」に対して1億4500万ドルの融資を行った。このプロジェクトは、国家発展のための高度技術経営人材育成10年計画(1985-1994年)の第一段階として、工学と経済学・金融の教育部門に関する政策と組織の変化を促進することを目的に掲げた。これらは経済発展の鍵となる分野であるにもかかわらず、人材の需給のアンバランスおよび資質の不足が深刻だと考えたのである。そのため、経済学・金融分野と大学院の学生数の早期の増加、過度に専門化した現行カリキュラムの広領域化、若手スタッフの現職教育と昇進の促進、より長い期間の人材計画、施設計画、および大学の資源利用の改善などを実施するとした。主要なターゲットとされたのは、国家教育委員

会以外の省庁が所管する大学校であった。

　世界銀行が最終的に行った評価報告によれば、一部未達成の領域が残されたものの、学生数の拡大はほぼ目標を上回った。国際的な技術協力が進展したほか、教員の海外派遣、コンサルタントを通じたスタッフの能力開発なども成果を挙げた。経済学・金融の分野では、1987年にカリキュラムセミナーが上海で開催され、開発されたコアカリキュラムが、地方政府教育委員会を通じて、全国約250の高等教育機関に導入された。これら分野毎の教育プログラム開発に関する国際協力の進展は、特筆すべき成果だと総括されている。

　1986年3月からは「地域大学プロジェクト」(Provincial University Project) が開始された。28の行政区から60大学を選定し、それらに対する援助と省政府の高等教育部門に対する助言を行うというものである。これらの大学のほとんどは1957-58年に創設された総合大学か師範系の大学であった。ここでは、教員養成に力が入れられることになり、高等教育のマスタープランと教育需要を含んだ計画を立案することとされた。プロジェクトは1992年末まで続けられ、教育プログラムの質と管理の改革が図られた。また、学部学生数は目標を上回って増加し、教育実習生の比率も目標に到達したとの総括が行われた。なお、このプログラムを契機として、1986年10月、国家教育委員会と財務部は「高等教育機関の財務管理改革実施規則」を公布し、中央政府が地方政府に対して行う特定項目への補助に、世界銀行貸付金による設備維持費を含むことを明確にした。

　これらのほか、農業部・衛生部が管轄する高等教育に関しても4件のプロジェクト融資が行われた。オンタリオ教育研究所の関維方によれば、高等教育に関するプロジェクトは、中国側検討委員会 (Chinese Review Commission) と国際顧問団 (International Advisory Panel) とが、プロジェクト対象大学の個別の系の研究・教育の質の向上に携わる外国人専門家の人事調整を行う責任を担った。全プロジェクトを通じて中国に派遣された外国人専門家は総勢3000-4000人と推測される。文字通り中国の津々浦々の大学・高等教育機関において改革のコンサルティングが行われたのである。こうした改革の実施

方法は、ソ連をモデルとした1950年代のものと似ているが、ソ連人顧問団が長期にわたって滞在したのに対して、1980年代の世界銀行のプロジェクトにより派遣された外国人専門家の滞在期間は通常1~2カ月程度にとどまった。同時に、プロジェクトの重要な柱として、中国側からも大量の学生・教員が先進資本主義諸国に送り出された。その人数は、全体で1万人を越えると推測されている。これら中央レベルの大学プロジェクトを監督する二つの顧問団の本部はワシントンに置かれ、省レベルの大学を監督する顧問団の本部はオタワに、職業大学およびテレビ大学のものはロンドンに置かれた。さらに、外国人専門家の選考や同プロジェクトによる学生・教員の派遣はOECDの関与の下進められた[23]。

　1980年代の世界銀行の高等教育改革プロジェクトは、学生1人あたりのコストと資源利用率から、適正な学校規模を算出するというアプローチを採用した。学校の規模が小さすぎると、専攻学科が細分化され、十分な学部・学科の設置ができないため、学生が選択可能な学科が狭くなる。その結果、高等教育の経済効果は低下するというのである。これは、大学の規模が非常に小さく、教員と学生の割合のバランスが取れてないという当時の中国の大学の問題を指摘する際に根拠とされた理論であった。北京師範大学国際比較教育研究院副院長の谷賢林によれば、この規模効果の理論は教育界にとって耳目を一新させるものであり、90年代における大学再編に指導的な役割を果たしたという[24]。

(2) 改革モデルの模索と制約

　1980年代は、「改革開放」後の中国の高等教育のモデルの模索の時期であった。この時期、モデルは当時の先進資本主義諸国の高等教育制度に求められた。イギリスのポリテクニク・放送大学、アメリカの教育中心大学・研究中心大学・コミュニティ・カレッジ、ドイツの専門大学・工業大学、フランスの大学校（グランゼコール。とくに農学分野）、そして、日本の大学における工学教育などである。

　以下、関によれば、世界銀行の大規模プロジェクトに比べれば目立ったも

のではないが、中国の大学を支援する各種の二国間プロジェクトも実施され、インパクトを与えた。西ドイツは毎回、約1000人の中国人学者を対象に奨学金を提供、日本は1989年までに奨学金支給者を500人に増やした。そして、他の各国も中国人に一定の経費提供枠をもっている。ほぼすべてのOECD諸国が、それぞれの大学時へ中国人の学者や学生を引きつけるための特別な経費を準備したのである。ほとんどの場合、国のレベルで調整が行われるが、アメリカは大変人気があるため、国としての支援プログラムをもつ必要がない。ほとんどの留学取り決めは大学への個人的な入学出願を通じて行われた。経費は主に各州および大学の奨学金から支給されたという。1986年の時点で、アメリカにはおよそ2万2000人、カナダ、日本、西ドイツには各々2000人以上、フランス、イギリス、オーストラリアには1000人以上が在籍したと見られる。対照的に、ソ連にいたのは約200人にとどまった。

　二国間援助のもう一つの側面は、中国国内のプロジェクトに協力する形でOECD加盟諸国の政府が行う援助である。西ドイツ政府による上海の同済大学に対する支援、日本政府による東京大学と合肥の中国科学技術大学との応用科学を中心とした共同研究や学術交流に関する援助などがその例である。フランス外務省と武漢大学との協力プロジェクトは、同大におけるフランス語、フランス文学、社会科学、数学および種々の応用科学に対して援助を与えるものであり、フランスの知的文化についての総合的な理解を提供しようというものであった。南京大学とジョンズ・ホプキンス大学とのプロジェクトは、中国・米国文化協力センターを設立することにより、そこに毎年50人ずつの中国人とアメリカ人修士課程学生を受け入れ、幅広い社会科学の領域の研究を相互に行うことを可能にした。イギリス、カナダ、オーストラリアおよび他のOECD諸国も、経営学、言語学、自然科学といった分野をはじめとして、大学レベルの協力プロジェクトに政府援助を与えた。各プロジェクトの範囲は限定されているが、それぞれが中国における特定国の橋頭堡、あるいは相互の文化的・知的理解の拠点となることをめざしていた[25]。

　このように各国の思惑はあったにしろ、これらのプロジェクトは基本的に

は自由な学術交流をベースに展開することをめざすものであった。また、世界銀行のプロジェクト融資によりすすめられた大学における各専門分野の教育範囲の拡大、強い規制を受け単一的であったカリキュラムや教育方法の改善方向の探究、社会科学系の諸分野を専攻する学生数の増加は、高等教育に質的な変化をもたらしつつあった。すなわち、「主要大学における研究活動の強化は、知識を絶対的なものでなく、変化するものと見做し、学生がより批判的で創造的思考を行うことを奨励する効果をもたらした」[26]のである。

しかし、それは知識の統制を通じて支配を貫徹してきた支配層にとって脅威となった。1986年から89年にわたって繰り広げられた政治的な民主化を求める知識人の発言と学生運動に対する弾圧はこのような背景を持つものであり、最終的に、知識人・学生たちは希求した政治的自由を獲得することができなかった。このことは現在に至るまで、中国の大学における自由にとって桎梏となっている。

(3) 政府の役割の強調

1990年代、日本を除く東アジア地域の急速な経済発展を契機として、世界銀行は東アジア研究に強い関心を示すようになる。中心課題は「開発における政府の役割」であり、それは日本政府の資金支援のもとに行われた。その成果である1993年の「東アジアの奇跡」(East Asian Miracle) と1996年の「東アジアの経済発展と政府の役割」(The Role of Government in East Asian Economic Development) の二つの報告書は、途上国開発における政府の役割に関する世銀の見解に大きな影響を与えた。すなわち、世界銀行の開発アプローチは、1980年代の市場万能主義の考え方から、1991年の「世界開発報告」を経て市場を機能させるための政府の役割は認めるという「マーケット・フレンドリー・アプローチ」に転換しつつあった。そこに、「東アジアの奇跡」は輸出振興や制度構築などにおける政府の役割を強調する「コンテスト・ベースの競争」促進の提言となり、「東アジアの経済発展と政府の役割」は、「市場か政府か」という二者択一を超えた「市場拡張的見解」の比較制度分析に基づいた提示を行った。これらは、1997年の「世界開発報告」における制度

構築に関する政府の役割の明確化と「二段階戦略」（政府自らの能力をまず見極め、次にそれに見合った介入をする）という経路をたどっていくことになる。政府の重要性を強調し、その具体的な役割に関する提言を精緻化していったのである。

ところで、こうした見解をまとめるにあたり、中国の経験はほとんど参考にされていない。1993年の「東アジアの奇跡」は、「中国はあまりに特殊であるため、他の途上国の参考にはならず、中国以外の東アジア諸国から政府の役割を学ぶ」と注釈した。しかしながら、世界銀行は、1997年のアジア経済危機に際して中国が最も影響を受けることがなく、以後、著しい経済発展を遂げたことから、研究の前提を見直すようになる。

高等教育に関しては、この間も中国政府と世界銀行の関係は継続していた。1990年代、中国政府は世界銀行に対して二つの調査団の派遣を依頼する。一つは、1993年から94年にかけてのものである。調査団が1995年にまとめた報告書「高等教育改革」(China：Higher Education Reforms) は、大学を多様化するべきこと、それを促すメカニズムを構築するために、財源の多様化をはかるとともに政府による評価を重視すべきことを提言した。もう一つは1998年および99年のもので、1999年、「21世紀にむけた中国教育の戦略目標」(Strategic Goals for Chinese Education in the 21st Century) を提出した。報告書は高等教育の拡張と管理者としての政府の役割を強調した。すなわち、大学を増やして財政および管理に関する自主権を付与するとともに、政府に対しては高等教育政策の立案者となることを求めたのである。

1999年5月から行われた高等教育に関する世界銀行のプロジェクト、「高等教育改革」(Higher Education Reform) は、2005年まで11月まで継続され、1億ドルの融資を通じて、学士課程段階の基礎科学と工学教育のプログラムの質の改善をめざした。プロジェクトは、理工系の教育に関する統合的なカリキュラムや教材の導入、教育方法の開発などを中心とするものであったが、関連して、高等教育が果たしている機能、プロセス、組織の効率に関する評価指標の導入と監視を行い、5年サイクルの評価を確立することや、政府による評価機関の創出の必要について述べた。また、貧困地域出身者などに対

する教育費貸付のパイロット事業の導入も提言した。

これら 1990 年代に世界銀行が高等教育に関する調査報告、プロジェクト融資の中で行った提言は、基本的に現在の中国の高等教育政策の枠組みを形成していると見てよいだろう。「独自路線」を標榜している中国の大学改革が、極めて新自由主義な内容となっていることは、大学の新自由主義改革が、独裁的な政治体制とも両立可能であり、かつ体制の意思を大学に貫徹する手段となりうることを示している[27]。

おわりに

「改革開放」後、中国の大学は、学位制度の整備や教員の専門的な資格審査の実施を行うことなどにより、高等教育制度としての内実を整え、国際通用性を備えるものとなってきた。しかしながら、改革がもっぱら経済成長との関連から追求されてきたことは、大学における自由を限定的かつ歪んだものとしている。

今日、中国からは多数の留学生が日本にやってくる。両国間の交流の拡大は望ましいことであるが、向学心に燃えて留学をこころざす中国人学生の中には、本国の大学の状況に疑問を抱き、国外への脱出の手段と考える者も少なくない。このことは、彼らが大学改革のひずみを感じ取っているものの、それを正すには相当な困難が存在することを示している。彼らの存在なしには達成困難な「留学生 30 万人計画」の数値目標は、国際的な学術交流にとってどのような意味を持つのか。日本の大学が無関心でいることは許されないだろう。

［注］
1 「教育部直轄の高等教育機関に関する暫定工作条例（草案）」1961 年 9 月公布。大塚豊『中国高等教育関係法規（解説と正文）』広島大学大学教育センター、1991 年、所収。
2 D. ハーヴェイ『新自由主義 その歴史的展開と現在』作品社、2007 年。
3 大塚豊『現代中国高等教育の成立』玉川大学出版部、19 頁。

4　大塚前掲書、399-400頁。
5　龔放「中国の高等教育管理体制改革〜道筋、措置と成果」『科学技術月報』第39号、独立行政法人科学技術振興機構、2010年。
6　中華人民共和国国家教育委員会計画建設司『中国教育統計年鑑』2010年度版、人民教育出版社、2010年。
7　鮑威「中国における高等教育制度と大学の設置形態」国立大学財務・経営センター『大学の設置形態に関する調査研究』、2010年、42頁。
8　龔放、前掲書。
9　鮑威、前掲書、43頁。
10　龔放、前掲書。
11　篠原清昭『中華人民共和国教育法に関する研究』九州大学出版会、2001年、24頁。
12　篠原清昭前掲書、2001年、232頁。
13　張彦通「中国高等教育の評価と質の保障」中国総合研究センター『中国科学技術月報』（第39号）2010年1月。
14　李越・趙可「世界一流の大学育成を目指す中国の模索―『985工程』の概要」中国総合研究センター前掲書所収。
15　鮑威前掲書、54頁。
16　張暁鵬「国際的視野における中国大学本科教育評価モデルの改革」中国総合研究センター前掲書所収。なお、張らが2008年初めに華東・華中・東北3地区の大学管理職、教務課・評価事務室の責任者、学部・学科の責任者、評価専門家ら300人余りを対象として実施したアンケート調査では、「同一の尺度で全ての大学を判断するのは、余り公平でなく、大学の個性化、多様化にとっても不利である」（74.14％）、「評価は行政的色彩が濃く、大学は受け身の立場で対処しており、学校運営の自主性にある程度影響した」（49.43％）など、評価の問題点を指摘する多数の意見が示されたという。
17　別敦栄著・竇心浩訳「大衆化と中国高等教育組織の変革」広島大学高等教育研究会発センター・日本高等教育学会編『日中高等教育新時代―第2回日中高等教育フォーラム―』広島大学高等教育研究開発センター、2006年10月、136頁。
18　郭建如（北京大学教授・教育経済研究所長）からの聴き取り。2005年10月。
19　郭建如からの聴き取り。同上。
20　李越（清華大学教育研究所副所長）・王孫禹（清華大学教育研究所）からの聴き取り。2005年10月。
21　角南篤「中国の産学研『合作』と大学企業（校弁企業）」RIETI Discussion Paper Series 04-J-026、2003年。
22　楊鋭・呉玫「国際組織与中国高等教育発展」『復旦教育論壇』2009年第7巻第2期、53頁。
23　関維方「中国における高等教育―過去の遺産と将来の状況」P. G. アルトバック・V. セルバラトナム編、馬越徹・大塚豊監訳『アジアの大学』玉川大学出版部、1993年、78頁。
24　谷賢林「中国における高等教育の発展（1978〜2008）」

第9章 グローバリゼーションと中国の大学改革 179

25 関維方前掲書、78-80頁。
26 関維方前掲書、84頁。
27 本節を記述するにあたり、世界銀行のホームページ、並びに掲載されている各プロジェクトのレポートを参照した。
World Bank, *Report and Recommendation of the President of the International bank for Reconstruction and Development and the International Development Association to the Executive Directors on a Proposed Loan and Credit to the People's Republic of China for a University Development Project*, June 1, 1981.
World Bank, *Project Completion Report China Second University Development Project* (Credit 1551-CHA), May 19, 1995.
World Bank, *Project Completion Report China Provincial Universities Project* (Credit 1671-CHA), June 14, 1994.
World Bank, *Implementation Completion Report on a Loan in the Amount of US$20 Million and a Credit in the Amount of SDR36.8 Million (US$ 50Million) to the People's Republic of China for a Higher Education Reform Project*, April 5 2006.

第10章 グローバリゼーションと韓国の大学改革
——国立大学を中心に

浅野かおる

1. 韓国における大学構造改革とその手法

　韓国では、1993年に文民政府（金泳三政権）の時代に入り、それまでの軍事政権による大学への強権的な統制、「鎮圧」という大学対策からの完全な方向転換を可能とさせる条件を得たが[1]、それは1995年WTO加盟、1996年OECD加盟という経済のグローバリゼーションの中で先進国の一員として国家運営を行わなければならない時期でもあった。1997年通貨危機によりIMF管理体制下に置かれたが、強力な構造改革のもとで2001年にはIMF支援体制から脱却に至る。90年代末から韓国はFTAを積極的に推進し、2000年代半ば以降には巨大経済圏（インド、米国、欧州連合、東南アジア諸国連合）とのFTA締結という、貿易立国として他国に先駆けてFTA網拡大策をとっていき、「アジアの中でFTAが最も進んでいる国」[2]と評されるが、そこには高等教育市場などの開放も含まれている。また、2009年には、OECD開発援助委員会（DAC）の会員国となり、「援助を受ける国」から「援助をする国」へ転換した初めての例となった。

　こうした世界経済、国際社会での韓国の立場の変化において、韓国では、文民政府（金泳三政権：1993年～）、国民政府（金大中政権：1998年～）、参与政府（盧武鉉政権：2003年～）を経て、2008年からの李明博政権、そして2013年からの朴槿恵大統領へと政権がかわっていくが、ここでは、李明博政権下（2008年3月～2013年2月）での大学改革、特に国立大学をめぐる動向を中心的にとりあげていく。

李明博政権下の教育政策を示した『人材大国2012』[3]では、「国家競争力は世界水準の研究大学の多さ」によること、「大学の競争力が国家の競争力であり、大学強国が世界強国」であること、そして、大学改革は、韓国の「先進国侵入のための試験台」であり、「高等教育はグローバル時代、知識情報社会において韓国が世界一流国家に生まれ変わることができる戦略分野」としている。そこでは、「後発走者」の韓国大学が、短期間で世界最高水準の大学に成長するためには、「先進国より多くの努力と協力」が必要と訴える。国立大学に対しては、高等教育全体の発展の「先導」という国民的期待を受けているが、英国の大学評価機関QS（クアクアレリ・シモンズ社：Quacquarelli Symonds）など国際的な大学評価において、主要私立大学の順位上昇に対し、ソウル大を除き、国立大学の評価が低いのは、「国立大学の支配構造をはじめとした非効率性と関連」があるとしている。

　盧武鉉政権に引き続いて李明博政権においても、大学構造改革は、国公立大学間や私立大学間の統廃合に対する財政支援、定員削減や類似学科の統廃合などによる「特性化」を実施する「構造改革先導大学」に対する財政支援などよって、推進されていく。また、競争のための大学の「自律」と「責任」に基づく施策が進められていく。

　さらに、李明博政権下では、大学改革の中で「先進化」という表現のもとに、より直接的に構造改革が進められていく。2009年5月、教育科学技術部は「大学先進化委員会」を設置し、そこで私立大学の経営状況を検討して問題がある大学を特定し、経営コンサルティングを通して定員削減、統廃合、合併、解散などの強力な構造調整を誘導していく。また、2010年9月に出された「国立大学先進化方案－運営体制の効率化を通した国立大学競争力強化－」は、それまでの大学や学科等の統廃合を主とした構造改革とは一線を画し、副題にもあるように国立大学の競争力を強化するために「運営体制の効率化」を政策課題に据えていく。その第一に挙げられているのは、「自律・責任運営体制の具現のための支配構造の先進化」である。

　2008年からの李明博政権下では、大学構造改革を進めるために、既存の法の一部改正にすべり込ませていく手法（2007.10高等教育法第11条の2「評価」

の新設）や、法律の制定・改正という、ある意味では時間のかかる手法（大学関係者の反対で成立困難）をとらずに、強力な統制（コントロール）を仕掛ける手法がみられる。

本稿では、こうした改革手法の内実に迫る視点から、近年における国立大学をめぐる動向を中心的にとりあげる。まず、韓国の国立大学法人にみられる特徴などを概括し、次に、李明博政権下で導入された、国立大・私立大ともに大学全体に強い影響を与えている評価方式をとりあげ、最後に、その評価方式と、国立大学を震撼させた「構造改革重点国立大学」の指定および全国立大学38校の総長直接選挙制（直選制）廃止の関連について言及していきたい。

なお、2013年2月末より朴槿恵政権へと替わり、省庁再編が行われ、教育を担当する部署が「教育科学技術部」から「教育部」へと再編された。科学技術部門は、新設の「未来創造科学部」が所管することとなった。本稿では、李明博政権下での動向をとりあげるが、その際に中央省庁名、教育科学技術部（「教科部」）などは当時の名称を用いていく。

2. 国立大学法人化と評価

(1) 国立大学法人化

現在、韓国には三つの国立大学法人が存在する。2007年3月に、韓国で初めて個別特定大学を国立大学法人として設置・運営する法律、「国立大学法人蔚山科学技術大学校の設立・運営に関する法律」が制定され、2009年3月に同校は新設・開校した。2007年6月に国会に提出された「国立大学法人の設立・運営に関する法律(案)」は、全国の大学関係者の強い反発により、2008年5月末の第17代国会任期満了とともに廃棄された。その後、2008年3月からの李明博政権は、個別大学ごとに国立大学法人法を制定する方策をとる。2010年12月には、「国立大学法人ソウル大学校の設立・運営に関する法律」が制定され、同法施行令の制定、定款の確定（教科部の承認）及び登記を経て、2012年3月より、ソウル大学校は「国立大学法人ソウル大学校」

第 10 章　グローバリゼーションと韓国の大学改革　183

に転換された。また、2012 年 1 月には、仁川市立大学校を国立大学法人化する「国立大学法人仁川大学校の設立・運営に関する法律」が制定（2013 年 1 月施行）された。

　国立大学のガバナンス構造は、国立大学法人化によって根本的な転換が図られた。国立大学法人化の基本的な枠組み等について、国立大学法人化法案の立法予告が出された 2007 年 3 月に教育人的資源部（当時）から出された資料では、支配構造、成果評価、組織運営、財政運営、人事運営の点から、国立大学法人を現行の国立大学と比較している（表 10-1）。

　具体的に、蔚山科技大、ソウル大、仁川大の各々個別の国立大学法人法にみられる支配構造、計画と評価をみてみよう[4]。審議・議決機関として理事会を置き、理事には、必ず中央政府の推薦や指定を受けた者が含まれている。蔚山科技大の場合は、企画財政部長官が推薦する 1 人、教科部長官が推薦する 1 人、知識経済部長官が推薦する 1 人[5]。ソウル大の場合、企画財政部

表 10-1　法人化以後の変化の姿

内容	現行の国立大学	国立大学法人
支配構造	○校務会議・教授会中心の意思決定 ○学内構成員の意思反映に重点を置いた教授直選制方式の総長選出	○学内外の者が参加する理事会中心の意思決定で、社会の要求を反映 ○経営能力を対外協力能力に重点を置いた間選制方式 ＊総長選出委員会で 2～3 人を選出、理事会で最終確定
成果評価	○近年、部分的に成果評価システムを導入しているが、全般的な成果点検システムがない	○経営目標協約締結及び中長期成果に対する評価施行で、総合的な成果点検が可能
組織運営	○国立学校設置令等、各種の法令で規定する範囲内で学事・研究組織の設置・廃止可能	○大学が自律的に学事・研究組織の設置・廃止
財政運営	○品目別予算方式 ○政府会計と期成会会計で二元化され、会計と財政成果の連携が不十分 ○大学が自ら財政を確保する手段がほとんどない ○財産活用が国有財産法等によって制限	○総額予算支援方式 ○大学法人会計に一元化して会計運営と成果が明確に連携される ○起債や長期借入等を通した多様な財政確保手段の保有 ○財産に対する所有権確保で、外部資源確保が容易
人事運営	○人事運営が国家公務員法、教育公務員法等によって制限	○大学の発展方向に適合した人材の採用、活用が可能

出典：教育人的資源部『報道資料』2007.3.7〈韓国語〉

長官が指定する次官1人、教科部長官が指定する次官1人。仁川大の場合、教科部長官が推薦する1人、企画財政部長官が推薦する1人が含まれている。また、ソウル大、仁川大には、「評議員会」が推薦する1人も含まれている。蔚山科技大では、総長は理事長との兼職は禁止だが、ソウル大と仁川大では兼職禁止の規定はない。三大学とも、理事長は理事の互選による。総長の選出方法も三大学とも同じで、総長推薦委員会が推薦した候補者の中から理事会が選出し、教科部長官の申請を経て大統領が任命する。

　計画と評価に関しては、ソウル大と仁川大の場合、①総長は、4年単位で教科部長官と協議して大学運営成果目標を設定し、毎会計年度の開始前に大学運営成果目標を反映した年度別大学運営計画を樹立・公表しなければならない。②教科部長官は、年度別大学運営計画の運営成果を毎年評価・公表し、その結果を行政及び財政支援に反映しなければならない。③教科部長官は、その評価を担当する独立的で専門的な機関を設置するか、その評価を他の機関に委託することができるとされている。蔚山科技大の場合、「大学成果目標」ではなく、「経営成果目標」とされており、また③が規定されてない。

　このように国立大学法人においては、目標設定の段階から国家意思が反映できる法構造をもち、その実施を強力に推進できる意思決定・管理組織として政府関係者（推薦者）の入った理事会と、総長選出委員会・理事会によって選出された総長が位置付けられる。総長直選制では、総長は大学構成員の意思を反映した大学運営を行わざるをえないが、総長選出委員会・理事会選出による総長は、強力なリーダーシップを発揮することができる[6]。

　運営成果の評価にあたっては、教科部長官は独立的で専門的な機関を設置して評価するか、その評価を他の機関に委託し、その評価結果を行財政支援に反映しなければならないこととされている。

(2) 総長直選制の廃止と国立大学成果目標制

　こうした国立大学法人のもつ、従来の国立大学とは異なる大学運営体制の構成要素のうち、①総長直選制の廃止、②大学成果目標設定とその実行に対する評価、それに基づく競争的資金の配分については、後述するような教科

部の強力な推進により国立大学は受け入れざるをえなくなっていく。総長直選制の廃止によって、総長の強力なリーダーシップに基づく目標設定とその実行が行われ、その評価によって財政配分がなされるという構図であり、それによって競争力を高めていくことが見込まれているのである。また、総長と理事会の強力な権限は、それまでの大学における大学評議会や教授会などの組織の位置づけに変化をもたらす可能性が高い。

　韓国の国立大学のガバナンスについてふれておくと、大学内の意思決定機構に関する規定は法制上では特に示されておらず、大部分の大学では校務委員会(校務会議、学務会議)で学事運営に関する主要事項を審議している。学長(各単科大学)、教務処長・学生処長などで構成されており、実質的な審議というより、総長の直属執行機関としての意味が強いようである。校務委員会以外に、教授全体で構成される教授会（教授協議会）、教授らの代議機構である教授評議会（評議員会）、各単科大学学長で構成される学長会などがあり、いくつかの国立大学では、教授や職員代表で構成した大学評議会が正式機構として設置され（学則上）、総長が最終意思決定をする前の審議機構として運営されている[7]。

　総長については、法解釈上、強い権限を持つものとされている。総長の任用手続は、「教育公務員法」(24条)で、①「大学の長任用推薦委員会」での選定、または当該大学教員の合意された方式と手続きによる選定のいずれか一つの方法、②「大学の長任用推薦委員会」の任用推薦、③教科部長官の任用申請(教育公務員人事委員会の諮問)、④大統領の任命とされている。各国立大学では、これに基づき、教授協議会や評議員会の主導下に、総長任用推薦委員会を構成し、事実上、総長直選制を自律的に実施してきた。政府による一方的な総長任命から、1991年教育公務員法改正により、教育公務員任用令に総長候補者の選定方法が現行法のような複数の選定方法として示されるようになったのだが、その背景に1987年の大学民主化、自律化の影響で大学総長候補者を直接選挙で選出しようとする動きがあり、そこには民主化要求としての大統領直選制の流れが、総長直選制の流れに結び付いていたと指摘されている[8]。すなわち、総長直選制は、大統領直選制の民主化要求の流れを受けた、

まさに韓国の大学の民主化、大学自治を象徴する制度でもあるのである。

国立大学法人における大学成果目標設定とその実行に対する評価は、国立大学に対しては「国立大学成果目標制」として導入されていく。「国立大学成果目標制」とは、総長が4年単位の成果目標をあげた成果契約書を作成し、成果指標と関連した具体的な目標値を示した1年単位の成果計画書を添付するものである。そこでの成果指標は、共通部門と大学が自主的に成果指標を設定する自律部門の2部門に区分される。そして毎年（隔年）成果計画書の履行実績に対して、定性評価と定量評価が行われ、評価結果が国立大学予算（経常経費、教育基盤造成事業費など）と連動することが、2012年1月「2段階国立大学先進化方案」で示されている。後述する「構造改革重点推進国立大学」評価を「国立大学成果目標制」評価に代替することを、2012年9月25日に大学構造改革員会が明らかにした[9]。すでに5月15日には、37全国立大学の総長と教育科学技術部長官の間で成果協約が締結されたことも報じられている[10]。

この成果目標制と、国立大学法人で行われる4年単位の大学運営成果目標の設定、年度別大学運営計画の樹立、その運営成果の評価結果の行政及び財政支援への反映とは、どれほどの差異があるのであろうか。国立大学法人では、「教育科学技術部長官と協議して」大学運営成果目標を設定することになっている点、評価を担当する独立的で専門的な機関を設置するか他の機関に委託することができると法律で規定している点を挙げることができる。むしろ、国立大学法人においては、法律で評価は独立的で専門的な機関で行われるか外部機関に委託することが規定されているのに比べ、成果目標制の評価は教科部が直接行う（もしくは教科部の強い影響下にある人・団体によるもの）ことが想定できる。

(3) 大学評価制度と教員評価

大学評価に関しては、高等教育法一部改正（2007年10月）によって、第11条の2「評価」が新設され、それに基づいて実施されている。同条項により、「高等教育機関の自己評価に関する規則」、「高等教育機関の評価・認証等に関す

る規程」が制定され、2010年11月に韓国大学教育協議会韓国大学評価院が大学機関評価認証認定機関として指定され、2011年度から認証審査が開始された。

初めての認証審査では、2012年2月、申請大学31校のうち30校が認証を受けた（うち1校は条件付き認証）。認証を受けた30校は、「高等教育機関としての基本要件を充足していることが公認された」ものである。そのうち29校は、認証の有効期間は5年間で、条件付き認証を受けた1校は認証の有効期間は1年以内とされ、一部補完要求事項に対する改善が確認された場合、最初の条件付き認証判定時点から5年間の認証資格が付与されるとされた。この30校の中には、国立大学8校が含まれている。2年目の2012年度には、2012年12月、申請大学30校すべてが認証を受け、国立大学8校が含まれる。

教科部は、2013年までに全ての大学に対して認証審査機会を付与し、認証審査が終わる2014年から、「教育力量強化事業」など政府の行財政支援評価時に、この認証審査結果を反映する計画としている[11]。これは、高等教育法第11条の2第4項「政府が大学に行政的・財政的支援をしようとする場合には、第2項による評価または認証結果を活用することができる」という規定に対応するものと理解することができる。この認証審査の結果が、「教育力量強化事業」などの政府行政支援の評価に反映されるということは、そちらの方が「上位」の評価とみることもできる。

評価に関わって、もう一つ、国立大学の「先進化」において重視されている点、国立大学への「成果給的年俸制」の導入についてふれておこう。2011年1月に「公務員報酬規程」が改正され、成果給的年俸制が、2011年度から新任教員、2013年から定年保障のない教員、2015年から定年保障のある教員に適用されることになった。既存の俸給と手当を合算した基本年俸と、それとは別に成果年俸を受ける。成果年俸の一部が次年度の基本年俸に加算され累積されていく。成果等級はS・A・B・Cの4種類で、各等級別人数は同一評価単位内で、それぞれ20・30・40・10％を基準にするが、すべての成果等級で±5％の自律区間が許容される。S等級を受けた教員の中で

特に高い成果をあげた教員には、大学の判断によりSS等級を付与し、より多い成果年俸を支給することができる。成果等級間の成果年俸の格差基準は、SS平均2倍以上、S平均1.5〜2倍、A平均1.2〜1.5倍、B自律、C無し、である。平均成果年俸は315万ウォン（約31万5千円）、成果年俸の次年度累積比率は約42％内外と推定されている[12]。すでに2006年から教員成果給が導入されていたが、等級別人数の比率や成果年俸の格差基準は定められておらず、次年度以降への加算累積もなかった。大学教員の中に競争が仕掛けられているのである。

3. 新しい評価方式——成果中心、定量的評価の導入

(1) 教育力量強化支援事業と評価

ここでは、新たな評価方式を用いて競争的資金配分を行う「教育力量強化支援事業」についてみてみよう。「教育力量強化支援事業」は、2008年開始の「優秀人材養成大学教育力量強化事業」に、2009年に地方大学革新力量強化事業、首都圏特性化事業などが統合されて名称変更された事業である。「教育力量強化支援事業」における評価方式は、「優秀人材養成大学教育力量強化事業」から行われていたものである。予算規模は、2008年「優秀人材養成大学教育力量強化事業」では500億ウォン（約50億円）64校選定であったが、「教育力量強化事業」となってからは予算規模も大きくなり、2009年2649億ウォンで88校選定、2010年2600億ウォンで88校選定、2011年2420億ウォンで80校選定、2012年1811億ウォンで97校選定と、大きな金額を大学が受け取ることができる事業となっている。

この事業の特徴は、第一に、それまでの競争的資金の財政配分は、事業計画を提出させ審査を経て選定する評価方式であったが、この事業では、すでに提出されている資料（数値）を活用する成果中心の評価方式を用いている。「公正性・信頼性確保のために検証可能な客観的・定量的指標」によるフォーミュラ（公式）方式という評価方式が導入されている。第二に、それまでは「事業団」（大学教員による集団）を形成して「事業団」が申請する方式であ

ったが、この事業では総長が申請し、評価の結果、配分されることになった配分額をもとに、総長が計画を立てることとされている。機関単位の包括財政支援で、「大学総長のリーダーシップによる包括的財政投資の保障」をそのねらいにしている。

　評価とそれに基づく配分方式は、次の通りである。まず、①大学を類型化（地域別・規模別・特性別など）し、その類型ごとに予算配分額が定められる。次に、②大学の教育条件及び成果を現す指標で構成された「教育フォーミュラ」の獲得点数で、支援大学の順位を決定する。「教育フォーミュラ」で用いられる指標は、大きく「成果指標」と「条件指標」に分けられ、2008年には、「成果指標」として、就業率、在校生充足率、「条件指標」として、専任教員確保率、奨学金支給率、学生1人当たりの教育費が指標とされた。それぞれの指標ごとに「公式」に入れて数値を出し、さらにそれぞれの指標に割り当てられた評価比率（％）で再計算して得点化するのである。

　そして、③1位から順に「財政配分フォーミュラ」で個々の大学ごとに算出された金額を配分額とし、類型の予算配分額がなくなるまでとする。つまり、何位まで配分を受けられるかは、定かではない。「財政配分フォーミュラ」では、学生数、得点、首都圏・地方指数などの数値を別の「公式」に入れて、配分額を決定する[13]。

　2012年の「教育指標フォーミュラ」を表10-2、表10-3に、国公立大学・教員養成大学・私立大学での指標比率を表10-4、表10-5、表10-6に、「財政支援フォーミュラ」の公式を図10-1で示しておいた[14]。たいへん複雑な計算方式であることがみてとれるであろう。

　また、この事業の評価で用いられる定量的数値として、2009年から開始された「大学情報公示制」に基づく情報公示で示された数値が用いられていく[15]。指標をみると、韓国社会で問題となっている就業率には20％前後と比率が高く、就業率の低さは大学の責任としていることが見受けられる。また、在校生充足率、条件指標の教員確保率指標など韓国大学での教育の質に関わる条件とみられる懸案事項がその指標として用いられている。2009年には成果指標に「国際化水準」が加わり、2010年には条件指標に「学事管

表 10-2　国公私立大共通　教育指標フォーミュラ（2012 年度）

		指　標　内　容	公　示　項　目
成果指標	①就業率指数	就業率＝ 0.8×（6 月〜12 月平均就業率＋海外就業率＋国勢 DB 就業率）＋ 0.2× 維持就業率 ※ 男子学生就業率（T 点数）× 男子学生の比率＋女子学生就業率（T 点数）× 女子学生の比率	5-3. 卒業生の就業現況
	②在校生充足率	0.4×（全体在校生数／編制定員）＋ 0.6×（定員内在校生数／編制定員） ※ 充足率が 100％を超過する場合には 100％に換算して評価 ※ 類型区分なしに全体大学を対象で標準点数（T 点数）化	4-4-1. 在校生充足率 4-5. 在籍学生現況
条件指標	③教員確保率	兼・招聘含む教員数／Max（在校生または編制定員対比教員法定定員） ※ 国公立大：専任教員／配定定員	6-3. 専任教員確保率
	④学事管理及び教育課程運営	＜一般大、産業大＞ 0.5× 学事管理＋ 0.3× 大学入学選考＋ 0.2× 国際化	2-2. 成績評価結果（分布） 11-2-1. 講義当たり学生数 11-2-2. 教員講義担当の比率 13-9. 時間講師講義料
		＜教員養成大学類型＞ 0.6× 学事管理＋ 0.4× 大学入学選考	6-5. 外国人専任教員現況 4-6. 外国人学生現況 5-3. 卒業生の就業現況
	⑤奨学金支給率	{校内奨学金（学費減免＋内部奨学金＋勤労奨学金）＋校外奨学金（私設及びその他）}／登録金総額	8-1. 一般会計予算決算現況 8-2. 期成会計予算決算現況 8-6. 校費会計予算決算現況 11-3. 奨学金受恵現況
	⑥学生教育投資	0.9× 教育費還元率（T 点数）＋ 0.1× 寄付金募金実績（T 点数） ※ 総教育費に図書購入費、機械・器具買入費（私立大）含む ※ 0.5× 学生 1 人当り基金（T 点数）＋ 0.5× 学生 1 人当り基金増加額（T 点数）	8 の 2-2. 学生 1 人当り教育費算定根拠 8-9. 登録金現況 8-3. 国公立大発展基金会計 - 歳入 8-8. 寄付金現況
	⑦登録金負担緩和指数	100−（0.4×'11 年度登録金変動指数＋ 0.6×'12 年度登録金変動指数）	8-9. 登録金現況

注）各指標別点数は標準化（T 点数に変換）し、指標別反映比率に従い獲得点数を合算、算出。標準化された形態で指標値が算出された指標に対しては、指標値をそのまま活用。指標別標準点数の最低点は 20 点、最高点は 80 点で設定。
　　$Z = X\text{-}m/a$（$X =$ 指標値、$m =$ 平均、$a =$ 標準偏差）、$T = 10z+50$

第 10 章　グローバリゼーションと韓国の大学改革　191

表 10-3　国公立大先進化指標（2012 年度）

		指標内容	公示項目
先進化指標	①総長直選制改善	改善大学 100 点（'12.3 月までに学則改正完了は満点の 100%、'12.3 月までに MOU 締結のみ＊は満点の 80%）、未改善大学 0 点　＊'12.3 月 MOU 締結のみの大学は '12.8 月以内学則改正条件	—
	②期成会会計健全性	100−｛0.4×給与補助性経費平均支給額＊＋ 0.3×給与補助性経費支給総額前年比引上額＋ 0.3×給与補助性経費の割合｝　＊教員及び職員の各職級別 1 人当り平均支給額を平均した値	8-2-3. 国公立大期成会会計給与補助性人件費現況

表 10-4　評価比率：国公立大学（2012 年度）

区分	先進化指標（10%）		教育力量強化指標（90%）						
			成果指標		条件指標				
	総長直選制改善	期成会会計健全性	就業率	在校生充足率	配定定員対比専任教員確保率	学事管理及び教育課程運営	奨学金支給率	学生教育投資	登録金負担緩和指数
比率	5%	5%	18%	18%	9%	18%	9%	9%	9%

注）教員確保率は国公立大学の特殊性を反映し、配定定員対比専任教員確保率に変更

表 10-5　評価比率：教員養成大学（2012 年度）

区分	先進化指標（10%）		教育力量強化指標（90%）						
			成果指標		条件指標				
	総長直選制改善	期成会会計健全性	任用試験合格率	在校生充足率	配定専任教員確保率	学事管理及び教育課程運営	奨学金支給率	学生教育投資	登録金負担緩和指数
比率	5%	5%	22.5%	9%	9%	13.5%	13.5%	13.5%	9%

表 10-6　評価比率：私立大学（2012 年度）

区分	成果指標（40%）		条件指標（60%）				
	就業率	在校生充足率	教員確保率	学事管理及び教育課程運営	奨学金支給率	学生教育投資	登録金負担緩和指数
比率	20%	20%	10%	20%	10%	10%	10%

図 10-1　財源配分フォーミュラ（2012 年度）

| 基準経費 10,662 千ウォン | × | 規模指数 √在学生数 | × | 成果指数 獲得点数／総点 | × | 地域係数 首都圏 3、地方 4.5 | = | 大学別財政支援額 |

理及び教育課程運営」、「登録金引上げ水準」[16]、2011年には「大学入学選考指標」が加えられていく。つまり、この指標は、教科部の政策誘導の手段として機能することになる。

表10-3、表10-4にみられるように、2012年には、成果指標と条件指標だけでなく、国公立大学に対しては「先進化指標」が加えられ、「総長直選制の改善」が評価の対象となる。また、それまでの類型化では、国公立大学と私立大学を合わせて、地域別・規模別・特性別で類型化していたが、2012年には国公立大学と私立大学を分離して類型化して評価するようになる（国公立1万人以上、国公立1万人未満、国公立教員養成大学、私立首都圏1万人以上、私立首都圏5千以上1万人未満、私立首都圏5千人未満、私立地方1万人以上、私立地方5千以上1万人未満、私立地方5千人未満）。これについては、後にもう一度とりあげる。

(2) 学資金貸出制限大学と政府財政支援制限大学

大学教育力量強化事業では、定量的な数値を基にした評価は、財政配分を与える「褒賞」として作用するが、定量的な数値が、財政配分への「ペナルティ」として作用するのが、「学資金貸出限度制限大学」の指定、「政府財政支援制限大学」の指定である。

韓国では学資金貸出を受ける学生の選抜を大学で行っているため、「学資金貸出限度制限大学」に指定された大学は、学資金貸出に制限を受けるために、受験生がその大学への志願を避けることにつながるものである。大学にとってみれば、受験生、入学者確保において、大きな影響を受ける。「政府財政支援制限大学」の指定とは、該当大学に対して、政府が実施する競争的資金配分事業への申請資格が制限されるものである。大学の財政上、政府による競争的資金の配分を受けられなくなることは、大きな影響をもつ。特に、韓国の私立大学は経常的経費の補助を政府から受けていないので、その影響はかなり大きい。

これらの評価に際して、定量的な数値を基にしているという点、また就業率、在学生充足率など同じ指標を多く用いている点では教育力量強化事業と類似しているが、大きな特徴は、全ての大学を順位づけした後に相対評価に

よって下位15％(2010年は10％)の大学を指定するというものである。すなわち、ペナルティへの相対評価の導入が行われているのである。

「学資金貸出限度制限大学」の指定という施策は、2010年1月に「就業後学資金償還特別法」が制定、施行されたことに、その契機をみることができる。すなわち、この制度がうまく運営される条件は、貸与学生が卒業後に良質の職業に就き十分な所得を得ることで順調に返還され、それを元に新しい貸出が行われるという循環構造の確立である。大学が適切な教育を提供しなかった結果、卒業生が就職できずに学資金を返還できなくても、その責務不履行に対して大学は全く影響を受けない。そこで、大学にも学資金貸出に対する責任を共有させ、教育の質的改善の努力させることが必要[17]という論理が反映されている。

2010年（2011年度適用）に始められた「学資金貸出限度制限大学」の指定においては、評価に用いられたのは、「成果指標」・「条件指標」という枠組みと、「大学教育の質向上」・「低所得学生への支援」・「財政健全性の維持」という枠組みをクロスさせ、具体的には、①就業率、②在学生充足率、③奨学金支援率、④償還率、⑤専任教員確保率、⑥学事管理、⑦1人当たりの教育費、⑧登録金引上げ率という指標が設定されている。全体を100％として、それぞれの指標の評価割合が定められる。これによって全ての大学が順位づけされ、下位15％(2010年は10％)の大学が「学資金貸出限度制限大学」の指定を受ける。

「学資金貸出制限大学」は、「制限貸出」(70％限度)と「最少貸出」(30％)に分けられる。また、世帯所得分位が1分位（所得が少ない）から10分位まであるのだが、1〜7分位には100％貸出、8〜10分位には一般学資金にのみ貸出制限が適用され、就業後学資金償還特別法による学資金には適用されない[18]。これは、世帯所得の低い学生に対しては、どの大学に在籍していても必ず学資金の貸出が行われるようにするためである。

2012年（2013年度適用）に行われた評価を、具体的にみてみよう（表10-7、表10-8参照）。「制限貸出」グループは、まず、相対評価指標を用いた評価を行い（下位15％内外）、その中で絶対評価指標2つ以上が充足できていない大

表 10-7　学資金貸出制限大学（相対評価指標）

区　分	4 年制大学	専門大学
就業率	20%	20%
在校生充足率	30%	30%
専任教員確保率	7.5%	7.5%
教育費還元率	7.5%	7.5%
学事管理	5%	5%
奨学金支給率	10%	7.5%
延滞率（償還率）	5%	5%
登録金負担緩和	10%	7.5%
法人指標	5%	5%
産学協力受益率	－	5%

表 10-8　学資金貸出制限大学（絶対評価指標）

区　分	大　学	専門大学	調整内容
就業率	50%	50%	○国勢 D/B、芸体能系認定就業率反映 ○既就業者の就業率除外結果反映
在校生充足率	90%	80%	○既存指標基準維持
専任教員確保率	61%	51%	○平均の 94% 水準で設定
教育費還元率	100%	95%	○総教育費に図書購入費、教育用機械・器具買入費追加反映

表 10-9　政府財政支援制限大学

区　分	4 年制大学			専門大学		
	'12 学年度	'13 学年度	増　減	'12 学年度	'13 学年度	増　減
就業率	20%	20%	－	20%	20%	－
在校生充足率	30%	30%	－	40%	30%	△ 10%
専任教員確保率	5%	7.5%	2.5%	5%	7.5%	2.5%
教育費還元率	10%	7.5%	△ 2.5%	5%	7.5%	2.5%
学事管理及び教育課程	5%	10%	5%	5%	10%	5%
奨学金支給率	10%	10%	－	7.5%	7.5%	－
償還率	10%	－	△ 10%	10%	－	△ 10%
登録金負担緩和	10%	10%	－	5%	7.5%	2.5%
法人指標	－	5%	5%	－	5%	5%
産学協力受益率	－	－	－	2.5%	5%	2.5%

学である。「最小貸出グループ」は、絶対評価指標4つ全て充足できていない大学、大学構造改革委員会で経営に問題があると確定した大学などである[19]。

2011年（2012年度適用）には、「政府財政支援制限大学」の指定も行われるようになる。これは、経営に問題のある私立大学に対して政府財政支援を与えていることが、そうした大学の「延命」になっているという批判が国会で出され、取り組まれた施策である。2012年（2013年度適用）の評価指標は、前年度との比較も含め、表10-9に示した通りである。首都圏・地方を合わせて下位10％を指定した後、首都圏・地方を区分して、それぞれ下位5％を追加指定する。ただし、政府財政支援制限大学となる大学の在学生数が、市道（広域自治体）全大学の在学生数の30％以上にならないよう、地域上限制原則を適用し、3校（専門大）が地域上限制で除外された[20]。

以上のような定量的数値が評価に用いられることを前提として、次にとられた施策が、虚偽の指標を公示した大学に対する制裁の強化である。評価対象となる数値は、大学情報公示制によって公示されたものである。後に虚偽と明らかになった場合でも、「大学構造改革委員会審議を経て3年以内の範囲で政府財政支援制限大学に含める」こと、虚偽の指標値を公示した場合、「虚偽公示の規模、故意・重過失可否などを総合的に考慮して、公示の誤り分の5倍以内の範囲でペナルティを適用し、再評価して下位15％大学に該当する場合、翌年、政府財政支援制限大学に含め」る予定としている[21]。

4. 大学構造改革と国立大学

(1)「構造改革重点推進国立大学」指定の手法

上記のような評価方法によって、実際に「制限」(ペナルティ)を受ける大学は、私立大学であった。この評価指標は、私立大学と国立大学においては、国立大学が相対的に有利なのである。この「政府財政支援制限大学」と「学資金貸出制限大学」の評価制度をもとに、「政府財政支援制限大学」→「学資金貸出制限大学」→「退出大学」という大学構造改革の構図が描かれ、私

立大学がその念頭に置かれている。

　それでは、国立大学に対しては、政府はどのような「評価」を用いながら構造改革を進めていったのであろうか。国立大学に関する2010年以降の大学構造改革政策をたどると、「国立大学先進化方案」(2010年9月)、「国立大学構造改革推進計画」(2011年4月)、「高等教育財政投資10ヵ年計画」(2011年11月)、「2011年国立大学構造改革推進計画」(2011年4月)、大学構造改革委員会の設置(2011年7月)と、それによる「大学構造改革推進基本計画」(2011年7月)、「2段階国立大学先進化方案(試案)」(2011年8月)、「2段階国立大学先進化方案」(2012年1月) があげられる。

　「国立大学先進化方案 - 運営体制の効率化を通した国立大学競争力強化 - 」(2010年9月)では、「自律・責任運営体制具現のための支配構造の先進化」をその第一に掲げるが、その「先進化」がより具体的に強力に推進されていくのは、2011年に入ってからである。「大学構造改革推進基本計画」(2011年7月)では、国立大学に対しては、①大学特性化、地域産業との連携の観点から、国立大学統廃合を持続して推進、②初等学校教師の長期需給計画を考慮して教育大学と近隣一般大学の統合を強力に誘導すること、そして、国立大学支配構造の改善と責務性向上の次元から、③総長直選制改善と総長成果目標制の導入を検討し、④評価順位下位圏大学に対する「特別管理制」を運営することがあげられた。

　「2段階国立大学先進化方案（試案)」(2011年8月)では、①総長直選制の改善、②総長の大学運営成果目標制の導入、③単科大学学長及び学科（部）長公募制の導入、④学部教養教育の活性化、⑤学事運営の活性化、⑥期成会（非国庫会計）制度の改善及び運営の先進化、⑦国立大学統廃合など構造改革の持続的推進、⑧成果給的年棒制の定着のため教員業績評価体制の先進化があげられた。ここには、次のような評価と行財政支援方案も示されている。①先進化課題を、国立大学教育力量強化事業評価と総長の大学運営成果目標制の主要指標に反映する。先進化課題が反映された国立大学教育力量強化事業評価の結果、上位85％の大学は教育力量強化事業の財政支援を受け、下位15％内外の大学は、「特別管理」の適用対象になる。2011年教育力量強

化事業の指標(専任教員確保率は除外)を活用した評価を通して下位15％の大学が選定される。②下位15％の大学の「特別管理」として、「支配構造」の改善、類似学科の統廃合、学科改編、特性化、大学間統廃合および連合など多様な方法で構造調整がなされるように誘導されることが予告された。

ここでいう「特別管理」対象大学として、2011年9月23日、「構造改革重点推進国立大学」の指定を受けた大学が、公表された[22]。「構造改革重点推進国立大学」の推進背景として、「国立大は、大部分の運営経費と事業費を国庫で支援を受け、最近、支援金額も増えているが、知識産業社会の変化要求に効果的に対応できていないという批判とともに、不十分な成果はもちろん、非効率的運営体制に対して国民の改善要求が漸増している。このような要求を解消し、国立大学の競争力向上のために、政府は評価結果下位15％の大学を『構造改革重点推進国立大学』と指定し、指定された大学に対しては、すべての行財政的手段を動員し、支配構造の改善、特性化、類似学科統・廃合、さらには大学統・廃合など、構造改革課題を自主的に推進するように督励する」としている。

指定にあたっては、8つの教育大学校(京仁教大、公州教大、大邱教大、ソウル教大、春川教大、清州教大、全州教大、晋州教大)と韓国教員大学校の9大学は、「構造改革重点推進国立大学」指定評価の対象から猶予された。それは、これらの大学が、現行の総長直選制を改善して総長公募制を導入し、学齢人口減少による適正教員任用率の維持のために学生定員調整するなどの自主構造改革を推進することを宣言したからである[23]。大学構造改革委員会は、これを先進化方案主要課題に対する推進方案として受け入れ、「構造改革重点推進国立大学」の指定を猶予することにした。構造改革方案が十分に遂行されるように、教科部長官と各大学総長間でMOU(了解覚書、協約)を締結する予定だとしている。一方、教育大学構造改革案に参加しない2つの教育大学校[24]のうち、釜山教育大は、「構造改革重点推進国立大学」の指定を受けることになり、光州教育大は、教育大学構造改革関連の教科部の支援対象から除外されるとされた。

総38大学が評価対象とされたのだが、このうち下位15％にあたる5校が

「構造改革重点推進国立大学」として指定された。「大学の規模及び特性を考慮」し、3類型に区分して選別しており、類型1「在校生が1万人以上の国立大学類型（12校）」では江原大と忠北大が、類型2「在校生が1万人未満の国立大学類型（15校）」では江陵原州大と郡山大が、類型3「教員養成大学類型（教員大含む）」では釜山教育大が指定された。指定にあたっては、成果関連指標として、就業率、在校生充足率、国際化が、条件関連指標としては、学事管理及び教育課程運営、奨学金支給率、学生1人当り教育費、登録金引き上げ水準、大学入学試験選考指標が用いられた。教員養成大学の場合、特殊性を反映して「就業率」指標を「任用試験合格率」に変更し、「在校生充足率」指標は反映割合を縮小するなどし、また国際化指標は適用されなかった。

「構造改革重点推進国立大学」と判定された大学は、構造改革に関するコンサルティング（案）を反映させた自主構造改革計画（案）を2012年1月末までに樹立して教科部に提出し、大学構造改革委員会の審議を経て最終確定された構造改革課題を遂行し、四半期ごとに進捗状況の点検を受ける。コンサルティング（案）は、大学関係者、企業経営人、コンサルティング業社、専門家などで構成された「国立大学構造改革コンサルティングチーム」が、現場診断の結果と大学の意見を反映して2011年11月末までに作成し、大学に提示される。自主構造改革分野は、支配構造改善（総長直選制改善など）、類似学科統廃合、学科改編、特性化、さらには、大学間統廃合など、大学の競争力を向上できる分野がその対象になる。自主構造改革課題が1年内外で達成されない場合、入学生定員減縮、「基本経費、教育基盤造成事業費、施設費」など予算減額、教授定員追加配定の除外などの措置がとられる。2012年度「構造改革重点推進国立大学」は、2012年9月に指定・発表される予定であることが予告された。

(2)「協約」締結と「先進化指標」

「構造改革重点推進国立大学」の指定は、指定を受けた国立大学に大きな衝撃を与えた。江原大学、忠北大学は学生1万人以上の地方拠点国立大学で

第 10 章　グローバリゼーションと韓国の大学改革　199

ある。指定を受けた 5 大学のうち、2011 年 5 月に発表された教育力量強化事業選定結果では、江原大 62 億 8 千万ウォン（約 6 億 28 百万円）、忠北大 38 億 23 百万ウォン、群山大 36 億 42 百万ウォンの配分を受けることになっている[25]。この時には、国立大と私立大の類型区分がなされていなかった。

　教育大学と一般大学の統廃合を推進する教科部に対し、8 教育大と韓国教員大は、構造改革（直接的には総長直選制の廃止）を引き換えに統廃合から免れようとしたとも報じられている[26]。2011 年 10 月 5 日に 8 教育大と韓国教員大は、教科部と「構造改革方案推進業務協約（MOU）」を締結する[27]。「構造改革重点推進国立大学」に指定された釜山教育大は、10 月 13 日に「教員養成大学校構造改革方案」推進への参加を決定し[28]、10 月 19 日に、光州教育大、釜山教育大は「構造改革方案推進業務協約」を教科部と締結するに至った[29]。

　「構造改革重点推進国立大学」に指定された大学は、教科部と「構造改革方案推進業務協約」を締結していく（群山大 11 月 22 日、江原大、江陵原州大 12 月 9 日、忠北大 2012 年 2 月 29 日）。以下に、忠北大の協約[30]を紹介しよう。同大学は、2012 年 5 月までに学則を改正し、選挙方式ではない総長選出施行根拠を用意し、総長選出に関する具体的な方法と大学の長任用推進委員会の構成基準を 2012 年 11 月までに定めると、期日まで記載している。そうすることで、第 5 条にあるように、協約締結によって「構造改革重点推進国立大学指定」から免れることができ、2 年間、「構造改革重点推進国立大学指定評価」を猶予されるからである。

　このような協約は、まさに「自律」の名による生き残りのための政府への誓約書であり、個々の大学が個別に教科部と「契約」を結び履行するという方式が持ち込まれている。

　2012 年 1 月 26 日に「2 段階国立大学先進化方案」が出され、そこでは、①総長直選制の改善、②総長の大学運営成果目標制の導入、③単科大学学長モデル公募制の導入、④学部教育の活性化、⑤学事運営の先進化、⑥期成会会計（非国庫会計）制度の改善及び運営先進化、⑦成果給的年俸制定着のための詳細方案づくりが示される。評価反映及び今後の計画として、「教育力量

教育科学技術部 - 忠北大学校　構造改革方案推進のための了解覚書（案）

　教育科学技術部（以下「教科部」と称する）と忠北大学校は、急激な学齢人口の減少、国際化及び多様化など大学教育環境の変化に積極的で能動的な対処が必要だという時代的認識を同じくする。

　教科部と忠北大学校は、このような認識に基づき、国立大学としての役割を充実し、特性化を通した大学競争力向上及び教育の質強化のために、次のような構造改革方案を推進する。

第1条（目的）教科部と忠北大学校は、21世紀型グローバル人材を養成する拠点国立大学としての責務を忠実に履行するために、構造改革方案をともに推進する。

第2条（大学自主構造改革方案）①忠北大学校は、今後、選挙方式ではない、構成員の意思が反映される新しい総長選出方式を自律的に導入する。

②忠北大学校は、大学自主競争力強化、就業率向上及び未来の社会的変化に対応できるように柔軟な学事組織で学事構造改編を推進する。

③忠北大学校は、融合・複合的教育課程運営、講義評価及び教員業績評価制度の改善などの学事運営及び人事制度の先進化を推進する。

④忠北大学校は、大学と地域の同伴成長のために地域産業と連携した大学特性化を推進する。

⑤忠北大学校は、大学財政の拡充及び執行の効率性・透明性向上などのために、財政・会計運営先進化方案を用意して推進する。

第3条（教科部及び忠北大学校の責務）①教科部は、忠北大学校が第2条の各項を忠実に履行するのに必要な次の各号の事項に対する行財政的支援のために積極的に努力する。

　1. 教育力量強化事業及び大学自主特性化推進と連携可能な教育、研究及び産学協力事業
　2. 国立大学構造改革推進事業
　3. 教授及び一般職定員配定など

②忠北大学校は、第2条の自主構造改革方案を誠実に推進する。

③第2条の忠北大学校自主構造改革推進と関連した事項については、教科部と忠北大学校間の協議を通して進める。

第4条（推進日程）①忠北大学校は、自主構造改革方案を早い時期に推進するが、具体的な日程については協議を通して進める。

②忠北大学校は、新しい総長選出方式の施行根拠を2012年5月までに学則に明示し、総長選出方式に関する詳細方案、大学の長任用推薦委員会の構成基準などを2012年11月までに用意する。

③忠北大学校の新しい方式による総長選出は、次期総長選出から適用する。

第5条（指定撤回及び評価猶予）教科部は、大学構造改革委員会の決定により忠北大学校に対する「構造改革重点推進国立大学指定」を撤回し、今後2年間、「構造改革重点推進国立大学指定評価」を猶予する。

　教科部と忠北大学校は、上記の構造改革方案に合意し、署名することで、その事項を誠実に履行することを約束する。

2012年2月29日

強化事業」と「構造改革重点推進大学」の選定評価に「国立大学先進化指標」を追加し、「先進化指標」は「総長直選制改善」、「期成会会計健全性」指標で構成され、「先進化指標」は10％、教育力量強化指標は90％を反映することが示された。総長直選制改善は、学則改正やMOU締結による評価とされる。「教育力量強化事業」の場合、総長直選制改善に関して、学則改正(2011年MOU締結大学を含む)または新規MOU締結(2012年8月末までに学則改正が条件)を2012年3月末までに完了した場合に評価に反映し、「学則改正完了」と「MOU締結だけの場合」では差をつけて評価するとされた。評価時期は、「教育力量強化事業」は2012年4月、「構造改革重点推進大学」は9月である。

　3月9日に、「2013年度大学教育力量強化事業基本計画」が出されると、3月には相次いで国立大学は教科部と「国立大学先進化方案推進業務協約」を締結する。3月末までに総長直選制を廃止した学則を公布するか、協約を締結することによって、教育力量強化事業での評価を受けることができるのである。「2013年度大学教育力量強化事業基本計画」では、全体評価の5％を占める総長直選制改善の評価点は、改善大学を100点とし、2012年3月末までに学則改正完了は100％、2012年3月末までにMOU締結だけ(2012年8月末までに学則改正が条件)は満点の80％、未改善大学は0点という配点がなされる。100点(全体評価では5点)もしくは80点(4点)と、0点という大きな点差がつけられる(前掲表10-3、表10-4、表10-5参照)。

　8月に入っても学則改正が行われていなかった最後の3大学、釜山大、全南大、木浦大の教育力量強化事業の配分額の推移をみてみると、釜山大は、2009年62億84百万ウォン(約6億28百万円)、2010年62億3百万ウォン、2011年66億38百万ウォンであった。2009年からずっと62億ウォン以上配分をうけていたが、2012年には配分はない。全南大は、2009年59億60百万ウォン、2010年59億64百万ウォン、2011年65億79百万ウォンであったが、2012年は配分を受けていない。木浦大は2009年33億47百万ウォン、2010年32億52百万ウォン、2011年26億81百万ウォンであったが、2012年にはゼロである。

　「構造改革重点推進大学」の評価指定は、2012年9月に行われることにな

っており、先進化協約を締結した大学は8月末までに学則を改正しなければならず、また、協約を締結しなかった大学も学則を改正しないと構造改革重点推進大学の指定を受けることは免れがたい。こうした圧力の中で8月末までには38のすべての国立大学が、学則の改正・公布を行い、総長直選制を廃止するに至った。そこでは、校務協議会などで強引に決定をし、教授集団から厳しい批判を受ける事態も生んでいる。

　1988年5月に全国の国立大学の中で最初に総長直選制を導入した全南大も、学則を改正し、廃止に踏み切った。全南大総長は、学則改正を発議した8月3日に「総長書簡」を通して、「1980年代の暗い時代に、我が大学の初代評議員として国内最初の総長直選制を貫徹させることに直接参加した人間として、我が大学が積み上げた名誉を守り抜くことができなかった悔恨と自らを恥じる気持ち禁ずることができない」、「全南大は今まで大学の自律と自尊を守るために、教育力量強化事業の脱落などにも頑なな姿勢で直選制を守ってきた」、「しかし、大学経営の責任者として我が大学が疲弊していくのを見守るだけとはできないことであろう。何よりも我が学生たちが最も大きな被害を受けるであろうし、拠点国立大学としての位置づけが深刻に毀損され、優秀な学生の誘致も困難になるであろう」と心情を明らかにしている[31]。ここでは、「構造改革重点推進国立大学」の指定を受けることによる不利益を懸念しているのである。

おわりにかえて

　以上みてきたように、韓国では新たな評価方式を用いて大学改革を直接的に進めてきている。その評価指標と割り当て比率をみると、教育の質向上を図る条件整備の面もあるが、政策誘導の手段としての機能をもっている。新たな評価方式を用いて、私立大学に対しては「財政支援制限大学」、「学資金貸出制限大学」、そして「退出大学」という廃校までの道程を示していく。

　この間のこうした新たな評価方式とその運用方法は、次のように整理できるであろう。①すでに出されている数値を用いた定量評価を「客観的な評価」

とし、単に数値の操作であるので独立した専門機関による評価を不要とし、②それを「褒賞」や「ペナルティ」として財政配分と結合する際には「公平」な競争を担保することができるよう精巧化、類型化を行う。小規模大学や地方大学の不公平感を減少させる面があるが、しかし実際は類型を変えることによって、政府は競争させる相手を自由に変えることができるのである。教育力量強化事業では、まず、国立大学と私立大学を合わせて、規模別と首都圏・地方で類型化し、その枠の中で競争させた。「政府財政支援制限大学」、「学資金貸出制限大学」の指定では国立大学と私立大学を合わせた一類型で、下位15％を指定した。国立大学と私立大学を合わせた競争では、用いられている指標は国立大学には有利であった。

　次に教科部は類型を変えて、国立大学だけの類型の中で同様の「褒賞」と「ペナルティ」をインセンティブとする競争を仕向けた。配分額の大きい教育力量強化事業で配分から漏れる国立大学がでてくる。そこに指標として「先進化指標」を入れ、政策誘導を行う。また、国立大学の中の下位15％を「構造改革重点推進大学」と指定する。この下位「15％」という割合には何の意味もなく、相対評価を導入したものである。「1万人以上」、「1万人以下」という類型を用いて、小規模大学の不公平感を減少させるとともに、1万人以上の地方拠点国立大学に対しても「構造改革重点推進大学」の烙印を押すことができるのである。政府は、いったん「構造改革重点推進大学」に指定すれば、入学定員減縮、基本経費・教育基盤造成事業費・施設費など予算減額、教授定員追加配定の除外など「すべての行財政的手段を動員」して、強力に大学に介入することができる。大学側は「構造改革重点推進大学」の烙印と行財政上の不利益を回避するために、競争で用いられる指標を受け入れざるをえなくなる構図の中に組み込まれてしまった。こうして、国立大学は総長直選制、大学自治を自ら放棄せざるをえない局面に追いやられてしまったとみることができよう。

　先にも、教育力量強化事業で選定されても構造改革重点推進大学に指定されたことを指摘したように、「構造改革重点推進大学」に関する評価は、他の評価で高い評価を受けたことと何ら関係をもたない。最初にとりあげた高

等教育法第11条の2に基づく「大学機関評価認証」の結果、絶対評価による結果、すなわち「高等教育機関としての基本要件を充足していることが公認された」としても、つまり、法律に基づいて独立した専門機関によって実施された評価の結果とも区別され、教科部による操作性・政策誘導性の強い評価方式で大学をコントロールしていくことになるものであったといえよう。

　李明博政権での大学改革では、これまでの政府が大学政策、大学改革として掲げていた諸課題を、強力に実現していったとみることができる。それは、教育の質保障の基礎的条件の確保、問題のある私立大学の選別とその退出経路の提示、学生の教育費負担の緩和、そして国立大学の総長直選制の廃止などである。それを可能としたのは、新たな評価方式であり、また、それを実現しえたのは教育情報公示制であった。そこに、李明博政権の大学改革の特徴をみることができる。また、国立大学改革に関して言えば、国立大学法人に転換しない（転換できない）国立大学に、国立大学法人のもつ構成要素をどのように埋め込んで競争力を高めていくかという方向で改革が進められたとみることができる。

[注]
1 「1990年代初めまで一番大きな関心事は学園騒擾の鎮圧だった。教育部大学局職員の半分以上が学園騒擾を防ぐのに投入された。（中略）文民政府以前までは、大学競争力に対して大きく神経を使うことができなかった」（元行政官僚、キム・ヨンシク、2007年）。チョン・ジンヒ『新自由主義教育政策と韓国大学の変化』（慶尚大学校大学院、博士学位論文、2012.8) <韓国語> より重引。
2 苅込俊二「韓国のFTA戦略」『みずほ総研論集』2012年Ⅱ号
3 イ・ジュホ他『人材大国2012-大韓民国の教育科学技術政策』韓国経済新聞、2012 <韓国語>
4 2007年末頃までの韓国の国立大学法人化の動向と特徴に関しては、浅野かおる「韓国の国立大学法人化をめぐる動向とその新自由主義的特徴」『行政社会論集』第20巻第3号、福島大学行政社会学会、2008、参照のこと。
5 蔚山科学技術大学校では、2007年法制定時には理事の構成において、教育人的資源部長官、企画予算処長官、産業資源部長官、科学技術部長官、情報通信部長官それぞれからの推薦1人、計5人が含まれていた。それが、3人に減っているのは、2008年2月に李明博政権に入ると省庁再編が行われ、この5つの部（省庁）は3

つの部に再編されていることと関連している。それを反映して、3長官それぞれ推薦する者とされているのである。

6 「大学総長は国家から圧力だけでなく、多様な社会的圧力を受けるのだが、特に大学内部の圧力が重要である。総長直選制が施行される大学では、総長は大学内圧力にいっそう脆弱であるしかないのだが、それが新自由主義大学改編案に総長直選制廃止が核心要件のうちの一つとして数え上げられる理由である。」(チョン・ジンヒ、前掲書)

7 ソン・チグァン、ハン・サンヨン「韓国大学のガバナンス体系の改善方案」『教育行政学研究』Vol.23、No.3、2005.10 <韓国語>。韓国の国立大学のガバナンス構造については、浅野かおる「韓国国立大学の法人化と大学ガバナンス」『転換期の大学におけるリーダーシップとパートナーシップの関係構造に関する理論的・実証的研究』(平成18-20年度科学研究補助金(基盤研究(C))研究成果報告書、研究代表者：姉崎洋一) 2009年3月、参照のこと。

8 成樂寅「大学の自治(自律)と国立大学総長選挙―憲裁2005憲マ1047事件を中心に―」『(ソウル大学校)法学』ソウル大学校法学研究所、第48巻第1号、2007.3 <韓国語>。浅野、同上書、参照。

9 教育科学技術部『報道資料』2012.9.25 <韓国語>

10 教育科学技術部『報道資料』2012.5.15 <韓国語>

11 教育科学技術部『報道資料』2012.2.4 <韓国語>。韓国大学協議会韓国大学評価院『報道資料』2012.12.27< 韓国語>。

12 『国立大学教員成果給的年俸制運営指針』教育科学技術部、2012< 韓国語 >

13 『優秀人材養成大学教育力量強化事業基本計画』教育科学技術部、2008.7< 韓国語 >

14 『2012年度大学教育力量強化事業基本計画』教育科学技術部大学支援室大学支援課、2012.3 < 韓国語 >

15 「大学情報公示制」については、「教育関連機関の情報公開に関する特例法」が制定(2007.5.25)、施行(2008.5.26)され、同法及び同法施行規則で高等教育機関が公示しなければならない情報の範囲(項目)や回数・時期が定められている。すべての高等教育機関に関して、それらの情報を掲載したサイト(http://www.academyinfo.go.kr/)が開設されており、常時、全国の高等教育機関の情報を簡単に検索、閲覧することができる。

16 学生は大学に入学金と「登録金」を納入するが、「登録金」とは、私立大学では授業料、国立大学の場合は授業料と期成会費を指す。各国立大学に期成会が設置されており、政府収入会計とは別に、政府が関与できない期成会会計が各国立大学に存在している。政府は登録金の高騰(特に私立大)に対応するため、2010年1月と2011年9月、高等教育法を一部改正(11条)し、そこでは、①各大学に登録金審議委員会を設置・運営し、その構成員のうち学生委員は30％以上とする、②各大学は登録金の引上げ率を直前3ヵ年度平均消費者物価上昇率の1.5倍を超えないようにする、③直前3ヵ年度平均消費者物価上昇率の1.5倍を超える場合、教科部長官は当該大学に行財政的制裁など不利益を与えることができる、④政府は高等教育に対する支援計画を樹立・報告する、⑤大学の設立・経営者は委員会の審議結果を最大限尊重す

る、⑥登録金審議委員会は学校の長に登録金算定に必要な資料を要求することができる、⑦委員会の会議録は公開することが規定された。
17　ハ・ヨンソプ「高等教育機関別貸出限度設定方案」『高等教育機関別貸出限度設定方案公聴会』教育科学技術部高等教育機関別貸出限度設定方案政策研究チーム、2010.7.3　<韓国語>
18　教育科学技術部『報道資料』2010.9.7 <韓国語>
19　教育科学技術部『報道資料』2012.8.31 <韓国語>
20　同上
21　同上
22　教育科学技術部『報道資料』2011.9.23 <韓国語>
23　2011年9月22日午後4時、8つの教育大学の総長たちが、教科部政府合同ブリーフィング室で記者会見を開いた。
24　光州教育大と釜山教育大は、内部の意見集約の結果、総長直選制を固守することにしたため、加わらなかった。『韓国大学新聞』2011.9.22<韓国語>
25　「2011年 教育力量強化支援事業支援大学及び支援金」2011.5.11 <韓国語>
26　『韓国大学新聞』(2011.9.22)では、次のような内容が報じられている。教科部は2009年から「教育大・一般大統合」に強いドライブをかけてきたが、それに対する教育大の反発は強く、教育大総長協議会などは教科部に統廃合の再考を要請し続けてきた。教育大の総長直選制廃止宣言は、教科部と教育大間の「合意」がなされたものとみることができる。教育大の「独自生存」を認める代わりに、総長直選制廃止に教育大が先頭に立つという内容のいわば「ビッグディール」がなされたのである。
27　教育科学技術部『報道資料』2011.10.5 <韓国語>
28　教育科学技術部『報道資料』2011.10.13 <韓国語>
29　教育科学技術部『報道資料』2011.10.19 <韓国語>
30　教育科学技術部『報道資料』2012.2.29 <韓国語>
31　『韓国大学新聞』2012.8.4 <韓国語>

第Ⅲ部
日本の大学改革と新自由主義
―― その普遍性と特殊性

第 11 章　新自由主義と国立大学法人

細井克彦

---

1. 大学法人化の政策的位置と本章の課題

　戦後の日本における国公立大学の法人化問題が登場したのは、大学管理法問題との関係で 1960 年代初めに永井道雄が唱えた大学公社案[1]に遡り、政策的には大学紛争が鎮静化しつつある時期の 1971 年中教審（中央教育審議会）答申（いわゆる「46 答申」）であった。後者においては、「国・公立大学の管理運営に関する制度的な改革」の項で、「現行の設置形態がかえって真に大学の自律性と自己責任による運営の発展を妨げている面もあることに留意し、前項による高等教育の改革を推進する過程において、学内管理の合理化と新しい理事機関の設置または大学の法人化のために必要な法制の整備を促進すべきである」[2]とし、「新しい設置形態の法人」の創設または学内の「新しい管理機関」の設置という文脈から、大学の法人化を提示した。政府・文部省は、戦後改革期から大学管理体制の確立を政策課題にしてきたが、政策文書において管理運営体制問題の解決案の一つとして大学の設置形態論（法人化論）を提起したのは注目しておきたい。つぎに登場したのは中曽根康弘内閣総理大臣下の臨教審（臨時教育審議会）の答申である。臨教審は四次にわたる答申を行ったが、その第二次、第三次答申で大学の設置形態についても審議し、専門家による検討[3]をふまえて結局は将来の検討課題とした。臨教審の答申によって設置された大学審議会（大学審）では、大学の法人化についての諮問・答申は行われなかった。

　現在の大学法人化は 1990 年代後半の橋本龍太郎政権時代の構造改革（特

に行財政改革)の一環として独立行政法人化(独法化)が登場し、国立大学の独法化、地方移管、民営化が国会で論じられたことに始まる。これに対して当時の文部省、国立大学協会(国大協)等が反対し今後の検討課題とされたものの、2000年に成立した小泉純一郎政権のもとで、国会審議での国立大学民営化論が民主党から出されたのに対して遠山敦子文部科学大臣が消極的だったのを首相が一喝し、まもなく文部科学省が「大学(国立大学)の構造改革の方針」(「遠山プラン」:2001年6月)を提示して、これが経済財政諮問会議で決定され、1つの柱である「国立大学への民間的経営手法の導入─国立大学法人化への早期移行」が政策展開を見せるに至った。大学の法人化は所轄省の政策を越えた「外圧」により、実施に至ったかたちになっている。しかし、その背景には国際通貨基金(IMF)や経済開発協力機構(OECD)などの構造調整プログラムの影響もうかがえる。

　本章では、①臨教審以降の政策文書のなかでとくに大学審の1998年答申が大学の独立行政法人化問題と鋭く対峙していた時期の包括的な答申であることから、この答申を中心に検討する。②文部科学省(文科省)の国立大学法人像の形成と国立大学法人法との違いを検討することにより、現行国立大学法人制度の性格・機能を明らかにする。③教育基本法「改正」(2006年)前後からの新たな段階を迎えた高等教育政策と大学法人制度の関係問題を検討していく。④2009年に自公政権から民主党政権へ「政権交代」が起こったが、その結果、高等教育政策や国立大学法人はどう変化したか否かについて検討する。以上のような検討から、新自由主義大学改革の典型例とされる国立大学法人制度をどのように考えるべきかを高等教育政策との関係で検証していきたい。なお、2012年12月の総選挙で民主党政権は大敗し、自公政権が復活したが、本章では注記にとどめる。

2. 臨教審・大学審の大学改革政策、とくに98年大学審答申と法人化問題

　日本に新自由主義の大学改革政策が持ちこまれたのは、1980年代の臨教

審（1984年設置）以降であり、臨教審答申により設置された大学審議会（大学審：1987年設置）においてその具体化が図られてきた。臨教審では、規制緩和、市場化、民営化を主張する新自由主義の潮流と文部省に支持された保守的秩序派の潮流がせめぎあったが、なかでも高等教育の分野（第4部会）では前者が議論をリードした。また、大学審は「教育研究の高度化、個性化、活性化等」（諮問）にもとづいて審議を重ね、2001年に省庁再編で誕生した文科省に新中央教育審議会（中教審）が設置されたのにともない、そのなかの大学分科会に解消されるまでに、28答申・報告を公表している。内容的に分類すると、大学院関連（7件）、大学等の教育関連（8件）、高等教育計画関連（2件）、組織運営関連（3件）、大学入試関連（3件）、基本構想関連（3件）などである。これらのなかには設置形態（法人化）論に関する答申類はない。一方、1991年の「大学教育の改善について」では大学設置基準等の大綱化や大学の自己点検・評価が提起され、規制緩和が本格化した。そして1990年代末になると、国会レベルで国立大学の独立行政法人化等の議論がなされた時期に、文部省は大学審に「21世紀の大学像と今後の改革方策について—競争的環境のなかで個性が輝く大学—」を諮問した。この答申が1998年に出されたので、98年答申または「21世紀の大学像」答申と呼ばれている。本答申は、大学審が設置された以降の成果をふまえるだけでなく、21世紀初頭の大学像を見据えて「更に大胆な改革を推進」（諮問）するものとして求められた。しかし、この答申の骨格は、1963年の中教審答申「大学教育の改善について」（いわゆる「38答申」）の延長上にあるとされる[4]ように、新たな文脈で懸案の課題解決を図ろうとしたものといえる。「38答申」と同じく、98年答申でも設置形態（法人化）については論じられていない（新たに多元的な大学評価システムが登場）。しかし、副題が示すようにこれまでのいわゆる「護送船団方式」をやめて、大学のシステムならびに個々の大学を競争的環境（関係）に組みこみ、競争原理が働くように大学のガバナンスを組み替えることを企図している。

そこで、98年答申の理念と方策を検討する。21世紀初頭は「知」の再構築が求められるとし、4つの基本理念に沿って現行制度を大胆に見直すこと

第 11 章　新自由主義と国立大学法人　211

を提起した。①課題探求能力の育成を目指した教育研究の質の向上、②教育研究システムの柔構造化による大学の自律性の確保、およびそれを支える③責任ある意思決定と実行を目指した組織運営体制の整備、さらにこうした取り組みについての④多元的な評価システムの確立による大学の個性化と教育研究の不断の改善、である。これによって、競争的関係に向けて新しい高等教育システムへ転換し、同時に国際的通用性・共通性を確保しつつ大学等の自律性にもとづく多様化・個性化を推進するとともに、大学等が社会的責任を果たすことが重要であるとしている。

　ここで、論点となるのは、③と④である。③に対応する改革方策は、1) 新しい自主・自律体制の構築、2) 学内の機能分担の明確化＜学長を中心とする大学執行部の機能、全学と学部の各機関の機能、執行機関と審議機関との分担と連携の関係、審議機関の運営の基本、事務組織と教員組織の連携の在り方等の明確化＞、3) 社会からの意見聴取と社会に対する責任＜外部有識者の意見を聞くための大学運営協議会（仮称）の設置＞、が提示される。1) のために2) と3) のようなそれぞれの機能の明確化や学外者の配置が提起される。すなわち、評議会等と学部教授会を審議機関としそれぞれの審議事項等を限定するとともに審議の手続きも明確化すること、そして、学長や学部長を執行機関とし企画立案と調整に当たることにして学長中心の管理運営体制を確立すること、および、社会からの意見聴取のために大学運営協議会（仮称）を設置することが、「新しい自主・自律体制の構築」とされる。しかし、これは文部（科学）省が戦後一貫して求めてきた大学管理体制の確立に向けた方策といってよいものである。また④に対応する改革方策は、自己点検・評価の実施および結果の公表の義務化、学外者による検証の努力義務化、第三者評価システムの導入などにより、多元的な評価システムの確立を図ることである。しかも、評価の結果を資源の効果的配分に結びつけることである。大学評価システムの確立というのは1980年代以降の提案であり、ここに大学評価が明確に政策手段として位置づけられることになった。ところで、③と④とは密接な関係にあり、③については④の評価の実施とその評価結果をふまえた不断の改善が連動しており、評価を組みこんだ大学のガバ

ナンスであることに留意したい。重要なことは、これらの事項が学校教育法や国立学校設置法（旧法）などの改正により制度化されたことである。

　98年答申は設置形態（法人化）という問題では審議対象にしていないが、大学の競争的環境の整備という点から、大学の自律性、個性化、自主・自律体制や責任体制の明確化などということで、もはや「大学の自治」という言葉は出てこない。そして、執行機関と審議機関の明確化によって評議会等や教授会の権限を弱体化し学長中心の管理体制や学外者の意見反映の場（「運営諮問会議」）を制度化し、その実績を評価する仕組みとして多元的な評価システムを導入すること（とくに「大学評価・学位授与機構」による第三者評価）によって担保する構造を大学に持ちこんだことは、本答申が大学のガバナンスに重大な変更をもたらし法人化へのステップとなったものとして捉えられなければならないだろう。

3. 国立大学法人法の制定過程——文部科学省案と法人法制との乖離

1）国立大学法人化へのインパクト

　国立大学の独法化への動きは、1996年の科学技術基本計画（第1期）に始まる科学技術政策の流れからのインパクトとともに、行財政改革の流れによるより直接的な影響が重視されなければならない。まず科学技術基本計画は、科学技術基本法（1995年）にもとづいて策定されたが、「基本法—基本計画」のスキーム（1960年代以降の行政の統制手法）に組みこまれている。第1期（1996-2000年）では、科学技術振興における国の最優先課題として、①科学技術をめぐる環境の柔軟かつ競争的で開かれたものに抜本的に再編する、②産学官全体の研究開発能力を引き上げ、それを最大限発揮させる、③研究成果を円滑に国民や社会、経済に還元する、の3点を掲げる。そして、新たな研究開発システムの構築として、①創造的な研究開発活動の展開のためのシステム、②各セクター間、地域間、国際間の連携・交流システム、③厳正な評価の実施、が提示され、a）柔軟かつ競争的で開かれた研究環境として任期制導入や競争的研究資金、ポスドク1万人計画などが、b）産学官の連

携・交流では共同研究や研究兼業などが、c）評価のための大綱的指針の策定による厳正な評価システムの制度化などが重点課題として提起されていた[5]。そこでは、創造的な研究開発システムとしてとくに国立の試験研究機関・大学等の設置形態論も射程に入れられていたことは想像に難くない[6]。周知のように、科学技術基本計画は現在では第4期に入っており、莫大な資金を投入して（各期の予算額は、第1期17兆円、第2期24兆円、第3期25兆円、第4期25兆円）、科学技術（体制）はもとより大学・学術研究（体制）に大きな影響を与えている。

　ところで、1997年に橋本政権が誕生し、構造改革のなかで行政改革と一体化して大学改革も推進されるようになった。その舞台になったのが行政改革会議（会長：橋本首相）である。ここで、国立大学の独法化等が検討されたが、当時の文部省や国大協が反対であったこともあり、最終答申では「国立大学の独立行政法人化は、大学改革方策の一つの選択肢になり得る可能性を有しているが、これについては、大学の自主性を尊重しつつ、研究・教育の質的向上を図るという長期的視野に立った検討を行うべきである」とした。翌年、内閣機能の強化、大括り省庁再編、独立行政法人制度の導入を骨格とする中央省庁等改革基本法が制定されたが、これには国立大学の独法化には触れられていなかった。急転回するのは、「中央省庁等改革に関わる事務局長案」で国家公務員の20％削減が提示され、自民党と自由党の連立に当たっての最終合意で公務員数を2000年採用分10年間で25％削減を盛り込み、「中央省庁等改革の推進に関する方針」(1999年1月)で追認した時期である。「方針」には、「国立大学の独立行政法人化については、大学の自主性を尊重しつつ、大学改革の一環として検討し、平成15年までに結論を得る」とある。橋本内閣を引き継いだ小渕恵三首相は経済戦略会議を設置し、答申「日本経済再生への戦略」(2月)を公表し「国立大学については、独立行政法人化をはじめ将来の民営化も視野に入れて段階的に制度改革を進める」とした。そして、「経済戦略会議提言に関する政府の検討結果について」(6月)では、「民営化へのステップとしての独立行政法人化の結論が平成15年というのも遅すぎる」とし、独法化の促進を求めた。

こうした状況をふまえて、国立大学と独立行政法人制度を結びつけその推進に向けて重要な役割を果たしたのが、行政改革推進本部の顧問であった藤田宙靖「国立大学と独立行政法人制度」[7]である。藤田論文は、行革の状況と独立行政法人制度の趣旨説明から、その改革で国立大学がどのような制度設計を構想されるかを示したものであり、もはや一刻の猶予も許されないとし、国立大学独法化への牽引の役割を担った。

他方、行革会議で行政機関の独法化が議論されるなかで、通産省（現経済産業省）官僚によって、国立大学の独法化のモデル案が検討されていた。当時（1997年）の通産省の組織の一つである工業技術院（工技院）の人事課長として赴任した澤昭裕である。澤は工技院の人事・組織・予算の自由度のなさを問題とし、独立行政法人通則法が自らの描く組織モデルに沿うかたちで作成されるように行政改革推進本部に働きかけ、同法が成立（1999年7月）した後に、工技院を産業技術総合研究所として独法化した（2001年）。澤たちは1998年後半には大学改革の検討に取りかかっており、その成果を公表している。そして国立大学法人化に対しては、世論形成のための周到な準備をしたことにより、法人化を進めるうえで政策形成過程に大きな影響を及ぼしたこと、および、国立大学法人の具体的なモデルを提示したことが挙げられる[8]。国立大学の独法化への「外圧」が強まってくる。

すでに1998年6月の段階で国立大学長・大学共同利用機関長等会議（「国立大学長会議」）で文部省から国会議員に対する独法化反対の説明が聞き入れられないことが説明され、11月には国立大学協会（国大協）総会においても第1常置委員会委員長から同趣旨の説明と要望（国会議員等への説得）がなされたが、12月には「国立大学の独立行政法人化を2003年までに決定する」との報道がなされたのを機に[9]、文部省の姿勢が大きく転換された。これらをふまえて、先の「中央省庁等改革の推進に関する方針」が出されたのである。一方、蓮實重国大協会長は1999年3月の国大協理事会で独法化の検討に入ることを表明、6月に松尾稔名古屋大学総長のワーキンググループの結果「国立大学の独立行政法人化に関する検討結果のとりまとめ」（いわゆる「松尾レポート」：大学の特殊性を考慮した別個の独自法の立法を目指す）が国大協総会に配布さ

れた。まもなく有馬文部大臣から国立大学長会議に独法化の検討に入ることが公式に通知された。文部省は、9月に「国立大学の独立行政法人化の検討の方向」をまとめ、国立大学長会議に提示、特例措置等を盛りこむことによって独法化を容認する方向を具体的に示した[10]。

　このような動きのなかで、国大協でも旧帝大系を中心とする大学（長）と地方国立大学（長）との間では矛盾が顕在化してきた。1999年末頃から地方大学長有志による勉強会が行われ、翌年以降には独法化にたいする意見表明や国大協会長や文部大臣などへの申し入れが活発に行われた。この機をとらえて自民党・麻生委員会が「提言　これからの国立大学の在り方について」（「麻生レポート」、2000年5月）を公表し、独立行政法人通則法に対して「調整法（または特例法）」として「国立大学法人法」を位置づけるとした。通則法を「100％そのまま国立大学に適用する」のではなく、「国立大学法人」という表現を初めて用い、「通則法の基本的な枠組みをふまえつつ、大学の特性をふまえた措置」が必要とした。「これが重要であった。レポート公表後、政府部内や関係者間の『風向き』が微妙に変化し、事態が動きはじめることになる」と遠山元文科大臣は振り返っている[11]。「麻生レポート」の公表後に文科大臣になった遠山が、「はじめに」で述べたように「国立大学法人化への早期移行」を含む大学構造改革方針（国立大学の統廃合、評価と競争による大学差別化・「トップ30」など3本柱）を経済財政諮問会議に提出することになったのである。

2）文部科学省案と国立大学法人法

　文科省は2000年7月に「国立大学等の独立行政法人化に関する調査検討会議」（「調査検討会議」）を設置した。これに対して国大協は、文科省に向けて調査検討会議への積極的参加を訴えるとともに、独自に設置形態検討委員会を設け、調査検討会議と連携しながら検討を進めることとした。調査検討会議は、2001年9月に「新しい『国立大学法人』像について」（中間報告）を、2002年3月に「新しい『国立大学法人』像について」（最終報告）を公表した。

　最終報告は「基本的な考え方」（改革の前提）において、国立大学法人化を「大学改革を推進するための一環として」と位置づけ直し、国立大学の使命を果

たせるように「国民に支えられ、最終的に国が責任を持つ大学にふさわしい法人像」を目指すとしつつ、大学の「自主性・自律性」が尊重されるべきだとしている。そのうえで、組織業務、人事制度、目標・評価、財務会計について、制度設計の方針を示している。

組織業務では、学長・学部長を中心とするダイナミックで機動的な運営体制の確立と学外者の参画による社会に開かれた運営システムの実現が重視され、大学ごとに法人格を付与するとし、「国立大学法人」(仮称) とされる。大学の設置者は国とし、根拠法は「国立大学法人法」(仮称) か「国立大学法」(仮称) とする。「大学」としての運営組織と別に「法人」としての固有の組織を設けない。「役員」として「学長」(法人の長)、「副学長」(複数)、監事 (2名) が当たる (「役員会」(仮称))。学長は法人化された大学の最終責任者であり、「評議会」(仮称) と「運営協議会」(仮称) を設置する。学部等の運営は、全学的な運営方針をふまえながら学部長等の権限と責任において行う。

人事制度では、職員の身分は「非公務員型」を選択 (中間報告ではケースバイケース) し、人事制度の弾力化を求めている。そして、業績にたいする厳正な評価システムとインセンティブの付与や教員の多様性・流動性が強調された。学長は、学内の選考機関(「学長選考委員会」(仮称))における選考を経た後に、文科大臣が任命するとした (中間報告では文科大臣が任命)。

目標・評価では、中期目標・中期計画の期間を6年間とし、「国立大学評価委員会」(仮称) が達成度評価を行うことになっている。その際、中期目標については大学からの原案の提出、文科大臣の原案への配慮義務、同じく大学の特性への配慮義務等を法的に明確に位置づけるとしていた (中間報告では大学からの案を参考に文科大臣が策定)。中期計画は、中期目標にもとづいて大学が作成するとしたが、数値目標や目標時期を含む具体的な内容の記載を求めた。大学には年度計画も義務づける。評価結果は次期以降の中期目標期間における運営費交付金の算定に反映される。

財務会計制度では、教育研究等の第三者評価の結果にもとづく資源配分が重視されており、制度の弾力化や説明責任が強調されている。運営費交付金は標準運営費交付金と特定運営費交付金が設けられる。会計制度では「独立

行政法人会計基準」を参考にするとし、企業会計制度を一定範囲で導入することとした。

　調査検討会議の最終報告は、大学の特性や自主性・自律性の尊重といいながらも、独立行政法人通則法（通則法）の基本枠組み（中期目標・計画、年度計画―達成度評価―資源配分・組織改廃）を踏襲したものであり、いわば独立行政法人の亜種ともいうべきものであった。ところが最終報告を受けて、2002年4月、国大協は臨時総会において、「法人化の準備に入る」という案を異例の挙手、賛成多数ということで強行採決した。そして国大協長尾真会長の「最終報告に関する国大協会長談話」では、「今回まとめられた法人像は、全体として見るとき、21世紀の国際的な競争環境下における国立大学の進むべき方向としておおむね同意できる」とし、「法人化の準備に入る」として独法化を明言したのである。

　ところで、調査検討会議の最終報告は国立大学法人法の制定過程でさらに重要な変更が加えられることになる。そこでの論点を見ておきたい。

　第1章（総則）で、国立大学法人化の根拠法は「国立大学法人法」とされたが、大学の設置主体は「国」ではなく、「国立大学法人」(1条の1) とした。国大協が求めた「直接統治」ではなく、「間接統治」に変更することになった。国に対して大学における教育研究の特性への配慮義務(3条)が規定されたが、予算については国立大学には運営費交付金のかたちで「交付」される対象にすぎず、また、これに関わる重要な機関として「国立大学法人評価委員会」(9条) が設置されることになった。

　第2章（組織業務）では、役員として学長および監事2名を置くこととし、役員の数は大学法人ごとに別表で定めること(10条)、監事は文科大臣が任命する(11条の5) とし、学長の任命は国立大学法人の申し出（「学長選考会議」の選考(12条の2により) にもとづいて文科大臣が任命する(12条の1) こととされた。「学長選考会議」は経営協議会の代表者（学外者）と教育研究評議会の代表者から構成される。国立大学法人には学長および理事で構成される「役員会」(11条の2)を置き、経営に関する重要事項を審議する「経営協議会」(20条)と教育研究に関する重要事項を審議する「教育研究評議会」(21条) を設置す

る。なお役員会、経営協議会、教育研究評議会の議長はいずれも学長が主宰する。経営協議会と教育研究評議会の実質的な権限は経営協議会にあり、教学よりも経営が重視される仕組みになっている。

第3章（中期目標等）では、6年間において達成すべき中期目標は文科大臣が設定する（30条）こととされ、国立大学法人はこれにもとづき中期目標を達成するための中期計画を作成し、文科大臣の認可を受けなければならない（31条）。なお中期計画と年度計画（通則法31条）は「国立大学法人評価委員会」が評価し、評価結果により次期の予算配分に反映されあるいは組織の改廃等に使われることは通則法に準拠する（35条）。たとえば、各事業年度に係わる業務の実績に関する評価（通則法32条）、中期目標に係わる業務の実績に関する評価（通則法34条）、中期目標の期間の終了時の検討（通則法35条）である。

ところで中期目標・中期計画の導入は、政府と大学の関係を「一種の契約関係」に持ちこむことであり、目標・計画─評価─資金配分という枠組み（目標管理方式）による「間接統治」の実体をなしている。

第4章（財務会計）では、積立金の処分、長期借入金および債権、償還計画以外の基本的事項については通則法に準拠する（35条）。たとえば、企業会計原則（通則法37条）、財務会計表等（通則法38条）、会計監査人の監査（通則法39条）等とともに、財源措置では「政府は予算の範囲内において国立大学法人に対し、その業務の財源に充てるために必要な金額の全部または一部に相当する金額を交付することができる」（通則法46条）とある。

国立大学法人法案は、2003年5月に衆議院で10本の附帯決議が付き、7月に参議院では23本という国会史上でも前例のないかたちで政府・与党により強行的に可決された。

4. 教育基本法「改正」前後以降の高等教育政策の転換

2004年には、国立大学法人制度が、認証評価制度、法科大学院・専門職大学院等とともに発足した。いずれもこれまでの日本の大学制度にはなかった制度が創設された。ときを同じくして、公立大学法人制度（2004年度は1

校のみ）も発足し、学校法人制度の改革（私立学校法の一部改正）も実行された。そして、翌年（2005年）に中教審「我が国の高等教育の将来像」答申（将来像答申）が出されたのである。

　将来像答申は「その核心部分は、高等教育と社会の関係を中心に据えたことにある」[12]とされ、「高等教育の危機は社会の危機である」という認識から、「知識基盤社会」という用語を用い、高度な先端的知識が社会の不可欠な基盤となり、さらには新たな発展の基盤であるという認識を示している。そのうえで新時代における高等教育の将来像についての考え方として、18歳人口が減少期にある一方、大学・学部の設置抑制方針が撤廃された状況下にあって、18歳人口の増減に依拠した高等教育政策の手法は使命を終え、「高等教育計画の策定と各種規制」から「将来像の提示と政策誘導」へ移行するとし、これからの国の役割を①高等教育の在るべき姿や方向性等の提示、②制度的枠組みの設定・修正、③質の保証システムの整備、④高等教育機関・社会・学習者に対する各種の情報提供、⑤財政支援等が中心となるとしている。また、「ユニバーサル・アクセス段階」にある高等教育機関、とくに大学は「個性輝く大学」という従来の枠組みとは異なり、自らの「機能別分化」を明確にしなければならない。すなわち、①世界的研究・教育拠点、②高度専門職業人養成、③幅広い職業人養成、④総合的教養教育、⑤特定の専門分野（芸術、体育等）の教育・研究、⑥地域の生涯学習機会の拠点、⑦社会貢献機能（地域貢献、産学官連携、国際交流等）等の各種の機能を併有するが、各大学の選択により個性化・特色化しなければならないという。このような状況変化のなかで、学習者の保護や国際的通用性の保持の観点から高等教育の「質の保証」が重要な課題になっている。そのために、事後評価だけでなく事前・事後の役割分担と協調、設置認可制度の位置づけの明確化と的確な運用や、自己点検・評価および認証評価による第三者評価システムの充実を図るべきである。また、高等教育に対する公財政支出を欧米諸国並に近づける努力とともに、財政支援に当たっては「多元的できめ細やかなファンディング・システムの構築」が必要であるとしている。

　将来像答申は高等教育行政の役割転換を図ったが、これは教育行政の任

務を条件整備とした1947年教育基本法（旧教基法）とは異なる方向付けを行っており、2006年の教育基本法「改正」(新教基法)の先取りとも受け取れる。とくに大学の機能別分化や質の保証システムなどは単なる制度枠組みにとどまらず、政策誘導・財政誘導を梃子として教育研究の中身（教育課程・内容・方法等）にわたる規制をともなうものであり、他方、財政支援等という国の条件整備義務が後退している。ところで、安倍晋三政権（第1次）は旧教基法の「全部改正」を強行した。この「改正」は、日本国憲法の立憲主義の理念を覆すものであり、権力を縛るのではなく国民の権利を制約し統制するものへと原理的な転換が図られている。とくに旧教基法10条（教育行政）の「国民全体にたいする直接責任」(1項)や「諸条件の整備確立」(2項)を削除、「不当な支配」の意味転換により、また、旧教基法2条（教育の方針）に代わる「教育の目標」によって、国民の内面に国家が介入する道を開き、新教基法17条（教育振興基本計画）でその具体化の方途を規定している。これらは高等教育にも無関係ではないが、同時に新教基法は7条に「大学」の条項を新設し、2項で「自主性、自律性その他大学における教育および研究の特性の尊重」を謳いながら、1項で「社会の発展に寄与するものとする」とした。大学の条項を起こすのであれば、国際基準となっている「学問の自由」・「大学の自治」が重視されてしかるべきであり、より人類（史）的・地球的な課題への挑戦の道筋を明らかにすべきところであろう。その意味で新教基法は「地球時代」に対応するよりも、内向きの権力志向の新自由主義への応答であったといえよう。

　教育基本法「改正」後の高等教育政策として重要なのは、2008年末の中教審「学士課程教育の構築に向けて」答申（学士課程答申）である。本答申は、将来像答申の具体化を図る第一段として、大学教育の中身に係わる政策を提示しており、その意味で高等教育政策の画期となるものである。答申は、いわゆるグローバル化する知識基盤社会において、学位の国際的通用性が失われることがあってはならず、そのために学士課程教育における3つの方針（①学位授与の方針、②教育課程編成・実施の方針、③入学者受入れの方針）を明確する必要があるという。とくに重大なのは、②と③である。答申は、これからの大

学教育では「何を教えるか」よりも「何ができるようになるか」であるとし、「学習成果」を重視する。分野横断的な「学士力」として、1. 知識・理解（文化、社会、自然等）、2. 汎用的技能（コミュニケーションスキル、数量的スキル、問題解決能力等）、3. 態度・志向性（自己管理能力、チームワーク、倫理観、社会的責任等）、4. 総合的な学習経験と創造的思考力、を「国の参考指針」というかたちで目標設定し、これを大学教育課程においてPDCAサイクルを稼働させて実現することを求めている。また、教育課程の編成・実施において国作成のコアカリキュラムの提示、単位制度の実質化として1単位45時間の徹底や成績評価でのGPA等の導入など教育の内容・方法に係わる提案を行っている。これは国が直接大学教育に介入するわけではないが、中教審答申を通じて大学の学位授与や教育課程の編成・実施の方針を具体的に提示し、教育課程においてPDCAサイクルを稼働させることによって実績（達成度）を評価し、その結果により管理（政策誘導）するという新しいタイプの国家統制といえる。これは国立大学法人化や教育基本法「改正」によって実現された新自由主義高等教育政策の新たな展開といってよいであろう[13]。

5. 民主党政権下の大学改革政策と国立大学法人

　2009年夏、戦後日本で本格的な「政権交代」が起こり、民主党政権が誕生し、高等教育政策でも変化が期待された。高等教育の漸進的無償化条項留保撤回や給付制奨学金導入などが選挙公約で掲げられていたからである。しかし、他の分野での公約がつぎつぎと反古にされるなかで、2011年3月11日の東日本大震災・福島第一原発事故がおこり、しかも、民主党政権に確たる高等教育政策がなかったこともあって、政策内容に変化が期待されるどころではなくなった。とくに野田佳彦内閣になると、国家戦略会議を発足させ、財界などの要求を丸呑みするようになってきた。2012年4月の国家戦略会議で財界代表を含む民間議員が「大学の統廃合等の促進を含む高等教育の抜本的改革」を提言して、国立大学法人運営交付金や私学助成に「メリハリある配分」を求め、「統廃合等を含む大学改革を促進する」とともに、そのための

ガバナンス改革を要請した。これを受けるかたちで6月に、文部科学省は「大学改革実行プラン〜社会の変革のエンジンとなる大学づくり〜」(「文科省プラン」と略す)を作成、公表した。本プランは、「政権交代」後の本格的な大学改革政策（その国家戦略化）であり、2001年の「大学（国立大学）構造改革の方針」(「遠山プラン」)を新たに発展・展開させたものととらえられる。

　文科省プランは、大学改革の方向性として、「Ⅰ　激しく変化する社会における大学の機能の再構築」、「Ⅱ　大学の機能の再構築のための大学ガバナンスの充実・強化」を提示している。これをもとに、「大学ビジョン」を策定するとし、Ⅰの柱に4本（①大学教育の質的転換と大学入試改革、②グローバル化に対応した人材育成、③地域再生の核となる大学づくり（COC（Center of Community）構想）、④研究力強化：世界的な研究成果とイノベーションの創出）、およびⅡの柱で4本（⑤国立大学改革、⑥大学改革を促すシステム・基盤整備、⑦財政基盤の確立とメリハリある資金配分の実施、⑧大学の質保証の徹底推進）を課題としている。遠山プランよりも、包括的で体系的な大学改革政策のように見える。それらの課題を工程表にもとづいて強権的に実行しようというわけである。

　文科省が改革課題を提起するに際して前提とする人材像・大学像が次のように描かれている。求められる人材像としては、「生涯学び続け、主体的に考え、行動できる人材」「グローバル化の中で活躍する人材、イノベーションを創出する人材」「異なる言語、世代、立場を超えてコミュニケーションできる人材」とあり、財界・産業界が求めるグローバル人材とイノベーション人材を軸としてコミュニケーション力や粘り強さを併せ持った人材が提示されている。また、目指すべき新しい大学像としては、「グローバル化のなかで世界的な存在感を発揮する大学」「世界的な研究成果やイノベーションを創出する大学」および新しく登場した「地域再生の核となる大学」を軸として、「学生がしっかり学び、自ら人生と社会の未来を主体的に切り拓く能力を培う大学」「生涯学習の拠点となる大学」「社会の知的基盤としての役割を果たす大学」を掲げている。これは将来像答申が提起した大学の機能別分化を前提により種別化形態を明確にさせようとする提起といえ、この機にとくに国立大学のミッションの明確化を求めているのと軌を一にしている。これらの

人材像、大学像にしたがって政策誘導、財政誘導を強力に機能させようというのである。そこで有力なツールとして評価とメリハリある資金配分が働くことになるので、そのために大学ガバナンスの強化が求められる。文科省プランでは大学間の連携、地域と大学の連携などのように「連携」がキーワードの一つになっているが、そこには大学の「統廃合」が機能する媒介項のような役割が組みこまれている[14]。そして、そのためにすでに2012年1月に「独立行政法人の制度および組織の見直しの基本方針」が閣議決定され、国の政策実施機能の強化等の観点から、廃止または民営化等をするものと、各法人の特性による類型化と類型ごとのガバナンスの構築による政策実施機能の強化や効率性の向上の観点からの再編を決定している。高等教育関連では、大学評価・学位授与機構、大学入試センター、国立大学財務・経営センターの統合が決まっている。一方文科省プランでは、国立大学法人については現行の1法人1大学の原則を、「多様な大学間連携の制度的選択」として1法人複数大学（アンブレラ方式）などの制度改正も提起されている。そこでは、「リサーチ・ユニバーシティ」群や機能別・地域別大学群の形成が提示されており、遠山プランで「県境を越えた再編・統合」が提起されながらもやれなかったことを、新たな段階での大学統廃合として力ずくで推進されることも起こりうる。日本経団連が「究極の構造改革」として求めて止まない道州制絡みで大学淘汰につながる危惧がある。また、本プランでは政策への実行状況によって評価、資金配分されることになるから、各大学の政策・目標（国が与える）が国の政策に統合される仕組みになっており、大学にとっては根本的な矛盾を抱え込むことにならないとはいえないのである。

おわりに

　国立大学法人化は、高等教育政策を審議する大学審や中教審を経たものではなく、経済財政諮問会議においてトップダウンで決定され、文科省の調査検討会議で検討されたものの、法人法制定過程では結局より通則法の基本枠組みに深く入りこんだものとなり、前代未聞の附帯決議がついてやっと成立

したのである。ここで留意したいのは法案の文言を修正することなく、附帯決議で処理されてしまったことである。にもかかわらず、文科省等はこれを「大学改革の一環として」と説明しているが、実際は行政改革の論理で押し切ったのである。そして、教育基本法「改正」以降は、大学教育の内容にまで国家が関与しうる政策へより一層の傾斜を強めている。さらに、「政権交代」での政策変更の期待にもかかわらず、むしろ新自由主義的傾向がいっそう目立っており、国立大学法人の問題も新たな局面を迎えている。

　ところで国立大学法人制度が第Ⅱ期を迎えたが、第Ⅰ期のいわば中間総括的な文書がいくつか出されている。たとえば、文科省は「国立大学法人化後の現状と課題について（中間まとめ）」(2010年7月)において、「当面は、現状の制度の根本を維持しつつ、第Ⅰ期中期目標期間の成果や必要な改善や充実を図っていくことが必要である」とし、「今後の改善方策については、現状の制度をもとに、①国立大学の本来の使命である教育研究力の強化、②更なる改革を進めていくために求められる法人内部のガバナンスの強化、③財政面での自律性を高めるための財政基盤の強化を図るために必要な方策を整理する」としている。また、文科省からの委託を受けた国立大学財務・経営センターのグループが出した「大学の設置形態に関する調査研究」(2010年9月)では国際比較の総括部分で「国立大学の法人化は国際的な動向と軌を一にする政策変化であり、種々の課題を有するものの欠点を克服し教育研究の活性化を可能とするよう修正していくことが現実的な対処方策と思われる」としている。果たしてこのような総括で本当によいのであろうか。「現行の法人制度に内在的な、抜本的な検討の必要な問題や、政府・文部科学省と法人との関係で再調整の必要な問題が少なくない」[15]との指摘もある。また、より具体的に改善の視点として、大学本来の使命からしてまず問題となるのは国立大学法人制度の柱である目標管理の改善であるとし①「目標管理の対象を、国が大学政策上真に必要とする事項に限定すること」、および②「新たな大学自治の構築」が挙げられる[16]。これらの提案は貴重であり実現すべき課題であるが、大学の本来のあり方からすればなお不十分であろう。やはり国立大学法人制度が独立行政法人制度の変形であり、その実態は発足後9

年を経過してますます明らかになっているといわざるを得ず[17]、今や日本の学術研究と高等教育を危機に陥れその将来を危うくしてきている。一刻も早い時期に現行の法人制度は廃止または抜本的に組み替えること（少なくとも目標―評価―資金配分等の枠組みの除去、あるいは附帯決議を各条項に組みこみ条文化など）が必要であり、そのためにも高等教育政策の転換が求められる。

[注]
1. 永井道雄「『大学公社』案の提唱」、「実験『大学公社』案」(『大学の可能性』中央公論社、1969年)、「大学公社」は、当時の専売公社や電電公社をイメージし、事務と財政を国の機関から独立させる。「公社」には中央の機関を置き、各大学はこれに所属、20名を越える大学審議会は大学の代表者のほか学外の学識経験者によって組織され、長期計画や予算配分、大学基準等につき、各大学に指導助言するとされる。
2. 中教審「今後における学校教育の総合的な拡充整備のための基本的施策について」(1971年)のなかの「高等教育の改革に関する基本構想」。
3. 臨教審第4部会に大学の組織・運営に関する研究会（座長：新野幸次郎神戸大学学長）を設置し、設置形態についても検討したが、国立大学等に代わる適当な設置形態を見当たらないと結論づけた。第四次（最終）答申では、「大学の設置形態」の項で「将来に向かって、国・公立大学の設置形態そのものについても抜本的な検討を加え、あるべき大学の在り方、それにかかわる国の関与の仕組みを創造することが望まれる」とある。
4. 渡部宗助「中教審答申『大学教育の改善について』(1963.1)考」、『高等教育の政策の形成と評価に関する総合的研究』、国立教育研究所・教育政策研究部、1999年。
5. 拙稿『戦後高等教育行政研究』、風間書房、2003年、235頁。
6. 法人化は「科学技術創造立国」の基盤づくりであり、第2期（2001年）では、「国立大学及び大学共同利用機関については、独立行政法人化に関する検討が進められており、組織運営体制の強化等により、学長等のリーダーシップを発揮し、自律的な運営ができるよう一層の改革を進める」ことが明記された。
7. 藤田宙靖「国立大学と独立行政法人制度」、『ジュリスト』第1156号、有斐閣、1996年6月号。
8. この点について石井拓児「国立大学法人法の制定過程研究」(平成18年度科研報告書)では、澤へのインタビュー等をもとに、法人化に向けた旧帝大系理学・工学部等をはじめ国会議員、経団連、マスコミ（とくに朝日新聞社）への働きかけや、国立大学法人像として、組織制度、人事制度、財政制度、意思決定システムの四つの観点で、大学の自由度を確保する制度設計を提起していることを紹介している。なお、澤昭裕「研究組織の独立行政法人化と大学改革」、青木昌彦・澤昭裕・大東道郎＋『通産研究レビュー』編集委員会編『大学改革：課題と争点』、東洋経済新報社、2001年では、「すでに大学は『学問の自治』の名のもとに不活性な教職員が安住できる場ではなくなっている。これからの大学は、『組織』としてのマネジメントに意

識を払い、適切なガバメントのもとに、常に外部環境の状況に合わせて、スピーディな意思決定とダイナミックな変革を実行していくことが求められている」(426頁)としている。

9　背景には、有馬朗人文部大臣と太田総務庁長官との会談があったが、その際力関係で行革を進める総務庁に権限があり、総務庁側の提案を文部省が受け入れるかたちになったと見られる。

10　「検討の方向」では、独立行政法人通則法のままの独立行政法人制度ではなく、大学の自主性・自律性の配慮が必要であるとしながらも、通則法の基本枠組みを国立大学に適用している。例えば、①中期目標・中期計画の作成にたいして、特例措置として、各大学からの事前の意見聴取義務を課すことを法令に規定すること。また、中期目標期間を5年とすること。②学長人事は、大学からの申し出にもとづき、文部大臣が行うこととし、そのための特例措置を法令に規定すること。③教職員の身分を国家公務員とすること。④運営費交付金について、大学の教育研究活動の水準を維持・向上させる観点から検討すること。そして、企業会計原則の適用の範囲について検討し、国立学校特別会計制度の利点をできるだけ維持すること。

11　遠山敦子『こう変わる学校　こう変わる大学』、講談社、2004年、167頁。

12　佐々木毅『知識基盤社会と大学の挑戦』、東京大学出版会、2006年、240頁。

13　「学士課程」答申では、大学の機能別分化と大学教育の質の保証とが連動して、「グローバル人材」（日本経団連などの人材像）の育成が求められている。そこでは、先端的な科学技術開発やトップマネージメントを担うエリート層と状況や権力関係に従順な人材との分化に応じた大学教育が想定されている。なお文部科学大臣は、続いて2008年9月に中教審にたいし「中長期的な大学教育の在り方について」諮問を行い、これまでに4次にわたる報告が出されている。大学教育の質保証のあり方等について更なる国家管理を危惧させる内容になっているが、ここでは割愛する。

14　たとえば、文科省「大学改革実行プラン」の国立大学改革の先行実施として2012年度に新設された国立大学改革強化推進事業（138億円）には、重点支援対象として「機能別・地域別の大学群形成に向けた連合連携」などが取り上げられている。

15　天野郁夫『国立大学・法人化の行方―自立と格差のはざまで―』、東信堂、2008年、210頁。本書は国立大学が法人化して比較的早い時期に書かれており、この引用は国立大学法人の学長、担当理事にアンケート調査をした結果のまとめである。

16　大崎仁『国立大学法人の形成』、東信堂、2011年、162-166頁。本書は、国立大学法人制度の形成過程を当事者の聞き取り調査も行いていねいに描いたものであり、この制度の問題点についてもおおむね的確に指摘しているといえよう。

17　第2次安倍晋三内閣は、憲法「改正」を全面に掲げ、96条改定・立憲主義の転換から9条改定・集団的自衛権・国防軍の創設などに向けて、日本の国家性格と統治機構の全面的改変を公言しており、また、公約にも反してTPP（環太平洋経済連携協定）への交渉参加を推進するなど、いわゆる「第三極」（日本維新の会、みんなの党など）や大手メディアの援護を受けて、日本の進路を右翼的新自由主義国家志向へと舵切りしており、大学制度の根幹を揺るがすことにもなりかねないことを注視すべきであろう。他方、大学法人との関係では、中教審が2013年4月25日に「第2期

教育振興基本計画について」(答申) を公表し、今後5年間の基本計画を策定したが、そのなかで新たな展開への基本施策を打ち出している。要するに、大学におけるガバナンスの確立が強調され、大学の機能強化政策（機能別分化の手段として一法人複数大学（アンブレラ方式）、地域別・機能別大学群の形成、国公私立大学間の連携強化など）とともに、政策・財政誘導をともなって大学（法人）の再編・統合を主導しようとしている。改憲動向や道州制への動き如何により、一気に大学統廃合が進められる危険性がある。民主党政権下ではじまった国立大学のミッションの再定義は学部レベルに及んでおり、文部科学省は教員養成系の各大学・学部に対してミッションを指定している。これは、大学・学部の自治にたいする侵害であるだけでなく、大学・学部の再編統合へのステップとして見逃せない事態である。

第 12 章　新自由主義と国立大学法人法

成嶋　隆

1．構造改革・教育改革における国立大学法人化の位置づけ

(1) 教育改革における高等教育改革の相対的重点化

　1990年代以降、「構造改革」という名の国家・社会構造の全般的な改編が進行しているが、教育改革は、そのなかでも基幹的な部分を占めてきた。それは、「構造改革」が標榜する国家・社会のありかたに適合的な《国民》を創出するうえで、公教育が最も重要な役割を果たすからである。その教育改革において、高等教育改革（および科学技術改革）は、初等・中等教育改革に先行してきた経緯がある。

　たとえば、現在の教育改革の《起点》をなしている「臨教審」改革（1983年～1987年の臨時教育審議会の諸答申に基づく教育改革）は、高等教育と学術の分野から着手されている。「臨教審」改革立法の第一号は、大学審議会の設置に向けた学校教育法・私立学校法の改正（1987年）であったし、その大学審議会は「研究の高度化・個性化・多様化」「組織運営の活性化」「社会との連携の促進」「国際化の推進」などの課題で精力的な審議を行い、2001年に中央教育審議会の1分科会に編入されるまでの間に、15本の答申を行った。それらは、学校教育法・国立学校設置法・大学設置基準などの法令の改正により、ほぼ1990年代前半までに法制化されている。注意すべきは、この「臨教審」改革においてすでに、後の国立大学法人化の下準備ともいえるような高等教育改革がなされていたことである。大学教員の任期制の導入、民間資金の導入による寄附講座の開設、「自己点検・自己評価」システムの導入などである。

教育改革における高等教育部門の相対的重点化は、2006年12月の教育基本法（以下、教基法）の全面改正の経緯のなかにも確認することができる。たとえば、同法改正のきっかけとなった2003年3月の中教審答申『新しい時代にふさわしい教育基本法と教育振興基本計画の在り方』に、そのことが看取される。同答申の「第2章　新しい時代にふさわしい教育基本法の在り方について」は「1　教育基本法改正の必要性と改正の視点」の項で、「21世紀を切り拓く心豊かでたくましい日本人の育成」という観点から必要とされる理念・原則として、「①信頼される学校教育の確立」の次に「②知の世紀をリードする大学改革の推進」を挙げている。その部分の解説はこうである。──「これからの知識社会における国境を越えた大競争の時代に、我が国が世界に伍して競争力を発揮するとともに、人類全体の発展に寄与していくためには、知の世紀をリードする創造性に富んだ多様な人材の育成が不可欠である。そのために大学・大学院は教育研究を通じて重要な役割を担うことが期待されており、その視点を明確にする。」

　一読して明らかなように、この提言は、現在の教育改革の《駆動因》ともいいうる《メガ・コンペティション時代における国際競争力の強化》という命題に直結している。かかる国家戦略を遂行するうえで、公教育の最終部門である高等教育とそこにおける科学技術研究を、グローバルに展開する日本企業と、「国際社会において存在感を発揮」(答申第1章)しようとする日本国家が掌握・統制することが不可欠の課題となる。旧教基法は、日本の公教育全体についてその基本理念・原則を定めていた。したがって、学校教育の段階ごとの個別の規定を置いていない。その教基法の改正を提言した中教審答申が大学改革に相対的な重点を置いていたこと、そして改正教基法に大学に関する規定（7条）が新設されたことは、高等教育改革がいかに国家戦略上の重要性を担っているかを示している。

(2) 新自由主義教育改革の大学版

　今次の教育改革の背景には、「愛国心」「公共精神」「規範意識」等を強調する新国家主義ないし新保守主義のイデオロギーと、新自由主義のイデオギ

ーとが介在している。後者は、表見的には公共部門からの国家の撤退（「規制緩和」）と市場原理の導入という特徴をもちつつ、評価システムを梃子とする新たな国家統制をもたらすものである。その本質につき、世取山洋介は次のようにいう。——「法制論的に見た場合には新自由主義は、政府によるある特定の作用の供給およびそのための財政支出の義務付けに関わる民主的に設定された普遍的なルールを撤廃・緩和して、そのルールから政府を解放し、政府にそれが保有する貨幣の使用目的、配分量、配分方法および支給先の決定に関する自由裁量を与えることと定義することが許される……。新自由主義は、国家作用の縮小と、縮小された作用の『市場』による提供を本質としていると理解される場合も多いが、新自由主義の本質は、政府の役割の表見的な縮小にもかかわらず、貨幣保有の事実をバックとする政府のパワーの拡大に存在するものと言える。」[1]

(3) 教育基本法改正の先取り

　国立大学法人法制は、わが国の高等教育と学術研究のありかたを根本的に改変するものであるが、大学は公教育の最終段階に位置するから、その変容は高等教育への準備段階ともいえる初等・中等教育など公教育全体に波及する。だが、そうした一般的な波及効果以上の、あえていえば公教育全体に対する《破壊的効果》を、国立大学法人法制は秘めている。

　たとえば、後述する《中期目標—中期計画》スキームによる大学統制だが、これは、1960年代以降の行政手法として一般化してきた《計画行政》ないし《計画による支配》(planocracy)のスキームを大学運営に導入したものである。同時にこのスキームは、改正教基法が導入した「教育振興基本計画」スキーム（同法17条）の大学における先導的試行という意味をもつ。「教育振興基本計画」は、すでに他の政策領域において実行されている「基本法—基本計画」スキーム（例：「科学技術基本法」—「科学技術基本計画」）を教育政策の分野に持ち込むものだが、このスキームは、従来の教育統制システムとは異なる《計画による統制》の手法を導入するものである。すなわち、このスキームは、従来の「プロセス管理」型の教育統制手法に代えて、「基本計画」に盛り込

まれた数値目標の達成度評価に基づいて財政配分や組織の統廃合を行う「結果管理」型の教育統制に道を開くものとなる。また、従来の教育計画が主として教育条件整備に関わるものであったのに対し、「基本計画」は教育内容に関するプログラムも含むものとなっているから、計画による教育内容統制を強化することにもなる。法人法の《中期目標—中期計画》スキームは、こうした新たな統制手法のまさに先駆をなすものなのである。

(4) 直接的動因としての「行政改革」

国立大学法人化には、以上のような種々の背景要因があるが、その直接的な動因は教育の論理とはおよそ相容れない「行政改革」の論理であった。1996年、第2次橋本内閣が設置した行政改革会議は、政府組織および業務の肥大化を是正する方策として、イギリスのエージェンシー(agency)制度をモデルとする「独立法人制度」構想を提起した。一方、1998年には小渕内閣が国家公務員定数の25％削減を公約として掲げたが、削減対象の筆頭に挙げられたのは郵政職員と国立大学教職員であった。ここに、国立大学を独立行政法人化する構想が生れ、その後、紆余曲折を経て国立大学法人法の制定に至ることとなったのである。

2. 国立大学法人法の概要

本節では、2003年に成立した国立大学法人法（平成15・7・16法112、以下、法人法）の概要を示し、若干の問題点を指摘する。なお、以下の叙述で『最終報告』とあるのは、2000年7月に文科省に設置された「国立大学等の独立行政法人化に関する調査検討会議」が2002年3月に公表した『新しい「国立大学法人」像について（最終報告）』をさす。

(1) 設置主体と費用負担

法人法は、国立大学の設置主体を従来の「国」から「国立大学法人」に変えた（2条）。つまり、従来の国が設置する国立大学が国立大学法人になるの

ではなく、国立大学法人という新たな組織が作られ、この法人が国立大学を設置するという形式となったのである。

国立大学の設置主体について、国立大学協会は従来のような国を設置者とする「直接方式」を主張し、『最終報告』も法人化後の国立大学の設置者は国であるとしていた。ところが法人法は、国立大学法人を設置者とする「間接方式」を採用したのである。

「間接方式」には、いくつかの問題点がある。1つは、法人による大学経営と大学における教学とが分離され、かつ経営の論理により教学の論理が制約されるおそれがあることである。「間接方式」は、「国立大学法人を経営体として自立させることによって、国立大学の運営を経営本位のそれに変換させる意図を、そうでないにしても結果としてそのような効果をもっている」[2]のである。もう1つは、費用負担に関わる問題点である。学校教育法5条では、学校の設置者が財政負担の責任を負うこととされているから、法人法の「間接方式」のもとでは、大学設置にかかる費用負担の第一次的責任は法人に転嫁されることになる。国立学校特別会計が廃止された結果、国による財源措置は、独立行政法人通則法の規定の準用により「必要な金額の全部又は一部を交付することができる」という程度のものとなる。不足する財源は、授業料値上げなどによって補填せざるをえなくなった。

(2)「中期目標―中期計画」スキームによる大学統制

法人法は、各国立大学法人が6年間に達成すべき業務運営に関する目標である「中期目標」を文科相が決定し、これに基づいて各国立大学法人が作成する「中期計画」を同じく文科相が認可するというシステムを採用した(30・31条)。そして6年ごとに「中期計画」の達成度評価が国立大学法人評価委員会および総務省の委員会により行われ、それらの評価結果に基づいて運営費交付金の配分や「業務の改廃」(「廃校」を含む)などが行われることとなった。『最終報告』では、「中期目標」の策定にあたって「大学の教育・研究の自主性・自律性を尊重する観点から、あらかじめ各大学が文部科学大臣に原案を提出するとともに、文部科学大臣が、この原案を十分に尊重し、また、大学

の教育研究等の特性に配慮して定める」とされていたが、法人法では「あらかじめ、国立大学法人等の意見を聴き、当該意見に配慮する」(30条3項) という規定に後退している。評価についても、『最終報告』では「〔評価委員会等が〕評価を決定する前にその結果を大学に示して、意見の申立の機会を設ける」とか、評価結果の活用につき「各大学の自主性・自律性が結果として大きく制約されることのないよう配慮する」といった記述があったが、法人法にはこの種の規定がない。このように、法人法における「中期目標─中期計画」スキームは、「『企画立案』機能が大きく文科省にシフトし、それだけ研究教育にかかわる大学の自治が縮減する」[3] という事態を確実にもたらすものとなった。

(3) トップダウン型の大学運営

　国立大学法人の内部組織形態では、従来の教授会─評議会を基軸とした大学の意思決定方式を廃止し、学長および役員会（学長と理事で構成）の権限を強化してそこに意思決定の主導権を委ねるというシステムが導入された（11条）。たとえば、従来は国立学校設置法により評議会の権限とされていた学部・学科等の改廃は、役員会の議を経て学長が決定することになった（11条2項4号）。全学の構成員の意思をボトムアップ式に集約しつつ大学としての意思決定を行うという方式ではなく、学長によるトップダウンの大学運営方式となったのである。国立大学法人における学長への権限集中につき、大崎仁は次のように解説する。──「……国立大学法人では、……学長が法人の長であり、法人運営全般にわたって、最終決定の権限を有している。……学内予算の編成・執行も教職員人事も、一定の制約はあるが、学長の裁量に委ねられている。学内の意思決定は、役員会が決定機関であるかのごとき運用が一般化しており、妥当な慣行と思うが、国立大学法人法で役員会という合議機関が置かれているわけではなく、役員会の審議が法的に学長の決定を拘束するわけでもない。……法定の学内機関である教育研究評議会と経営協議会は、いずれも学長が主宰する学長の諮問機関であり、学長の決定を拘束する権限はない。学校教育法で必置機関とされている教授会の法人・大学運営におけ

る位置づけも明らかではない。学内で学長から独立して活動できるのは、学長の選任・解任の権限を持つ学長選考会議と業務の監査に当たる監事だけである。」[4]

(4)「教学」に対する「経営」の優位

前述 (1) のように、法人法では、国立大学（法人）における「経営」と「教学」が分離され、前者は「国立大学法人の経営に関する重要事項を審議する機関」である経営協議会（20条）、後者は「国立大学の教育研究に関する重要事項を審議する機関」である教育研究評議会（21条）が受けもつこととされた。従来の大学管理機関である評議会に留保されていた大学管理に関する重要事項（たとえば予算・決算など）の審議権のほとんどが経営協議会に吸い上げられ（20条4項）、教育研究評議会の権限は狭隘な「教学」事項に限定されることとなった（21条3項）。

(5) 学外者の大幅な関与

役員会・経営協議会ともに、学内事情に精通していない学外者が含まれねばならないとされた（後者については過半数が学外者：20条3項）。学外者の運営参加につき『最終報告』では、「国民や社会に対する説明責任を重視し、学外の有識者の意見を運営に積極的に反映させつつ、モニタリングする仕組み」と説明していた。しかし法人法では、「モニタリング」機能をはるかに超える学外者の関与が定められている。このことの問題性については、後述する (3-(1)-②)。

(6) 大学経営の《企業化》

国立大学法人の財務運営は、企業会計原則を採用することとされ、毎年度の利益・損失を翌年度に繰り越して整理すること、「中期目標」期間の終了時に積立金の残余があるときは、文科相の承認を得た限度で次期の業務に使用することができるとされている（32条）。運営費交付金の配分基準は不透明であり、しかも先行独立行政法人同様、運営費交付金の年1％ずつの削減

(「効率化係数」) がかかることになったので、各国立大学法人は、財務上の自助努力を迫られる。一方、独立行政法人通則法では原則として認められていない長期借入と債券発行が、国立大学法人には許容されることになっている (33条)。債券発行事務を銀行・信託会社に委託することも認められているので、債券管理会社の大学経営に対する介入も可能となった。このことのもつ意味につき、田端博邦は次のように指摘する。――「こうした長期借入・債券発行の許容は、国立大学法人の企業的経営の水準を一段と高めることになるであろう。これらの方法による資金調達のためには、専門的なノウハウを必要とするし、……国立大学法人の経営体としてのパフォーマンスの良好さが必要となる。また、償還のためには、長期にわたって収益を上げ続けることが必要になる。国立大学の経営は文字通りのビジネスになりかねない。」[5]

(7) 学長選考制度の改変

法人法12条は、「学長の任命は、国立大学法人の申出に基づいて、文部科学大臣が行う」とし、その申出は経営協議会および教育研究評議会から選出される同数の委員よりなる「学長選考会議」の選考によるものとしている。かつての教員による全学投票などの制度は、いっさい排除されている。この仕組みは、学長選考においても学外者の影響が強まり、反面、学長の地位が構成員の意思に基づく民主的正統性を獲得しえないことを意味する。なお法人法17条3項は、学長の「職務の執行が適当でないため当該国立大学法人の業務の実績が悪化した場合」に、文科相がこれを「解任することができる」と定めている。法人において強大な権限を有する学長も、結局は文科相のコントロールのもとに置かれているのである。

(8) 教職員の身分の不安定化

法人化以前は、国立大学の教員等は教育公務員特例法 (以下、教特法) の適用を受けていたが、国立大学の法人化に伴う同法の改正により、その適用対象から排除されることになった。法人化後、教員の身分関係は、国立大学法人が制定する就業規則または法人と労働組合との間で締結される労働協約に

委ねられることになった。『最終報告』では、法人化後は教特法の趣旨を就業規則で定めるとされていたが、法人法ではその保証はない。教育研究評議会の審議事項には「教員人事に関する事項」が一応含まれているが（21条3項4号）、同評議会の権限が「審議」にとどまっているため、教特法レベルの身分保障は期待できない。教特法による教員身分の特別保障が廃止される一方、「大学教員等の任期に関する法律」の制定（1997年）や労基法改正による有期契約期間の上限制限の上方修正（2003年）——大学教員も該当する「高度」な「専門的知識を有する労働者」については5年——などにより、教員身分の流動化・不安定化が進行している。

(9) 立法過程における問題点——附帯決議

「国立大学法人法案」は、2003年7月9日の参議院本会議において、賛成131、反対101で可決・成立した。その際、国会の歴史においても前例を見ない、23本もの「附帯決議」が提案され、採択された。このように多くの附帯決議がなされたこと自体に、同法がいかに問題の多いものであるかが象徴されている。その問題性につき、次のような指摘がある。——「附帯決議による法文の意味の限定という行為は、国民代表によって構成された国会が定める『法律』によって行政府の活動を拘束する、『法の支配』という民主主義の基本原理と矛盾がある……。附帯決議によって法律の欠陥を修正しようとしても、現実には、附帯決議によって加えられた修正は、法律ではないがゆえに、法の執行の段階で考慮されることなく、修正としての意味を持たない場合が多い……。附帯決議によって国民代表の意思が法律の執行段階で反映されると考えるのは幻想です。法案の欠点あるいはそれに対する強い疑念は、立法府による法案の修正によってこそ除去されるべきものです。附帯決議が長文または詳細であればあるほど、法それ自体の持つ深刻な欠陥を立法府が認識していながら、それを放置したことを意味し、立法府による自らの責任の放棄に他ならないと考えます。」[6]

3. 国立大学法人法の批判的検討

(1) 国立大学法人法と「学問の自由」

　本節では、法人法の問題点につき、やや原理論的な視点からの検討を行う。まず確認しなければならないのは、大学法制のありかたを原理的に考察するに際して何を《座標軸》とすべきか、という点である。この点、立憲主義の見地からすれば、日本国憲法 23 条が基本的人権として保障する「学問の自由」と、そこから派生する憲法原則である「大学の自治」を考察の座標軸とすべきことに異論はなかろう。以下では、「学問の自由」および「大学の自治」の内容を確認したのち、これらの原理に照らして法人法の問題点を解析していきたい。まず、「学問の自由」との関連である。

　①「学問の自由」の意義

　憲法 23 条は、精神的自由権の 1 つとして「学問の自由」を保障している。本条でいう「学問」とは、「自然、社会または存在について事理を明らかにしようとする人間の理性的な認識・分析活動およびその所産としての理論的、体系的な知識の創造」[7]、「論理的手段をもって真理を探求する人の意識または判断作用乃至その体系」[8] などと定義される人間の精神活動である。学問の自由は、思想・良心の自由（憲法 19 条）、信教の自由（同 20 条）および表現の自由（同 21 条）と重複しており、その意味で本条は他の精神的自由権規定に対する特別法と解されている。そこで問われるのは、憲法が思想・良心・信教・表現に関する一般的な市民的自由とともに学問の自由を規定した意味は何かということである。かかる意味での学問の自由の根拠論としては、次のような諸説がある。

　第 1 は「専門的特権説」で、初期の憲法学説（『註解日本国憲法』、宮沢俊義など）および判例（東大ポポロ事件最高裁判決など）の立場である。学問研究は通常の精神活動に比してより高度で専門的な精神作用であるから、一般の市民的自由よりも高度な自由が保障されると説き、大学教員の特権的自由として学問の自由を観念するものである。

　第 2 は「市民的自由説」である。本説は、研究者だからといって同僚市民

より高度な特別の自由を享受しうるものではないとして第1説を批判し、学問の自由が本質的に市民的自由と同質であるとする。そして近代社会において研究者は他人の設置する研究教育機関の被用者として研究教育を行っており、その市民的自由が設置者ないし外的管理権者の諸権能（業務命令権・懲戒権・解雇権）により絶えず侵害されるおそれがあるので、「市民的自由（思想の自由、思想の表現・交換の自由）を、研究教育機関の内部において貫徹させ、教員研究者をしてこれを回復させる」ところに学問の自由の保障の意義があるとする（高柳信一・大浜啓吉）。

　第3は「信託説」である。本説は、第2説が学問の自由はすべての国民に保障されるとしながら、その保障の根拠をもっぱら教員研究者の市民的自由の回復に求める結果、学問の自由を限定したと批判するところに主眼がある（野上修市）[9]。

　学問の自由の保障根拠につき、認識論のレベルにまで掘り下げた考察を行ったものとして、世取山洋介の次のような論考がある。――「『学問の自由』が、個人が本格的な研究を行おうとすれば、貨幣保有者が提供する研究手段に依存しなければならない現代社会にあって、貨幣保有者が市民法上有している『金銭の支配力』を排除することを本質的に意味していることは、既に確認されていることである。つまり、学問の自由は、『究極的には、近代市民社会において他人の私有財産（研究教育施設）において他人の使用人によって行われることを運命付けられている真理探究機能を自由ならしめるために、財産所有者（設置者）、使用者の市民法上の恣意を抑制することを内容』〔高柳信一〕としているのである。言い換えれば、『学問の自由』が想定する大学と社会の間の"あるべき関係"……は、資金によって政府と大学が繋げられながら、政府が働くべき領域と研究・教育が働くべき領域が峻別されることをその内容としているのである。この"あるべき関係"が設定されるべきことの根拠は、大学における研究と教育を、研究者の個人的自律性および大学の組織的自律性に委ねてこそ、政府およびそれが代表している"社会"が、大学における研究・教育から最も豊かな成果を得ることができるのだ、ということに求められる。この根拠の基底には、人間の外界に関する認識の継承と

発展に他ならない研究にあっては、外界に関する認識の発展にはそれ独自の法則性が存在しているのであり、その法則性に従って研究は遂行されなければならないとの条理が座っているのである——学問の自由の『認識論的正当性』——。その本質に叶った形で研究を行わせしめるためには、外界に関する認識の発展法則を最もよく知る研究者の自律的判断に、その追求の仕方および成果の公表の方法・タイミングを委ね——『学問の自由』の個人的自律性の側面——、かつ、その法則に基づく研究遂行に必要な構成員の確保、研究教育組織編制および運営を研究者集団の自律的判断に委ねることが要請されるのである——その組織的自律性の側面——。」[10]

なお、新旧の教基法と「学問の自由」との関連をここで確認しておきたい。旧教基法は「教育の方針」に関する第2条で「学問の自由を尊重し」と規定し、さらに教育行政に関する第10条で「学問の自由」を教育の場面に敷衍する重要な規定を置いていた。すなわち同条1項は「教育は、不当な支配に服することなく、国民全体に対し直接に責任を負って行われるべきものである」と定めていたが、この条項は、教師がその専門的職能の発揮をとおして国民に対し直接に教育責任を果たしていくべきこと（直接責任原理）、そしてかかる自主的・自律的な教育空間に対し政権政党などによる「不当な支配」が及んではならないこと（自主性原理）を要請するものであった。一方、新教基法は多くの徳目を教育目標として列挙する第2条の柱書に「学問の自由を尊重しつつ」との文言を置いた。また、教育行政に関する第16条では、旧法の「直接責任原理」に該当する規定は削除されたが、旧法10条1項前段の「不当な支配」の禁止規定は残している。

②「学問の自由」と法人法制

「学問の自由」の保障との関連で、法人法制にはいくつかの問題点がある。その1つとして、法人法制にあっては、業績評価の場面のみならず、役員会・経営協議会・学長選考会議等の構成の面でも、学外者の大幅な関与が予定されていることが挙げられる。このことは、「学問の自由」の保障や上述した旧教基法の「自主性原理」・「直接責任原理」との間に一定の緊張関係をもたらす。なぜなら、学外者の関与の背景には、グローバリゼーションのもとで

日本企業の国際競争力を高めるために大学の産み出す知的財産を産業活性化のために動員するという戦略があり、それ自体、大学における教育研究に対する《外圧》をなし、「学問の自由」や「自主性」原理と緊張関係に立つからである。しかし他方、学外者の関与やいわゆる《産官学協同路線》は、表向きは《国民に開かれた大学》《大学の地域貢献》というまっとうな謳い文句を伴っており、その限りで先の「直接責任原理」と親和的にみえる。これをどう考えるべきかが問題となる。

　この問題については、次のような整理が可能である。——大学は、国民の高等教育を受ける権利を保障し、またそこでの研究の成果を社会に還元して人類の平和と福祉の向上に貢献するという責務を担う。そして、その責務を十分に果たすことができるために「学問の自由」と「大学の自治」が保障されている。ところで、大学がその責務を果たす筋道、つまり大学が社会の要請や国民の信託に応える筋道は、教育と研究とでは若干の違いがある。教育については、大学が、その教員らによる教育作用により大学生の教育要求に応えることをとおして、国民に対する責任が果たされる。ここでは、「直接責任原理」が典型的に妥当する。これに対し、大学における学問研究と社会や国民の信託・要求との関連は異なった筋道をとる。つまり、大学における学問研究が社会や国民の信託・要求に応えるといっても、それは学問研究が社会や国民の要求に《即自的》に対応すべきものではない、ということである。学問の自由に関する優れた論稿において、高柳信一は、この点につき次のように論じている。——「専門的職能は、すべての職能と同様に、結局において、社会に奉仕すべきものであるが、その奉仕は、物的価値の生産・提供のばあいのように、顧客（ないしその総体としての社会）の具体的指揮命令のもとにではなく、まさにみずからの専門的知識にもとづく精神的創造力の発揮によって——自由に——行われなければならない。」[11]

　この指摘にあるとおり、大学における学問研究は、産業界の主として経営者サイドからの注文や特定政府の体制的利益に基づく要請にストレートに応ずべきものではない。学問研究に関して大学と社会の間には、ある種の緊張関係がなければならないのである。なぜなら、学問研究は現在の真理や体制

的理念を疑い、より高次の知見を獲得しようとする側面を有する精神作用であり、本質的に体制超越的機能を営むものだからである。

このような大学と社会のあるべき関係性を、内田樹は次のようにきわめて平明な表現で語っている。――「大学の社会的機能の一つにはその時代の支配的な価値観とずれていることだと私は思う。……その『ずれ』のうちに社会を活性化し、豊かにする可能性がひそんでいる……。『市場にすぐ反応して、注文通りの人材を提供する大学』なんか、私が受験生なら御免こうむりたいけれど。」[12]

(2) 国立大学法人法と「大学の自治」

前述のように、憲法23条の「学問の自由」の保障には、これを担保する原理である「大学の自治」の保障が含まれている。

大学の自治の範囲として通常挙げられるのは、①教員人事の自治権、②研究教育の内容・方法・対象の自主決定権、③大学の施設管理の自治権、④学生管理の自治権および⑤財政自治権の5つである。法人法制との関係で問題となるのは、これらのうち①、②および⑤である。以下、これらの自治権の内容と法人法制との関係につき概説する。

①教員人事の自治権は、「法形式的には任命権者（私立大学の場合には理事会等の外的管理機関）がもつところの教員人事権を形式化し、実質的には、学問的専門能力と知的誠実性を正しく評価できる同僚たる教員研究者自身（教授会）が教員人事権を確保する」[13] ことにある。実質的な人事権が教員団（教授会）に留保されなければならないのは、「共に研究・教育活動を担う教員団の構成員を銓衡・決定する教員人事は、それによって選ばれ、迎えられた教員との相互交渉……を通して、そこでの『教育研究』の在り方を直接決定づけ、変化させるための始動作用というべきもの」[14] だからである。

教員人事の自治という見地から国立大学法人法制をみると、第1に、大学管理運営組織が学長、役員会、経営協議会、教育研究評議会および教授会という重層構造をなしており、学校教育法59条（2007年改正後は93条）において「重要な事項を審議する」ための必置機関とされている教授会の地位が相

対的に低下し、実質的な教員人事権が上位機関に吸い上げられているという問題がある。

　第2に、教員人事の一環である学長選考をめぐる問題がある。前引の蟻川論文は、学長人事を含む大学教員人事の自治権が、大学における教育研究が本質的に要請する《同僚性》に根拠をもつことを明らかにしている。大学という知的共同体において《同僚中の首席》といえる学長の選任にも、この理はあてはまる。学長選考にあたって教員団が実質的に関与することは、大学という研究教育機関の属性そのものが要請することなのである。

　上記の観点に照らした場合、学長選考に関する法人法12条の規定が、教員団にとって必ずしも《同僚》とはいえない者（経営協議会の学外委員）が構成員の半数を占める「学長選考会議」に学長（候補者）選考の最終的な決定権を帰属させていることが問題となる。選考過程への教員団の関与は、いっさい定められていないから、法人法のスキームにおいて、選考会議には教員団の意思に拘束されないまったくの自由裁量が認められることになる。これは大学の自治の一環である学長・教員人事の自治の理念に根本的に反する。

　②研究教育の内容・方法・対象の自主決定権も、教員人事の自治権と同様の重要性をもつ。大学設置基準は、大学の教育課程についての大綱的な基準を定め、具体的な教育課程編成については各大学に委ねている。ただしこの問題についても、国立大学法人の場合は特異なシステムが導入され、研究・教育の自治権が大幅に縮減されるかたちとなっている。すなわち、前述のように国立大学法人については、文科相の決定する「中期目標」およびそれに基づいて大学により策定され文科相により認可される「中期計画」が設定され、「中期目標期間」とされる6年間の「業務」を行った後、国立大学法人評価委員会等による「業務の実績」についての評価を受け、その評価結果に基づいて当該国立大学法人に対する運営費交付金の交付やその組織の改廃等が決められるからである。前引の大崎仁は、「主務大臣による中期目標の指示─目標達成のための中期計画の認可─目標達成度の評価─評価に基づく措置というサイクルによる目標管理」の仕組みにつき、「大学評価は多くの国で様々な観点から行われているが、中央省庁が大学運営全般について目標を

示し、その達成度を評価するという形での大学評価は他国に例を見ない」と指摘する[15]。法人化がもたらしたのは、研究・教育の自治権をほぼ完全に失った「大学」でしかない。

⑤の財政自治権については、学説の多くがこれを大学の自治の構成要素とするものの、実際には「大学の財政自治権が皆無に近い」[16]。しかも近年の大学予算の配分においては基本的な研究教育費の比率が低下し、公的な研究費の中心が科学研究費補助金などに移行している。特に法人化後の国立大学については、従前のいわゆる積算校費に基づく大学予算の確定と配分に代えて、業績評価に基づく運営費交付金の配分という方式がとられることとなったが、このシステムのもとで、義務的に支出する部分と裁量的に支出する部分の区分と、前者の比重の低下が図られている。これらのことは、研究教育費の傾斜配分を通じて大学の自主性を奪い、その研究教育の内容を間接的にコントロールするという手法を示すものといえる。

[注]
1 世取山洋介「国立大学法人法（制）と『学問の自由』」『日本教育法学会年報』34号、100-101頁。
2 田端博邦「『国立大学法人法案』批判」『世界』713号、221頁。
3 同上、223頁。
4 大崎仁『国立大学法人の形成』東信堂、2011年、8頁。
5 田端・前掲注2) 226頁。
6 「国立大学法人法案に関する日本教育法学会会員有志声明」(2003年6月9日)。
7 佐藤幸治編著『憲法II 基本的人権』成文堂、1988年、261頁〔執筆・阪本昌成〕。
8 芦部信喜編『憲法II 人権（1）』有斐閣、1978年、378頁〔執筆・種谷春洋〕。
9 成嶋隆「第23条」小林孝輔・芹沢斉編『別冊法学セミナー・基本法コンメンタール憲法〔第5版〕』日本評論社、2006年、175-176頁。
10 世取山・前掲注1) 103-104頁。
11 高柳信一「学問の自由と大学の自治」東京大学社会科学研究所編『基本的人権4 各論I』東京大学出版会、1968年、397-398頁。
12 内田樹「大学の『市場』主義とは？」『朝日新聞』2003年1月16日付。
13 高柳信一・大浜啓吉「第23条」有倉遼吉・小林孝輔編『基本法コンメンタール憲法〔第3版〕』日本評論社、1986年、101頁。
14 蟻川恒正「国立大学法人論」『ジュリスト』1222号66頁。
15 大崎・前掲注4) 9頁。
16 高柳・大浜・前掲注12) 103頁。

第 13 章　新自由主義と
国立大学のガバナンス

植田健男・川口洋誉

　本章では、国立大学の管理運営（ガバナンス）について、国立大学法人法に基づく管理運営組織の構造とそれが抱える課題を旧国立大学のそれと比較検討したうえで、国立大学法人化前後に進められた教育研究組織の再編によってもたらされた国立大学の管理運営の変容についてとりあげる。

1. 国立大学法人の管理運営組織

(1) 国立大学法人の組織と業務

1) 国立大学法人の役員

　国立大学法人法によれば、役員としてその長である学長及び監事2人と、別表第一の第四欄に定める員数以内の理事を置くことになっている（第10条）。学長は、学校教育法第92条第3項に規定する職務を行うとともに、国立大学法人を代表し、その業務を総理し、中期目標についての意見や年度計画に関する事項、予算の作成及び執行並びに決算に関する事項などについて決定をしようとするときは、学長及び理事で構成する役員会の議を経なければならない（第11条）。理事は、学長の定めるところにより、学長を補佐して国立大学法人の業務を掌理し、学長に事故があるときはその職務を代理し、学長が欠員のときはその職務を行い、監事は、国立大学法人の業務を監査する。

　これらの役員の任命については、以下のように規定されている。学長は、国立大学法人の申出に基づいて、文部科学大臣によって任命されるが、その

申出は、同数の経営協議会において選出された者と教育研究評議会において選出された者とによって構成される学長選考会議の選考により行われる。学長選考会議には、その定めるところにより、学長又は理事を学長選考会議の委員に加えることができるが、その数は、学長選考会議の委員の総数の3分の1を超えてはならない。監事は、文部科学大臣によって任命され（第12条）、理事は学長によって任命される（第13条）。

2）国立大学法人の組織と機能

国立大学法人には、役員会のほかに経営協議会、教育研究評議会が置かれる。それぞれの組織と機能は以下の通りである。

国立大学法人には、国立大学法人の経営に関する重要事項を審議する機関として、経営協議会が置かれることになっており、学長、学長が指名する理事及び職員、そして、当該国立大学法人の役員又は職員以外の者で大学に関し広くかつ高い識見を有する者のうちから教育研究評議会の意見を聴いて学長が任命する者（この委員の数は、経営協議会の委員の総数の2分の1以上でなければならない）によって組織される（第20条）。なお、経営協議会の議長は学長をもって充てることとし、議長が経営協議会を主宰することになっている。

経営協議会は、①中期目標についての意見に関する事項のうち国立大学法人の経営に関するもの、②中期計画及び年度計画に関する事項のうち国立大学法人の経営に関するもの、③学則（国立大学法人の経営に関する部分に限る）、会計規程、役員に対する報酬及び退職手当の支給の基準、職員の給与及び退職手当の支給の基準その他の経営に係る重要な規則の制定又は改廃に関する事項、④予算の作成及び執行並びに決算に関する事項、⑤組織及び運営の状況について自ら行う点検及び評価に関する事項、⑥その他国立大学法人の経営に関する重要事項について審議する。

国立大学の教育研究に関する重要事項を審議する機関として、教育研究評議会が置かれることになっており、教育研究評議会は、学長、学長が指名する理事、学部、研究科、大学附置の研究所その他の教育研究上の重要な組織の長のうち、教育研究評議会が定める者、その他教育研究評議会が定めると

ころにより学長が指名する職員、などの評議員によって組織される。なお、教育研究評議会の議長は学長をもって充てることとし、議長が教育研究評議会を主宰することになっている。

教育研究評議会は、①中期目標についての意見に関する事項（国立大学法人の経営に関するものを除く）、②中期計画及び年度計画に関する事項（国立大学法人の経営に関するものを除く）、③学則（国立大学法人の経営に関する部分を除く）その他の教育研究に係る重要な規則の制定又は改廃に関する事項、④教員人事に関する事項、⑤教育課程の編成に関する方針に係る事項、⑥学生の円滑な修学等を支援するために必要な助言、指導その他の援助に関する事項、⑦学生の入学、卒業又は課程の修了その他学生の在籍に関する方針及び学位の授与に関する方針に係る事項、⑧教育及び研究の状況について自ら行う点検及び評価に関する事項、⑨その他国立大学の教育研究に関する重要事項、について審議する。

3) 国立大学法人の業務

国立大学法人の業務は、①国立大学の設置・運営、②学生に対する修学、進路選択及び心身の健康等に関する相談その他の援助、③当該国立大学法人以外の者から委託を受け、又はこれと共同して行う研究の実施その他の当該国立大学法人以外の者との連携による教育研究活動の実施、④公開講座の開設その他の学生以外の者に対する学習機会の提供、⑤当該国立大学における研究成果の普及や活用促進、⑥当該国立大学における技術に関する研究成果の活用を促進する事業であって政令で定めるものを実施する者への出資、⑦前各号の業務に附帯する業務の実施、と定められている。

(2) 法人化前の国立大学の管理運営の構造と特徴

1) 大学管理機関とその機能

法人化前の国立大学の管理運営は、憲法第23条に規定されるところの「学問の自由」と、そこから導かれるところの「大学の自治」に基礎を置くものとして、それに相応しい構造を予定されていた。兼子仁が「大学の自治」に

関して、「学生参加を含む教育自治の具体的な制度化は、各大学における創意工夫にもとづく慣習法にゆだねられるのがふさわしいであろう」[1]としているように、その具体的な制度化については各大学に委ねられており、多様な形態が考えられるものの、原理的には次のようなことが言えるであろう。

「大学の自治」の憲法的保障のもとにある管理・運営に関する中心的な機関として教授会があり、学校教育法はすべての大学に教授会を置かなければならないこと、そして、管理・運営に関する重要事項は必ず教授会の議を経なければならないことが規定されている。

寺崎昌男によれば、「大学の自治」の理念および概念は以下のように理解される。そもそも大学は、「学術研究およびそれに媒介された教育の遂行を目的とし、その研究・教育の発展によって人類・社会に寄与することを使命とする組織体であり、その目的・使命の遂行のためには、当然に研究・教育およびその制度上の管理・運営の『自由』が必要とされ、保障されなければならない。にもかかわらず、実際には、その研究・教育という営みに本来的に含まれている性質としての、対象に対する批判性や新たな価値の創造性と、他方、研究・教育の経済的基礎（資金）の政治産業社会への依存性とから、ともすればその『自由』が圧迫・侵害されがちである。『大学の自治』は、こうした歴史的事実と教訓とにかんがみ、その危険性を排して、研究・教育の『自由』とその正常な遂行を保障するために、『大学がその本体的機能（研究教育）を自主的自律的に決定遂行しうるようにしようとするもの』(本コンメンタール新版憲法〈第二三条〉105頁[高柳信一]）であり、実定法および慣行によって認められている管理運営上の自主権ないし自治的な独立性を指し、日本国憲法の下においては、第23条（『学問の自由』の保障）の理念と趣旨に基づき、直接、憲法的保障を受けると解されている（高柳・前掲、法学協会編・註解日本国憲法上巻四六二頁、東大ポポロ座事件に関する最判昭和38・5・22[大法廷]刑集17巻4号370頁など）」[2]。このように大学の管理運営の在り方は、社会から大学に与えられた目的・使命の遂行を全うすることと密接不離のものとして予定されており、そこにおいて教授会が占める位置は極めて重要である。

そして、その「大学の自治」の内容としては、「教員人事および研究・教

育の内容・方法・対象の自主的決定権、財政自主権をはじめ、右の研究・教育の正常な遂行を確保するに必要な諸事項の管理・運営上の自主権が含まれる。そして、それら自主権の多くは、大学が多年その目的遂行に対する幾多の政治的・経済的・宗教的な圧迫・侵害とたたかいながら、いわば自治的慣行として歴史的に形成してきたものであって、今日なお、それらはまだ少なからず『慣行』として存在しており、法律的・制度的保障を得ているものにとどまらない。わが国では、前述のごとく、戦後、日本国憲法の制定によって憲法的保障を受けることになったが、その中で、教授会の地位および権限の基本が学校教育法(59)によって、また、学長・部局長・教員の人事および服務に関する自主権が教育公務員特例法(4-12・25)によってそれぞれ保障されている」[3]。

ところで、もともとの国立大学管理法制においては、「学部」もしくはこれにかわる「教育研究上の基本となる組織」ごとに置かれる教授会の他に、学部など各部局の意思決定の趣旨を体し、教授会相互間の意思の調整・統合によって大学としての意思決定を行ない、また、大学運営の執行責任者としての学長の職務遂行の監督にあたることを任務とする評議会があった。教育公務員特例法では、「大学管理機関」として、教授会と評議会と、事柄により教授会や評議会の議に基づいて一定の人事選考権を認められている学長を規定していた。

2) 大学管理機関相互の関係

次に問題となるのは、前述の3つの大学管理機関の相互関係である。

先ず、教授会と評議会との関係については、一般的・原則的には教授会の意思決定が評議会のそれに優先するものと理解されている[4]。教授会が学部に置かれ、評議会が大学に置かれることから、後者が前者に優越するとの理解も見られるが、「大学の自治的管理は学術研究および教育の自由と自主性を確保するために認められているものであり、この研究と教育は『学部』を中心として行なわれるものであるから、『大学の自治』は古くから教授会の自治を中心として慣行化されてきた」ことによっている[5]。

教授会が第一次的な管理機関であり、評議会はこうした教授会を中心とする「大学の自治」の本旨に則って、学部など各部局の意思決定の趣旨を体して、教授会相互間の意思を調整・統合して大学としての意思決定を行なうのと同時に、教授会の管理権に含まれない管理事項についての意思決定を行う機関であると理解される。

教授会と学長・副学長・学部長などとの関係については、以下のように考えられる。「学部長は教授会の構成員として、また、学長・副学長・学部長等はともに評議会の構成員として、すでにそれぞれ大学管理機関に参画しており、その基本的機能はそれぞれ大学・学部のレベルでの意思の集約・調整と執行にあたることにある」。

したがって、学校教育法、教育公務員特例法、国立学校設置法その他関係法令に規定され、また慣習法的に認められているところの、一般的に大学管理機関の所掌とされている権限は、教育公務員特例法上に認められた一定の人事選考権は別として、教授会、評議会にのみあり、学長・副学長・学部長等は、基本的にはこれら大学管理機関の管理権は覊束されてこれを執行する機関（執行機関）であって、大学管理制度上は専権を有する管理機関ではないのである。

（植田健男）

2. 国立大学の教育研究組織

つづいて、法人化前後に進められた教育研究組織の再編によってもたらされる国立大学の管理運営の変容についてとりあげる。

国立大学法人法制度は、「大学の自主性・自律性」を確保しようとして、その設計上、学長等のリーダーシップ強化を図るしくみが組み込まれている。全学管理運営組織である役員会・経営協議会・教育研究協議会を主宰するのは学長であり、理事・副学長等による学長補佐体制が強化され、管理運営・教育研究の権限・責任がすべて学長に集中する。その一方で、国立大学法人法には教授会に関する規定は一切ない。学部等教授会と全学管理運営組織と

の関係は法令上不明確なままであり、学長等のリーダーシップ・裁量権の名の下に教授会自治が排除される事態はすでに実体化している。また、学長選考は既述の通り、学長選考会議によって学長候補者を選出され、従来、慣習的に行われてきた学内構成員による意向投票の手続きが徹底して否定されている。その矛盾はいくつかの学長任命処分取消裁判として顕在化している。そうした強大な学内権限をもつ学長でありながら、学内の教職員さらには学生などから学長解任（リコール）を求める法的手続きは一切用意されていない。このような管理運営体制のもとで進められる教育研究組織の再編はどのような手続きで行なわれ、管理運営にどのようなインパクトをもたらすものとなるのか。

　そもそも教育研究組織の基本構造は、戦後、大学設置やその組織編制、それらの手続きなどを定めた学校教育法や国立学校設置法、大学設置基準等によって法的根拠を得てきた。しかし、基本構造を規定する教育研究組織法制に対しては、しばしばその硬直性が批判され、社会的要請に沿った教育研究の実施を可能とする「柔軟な組織編制」を求める声が高まる。今日まで行なわれてきた教育研究組織法制の改定はこうした声に応えるものであった。国立大学法人法は教育研究組織法制の一部であり、こうした流れのなかで現在における完成型を示している。ここでは、教育研究組織の再編について、国立大学の管理運営（ガバナンス）の観点から、その意味と問題点について分析・検討したい。この分析・検討にあたっては、(1) 教育研究組織編制をめぐる国と国立大学との間の、または国立大学内部の権限関係や責任の所在などに関わる組織編制ガバナンスの問題と、(2) 教育研究組織の再編による学長等執行部と学部等教授会との関係に関わる大学管理運営（ガバナンス）の変化の問題という２つの側面からのアプローチを試みる。

(1) 国立大学教育研究組織法制の展開

　1990年代以降、とくに国立大学法人化の前後、教育研究組織について柔軟な編制（組織構造の多様化と組織編制手続きの簡素化）を可能とする法令改定が進められる。

1）教育研究組織の基本構造

　戦後、日本の大学の教育研究組織の基本構造は、教育と研究の一体性の原則にもとづき、学生と教員が所属する教育研究組織「学部」、大学院については「研究科」を置き、その内部には学科目制もしくは講座制を採るものであった。これは、学校教育法旧等53・66条（現第85・100条）が大学・大学院の基本組織を学部・研究科と定めてそれ以外の基本組織の設置を認めなかったことと、大学設置基準が内部教員組織として学科目制・講座制を定めてきたことによる。学科目制とは教育上必要な学科目を、また講座制とは教育研究上必要な専攻分野をそれぞれ定め、それらに必要な教員を置く制度であり、大学設置基準は学科目・講座に置く教員の数や種類を定めていた（旧第8・9条）。

　ところが、1973年、教育組織「学群」と研究組織「学系」を基礎組織として置く筑波大学が開設される。これは、学校教育法改定により、同法旧第53条に「教育研究上の目的を達成するため有益かつ適切である場合においては、学部以外の教育研究上の基本となる組織を置くことができる」とのただし書きが加えられたことによる。これで一律の基本構造は崩されるが、筑波大学以降2000年代に入るまで同様の組織編制を採用する国立大学は誕生しなかったため、同大学は組織構造上、教育研究組織法制において極めて異質な位置付けを有するものであった[6]。

2）国立大学法人化前夜の教育研究組織法制

　教養部の解体を招いた大学設置基準の大綱化（1991年）以降、組織構造と組織編制手続きの両面から柔軟な組織編制を実現する法令改正が進められた。組織構造については、学校教育法改定（1999年）によって、同法旧第66条に「教育研究上の目的を達成するため有益かつ適切である場合においては、（中略）、研究科以外の教育研究上の基本となる組織を置くことができる」とのただし書きが加えられた。さらに国立学校設置法改定によって、「教育部」・「研究部」を置く大学院の規定が新設され、大学院でも研究科ではない基本

組織の設置が可能となった。

　組織編制手続きについては、旧国立学校設置法の改定によって、国立大学が自らの判断によって臨機応変に教育研究組織を再編できる環境がつくられはじめる。廃止時点（2003年7月）で、同法は国立大学の名称・位置が表で列挙され（第3条第1項。ただし筑波大学は第7条の10）、それが国立大学の設置根拠とされていた。各国立大学に設置される学部や大学院研究科については、かつては同法で表中に列挙されて定められていたが、廃止時点までに、学部・大学院研究科については同法施行令で、また教養部については同法施行規則で定められ（同法第3条第2・3項）、各学部に置かれる学科・課程は同法施行規則によって定められていた（同法第7条）。さらにかつては、学部・学科に講座または学科目を、教養部に学科目を、省令で定める大学院研究科に講座をそれぞれ置くものとされ、「国立大学の学科及び課程並びに講座及び学科目に関する省令」のなかでそれぞれの講座・学科目が定められていた。しかし、2002年の同法改正によって、各学部・大学院研究科が置く学科目・講座を省令で定めることをやめ、同省令は「国立大学の学科及び課程に関する省令」に改められた。

　このように、法人化前の時点で、国立大学の設置については法律事項、設置する学部・学科、研究科等については政省令事項となり、学科目・講座については学内管理事項へと格下げされていた[7]。国立大学の学科目・講座は法令上の根拠を失い、学内規則のみによって定められるものとなったため、省令改定を待つことなく、学内規則の改定による改廃が可能となった。

3）国立大学法人化と教育研究組織法制

　国立大学法人法の制定（2003年7月）により、国立学校設置法やその関連法令は廃止される。国立大学法人法では、各国立大学法人の名称と所在地、設置する国立大学が定められるが（第4条、別表第一）、同法や関連法令には各国立大学が置く学部・研究科、学科・課程・専攻、学科目・講座、そのほか附属学校・附属病院・附置研究所、全学共通組織について一切の定めはなく、これらの新設・改廃はすべて学内管理事項となった。さらに2006年には、大学設置基準における学科目制・講座制に関する規定（旧第8・9条）が削除され、

第 7 条は組織規模や授与学位の種類・分野に応じて必要な教員を配置すること（第 1 項）や教育研究の責任の所在の明確化（第 2 項）など一般的・汎用的な規定へと改められた。これらは、中央教育審議会からの「教員組織の編制は、各大学が自ら教育・研究の実施上の責任を明らかにしつつ、より自由に設計できるようにすべき」（2005 年答申）との提言を受けたものであったが、これにより学科目制・講座制はその法的根拠を失うこととなった。

　国立大学法人法の下で各国立大学が教育研究組織の再編を行なう場合、役員会の議を経て、学長が「当該国立大学、学部、学科その他の重要な組織の設置又は廃止に関する事項」[8]としてそれを決定する（第 11 条第 2 項）。またそれに先立ち、教育研究組織再編は、「経営に関する重要事項」として経営協議会によって、そして「教育研究に関する事項」として教育研究協議会によって、それぞれ審議される（第 20・21 条）。上述の通り、3 つの管理運営組織は学長によって主宰される。さらに、文部科学大臣との関係では、当該組織再編が中期目標・中期計画に書き込まれることによって、文部科学大臣から承認を得るとともに、国立大学にはその実施義務を課される。国立大学法人制度では、「大学運営における自主性・自律性」を拡大させる制度設計がなされているが、中期目標・中期計画による大学管理や学長等のリーダーシップ（裁量権）強化の観点からすれば、その自主性・自律性の欺瞞性や大学自治との異質性は明らかである。教育研究組織の編制は「大学の自主性・自律性」の範疇に置かれることになり、中期目標・中期計画による国家管理の下、学長等執行部のリーダーシップや見識に大きく依存することとなった。

4）「柔軟な組織編制」とその問題

　学部・研究科の内部に学科目制・講座制を採るという基本構造を定めた教育研究組織法制は、そもそも教育研究の一体性を原則に、教育研究の必要から大学設置者に対して一定の教員数の配置を求める根拠となってきた。とくに国立大学については、旧国立学校設置法やその関連法令によって、国立大学の地域的な均等配置や偏り、漏れのない教育研究分野の確保などの観点から国に対してその条件整備義務を強いる根拠となっていた。しかしながら上

述の通り、1990年代以降の教育研究組織法制の展開を経て、筑波大学以外の国立大学で一律であった基本構造は瓦解した。組織構造と組織編制手続きの両側面から、柔軟な組織編制を可能とする教育研究組織法制の改定が進んだが、国立大学法人法では個々の国立大学の設置のみが法的根拠を得るだけで、学部・研究科など内部の教育研究組織については一切の法的規定を失った。

「柔軟な組織再編」を優先した教育研究組織に関わる法的根拠の喪失は、国に条件整備義務を放棄させ、中期目標・中期計画による管理や学長等のリーダーシップの下、教育研究組織の編制について国や各国立大学執行部の政策的・政治的思惑が入り込む余地を生み出した。法人化前後には、学部・研究科等の既存の基礎組織の再編に限らず、学長のリーダーシップや裁量権の拡大を名目にして、各部局の教員定員の吸い上げによる全学組織の設置や定員拡充が進められている。その一方で、教員定員の不補充や削減によって、各国立大学は従来の授業科目開講に支障を招いている。教育研究の目的や必要性にもとづくのではなく、学長のリーダーシップの下で、ときに国・経済社会の要請に適うかたちで、外部資金獲得の見込みのある分野への集中的な資源投下や人件費削減など政策的・経営的意図に沿った組織管理・教員人事管理を許す法的環境が整えられたのである。

(2) 国立大学の教育研究組織再編と管理運営の変容

国立大学法人法制定を経て、組織構造・手続きの両面から柔軟な組織再編を可能とする法的環境が整えられ、そのなかで国立大学の一部において、学部・研究科ではない基礎組織の設置が進められている。それらは学校教育法第85・100条ただし書きにもとづき、筑波大学のように教育組織と研究組織を分離して設置されるものである。学部・研究科は、学校教育法第93条に規定されるように、審議機関として教授会を必ず置いている。そのため、教育・研究組織の分離再編は、従来の教授会を中心とした学部自治体制の変容をもたらす場合があり、教育研究組織の再編としてだけでなく管理運営（ガバナンス）組織の再編としても捉えられるべき事象である。

1）国立大学における教育・研究組織の分離再編

　教育・研究組織の分離の目的は、教育・研究機能を組織的に分離することで、一方の機能に合わせた組織編制によってもう一方の機能が制限されることを避けることにあるが、多くの場合、それは研究機能の強化を図ることにある。例えば産学連携のプロジェクト型研究や学際的研究を展開するさい、臨機応変に教員集団をグルーピングすることが可能となり、その都度、それに合わせて教育組織や教育課程を編制し直す必要がなく、教育組織としては一定程度の安定性を確保できるというのである。教育・研究組織を分離する組織再編は、大学院レベルで、2000年、九州大学が研究科に替えて教育組織（教育部）「学府」と研究組織（研究部）「研究院」を設置したのを皮切りに、大学院重点化大学や医学・学際分野の大学院を中心に同様の再編が行なわれている[9]。また学士課程では、2003年、福島大学が、学部に替えて教育組織「学群」と研究組織「学系」を設置する組織再編を行い、筑波大学設置以来はじめて学校教育法第85条ただし書きによる基礎組織が誕生した。法人化後の2008年には金沢大学が同じく学部に替えて教育組織「学域」と研究組織「研究域」を設置する再編を行なっており、そのほか、従来の学部・研究科をそのまま残して、新潟大学では2004年に「教育研究院」を、岩手大学では2007年に「学系」を、それぞれ研究組織として新設し、教員の所属を変更させる再編を行なっている。

　教育・研究組織の分離再編がなされると、一般的に、学生は教育組織に所属し、教員は研究組織に所属する。教育組織における教育は、対応する複数もしくは一つの研究組織から教員が出向いて行なうことになる。教育・研究組織の双方に、学校教育法第93条に規定される教授会に相当する審議機関が置かれ、従来の学部・研究科の教授会が一体的に審議してきた教育研究に関わる事項がそれぞれの教授会に分担される。研究組織の教授会は、当該組織に所属する専任教員によって構成され、研究に関わる事項や教員選考を審議の対象とし、また教育組織の「教授会」は、当該組織の教育を担当する専任教員によって構成され、教育課程、教育経費、学生身分などの教育・学生

に関する事項を審議の対象とするのが通例である。

2）教育・研究組織の分離と教員人事権（教員選考の議決権）

　教授会自治の中核である教員人事権（教員選考の議決権）は、教育・研究組織が分離されると、研究組織の教授会に移ることが一般的である。

　例えば、九州大学[10]では、一つの学部・学府（教育組織）を担当する教員は複数の研究院（研究組織）に所属しており、学部・学府・研究院は複雑な対応関係をなしているが、教員人事権は研究院教授会にある。研究院教授会が進める教員選考について、学部・学府の教授会が教育担当の適否を審議することになっており、これによって両組織の合意形成の手続きが用意されている（同大学教授会通則）。それに加えて、対応関係にある組織間に、それらの調整・連絡を図る目的で、「学府・研究院・学部企画調整会議」がそれぞれ置かれている。同会議は各組織の長などで組織され、「教員の選考に関する基本方針」のほか組織の教育研究目標・将来計画、評価などを協議対象としている（同大学学府・研究院・学部企画調整会議規則）。近年では、定年退職に伴う教員採用計画の策定や実行についての協議の場となっていることが報告されており、同会議が対応組織間の合意形成のプロセスの一旦を担っていることがうかがえる[11]。

　また、教育・研究組織が複雑な対応関係になることが両組織間での情報共有を阻害しているとして、理工系組織を中心に、さらなる再編によって大学院組織を含め簡素な対応関係に整備しようという動きもある。例えば、金沢大学[12]の理工系学域・同研究域は、2008年の再編後、理工系学域の学類と大学院自然科学研究科の専攻、理工学研究域の系の名称をすべて共通にして、系所属の教員はそれぞれ同じ名称の学類・専攻の教育を担当するかたちに再度の再編を行なっている。そのほか、福島大学[13]では、学群・学類と学系が設置され、それぞれ学類教員会議、学系教員会議を置いているが（同大学運営組織に関する規則）、教員は学生とともに教育組織である学群・学類に所属し、従来の学部教授会のように教員選考は学類教員会議で行なわれる[14]。

3）学長等のリーダーシップの強化・教授会の弱体化と教育研究組織の再編

上記3国立大学のケースは、従来の学部・研究科規模を維持した教育・研究組織の再編であり、法人化によって学長等のトップマネジメントによる教員人事管理が強まるなかではあるが、再編後も比較的、基礎組織の教授会レベルで教員人事権が掌握されている事例であるといえる。それに対して、新潟大学[15]では、教育・研究組織の分離再編に合わせて、教員人事を一元的に管理するしくみが作られている。同大学では、組織再編後、全学組織（学長・理事直属組織、共通基盤組織）所属の教員を除きすべての教員が教育研究院に一元的に所属する。教育研究院はさらに人文社会・教育科学、自然科学、医歯学の3学系に分かれる。教員人事権は学部・研究科の教授会から学系教授会議に移る。しかしながら、各学系は2～4学部に所属していた教員（約280名）によって構成される大括りの研究組織となるため、学系教授会議は代議制を採らざるを得ない[16]。学部教授会レベルで直接に行使されてきた教員人事権は組織再編後、間接行使へと後退する[17]。

それに加えて、同大学では学系教授会議の教員人事権行使にあたり、強い影響力を有するのが学長をトップとする「全学教員定員調整委員会」である。同委員会は、学長のほか理事、副学長、正副学系長、病院長、そのほか共通基盤組織の長などによって組織され、学内の教員定員の配置、確保、管理を一元的に行なう機関である（新潟大学全学教員定員調整委員会規則）。各学系が教員選考を行なう場合、それに先立って学系教授会議は「教員配置の発議」を同委員会に対して行なう（新潟大学教育研究院規則）。同委員会は、発議を受けて、中期目標・中期計画にもとづいて策定された教員配置計画に則り、その人事自体の適否を判断して、その定員を全学組織に吸い上げるのか、または学系定員として維持するのかを決定する。後者の決定なしには、各学系は選考委員会を立ち上げられない。こうしたプロセスを経て、法人化後、2009年までに3学系などから約90人の教員定員が流動定員として全学組織に拠出されている[18]。

新潟大学では、基礎組織の教授会とは別に全学レベルの教員人事管理組織を新たに置くことによって、教授会の教員人事権に制限をかけ、教授会権限を弱体化・形骸化させるとともに、学長等によるトップマネジメントの強化

が図られた。さらに、大括りの研究組織の教授会は代議制を採らざるを得ず、この事態に拍車をかけている。国立大学法人化によって、大学管理運営組織は、学長、役員会、経営協議会、教育研究評議会、教授会という重層構造をなす。新潟大学の場合、全学教員定員調整委員会はトップマネジメントによって策定された教員配置計画を具体化する中間組織として位置付き、その構造はより重層化される。中間組織である同委員会の設置は、相対的に教授会の地位を低下させ、管理運営の重層構造のなかでトップマネジメントからのトップダウンの経路を確保する手立てとなった。新潟大学のケースは教育研究組織の再編が学長等のトップマネジメントの強化と教授会権限の弱体化を伴い、国立大学法人制度で設計された管理運営体制をより強化する方策の一つとして機能することとなった事例であると言えるだろう。

　最後に、国立大学の教育研究組織の再編は、学内構成員の十分な合意を得たか否かという問題は残るにしろ、それぞれの国立大学が自主的に行ったものである。その点、筑波大学開学の事情とは異なる。各国立大学の教育研究組織は、少子化の進行や基盤的研究費の削減と競争的外部資金への依存という大学間競争のなか、大学が自らの特色を組織的に明確にして生き残る術として、それぞれの大学が自ら選択した組織の在り方を示すものである。よって、一口に教育・研究組織の分離と言っても、学内規則にもとづき、分離された教育・研究組織の名称や規模、両組織の対応関係、学科目制・講座制の採用などその組織体制やその運用、そこでの合意形成の手続きは各国立大学によって多様であり、それらが抱える課題もまた多様である。例えば、金沢大学の人間社会研究域では、対応学域との間で教員選考やサバティカルの取得をめぐって十分な合意形成が得られていないことが指摘されている[19]。その解決策として、九州大学のように対応組織間の協議・調整の機会をフォーマルに設けるのか、金沢大学理工学域・研究域のように平板・簡素な対応関係に再々編するのか、または新潟大学のようにトップマネジメントの下で統一的な人事管理を行なうのか。教育研究組織法制上、国立大学の教育研究組織は常時固定されたものではなく、変化し続けるものであり、現在のかたちが最終形態ではない。国立大学法人法の下では、強化された学長等のリー

ダーシップの下、各国立大学においてさらにそれを強化する教育研究組織の再編が可能である。再々編による課題解決やそれによる管理運営へのインパクトについては、同様の組織再編他大学への拡大と合わせて、引き続き注視が必要である。

なお、本研究に関わり、2007年1月から2月には九州大学、福島大学、新潟大学で、また2013年5月には福島大学、新潟大学、金沢大学で関係者の方にヒアリングをする機会を得た。貴重な証言をいただいた関係者のみなさまにお礼を申し上げる。

(川口洋誉)

[注]
1 兼子仁『教育法[新版]』、有斐閣、1978年、286頁。
2 永井憲一編『基本法コンメンタール 教育関係法』(別冊法学セミナー)、日本評論社、1992年、163頁。
3 同上。
4 同上書、166頁。
5 同上。
6 「高等教育機関の目的・性格に応じて教育と研究の機能の調和をはかるため、両方の組織を区別して考え」るよう求めた中教審1971年答申に従って、筑波大学は、学校教育法旧第85条ただし書きによって、学生が所属する教育組織「学群・学類」と教員が所属する研究組織「学系」を置いた。さらに大学設置基準改定によって、学校教育法第旧85条ただし書きによる基礎組織には学科目制・講座制を採らないことが認められた。また、管理運営組織としても、「学長・副学長を中心とする中枢的な管理機関による計画・調整・評価の機能を重視する」(同答申)ように、学長・副学長を中心とした「評議会」、学外有識者によって構成される「参与会」が置かれた(旧国立学校設置法)。教授会については、学群に教員会議がそれに当たるものとして置かれたが(旧国立学校設置法施行規則)、教員人事については、副学長及び評議会の定めによって選出された教員によって構成される全学組織の「人事委員会」がその方針を審議し、個々の教員の採用・昇進の選考にあたることとなった(旧国立学校設置法)。
7 そのほか、国立学校設置法廃止時点で、附属図書館については同法に、附属学校、附置研究所については同法施行令に、附属病院については同法施行規則にそれぞれ定めがあった。
8 国立大学の改廃については国立大学法人法の改正を必要とする。しかし、それらが学長の決定に委ねられているのは、「大学の再編・統合の検討は、まずは各大学において、教育研究基盤の強化の観点から自主的な組織見直しの検討の中で行なわれ

るものであることを踏まえたものである」と理解されている（国立大学法人法制研究会編『国立大学法人法コンメンタール』、ジアース新社、2012年、123頁）。

9 そのほか例えば、2000年には東京大学大学院学際情報学府・情報学環（前者が教育部、後者が研究部。以下同じ。）、2001年に横浜国立大学大学院工学府・工学研究院、同環境情報学府・環境情報研究院、千葉大学大学院医学薬学府・医学研究院／薬学研究院、2002年に京都大学大学院地球環境学舎・地球環境学堂、東北大学大学院教育情報学教育部・研究部、2003年に熊本大学大学院医学教育部／薬学研究部・医学薬学研究部、山梨大学大学院医学薬学総合教育部・医学薬学総合教育部、東京医科歯科大学大学院疾病生命科学教育部・疾病生命科学研究部、2004年に東京農工大学大学院工学教育部／農学教育部・共生科学技術研究部、東京大学専門職大学院公共政策学教育部・公共政策学連携研究部がそれぞれ設置されている。北海道大学では、2004年より順次、大学院について同様の組織再編を行なっている。

10 九州大学では、2000年以降、大学合併・学内再々編を経て、2013年4月時点で、11学部・18学府・16研究院によって構成されている。組織再編に伴い、講座制は廃止されている。廃止後の教員組織については、学内規則（「九州大学学部及び学府の教員組織の編制等に関する規則」）にその根拠規定を移している。同規則では、大学設置基準等に倣って、学部・学府には「規模並びに授与する学位の種類及び分野に応じ、必要な教員を置」き、「教育研究に係る責任の所在が明確になるように教員組織を編制するものとする」と定め、「教育研究上の責任部局」として各学部学科・学府専攻に対応する研究院が明示される。これにもとづき、各研究院に所属する教員は、学部・学府の教員を「兼ねる」かたちでそれぞれの教育を担当する。

11 九州大学「平成15年度自己点検・評価報告書—学府・研究院制度について—」、2004年3月。九州大学「平成21事業年度に係る業務の実績及び中期目標期間に係る業務の実績に関する報告書」、2010年6月。

12 金沢大学では、2008年4月、従来の学部を、教育組織「学域」と研究組織「研究域」に再編する。教育組織については3学域の下に16学類が置かれ、さらにその下にコースが置かれる。研究組織については、3学域に対応する3研究院の下に14系が置かれる。再編後は、大学院自然科学研究科・医学系研究科のみに講座制が残されている（同大学大学院学則）。なお、この再編によって、人間社会学域に地域創造学類と国際学類が「新設」されている。2学類の新設にあたっては、学生・教員定員の純増が認められないなかで、学内の教員・学生定員の移動、準専任教員制度の創出によって実現に至っている。とくに、後者については、他学類や全学組織の専任教員を、学類の専任教員として兼務させるもので、学内非常勤とは異なり、兼務する学類会議への出席が認められている。このようなかたちであっても組織再編・2学類の新設を実現した背景について、同大教員からのヒアリングによれば、法人化後の生き残りをかけて同大学の改革姿勢を文部科学省に対して示そうとした大学執行部の意図があったのではないか、と指摘されていた。金沢大学の組織再編については、直江俊一・木綿隆弘「金沢大学の組織再編と研究費の推移」（『日本の科学者』第44巻第10号、2009年、523-527頁）、石川多加子「競争のための国立大学法人化」（永井憲一監修『憲法から大学の現場を問う』勁草書房、2011年、45-107頁）を参照。

13 福島大学では、法人化を前にした 2003 年 10 月、従来の学部を、研究組織「学群・学類」と研究組織「学系」に再編した。学校教育法第 85 条ただし書きによる教育・研究組織の分離設置は、筑波大学に次いで 2 例目である。
14 このような組織運用（「福島大学方式」）は、福島大学の組織再編の目的と大きく関わっている。同大学はこの組織再編によって、理工学群を新設している。同大学にとって理工系学部の設置は長年の悲願であったが、文部科学省に対して理工系学部の設置を申し出たところ、同省からは学群学類・学系のかたちであるならば新設を認めるとの示唆を得る（同大学関係者へのヒアリングより）。そのため、同大学では理工学群新設のために組織再編を選択し、地方国立大学として教育重視を打ち出し、学類を従来の学部と見なした組織運用を行い、講座制も維持している。なお、同省は一切の学生・教員定員の純増を認めなかったため、既存学部の規模縮小によって学際的要素の強い理工学群が新設されている。教育学部の理科・技術系の教員が理工学群に配置換えになったため、教育学部を引き継いだ人間発達文化学類は計画的な教員養成から撤退した。
15 新潟大学は、2004 年 4 月、従来の学部・研究科を残し、研究組織「教育研究院」を設置している。学部・研究科は教育組織として学生が所属し、学部・研究科に所属していた教員は教育研究院に一元的に所属するになった（そのほか学長・理事直属組織、共通基盤組織に所属する教員もいる）。教育研究院は、専門領域によって 3 学系にわかれ、その下に 15 の系列が置かれている（2013 年 4 月時点）。
16 学系教授会議は正副学系長、関係学部長・研究科長、系列選出の教授各 2 名、学系選出の教授・准教授 10 名以内で構成される（新潟大学教育研究院規則）。
17 学系教授会議には教員選考ごとに教員選考委員会が設置される。同委員会は当該教員の所属系列の系列長と教員 4 名、それ以外の系列の教員 4 名で構成され、学系教授会議に対して候補者の推薦を行なう（新潟大学教育研究院規則）。そのため、
18 新潟大学関係者へのヒアリングより。また、学内規則上、教員選考自体は各学系教授会議において進められるが、全学教員定員調整委員会のメンバーがインフォーマルなかたちで個別の教員選考の内容について介入が行なわれていることも指摘されている。
19 金沢大学関係者へのヒアリングより。

第14章　新自由主義と公立大学

光本　滋

1. 公立大学法制の特質

　本稿の課題は、公立大学改革の中に認めることのできる新自由主義的特徴、およびそれを生み出すメカニズムを明らかにすることである。2000年代に入ってから急速に進展した公立大学改革の中で、法人化、再編・統合、それらに伴う理事長ら管理者の権限の拡大、そして教員組織の権限の縮小が行われた。本書の各章に述べられているように、これらは同時期に進展した国立大学および私立大学の改革にも共通する動きである。設置形態の違いを超えて、共通の特徴をもつ改革が展開した背景には、構造改革の一環として大学と政府との関係を変え、同時に、大学の組織的なガバナンスのあり方を転換することをねらって実施された一連の法制の改正、および大学政策の転換がある。

　ところで、本来であれば、自治的な運営を行い、住民に対する直接的なサービスの提供を主な目的とする地方自治体の意思により設置された公立大学は、政府の大学政策の影響を受けにくい位置にあるはずだが、実態はこれと逆であった。教員全員に対する任期制・年俸制導入、理事会への教員人事権の一元化、人文社会科学系の学部の統合など、公立大学の改革には、国立大学において最近、政策サイドから圧力がかけられているような内容がいち早くとり入れられている。このような事態を招いた一因は、長・議会からの圧力をまともに受けることになりやすい公立大学制度の特質にあるものと思われる。

すなわち、公立大学は設置団体議会が定める条例を根拠として設置されてきた。ところが、設置条例の内容は、きわめて簡略なもの（例えば、京都府立大学設置条例）から、詳細にわたるもの（例えば、東京都立大学設置条例）まで多様であった[1]。国立大学設置法（廃）が個別大学の基本組織、附属組織および管理運営組織について定めていたのとは対照的に、公立大学の設置条例にはそうした規定が共通に存在しない、基本組織等を条例で定めていない場合、それらは学則に委ねられることになる。また、公立大学には設置者の組織や権能を律する法制も存在しない。この点で、国立大学の設置者が文部科学省設置法によりそれらを規定しているのと異なることはもちろん、私立大学の設置者に共通の要件が私立学校法で定められていることとも異なる。一方で、教員人事に関する手続きについては、教育公務員特例法により教授会の教員人事権を確保してきた点は国立大学と同様である。このように、大学制度の基本と教員人事制度において、国立大学と共通性をもちながら、設置者との関係を多様な形態で律しているのが公立大学法制の特徴であった。

しかし、上記の特徴は、大学と設置者とのかかわりを律する原則の認識の欠如を生みやすく、しばしば、設置者による組織運営に対する介入が起きるという公立大学の問題につながっていた。歴史を紐解くならば、都留文科大学、高崎経済大学、下関市立大学など、戦後しばらくして発足した小規模の公立大学には、設置団体の長による教員人事へのあからさまな介入が見られた。設置自体が任意であることもあり、公立大学はしばしば設置団体の長が権勢を誇るための道具のように扱われ、ときに改廃の憂き目に遭ってきた。また、専門行政組織をもたないことと関係して、事務職員が地方自治体の一般行政部署との間をローテーションで異動するため、大学事務の経験の蓄積にとぼしいことも、これまでの公立大学に共通する問題として指摘されてきた。さらに、公立大学には、同じような規模・分野の国立大学に比べて研究・教育条件が劣っている例が少なくないが、これも、設置団体の行政組織における財政的地位が低いことと無関係ではない。

このように、公立大学の制度的特徴は、地方自治により設置運営される大学という美名の下、現実には、行政水準の低さを招来し、ときにはそれが大

学の自治への介入につながることすらあった[2]。そうであるならば、「学問の自由」を擁護する方向へ向けて公立大学に関する行政水準を高めていくことが必要であり、そのための法制を整えていくことが制度改革の課題となるはずである。

2. 公立大学法人化の過程

(1) 地方独立行政法人制度の構想

　政府の公立大学の法人化に関する議論は、二つの文脈からすすめられた。国立大学の独立行政法人化に伴う大学改革論、および地方行政改革論である。

　大学改革論としての公立大学法人化論の端緒となったのは、自由民主党文教部会・文教制度調査会「提言 これからの国立大学の在り方について」(2000年5月9日) である。ここでは、国立大学法人の法人化とともに、「公立大学についても独立した法人格を付与することについて検討を行う必要がある」とした。公立大学の法人化の検討は、地方行政改革に先立ち、国立大学の法人化に伴う動きとして開始された。ただし、それが地方制度の改革につながるものであることから、文部科学省は直接の検討を避け、地方独立行政法人制度の大綱ができるのを待ってから、法人化の具体的な検討に加わるという動きをとった。

　自民党提言の発表直後の2000年6月、文科省は「遠山プラン」において競争と評価を通じた大学改革の対象を国公私立大学に拡げることを明言する (「国公私トップ30」)。遠山プランが示した「大学構造改革」の方針は、公立大学の法人化論の土俵を形成するものとなった。そして、調査検討会議の中間報告 (2001年9月) において、公立大学の法人化を「関連する課題」と位置づけた。2002年の3月の最終報告書 (「新しい『国立大学法人』像について」) はさらに、「国立大学と同様に公立大学・公立短期大学に法人格を付与することの必要性及び付与する場合の具体的な制度のあり方を検討する」と結論した。

　一方、地方行政改革論は、「行政改革大綱」(2000年12月1日、閣議決定) に

はじまる。ここで「国における独立行政法人化の実施状況等を踏まえて、独立行政法人制度についての地方への導入を検討する」とされたことを受けて、2001年、総務省は省内に検討組織（自治行政局「地方独立行政法人制度の導入に関する研究会」）をつくり、2002年8月、「地方独立行政法人制度の導入に関する研究会報告書」を得た。報告書は公立大学法人に関する特例規定については一切述べていない。総務省研究会は、法人と地方自治体との関係、導入する場合に問題となる点の検討に自己の任務を限定していた。

このように、文科省検討会議報告書、総務省研究会報告書とも公立大学の法人化に関する制度設計については白紙としていた。これは、設置者の大学行政、および設置者と大学の関係の組み替えとなる公立大学の法人化の内容は、あくまで地方自治体の判断で行うということを含意していたように思われる。後に述べるように、このことこそ公立大学法人の最大の特徴であり、問題点ともなっていく。

公立大学の法人制度の詳細についての関係者の協議は、2002年8～10月、公立大学の連合体である公立大学協会（以下、公大協）、設置する団体の協議会である公立大学設置団体協議会（以下、公設協）、総務省、文科省の合同により進められた。ここで、当事者である二団体の見解の相違が顕在化した。すなわち、公大協は、大学自治を保障するために公立大学の法人化は地方独立行政法人法とは別個の法律（例えば公立大学法人法（仮称）など）によって行い、そこでは「学問の自由」の保障を理念として掲げ、学長が法人理事長となるなど、調査検討会議が示した国立大学法人制度に類似した制度を公立大学法人化の際にも基本線とすべきことを主張した。これに対して、公設協は、国立大学法人法が認めていない学長と理事長の分離や、1法人による複数大学の設置など、法人・管理運営組織のあり方は基本的に設立団体の裁量に委ねるべきことを主張し譲らなかった。

このように両者の見解は食い違っており、最後までその溝は埋まらなかった[3]。とはいえ、公大協は、学長と理事長を原則一致されるべきと主張しながら、それらを分離することや、国立大学法人法の管理運営組織の構成等を条例事項とすることも認めていた。また、公大協・公設協とも、法人化の選

択を地方自治体毎の任意とすること、教員身分を非公務員とすることについては一致していた。

　協議の過程で示された公大協の姿勢には譲歩の姿勢が目立っていた。文科省調査検討会議が国立大学法人における教育公務員特例法の適用除外（＝非公務員化）を打ち出した後にもかかわらず、これに代わる教員の身分保障と教授会による人事手続きの確保について十分な主張がされたとはいえない。また、途中まで公大協の主張の目玉であった「大学行政に関する専門性と中立性を確保し、地域住民の視点から公立大学の運営全般を監視し、支援する媒介機能を果たす組織」として設置することが要望された「公立大学運営協議会（仮称）」(公立大学協会法人化問題特別委員会「公立大学法人像（第三次試案）」2002年5月15日）のアイデアも最終的には降ろされた。

　協議に望む際、公大協は団体内の意見集約を重ね、苦心の末に一致点を見出す努力を重ねていた。国立大学の独立行政法人化が政府に押し切られ、「競争的環境」が議論の土俵を狭めていること、これらを受けて、公大協内部にも、法人制度設計を国立大学法人にならって一律の形態とすることに異論があったことなどが、公大協が強い姿勢をとることを難しくした要因だといえるだろう。一方、公設協の主張は、東京など一部の団体の要望する改革を実施するためのものに過ぎなかったが、現行の設置形態のまま存続することも可能とする内容のため、個別の設置団体側からは異論が出にくい構図であった[4]。

　こうした結果、公立大学の教員人事制度については、教特法の適用除外が「共通に」選択され、かつ、追求すべき課題である大学行政の水準の向上については、具体的な成果のないまま、舞台は国会の法案審議へと移っていくことになった。

(2) 地方独立行政法人法の制定

　地方独立行政法人制度は、国の独立行政法人と同様、法人に対して地方自治体の長が中期目標を指示し、中期計画を作成・実施させ、中期目標期間の業務実績に関する評価を行った後、組織・業務の改廃を含めた検討の対象とするという独立行政法人制度の基本を受け継ぐものである。ここに、国立大

学法人と共通の「教育研究の特性」への配慮義務（69条）、学長の任命・解任に関する特例（71条1）、中期目標の期間・法人の意見への配慮（78条2、同4）を「特例規定」として盛り込むことによって、公立大学の法人化を可能にするというのが、地方独立行政法人法案の趣旨であった。また、「特例規定」には、学長を理事長とするかどうか（71条1）、学長選考機関の構成（71条3）、経営審議機関および教育研究審議機関の構成・権限（77条1～4）なども盛り込まれているが、いずれも、同時に国会に提出されていた国立大学法人法案に比べて大まかなものである。さらに、理事会の設置・構成、法人評価組織については、規定自体が存在しない[5]。

　このように、地方独立行政法人法が定める公立大学法人化の枠組みは、一見すると国立大学法人と類似したものであるが、任意規定や運用上の余地を大きく認めている。これらは先の公設協の主張を全面的に取り入れたものだといえるだろう。

　国会審議の過程では、大学が備えるべき制度共通性と地方自治体の裁量の兼ね合いについてどのように考えるのかが論点となった。この問題について、政府参考人であった文部科学省遠藤高等教育局長（当時）は次のように答弁している。「国立大学法人の制度設計等に倣いまして大学の教育研究の特性を踏まえた特例を設けておりまして、その基本的な制度設計の考え方は国立大学法人制度と同じ……他方、具体的な法人の組織運営等につきましては、地方分権の見地に立ちまして、それぞれの地方公共団体の選択と判断にゆだねられるべきでございますから、国立大学法人制度とは異なりまして、一律に法律で規定するのではなくて、各地方公共団体の裁量の余地を大きく認めた弾力的な制度となってございます」[6]。また、片山総務大臣は、「教育や学術研究については十分な配慮をしろ、そこは頼みますよということを法律に書いておりまして、残りは定款等で、できるだけ地方自身で決めてもらう」と述べた[7]。

　地方独立行政法人法案は、衆参とも各1回の委員会審議のみで採決、本会議に送付されている。国立大学法人法案が衆参の委員会で計十数回の審議に付されたことに比べても、地方独立行政法人法の国会審議は不十分なもので

あった。このことは、参議院総務委員会が地方独立行政法人法案の採決（2003年7月1日）にあたり、「地方公共団体による定款の作成、総務大臣及び文部科学大臣等の認可等に際し、憲法が保障する学問の自由と大学の自治を侵すことがないよう、大学の自主性・自律性を最大限発揮しうるための必要な措置を講ずること」を求める附帯決議を全会一致で採択したことにもあらわれている。

このように、地方独立行政法人法は、先に述べた公立大学の改革課題に応えるものとはならなかった。そして、地方自治体の政策判断による公立大学の法人化を可能にし、制度設計の余地を大きく広げるものとなった。政府のめざす大学構造改革の土俵の上に、設置自治体の裁量の拡大をはかることにより大学を立たせる枠組みが整えられたといえる。

なお、国会審議では、自民党の上川陽子委員から、「将来的に国立大学法人と公立大学法人の統合合併ということにつきましても地方の中では可能性があり得るというふうに思いますが、その場合に、制度の違いというのがその統合合併に際しての障害になるようなことがあるのかないのか」という質問があった。これに対して、遠藤政府参考人（文部科学省高等教育局長）は、「公立大学、国立大学、基本的な性格は同じだと思いますが、これの合併ということになりますと、かなりいろいろな面で解決すべき問題が多い」と答えている[8]。

なお、地方独立行政法人は、地方議会との関係について広範な規定をもつ。すなわち、地方議会の議決が必要となるものとして、①定款（第2条）、②中期目標（第25条）、③条例で定める重要な財産の処分（第44条）、④料金（授業料等）の上限（第23条）を定めている。このことは、国の場合、国会への報告義務があるのは特定独立行政法人（公務員型）の常勤職員数だけであることと対照的である。

(3) 定款の制定過程

地方自治体の裁量により国立大学法人の例にとらわれないかたちで公立大学の制度設計を行っていこうという発想は、直接には公立大学の設置団体側

からもたらされたものであった。こうした発想を持つ団体は、比較的早期に法人化に踏み切ったと考えられる。これらの団体における制度論議では、大学の自治の擁護と大学行政水準の向上という課題はどのように意識されてきたのだろうか。

　地方独立行政法人法が公立大学法人を一律に非公務員型としたことにより、教特法に代わるような人事制度上の規定を定款に含めるかどうかは論点の一つとなるはずだった。公大協が地方独立行政法人法制定後に作成した定款案はこの点を明確にしている[9]。しかしながら、各団体における定款策定過程では、この論点は表面化していない。

　一方、公立大学行政の専門化については、これを意識して、定款作成にとりかかった団体が存在する。横浜市では、当初から「立法趣旨からいって、地方の場合は、学長、理事長分離」は当然という考え方をとっていた。これは、地方自治体には高等教育行政に精通した職員がいないためであり、横浜市は、理事長に大学行政の専門家をすえるとともに、法人組織を支える専門職員を配置することにより経営力を補っていくことが理想と考えた。当時の横浜市立大学長もこうした考え方を支持していたことから、さしたる議論もないまま、定款案の作成と法人化の準備作業がすすめられたようである。その際、一体型と分離型の選択は、法人化される大学の経営課題が学長により担い切れるかという観点、具体的には病院経営問題を念頭に置いて判断された。

　学長と法人の長を分離することは、教学組織の代表者とは別に経営組織の代表者を置くことであるから、一般に、地方自治体の大学行政水準の不足を補う意図があると考えられる。しかしながら、分離型をとった法人が必ずしもこの問題を意識していたとは言い切れない[10]。大学の代表者のイニシアチブをとり、一致型を選択したケースもある。大阪府は大学と協議した結果、「府大学のあり方検討会最終報告」(2002年2月)では理事会・学長の一体・分離については両論併記。当時の大阪府立大学長の強力な主張により一体型となった。

　そして、問題は次の点にある。横浜市で意識されていたような大学行政水

準の向上の課題と、教員の身分保障や人事権をはじめとする「学問の自由」擁護のしくみとはトレードオフの関係にあるわけではないにもかかわらず、実態としては法人化による大学行政改革は、教員人事における教授会自治の剥奪、一律の任期制導入などに帰結してしまっている。

　ここには、定款策定過程の問題が集中的にあらわれている。すなわち、設立団体は必ずしも公立大学の状況を十分に把握し、その課題を分析した上で定款を作成しているわけではない。多くの場合、定款は先行する法人のものを下敷きにしてつくられ、一部、議会を説得する材料として「独自性」を出すための要素が盛られるというかたちで形成されている[11]。こうした過程で、"旧弊をあらためる"ということがいわば錦の御旗のようになり、大学の自治の侵害が無自覚に行われ、大学構造改革が推奨する教員管理の体制が無批判に制度化されている。このような定款の策定過程もまた、地方自治体の大学行政の水準を反映していると見なければならない。

(4) 公立大学の法人化

　公立大学法人は、国立大学法人と時を同じくして発足した。ただし、法人化はあくまで設立団体の任意であるため、2004年度の公立大学法人はわずかに一つであった。その後、2005年度に6、2006年度に15、2007年度には11と、公立大学法人はその数を増やし、2013年4月現在、63法人までになった。

　公立大学の法人化の動向からは、いくつかの傾向を読み取ることができる。設置者に着目すると、都道府県・政令市が設置する大学において法人化が早くからすすめられた。反面、一般市や一部事務組合・広域連合が設置する大学では法人化の率は低い。大規模大学・中規模大学には早期に法人化したものが多く、複数学部をもつ公立大学の大半が法人化している。対照的に、単科大学のうち法人化したものは半数にとどまる。病院をもつ大学、医学部をもつ大学はすべてが早期に法人化した。

　このように、公立大学の法人化は、病院等をもつ大規模大学、それを設置する財政力のある地方自治体に先行して見られる動きとなっている。反対に、

小規模大学が単独で法人化されるケースは少ない。3大学1短大を統合した首都大学東京（制度上は旧大学の廃止、新設とされた）、将来的な統合を見込んで二つの単科大学を設置する法人を設立した長崎県公立大学法人などのケースに見られるように、多くの場合、単科大学の法人化は、複数の大学を1大学または1法人にまとめるかたちですすめられている。

　こうした結果、理事長と学長を分離するもの11法人（33%）、理事会なし5法人（15%）、23大学・短期大学中17大学・短期大学で教育研究審議機関に学外者を入れる（2006年度まで）など、法人の組織形態のバリエーションが次から次へとつくられている。そうした中で、注目すべきこととして、任期制・年俸制など、雇用形態・賃金等労働条件の変化がすすんでいるという点で、公立大学法人は突出している。任期制については、2006年度までに設立された22法人のうち、16法人が教員任期制を導入している（全員任期制9法人（秋田県2・東京都・横浜市・長崎県・札幌市・福岡県3）。大学専門職・固有職員の事務職の任期制2法人（秋田県・横浜市））、年俸制は10法人が導入している。全教員に年俸制を導入しているのは4法人（秋田県2・東京都・横浜市）、また、国際教養大学は全固有職員に、横浜市立大学は大学専門職に年俸制を導入している。

3. 公立大学法人化の影響

　これまで、公立大学は、18歳人口の減少に伴う学生募集の困難や政府・財界主導の大学改革の影響を受けにくい位置、いわば改革の無風地帯にあるという認識が一般的であった。そのため、2004年にはじまった法人化は、一般に、国立大学の法人化に伴う動きだと見られていた。また、全国的に注目されることとなった東京都や横浜市の公立大学組織の再編・統合、全教員に対する任期制導入も、あくまで特異な設置者の横暴による例外的な改革のケースだと受け止められてきた。

　ところが、すでに見たように、公立大学の法人化の動向は、国立大学の後追いというだけでは説明がつかないほど、これまでの大学の組織運営のあり

方を逸脱したものとなっている。

　公立大学が政府・経済界の主導する大学改革を率先して取り入れるのは、設立団体の裁量の余地が大きい法人制度設計であり、かつ法人化自体が選択的であることに起因する。すなわち、直営型から離脱する根拠として管理運営や人事制度の前例にとらわれない改革は当然という意識の醸成につながったと見ることができる。

　しかし、上記のことは公立大学法人の制度設計の結果にすぎない。繰り返しになるが、地方独立行政法人法の制定以前から、地方自治体には、大学の設置者であるにもかかわらず、公立大学を所管する専門的行政組織が不在という問題があり、法人化を契機に、特に大都市部自治体には、大学（および病院）を経営体として自立させようとする志向が存在した。

　加えて、公立大学法人を大学法人化のモデルケースとして位置づけ、改革を後押しする動きが、設置団体だけでなく政府内にもあったのではないかと疑われる。2004〜2005年に連続して設立されたこれら4法人（公立大学法人国際教養大学、公立大学法人首都大学東京、公立大学法人横浜市立大学、長崎県公立大学法人）だけで、再編・統合→法人化、1法人複数大学→大学統合、理事長・学長の分離、理事会なし、任期制・年俸制の全面的導入、さらには外国人学長まで、公立大学の改革メニューがほぼすべて出揃っている。これらは、法人化によって可能となった大学の新自由主義改革を推進するモデルともなりうる。

　2007年、政府諸会議が連続してくりだした大学改革提言は、公立大学法人のモデルとしての可能性を一歩押しすすめるものとなった。すなわち、長期戦略指針「イノベーション25」（2007年6月1日閣議決定）は、「イノベーションの担い手となる国際的に通用する質の高い人材を育成する」ことが必要だとして、「大学の研究と教育の両面の国際競争力の強化を通じた世界的な拠点を形成するための取組」をすすめことを国是とした。同日公表された教育再生会議第2次報告には、「国立大学の学部の再編」「国立大学の大胆な再編統合」「18歳人口の減少を踏まえた国立大学の学部入学定員の縮減」「一つの国立大学法人が複数大学を設置管理できる仕組み」「教育・研究両面におけ

る能力・業績の評価と給与への反映、一律年功序列型給与システムの打破」「業績に連動した柔軟な給与体系の導入」「大学全体の経営に関することについては、教授会に任せず、学長のリーダーシップにより意思決定を行う」「学長選挙を取りやめるなど、学長選考会議による学長の実質的な決定を行う」「大学事務局の改革を進め、事務職員の一層の資質向上と合理化等、経営の効率化を行う」などの文言が並ぶ。すでに見たように、これらのほとんどは公立大学法人によって実現している。国立大学の後追いとしてはじめられた公立大学の法人化が、いつの間にか国立大学を追い越し、今度は国立大学法人が公立大学法人の後追いをする様になってしまっている。

　また、国立大学法人運営費交付金を極端に傾斜配分し、国立大学の再編をうながそうとする改革提言は、公立大学も含めた地域的な大学再編につながるものとされる。地域単位の大学再編が道州制への移行を睨んだ動きであることを考えるならば、国による一元的な法人の制度設計、コントロールという国立大学法人の基本スキームは見直しを余儀なくされることになる。そのような状況になったとき、想定される大学法人の形態は現在すでに存在している公立大学法人に接近せざるをえない。いいかえれば、公立大学法人は、そのまま大再編後の国公立大学を束ねて経営することができる受け皿として機能することができる。

　当初から、公立大学法人がこのような役割を果たすことが見通されていたのかどうかはわからない。とはいえ、制定過程において追求されたのが、大学ではなく設置者、それも、一般行政部門の政策判断を最大限優先するような制度設計であったことにより、公立大学法人は必然的に、国立大学法人の地方版にとどまらない役割―大学法制の構造改革をリードする役割―を担うことになる。

4. 公立大学評価法制の運用

(1) 大学評価への期待

対象組織を行政評価の枠に組み込み、設立団体の権限により組織・業務の

あり方を定期的に見直していくという法人評価制度は、大学を設立団体の意思に従わせる強力な作用を果たす、いわば新自由主義改革の要ともいうべきしくみである。このしくみが大学における学問の自由を侵害することを防ぐために、関係者が期待をかけたのは、法人評価に際して学校教育法に規定する「認証評価機関の教育及び研究の状況についての評価を踏まえる」ように定めた地方独立行政法人法79条の規定であった。一見すると、これは独立行政法人大学評価・学位授与機構に教育研究評価を実施させ、その結果を尊重して中期目標機関の業務実績評価を行うよう定めた国立大学法人評価のしくみと類似している。しかし、認証評価機関による評価は本来、法人評価とは別個に行われるものであるため、公立大学法人評価における教育研究評価は、国立大学に対する大学評価・学位授与機構の教育研究評価とは異なる位置づけにあるといえる。

　このように、法人評価とは別立てで行われる教育研究評価に、公立大学関係者は行政評価の論理を牽制する糸口を見出そうとした。この期待の淵源は、地方独立行政法人法の制定過程にまでさかのぼる。すなわち、これまで公立大学は設置地方自治体の長の部局に位置づけられているため、大学行政ないしは教育行政としての独立・専門性がなく、そうした面から大学経営を基礎づけていくことができなかった。このような欠陥を補うために、公立大学協会からは、米国の州立大学の管理機関などの事例を検討した上で、法人化に際しては、「中立的・専門的立場から公立大学法人の運営を監理することを任務とする、学外有識者により構成される「公立大学運営協議会」(アドヴァイザリー・アンド・レフェリーボード) を置くこと」が望ましく、「これにより公立大学法人の運営上の自主性を確保し、他方で公立大学法人の地域への説明責任と地域からの意見反映とを保障する」ことが主張された[12]。同時に、この「公立大学運営協議会」は設置者が行う総合評価 (総合評価) の機関として活用することも可能であるとされていた。あくまで任意ではあったが、設置者・地域住民を含む関係者の「対話・了解型評価」(重本直利) を担う機関の設置が志向されていたのである。

　ところで、国立大学の評価制度は、評価主体は単一の評価委員会のみであ

り、教育研究の状況に関する評価は大学評価・学位授与機構の評価結果を尊重することが法定されている。また、国立大学法人評価全体が政府・文部科学省の大学政策に包摂されるという特徴を持つ。これに対して、評価に関する地方独立行政法人法の規定が大綱的であること、および設置行政主体が個別的であることから、公立大学法人の評価制度は実に多様である。それゆえ、公立大学の設立理念や学部等の特徴、地域とのかかわりなどに応じて、柔軟に大学評価を構築し、それぞれの大学にふさわしい評価を行いうる可能性を持つものとなっている。

　しかしながら、評価制度全体が地方独立行政法人制度の一部とされているため、評価が設置者の行政評価として行われることは避けられない。2011年3月現在、43の公立大学（法人）専門の評価委員会（部会・分科会）が設置されている。地方独立行政法人法は、地方自治体に対して、公立大学法人の評価委員会を地方独立行政法人評価委員会と組織的に分離することを定めていない。また、国立大学法人の評価体制における独立行政法人大学評価・学位授与機構に相当する、専一の評価組織を設けていない。このように、公立大学法人の評価体制は、大学評価の専門性を確保するという点では弱点となりうる要素をもつ。とはいえ、国立大学法人の評価体制にも大学評価として適切な運用が保証されているわけではない。評価委員会の専門性を高めることは、大学評価を適切に行っていくための必要条件ではあるが、十分条件ではない[13]。

　公立大学法人の目標・評価を一般の地方独立行政法人と同一のものとしないための鍵は、評価の対象となる公立大学法人にさまざまな形態を認めていることも含めて、第69条の規定を評価制度の運用全体に貫くことである。

(2) 中期目標期間評価と認証評価

　2012年3月、法人化後最初の中期目標期間の最終年度を迎える公立大学は14校にのぼる。7校はすでに第2期中期目標期間に突入している。公立大学においても、目標・実施・評価・措置のサイクルがつくられたことの意味を実態に即して考察することのできる段階に入りつつある。

法人評価は地方独立行政法人法の規定に則って行われるものであり、行政評価の一環である。ここに、認証評価の結果を活用するように定められていることは、「教育研究の特性に配慮しなければならない」という公立大学法人特例規定の趣旨を評価にも徹底するための措置として、積極面を持つ可能性を持つとともに、問題もある。先にも述べたように、制度趣旨が異なるということが一つである。そのほか、評価のタイミングの問題も見逃すことができない。法人評価（中期目標期間の業務実績評価）は基本的に6年間の中期目標期間の終了後に行われるべきものであるが、大学が認証評価を受けてから時間が経ってしまったため、あるいは他の理由から二回目の認証評価を受審している大学はすでにかなりの数に上る。認証評価と法人評価のサイクルが異なるために、ズレは必然的に起きることになるほか、法人化の時期との関係で、適当な時期に法人評価と合わせて認証評価を受けることができなかったケースも存在する。比較的早期に法人化した中では、長崎県立大学と秋田県立大学がこの例である。

ところで、認証評価の結果が出てからでなければ法人評価の結果を確定することはできない。また、法律上、法人評価の実施時期は「中期目標期間の終了時」とされているが、これは中期目標期間内でなければならないということではない。にもかかわらず、実際には、法人評価が終わる前に中期目標期間終了後の「検討」や次期の中期目標の策定が行われているために、認証評価の結果がそれらに反映されていない事例が散見される。先行する公立大学法人のうち、2011年度までに第2期中期目標期間に入った7法人のうち、6法人までが法人評価の結果が確定する前に次期の中期目標を制定してしまっている。しかも、これらの法人の中期目標が議決されたのは、法人評価の結果が確定するほぼ1年前である。多くの公立大学法人では、法人評価の結果は中期目標の策定に反映されていないと見てよいだろう。「踏まえることとする」の意味は、こうした運用の実態からも検討される必要がある。

国際教養大学では、毎年評価委員会が行う年度評価の結果の中で、「県内出身入学者の確保」(2005〜2008年度)、「社会人等学生の確保」(2005年度)、「一層の効果的・効率的な運営」(2005年度) を求める所見がつけられたものの、

全体評価の結果は、「全体として順調に実施されており、特に改善を勧告すべき点はない」とされ、中期目標期間終了時の評価結果（「公立大学法人国際教養大学の中期目標に係る業務の実績に関する評価結果」2010年11月）においても、「中期目標期間に係る業務の実施状況」は、「全体として中期目標に係る業務を順調に実施している」、「財務状況」は、「全体として計画を順調に実施している」、「法人のマネジメント」は「全体として計画を順調に実施している」とされ、「組織、業務の運営等に関し、特に改善を勧告すべき点はない」と結論された。

　このように、国際教養大学では、国立大学法人において問題となったような、中期目標記載事項以外の事項の強要、評価結果にもとづく財政の傾斜配分や第2期の中期目標に対する県当局からの統制などの問題は表面化していない。ただし、このことは国際教養大学の評価が適切に行われていることを意味するわけではない。国際教養大学には、教員が中心となって構成する法人内の評価組織が存在しない。新設時はもとより、第2期の中期目標・計画も教員の関与なしに作成されている可能性がある。評価委員会も評価に関する議事を公表していないなど、この大学の評価は、他の公立大学がモデルとすべき状態にあるとは言い難い。

(3) 法人評価と大学自治
　評価委員会の中には、複数大学（法人）の評価を行うものがある（秋田県・東京都・福島県・静岡県・愛知県・京都府・山形県・大分県）。ただし、静岡県・愛知県では公立大学法人は一つ、すなわち、「1法人複数大学」となっている。複数の大学を評価する場合、評価結果を、大学間の財政・人員等の「資源」配分にまで及ぼすかどうかが問題となる。それは、「1法人複数大学」の場合、法人内部の問題となるが、それ以外の場合には、法人と設立団体である地方自治体の間の問題となる。とはいえ、大学をまたがない場合であっても、評価結果が、学部・研究科など教育研究組織の改廃や「資源」の移動に影響することはありうる。教授会と法人組織の関係、学長選考に大学構成員がどのようなかたちで関与できるかなど、大学自治のあり方が問題となることは、

国立大学や私立学校と共通だといってよい。

　法人化後、最もドラスティックな改革にさらされているのは大阪府立大学だろう。2009年2月、橋下知事（当時）は、記者会見で、①公立大学は大阪市に任せる、②府立大は工学部が強く、いくらでも買い手がある、③100億円の府費を投じることに疑問を持っている、と表明した。4月には、府立大だけでなく、大阪府の組織としての「決定」を担う機関として大阪府戦略本部会議を設置、「限られた財源や人員等の経営資源の重点化を図り、将来の大阪を見据えて府政を戦略的に推進する」とした。戦略本部会議は知事を本部長とし、副知事、政策企画部長、総務部長がメンバーとなっている。また、審議案件を担当する部局の長などが会議に出席する。

　9月の戦略本部会議で、「府立大学のあり方」が討議された。ここでは、大阪府立大学の状況を示すものとして、さまざまなデータが用いられた。その中には大学評価の指標として有用なものも含まれていた。しかし、にもかかわらず、戦略会議はこれらを考慮することなく、「府民はプラグマティックな成果を求めているが、大学がそれに応えていない」として、大学の組織を「選択・集中」する、特に、理学部・人間社会学部・経済学部といった、基礎科学や人文社会系の学部は不要、との結論を下した。

　こうしたスタンスやデータの利用の仕方という問題にとどまらず、大阪府戦略会議の議論は公立大学法人の評価の手続きという点で大きな問題をはらんでいる。評価委員会が行った公立大学法人大阪府立大学の第1期中期目標期間の業務実績評価の結果、それに連なる年度評価の結果は、ほとんどが「A」であり、大変高いものであった。この「評価の高さ」にも問題がないとはいえない。とはいえ、この評価結果を一切利用せずに、戦略本部が改革の方向を指示し、それにしたがって第2期中期目標がつくられることになったのである。これでは、法人評価自体が意味をなさないことになる。同様に、法人評価とのかかわりで認証評価を受けることも、「踏まえる」の意味以前に、無駄な作業となってしまう。

　なお、大阪府と大阪市の公立大学のいわゆる「二重投資論」は、橋下知事の発言により注目されてきたが、2002年の「府大学のあり方検討会議最終

報告」にすでに見られる。道州制導入の議論が本格化する以前、2002年時点の「二重投資論」が道州制と関連づけられていたのかどうかまでは定かでない。だが、地方財政危機の度に移管論が台頭してきた歴史が示す通り、公立大学に対するこの手の批判はつねに存在してきた。また、今後いつでも出現する可能性がある。そのため行政評価としての法人評価であっても、適正に運用された場合には、首長の強権的介入に対する抑止力になりうるとして、公立大学関係者が期待せざるをえなかったのもうなづける。

5. 公立大学法人化の新自由主義的特徴

　今日までのところ、公立大学の法人化は、設置者の大学行政組織の欠損を補い、大学に対する公財政支出、事務経験の蓄積と能力向上を可能とするような組織・人事制度、および大学の研究・教育の自由を発展させるような制度上の保障を含めた行政水準の向上を実現しようという関係者の期待に応えるものとはなっていない。それは、公立大学の法人化が国の「大学構造改革」の方針、および地方自治体の行政改革の一環として行われたことに由来する制約であることは、これまでの検討において明らかだろう。この制約を取り除こうとするのであれば、公立大学法人に対する地方自治体の統制を可能とする法の改正を追求することは不可欠の課題となろう。

　ところで、これもすでに述べてきたように、公立大学法人制度は、多様な法人組織形態、および評価制度の存在を許容しうるものとなっている。このことは、公立大学に起きている問題が、法人制度に由来するものなのか、それを超えた首長や行政の介入によって生じるものなのかを見えにくくする作用を果たす。その一方で、同じ法律をベースとしながらも多様な制度が同時に存在することは、運用だけでなく制度の良否を判断する材料となりうる。別言すれば、公立大学は、互いの経験から学び合う余地の大きい制度を手にしたともいえる[14]。

　にもかかわらず、全国の公立大学の改革動向が特定の方向に舵を切っているのは、政府が配分する競争的資金や大学ランキングなど一元的な指標の影

響が大きいように思われる。地方自治体の裁量権の拡大を図ることにより、全国的な政策動向に対する感受性を高めたことが、新自由主義改革としての公立大学法人化の特徴だといってよいだろう。

[注]
1 設置条例の規定ぶりと大学自治の関係について笹山忠則は、次のように結論した。「条例・規定における教授会等の権限規定が詳細であるかどうかが直ちに問題となるのではない。地域社会の住民の生活に資すべく大学を活性化させるために、設置者が大学の自律性をどのように評価しているか、が逆に問われることになる。」「公立大学の設置と管理運営の特色――地方政府の大学行政と大学経営」村田鈴子編著『公立大学に関する研究：地域社会志向とユニバーサリズム』多賀出版、1994年2月、143頁。
2 高橋寛人『20世紀日本の公立大学 地域はなぜ公立大学を必要とするか』日本図書センター、2009年8月。
3 当時、公大協副会長として公設協との協議に臨んだ加藤祐三は、一致点を見出すべく努力を続けたものの、両者の隔たりは大きかったと回想している。公立大学協会『地域とともにつくる公立大学―公立大学協会60周年記念誌』2010年5月、46頁。
4 公設協は、公立大学の設置団体が持ち回りで幹事を務める任意団体である。2002年度、設置団体側の要望をまとめるために、アンケートを実施したが、具体的要望は少数であった。総務省・文部科学省に提出された資料（「公立大学の法人化に関する設置団体の意見」2002年4月、公設協事務局調べ）によれば、公立大学の法人化を検討しているほとんどの団体が「国立大学法人の制度設計について、全体又は大半を活用したいとの意向をしめした」のである。
5 なお、法人評価は、認証評価機関の研究・教育評価をふまえるとされている（79条）。これは国立大学法人評価委員会が大学評価・学位授与機構の研究・教育評価をふまえることと類似した規定だが、法人法は認証評価機関であるという理由から機構を位置づけているわけではないので、その含意は異なる。
6 衆議院総務委員会、2003年6月3日会議。
7 同上。
8 『読売新聞』2003年12月19日朝刊、『北海道新聞』同日朝刊によれば、小泉首相は、北海道の道州制モデル特区構想の一環として、国直轄の公共事業等を担当している北海道開発局を国土交通省所管の独立行政法人とすると同時に、北海道が事業主体の公共事業を担当している北海道庁の土木現業所を地方独立行政法人化し、将来的にはこれら独立行政法人を統合して、地方独立行政法人とする構想を持っていたという。結局、政府内と道の強い反発により、この構想は経済財政諮問会議に提起されることなく終わった。「PHP政策研究レポート」（Vol.7 No.82）2004年5月が述べるように、地方独立行政法人が政府組織の受け皿としての機能を期待されていることを示唆するものだろう。
9 公立大学協会 法制・目標・評価専門委員会「公立大学法人に係る法制度の解説およ

び定款モデル」2004年3月。
10 北九州市の「あり方検討委員会」は、理事長・学長の一体・分離の両論を併記。市に判断を委ねた。準備委員会では、将来一体型にするという発言が議事録に残ったが、将来のことまで定款で定めることはできず、分離型に落ち着いた。
11 2004年度発足した唯一の公立大学法人は、文科省検討会議などにおいて教特法を敵視する発言を続けた中嶋嶺雄を学長とする公立大学法人国際教養大学だった。この大学では、教員人事をはじめとする重要事項のほとんどは学長の専決ないしは学科会議で決定され、教授会は年2回の連絡会に近いものとなっている。学部長も置いていない。
12 公立大学協会「『公立大学法人』制度のあり方をめぐる公大協見解の位置（案）」2002年9月。
13 詳しくは、光本滋「運用の実態にあらわれた国立大学法人評価の問題」『大学改革・評価の国際的動向』晃洋書房、2011年。
14 注目すべき動きとして、中期目標の案に対する意見募集や公聴会がある。中期目標の案に対して住民から寄せられた意見は決して多いとはいえないが、法人評価の手続きや体制の不備を指摘する意見を含んだまっとうなものが含まれている。横浜市立大学のケースでは、「大学学部レベルで社会に出てすぐに役立つような『プラクティカル』な能力を身につけることは困難であり、基礎的な学力や思考力を養うことを目標とすべきと思う」「国際総合科学部を従来あった3学部体制に戻すべきである」など、市の政策を明確に批判するものもある。中期目標の作成過程において、設立団体に評価委員会からの意見聴取を義務づけている地方独立行政法人法の規定に照らすならば、これら市民の意見は、評価委員会がいったん受けとめて、中期目標に対する意見を述べる際の参考にすべきものである。岩手県が開催した公聴会では、学長が説明者として参加しており、地域住民に対して直接の応答を行っている。これら住民の声は、公立大学法人評価の課題を明るみに出すものともなりうる。

第15章　新自由主義と私立大学

蔵原清人

　2013年5月28日に政府の教育再生実行会議は第3次提言「これからの大学教育等の在り方について」を取りまとめた。これは大学改革をさらに次のステップに進めようとするものであるが、その重点施策としてグローバル化に対応した教育環境づくりなどとともにガバナンス改革をあげている。

　私立大学に関してはこれまでも学校法人の制度と管理運営の改革を進めようとしてきた。わが国の高等教育の中で私立大学は大学数、学生数とも、7割を超える比重を占めているが、このような私立大学の動向は日本の大学改革の成否に大きな関係があり、財界や政府の政策としても私立大学の改革を進めることに力を注いでいる。このことの意味を正しくとらえる上で、今改めて、学校の法人とはどのような意義があるか、あるいは学校はどのように設置されているかについて、まず理解を深めておくことが必要である。その上で、私立大学で進められているさまざまな改革がどの様な意味を持つものかを検討する。

1. 学校法人制度の特徴──国立大学法人等と比較して

(1) 国立大学法人制度の要点

　2004年4月1日より国立大学が国立大学法人に移行し、続いて2005年に私立学校法が全面施行されて大学法制の改革が一挙に進んだ感がある。しかし法律改正のレベルでは国立大学法人法の制定（平成15年法律第112号）と私立学校法の改正（私立学校法の一部を改正する法律平成16年法律第42号）は大き

く意味が異なることを理解しておく必要がある。

　国立大学法人についての検討は他の章で行われているのでここで詳細は論じないが、私立大学との関係で必要な点をあげれば次のようであろう[1]。

　①まず、国立大学はこれまで国が設置者であったものを、国立大学法人を設置者としたことである。このため国立大学が使用していた土地建物等を国から国立大学法人に引き継ぐとともに、財政処理や雇用関係など各国立大学が法人として決済をすることとした。文部科学省などはこの点で国立大学の裁量や自律性が増したというが、国立大学法人法では独立行政法人の一種とし、国（文部科学大臣）の示す中期目標をもとに中期計画を策定し、またその実施状況について報告を出すものとされている。しかしこの報告は国立大学法人評価委員会で検討され、事業の存続については総務省の評価委員会で最終的に決定されるという仕組みがある。この点で真に独立して活動する法人とはいえない。

　②これまでの国庫支出分は運営費交付金として毎年国立大学法人に交付されるが毎年1％の逓減が決まっている。これは国の財政事情によって拡大されることになる。また国立大学法人が国とは別の法人となったことを考えると、これまでのいきさつから運営交付金を交付するということでは論理的に成り立たないであろう。この点では私学助成を大幅に増やす論拠になるとともに、反面、国立大学法人への運営費交付金を私学助成並み（現在、私立大学収入の12％弱）に減額することも可能になろう。

　③学長を文部科学大臣が任命する仕組みは変わっていない。のみならず、学長は同時に国立大学法人の長となることが法定されている。また理事は学長の任命であるとともにその人数が限られ、理事会ではなく学長の相談にあずかる役員会があるだけである。学校法人と比べると学長（法人の長）だけが権限をもつ仕組みとなっている。すなわち学長は教学側を代表するとともに設置者側も代表する。これは学校設置法人の形としては戦前型の学校そのものが法人となる方式と同じである。戦後、それを改め、設置者と設置される学校とを区別し学校法人制度を創設したことをどう考えるか、重要な検討課題となろう。

国立大学法人制度とともに、公立大学についても公立大学法人制度が導入された。(平成15年法律第118号)この制度は、国立大学法人の制度にならっているものの法人の理事長とは別に学長を任命することも可能である。また全ての公立大学を公立大学法人に移行することを強制してはいない。

(2) 学校法人制度の特徴

これに対して2004年の私立学校法の改正の主な内容は、機関としての理事会の設置、監事の役割の強化、役員の任期と選任および解任の手続き等を寄付行為に規定すること、事業計画、事業報告、監査報告等の作成及び公開の義務化である。したがって従来の制度的枠組みを変えるものではない。これは2006年の民法改正による法人制度改革(平成18年法律第48号一般社団法人及び一般財団法人法)に連なる法人の社会的公共性を重視し運営の厳格化を進める流れの中で理解すべきであろう。すなわち運営手続きの厳格化と理事会の責任の重視、監査機能の充実および情報公開である。

国立大学法人制度と対比する意味で学校法人制度の特徴を挙げれば以下のようである[2]。

①学校法人は私立学校を設置することを目的とする法人であり、役員として理事5人以上、監事2人以上を置く。理事のうち一人は理事長となる。その学校法人の設置する学校の校長は一人以上理事となることが法定されているが、これは教学の立場を後述する理事会の審議に生かすことが期待されているからであろう。また理事は評議員からも選任しなければならない。

②理事をもって組織する理事会を置き、学校法人の業務を決し、理事の職務を執行する。改正以前は、学校法人の業務は「理事の過半数をもって決する」と規定されていたが、理事会として組織的に運営するということは求められていなかった。監事の職務については、「理事の業務執行の状況を監査する」ことから「学校法人の業務を監査すること」に広げられたほか、監査報告書の作成などが義務づけられた。なお、学校法人の役員になる同一親族の人数には従来からも制限が設けられている。

③学校法人制度の大きな特徴は評議員会が必置されていることである。学

校法人は財団法人型の法人組織といわれてきたが、従前の財団法人では評議員会は必置ではない。学校法人の評議員はその学校法人の職員（その設置する学校の職員を含む）および卒業生から選任するほか、寄付行為の定めるところにより選任することができる。また私立学校法第42条に定める重要事項については、理事長は予め評議員会の意見を聞かなければならず、あるいは寄付行為により評議員会の議決を要するものとすることができる。すなわち教職員、卒業生を含む評議員会は理事会の活動に関心を寄せ、同意あるいは不同意をあたえ、意見を述べ報告を求めるなど、学校法人の運営を健全に進めるために重要な役割を担っているのである。言い換えれば理事会にフリーハンドが与えられているのではない。

④私立学校を設立する場合は、必要な財産等を拠出して学校法人を設立することがまず必要であり、その上で学校の設置認可を受けるのである。この財産の拠出が寄付行為であり、同時に拠出された財産の活用と管理の方法を定める規約を寄付行為と呼ぶ。学校法人制度の大きな特徴の一つは、解散時の残余財産は寄付をした者に返還されないという点であろう。それは他の教育事業を行う者に帰属させるのでなければ一担国庫に帰属させ、いずれかの学校法人に譲与または貸与されることとなっている。

(3) 大学の法人化とは

そもそも学校ないし学校の設置者に法人格を与えることは、教育財産を個人の所有から切り離し教育財産の私的流用や相続税の課税等を回避すること、公益性を与えることによって減税ないし免税の根拠とすること、契約などの法的行為を学校の設置者や教員等の個人的行為から切り離して学校ないし学校の設置者としての行為の責任を個人に及ばせないことおよび、その逆に個人の行為の責任を学校ないし学校の設置者に及ばせないこと等にある。

こうした見地から明治31(1898)年の民法施行から学校が法人格を持つことが認められた。この時は社団法人、財団法人のいずれでもよいとされた。その後、明治44(1911)年からは中学校および専門学校が、大正7(1918)年からは大学および高等学校は財団法人となることが義務づけられている。従

来社団法人でもよかったものを財団法人に限るとしたのは教育の継続性安定性を確保するためであったと思われる。何となれば社団法人は任意解散が可能であるのに対して、財団法人は目的とする事業の達成あるいは成功の不能の場合にほぼ限られるからである。ただし戦前においては男子の中等教育以上の教育を行う学校のみ財団法人とすることを義務づけたことは、男女差別の表れとして象徴的であるといえる。また私立学校の開設は国の行う教育事業を支えるものとして特許されたものだけができるということに過ぎなかった[3]。

戦後、新しい憲法の制定により、国民主権と、思想信条および学問の自由、表現や結社の自由などの基本的人権が認められ、私立学校も国立公立学校と同等の教育機関として認められることとなる。こうした立場から、私立学校の教育の安定・継続をはかり、設置者の恣意にまかせるのではなく公教育機関としてふさわしい公共性を担保する制度として学校法人制度が作られたのである。それによって単に財団法人とは異なる上述のような学校法人制度を設けたこと、そのような学校法人のみが私立学校を設置できる（一部個人立が認められる）こと等がある。しかし私立学校の自由を保障する立場から、それぞれの学校法人の独自の仕組みを認めるものとなっており、その点から問題も生じている。特に重大な問題は、理事会の多数が誤った場合にそれを正す手段が学校法人制度の中には組み込まれていないことである。

2. 私立大学のガバナンスはなにが問題とされているか

(1) 私立大学への社会的圧力

この20年以上にわたって政府や財界の主導する「大学改革」が強力に進められている。その中心は大学の「社会的貢献」を進めることにある。具体的には経済活動の活性化、特に国際化が進展している状況の下で、日本経済が国際競争に打ち勝って発展していくことができるようにするために、大学の持つ力を引き出そうというものである。これは新自由主義的改革ととらえることができるが、それに対抗するためにはその動きを具体的にとらえなけ

ればならない。国民や大学人の立場からの大学改革を進めるためには特にこのことが重要であろう。

　経済界ではすでに 1970 年代から大企業の中央研究所を廃止してきたが、それに代わるものとして大学に期待を寄せている。そして大学は基礎研究よりも産業に直接役立つ研究を積極的に進めるべきだとし、TLO すなわち特許技術の産業移転を推進してきた。しかし経済界が期待するような成果はほとんど生まれていない。近年ではイノベーションの推進を期待し、世界に通用する新技術の開発やそれを進める人材の養成に強調点が移っている。ここから一般の学生に対しては学士力や英語のコミュニケーション技術などを重視している[4]。

　しかし政府や財界は大学改革が思うように進まないのは大学が抵抗しているからであるとして、運営費交付金や私学の一般助成を減らし、競争的資金を増やすなど誘導的な財政運営を行うとともに、少子化による大学間競争の激化の結果つぶれる大学が続出するなどと意図的な宣伝を強力に進め、私立大学に対しては学校法人の理事会や大学の執行部など幹部教職員を動員して政府の政策に沿った大学改革を進めさせようとしている。そのために経営破綻した場合のマニュアルを準備したり、特に乱暴な運営によって破綻した例を一般化して喧伝するなど、経営陣の不安をかき立てている。また理事長や学長のリーダーシップが強調され、スピード感をもった改革や教職員の意見を聞かずに改革を進めることが奨励されている。

(2) 教授会への攻撃

　近年はそれに加え、教授会の存在が大学経営を阻害しているとして一段と激しい攻撃を加えている。代表的なものとして、2012 年 3 月 26 日に発表された経済同友会の「私立大学におけるガバナンス改革―高等教育の質の向上をめざして―」を検討しよう[5]。

　なぜ経済団体が大学、特に私立大学のガバナンス問題について発言しようとするのか。それは「グローバル化が急速に拡大し、科学技術の一層の発展ならびにイノベーションの強化が求められる中、グローバルに活躍できる人

材や高度人材へのニーズは増加している」が「我が国の大学がその役割を十分に果しているとは言えない」とする。またこの間、高等教育の質保障などについて検討がされてきたが、「今のところ明確な改善は見られない」だけでなく「欧米トップ大学に劣後」しているととらえる。これは「大学には改革の実行力が不足」しているからであり、「『大学のガバナンス構造』に問題がある」からであるとして、提案するのだという。

「1.大学のガバナンスの現状と問題点」では、理事会は大学での決定を追認するだけで、学長・学部長も教員・教授会の意に沿わない改革が難しい、「教授会による経営事項への関与が日常的に行われている」、評議員会についても教授会の意向が影響を及ぼす等として、私立大学の管理全てが教授会の意向を無視できない状態で、理事会の意向が貫徹できない状態であるという。

「2.大学のガバナンスに対する考え方」では、「学校法人には所有者がいない」「公共的性格の強い団体」という点は認めているものの、「ステークホルダーの中でもっとも重視されるべきは学生」として大学の責務を一面的に学生に対するものだけに限定する。大学も「組織であるかぎりにおいて、適切なガバナンスなくして組織は有効に機能しない」というが、経済同友会が考える大学のガバナンスの基本は企業のシステムになぞらえて大学のシステムをとらえることにある。すなわち、企業の取締役会と株主総会にあたるものが大学では理事会と評議員会であるとし、大学は「教育・研究の執行部門」ととらえ、「学長をトップとした指揮命令系統が権限規定等によって明確化されているべきである」「教員や教授会の合意が組織決定の前提になるという慣行は好ましくない」と断言するのである。

「3.大学ガバナンス改革・10の提言」では次の項目をあげている。
〈組織運営および意思決定プロセスに関する提言〉
(1) 理事会の権限及び経営機能の強化
(2) 学長・学部長の権限の強化
(3) 教授会の機能・役割の変更
(4) 評議員会の役割の明確化
(5) 監事の機能の強化

(6) ガバナンスの透明性・健全性を担保する情報公開の充実

〈人材育成・活用に関する提言〉

(7) 経営人材の育成

(8) 外部理事の活用

(9) 教学アドバイザー(学長顧問)の活用

(10) 教員の適正な評価と処遇への反映

　さらに、「4.大学ガバナンス改革を促進するための仕組み・制度」として、私学助成金、認証評価制度、行政指導の強化の3つをあげ、大学の外部から積極的に誘導するよう主張している。

　おわりに、「教職員の意識改革こそがもっとも重要な鍵」とし「大学が直面する危機感をも共有すること」が必要だとしている。すなわち危機感という情意を共有させることで事態を客観的にとらえることや論理的分析的思考を停止させ、一方的な主張を認めさせようとしている。

(3) 大学の特質を無視

　この提案は、詰まるところ理事会のフリーハンドを認めさせようとするもので、それを教授会が阻害しているとして労働組合と同列において激しく攻撃しているのである。これは意図的な混同であるが、労働組合への攻撃は憲法で認められた労働基本権を否定するものとして重大な内容をもっている。

　また私立大学を株式会社に見立ててとらえようとしているが、株式会社の株主総会は役員などの解任ができるのに対して学校法人にはそれにあたる機関が存在しないことにはふれず、評議員会を単なる諮問機関にとどめようとしている。特に問題であることは大学の教員の専門職性を否定し単なる従業員として見なしている点である。教員には憲法に基づく学問の自由が保障され、大学には自治が認められているのであるが、そうした点は全く見ようとしていない。法人論としては、学校法人とその設置する大学を一体のものとして理事会の権限を広げようとしている。しかし、問題を起こす学校法人は理事会が無展望な放漫経営や社会的な公序良俗を無視した乱暴な運営をしているのであって、そうした理事会の多数が誤った方針をとった場合の是正策

がないことは学校法人が制度として完結していないというべきであろう。

さらにこの文書は国立大学と私立大学のガバナンスの仕組みを対比させて、私立大学のガバナンスの問題を説明しようとしている。たとえば、私立大学については大学のガバナンスに関わる組織として教授会をあげるが国立大学ではふれていない。国立大学は国立大学法人について説明しているのであるが、私立大学の場合でも学校法人としてみれば教授会の規定はない。教授会は学校教育法に規定されている[6]ものであるが、これは当然国立大学にも適用されるものである。この文書はこのことを隠し、ことさらに私立大学に問題があるように描いている。

このように理事会の権限を強化する主張は、私立大学の設置者である学校法人とそれが設置する大学とは異なる法律によって規制されていることを隠して、学校法人とその設置する大学とを一体のものとして描き、理事会の権限を大学全体に及ぼそうとしている点が大きな特徴である。しかし大学は学校教育法で明確に規定されているように公の性質を持つ教育機関であり、学問の自由とそれに基づく自治が認められている。その設置者といえどもこれを侵す干渉や不当な支配は許されない。現在の教育基本法でも「教育は、不当な支配に服することなく・・・行われるべきもの」(第16条)と認めているところである。私立大学の設置者である学校法人の役割は、学校教育法に規定するとおり、「その設置する学校を管理し、法令に特別の定がある場合を除いては、その学校の経費を負担する」(第5条)ことに厳格に制限される必要がある。

経済同友会が現行制度の内容を認識していながら、このように私立大学の問題として教授会に攻撃の焦点を定めていることは、まさに学問の自由と大学の自治が、私立大学を含む大学を日本経済の要求に従わせようとしている彼らの意図を達成するために障害になっているという認識からであろう。これは、大学が学問の発展や経済以外の社会や世界の問題を解決し、人類の生存を保障して人権と民主主義の発展のために努力する機関であるという大学の社会的責任を全く考えていないことを示しているというべきである。すなわち彼らはユネスコ・ILOの高等教育教育職員の地位に関する勧告 (1997)

やユネスコ「21世紀に向けての高等教育宣言」(1998)に示される国際的な理解とは全く相容れない見地に立っているといわなければならない[7]。

3. 私立大学の真の改革課題は何か（1）——学校法人の組織問題

(1) 私立大学の管理運営

　今日の私立大学（一般に私立学校）の管理運営で重要なことは、公教育機関としてふさわしい教学の実現とその継続のための経済的保障の確立であろう。現在の制度では前者は学校の課題であり、後者はその学校を設置する学校法人の役割となっている。そのためには教育の条理にそって、学校法人や大学の構成員の意見を十分尊重して運営することが必要であり、現在の財界や政府の大学改革政策はそれとは逆の方向を目指している。現在の方針では天下り的に運営方針を押しつけるだけで、それぞれの大学の教職員の持っている力を発揮することはできない。それでは大学の社会的責任を果たすことはできないだろう。

　すでにのべたように、戦後の学校設置制度は私立学校の設置者と、その設置する学校とを分離させている点に特徴がある。この両者が一体となっている場合は、ややもすれば経済的理由によって教学の実現が制限され、あるいは設置者ないし経営者の私的利益のために教学を従属させることになりかねない。こうした事態を防止し教学と経営が真摯に向き合い、経済的制約の下でもできる限り教学の充実に両者が努力するための制度として、戦後の学校法人制度ができたのである[8]。したがってこの両者の努力が十分に行われているかどうか、それが可能な組織であるかどうかが、私立学校の管理運営を見る重要な視点となるべきである。

　すなわち理事会のトップダウンでことが決まり教学の意思が全く検討されないことは認められない。同時に教学の意思だけで経営的観点が全く考慮されないことも学校経営の継続性という点から適切ではないといわなければならない。現在の学校法人制度ではこのために、学校法人の設置する学校の校長（学長を含む）は一人以上理事となることが法定されている（私立学校法第38

条第1項第1号)。この理事が適切に教学の意見を理事会に反映できるためには、少なくない学校法人で行われているように、学長を理事長が兼務していたり、理事長ないし理事会の任命によるのでは十分ではない。教職員の代表として選挙で選出されるか、すくなくとも信任されていることが不可欠であろう。

　評議員については、その学校法人の職員だけでなくその学校法人の設置する学校の教職員からも選任することが法定されている（私立学校法第44条第1項)。この場合も、理事会から任命されたものだけでよいとは言えない。学校法人によっては職務上評議員となる職務が決められている場合があるが、これらの職務が学長や理事会の指名で就任するものであれば、やはり教職員を代表するとは言えない。教職員選任評議員については何らかの形で教職員の代表として選出されあるいは信任されたものが一定数含まれるべきであろう。卒業生より選任される評議員や寄付行為の定めるところにより選任される評議員についても、理事会の指名する評議員だけでは適切ではないと思われるが、それぞれの大学の条件に即してそのあり方を検討すべきであろう。

　さらに理事については評議員から選任することが法定されている（私立学校法第38条第1項第2号）が、理事会が任命した役職に就いている教職員を選任するのでは、理事会の意向に沿った者だけがなる仕組みである。寄付行為の定めるところにより選任される理事についても同様の問題がある。いずれにせよ、理事会にしても評議員会にしても、全てのメンバーを選挙で選出するのではないとしても、十分に教学の意見が反映できる仕組みが必要である。その上で、理事会として教学の要望と経営の条件を真摯に検討して最善の解決を行うことが重要である。

(2) 教学と経営

　経済的保障の点では、まず授業料等の学生納付金の確保と、寄付や公的資金の導入、公的補助の拡大などがある。特に公教育を担う機関として公的補助の拡大について積極的に努力することが求められよう。法人としての基本的責任の一つである教育財産の保全に関わって、しばしば行われている資金の投機的運用は許されない。また教職員の雇用者として、労働条件や職場環

境の改善・向上に努力するとともに、生活を保障しハラスメント防止や健康面での支援を進めることなど、福利厚生に努力することは義務であろう。しかしながら事業報告書にその項目のない学校法人が多くを占めることは問題である。これは法的責任を果たしていないことを告白していることである。

　教学については、多くの理事会がその学校法人の設置する大学をどんな大学にするかの明確な展望をもっていないことが今日大きな問題である。世界レベルの大学というかけ声が高いが、かけ声の高さに対して具体的な内容については余りにも貧弱である。このため、文部科学省が示す改革課題の中から学校法人が適当と考える課題に取り組むという受け身の状況が生まれている。またこうした状況につけ込んで文部科学省は行政指導を強めあるいは財政的に誘導して文部科学省の考える改革を進めさせようとしている。学部学科の改組は盛んであるが、改革をしているという姿勢を示すためのものであったり、学生募集に有利な学部学科を設けるという発想が強い。そのほか校地の移転や新校舎の建設を含む施設設備の改善にも取り組んでいるが、これも入試対策という側面が強い。

　たしかに入学者を確保することは収入を確保することであり、私学の経営としては重要課題であることに違いないが、どういう教育研究を進めることで社会に貢献するかという点こそが重要であり、それを正面から検討すべきであろう。たとえば、カリキュラム改革において学問や技術の継承という点では検討されているだろうが、その分野の学問の発展や社会への普及という視点から十分に検討されているだろうか。図書館をはじめとする施設設備については、どのような教育研究活動を進めるか、それにはどのような条件が必要かについて、教学の意思が十分考慮されているだろうか。

　世界レベルというとき、優れた研究成果を上げるだけでなく、国際協力や共同研究を率先して進める点や、相手国の教育や研究を支援する立場ではどうであろうか。今日大学の国際化がいわれ、英語での授業を進めることや学生の英語によるコミュニケーション力を高めることなどが強調されているが、反面、高等教育を母語（国語）で行っていることの意義についての検討がほとんどないことは問題であろう。しかし、高等教育を普及するためには

何よりも母語による教育を第一に考えるべきである。

　学生の学力についても否定的に見る見方が強く、彼らの可能性を信頼する意見は余り見られない。現代社会の解決すべき問題を率直に彼らに提起し、どうするかを考えさせるべきではないだろうか。それなしには次の次代を担う力は身に付けることはできないだろう。今日いわれている学士力なるものは、仕事をし、生きていくために必要なものであるとしても、テクニックに近いものばかりであり、学生に人間の尊厳を守り社会を発展させていこうという意志を持たせるものとはいえない。

(3) 求められる自律機能とそのシステム

　すでにふれたように学校法人の組織は問題が起きたときに自律的に解決するシステムが組み込まれていないことが最大の問題であろう。近年の私立学校改正によって、寄付行為に理事の解任規定を含むべきとされ、監事の役割がこれまでと比べれば強化されたが、理事の多数が誤った方針をとった場合の是正の手続きがないのである。行政的には学校教育法による大学に対する文部科学大臣の勧告や学校閉鎖命令等があるがこれは学校法人に対する処分ではない。学校法人に対しては解散命令があるだけで、通常の場合の監督には強制力を持たない。いずれにしてもこれらの命令は問題が深刻化した場合の最後の手段である。組織としては自律的にそれ自体で不正常を克服するシステムがなければ完結した組織とは言えないであろう。

　これまでのいわゆる財団法人には評議員会が必置ではなかったが、民法の改正によって全ての法人は評議員会をおくこととなった（一般社団法人および一般財団法人法第170条第1項）。これに対して学校法人は戦後設けられて以来、評議員会は必置であったが、必ずしも権限は強いわけではなく、理事会の活動を監督し不正がある場合に是正をする権限は法的には保障されていないのである。すなわち、評議員会は重要事項について理事長があらかじめ意見を聞くこととされているに過ぎない（私立学校法第42条）。寄付行為によって評議員会の議決を要するものとすることができる（同条第2項）というにとどまる。たとえば理事の解任ができるとする規定は私立学校法にはないのである。

評議員は理事の二倍を超える定数とするという規定がある（同第41条第2項）が、たとえ寄付行為で解任手続を規定しても、理事以外に理事会指名の評議員がいる場合にはその規定は有効なものとはなりがたい。

　先にあげた経済同友会の文書は、学校法人の評議員会と株式会社の株主総会を対比させて論じているものの、すでに指摘したように株主総会は役員の解任権があるのに対して評議員会にはそのような権限が与えられていないことにふれないで、「理事会を監事と評議員会が監視する」[9]といった説明をしている。しかし評議員会は「監視」をするほどの権限が与えられていないのが現実であり、この文書は意図的に制度をゆがめて描いているといわなければならない。

　たとえば、経営の能力があるにもかかわらず学校の募集停止や廃校を決定する場合、あるいは無責任な放漫経営によって事態を悪化させている場合など、理事長などの方針を理事が賛同しあるいは暗黙に同調して進める場合がある。こうした場合、理事会の交替があっても身内やこれまでの理事長の息のかかった人物が就任するなど、それまでの方針が改められるとは限らない。こうした事態の中で労働争議に発展すれば、労働組合が法的な権利を行使して、あるいは社会的に支援を受けて、学校法人の経営を受け継いだ場合はあるが、労働組合は学校法人の制度という点からすれば、外部の組織といわざるをえない。学校法人経営としてはそこに到る以前に自律的に事態を改善して、公教育機関として正常な運営を続ける必要がある。このためには、いよいよという場合に、何らかの形で教職員、学生、父母、地域が総意を表明し、理事を解任できる規定が必要であろう。このことを含め、教職員の側からの私立大学のガバナンス論の研究が必要である。その際、新たに制定された一般法人法の趣旨を十分考慮すべきである[10]。

4. 私立大学の真の改革課題は何か（2）──大学の自治の問題

（1）「公の性質」と学校法人の管理

　学校法人の経営においてなぜ教学の意思の尊重が必要であるのか。それは

もちろん大学の自治に由来するものであるが、法制度上、学校法人は私立学校法によって規定されているのに対して、その学校法人が設置する学校は学校教育法によって規定されていることによる。これを矛盾とみるか、当然の扱いとみるかが重要な争点になろう[11]。

そもそも学校法人は私立学校を設置することを目的として制度化された法人である。そのためには私立学校がどのような性格を持つものであるかが、出発点とならなければならない。改正教育基本法は、私立学校の項を設け、「私立学校の有する公の性質および学校教育において果たす重要な役割」(第8条)を認め、行政は「私立学校教育の振興に努めなければならない」としている。旧教育基本法では独立した私立学校についての条文はなかったが、「法律に定める学校は、公の性質を持つものであって、国又は地方公共団体の外、法律に定める法人のみが、これを設置することができる」(第6条第1項)と規定されており、それはそのまま改正教育基本法に残されている[12]。これに基づき、小学校、中学校などの学校種に応じて目的、目標、組織など学校の具体的あり方については学校教育法に規定されているのである。ここでは国立、公立、私立という設置者の違いによって異なることはない。学校教育法施行規則旧第9条[13]の適用を除いて、学校法人が設置する学校に対して私立学校であるために国立、公立の学校に対して特別に扱われる例外はなかったのである。

私立学校の場合、その教育財産や教職員について、法人格をもつ学校法人が管理するのであるが、これについて国立、公立の学校の管理と特段に異なるべき事由は認められないであろう。旧教育基本法では、「法律に定める学校の教員は、全体の奉仕者であって・・・教員の身分は、尊重され、その待遇の適正が、期せられなければならない」[14]と規定されている。これにもとづいて、国立公立の学校と私立学校を包括する教員身分法が構想されたことがあったが成立するに到らなかった[15]。したがって戦後改革以降、教職員の身分については法制上、国立、公立学校の場合は公務員であり、私立学校の場合は一般の雇用契約に基づくこととなっている。しかし教員資格・免許については教育職員免許法で一律に規定されている。

さらに私立学校法では、学校法人解散の際の残余財産について、他の学校法人または教育事業へ支出すべきことと厳しく限定している(第30条、第51条)点に注目すべきであろう。すなわち学校法人の設立のために拠出された財産は、その学校法人が解散した場合の残余財産も教育事業に使用することとなっているのであるから、学校法人の行う財産の管理は任意の処分を許容していると解すべきではない。こうした点から、学校法人の行う管理は、国や地方公共団体の行う教育行政と同様の性質を持つべきである。すなわち、「教育行政は・・・教育の目的を遂行するに必要な諸条件の整備確立を目的として行われなければならない」(旧教育基本法第10条第2項)のであり、ここでの教育行政は学校法人の行う管理を含むと解すべきであろう[16]。

なお、改正教育基本法では私立学校に関する規定はあるが、学校法人については明文の規定はない。しかしながら法律で定める学校を設置する学校法人はその管理にあたって学校教育のもつ公の性質を尊重し、それが発揮できるように行われるべきものであることはいうまでもないというべきであろう。

(2) 教授会の合意形成機能の回復

こうした理解にたって、私立大学の管理を考えるならば、学問の自由とそれに基づく大学の自治を保障されるべき大学として私立大学も例外ではないことは明らかである。すなわち学校法人はその設置する大学の意志を十分尊重すべきである。もちろんその際経済的事由等によって大学の意志を十分実現できないこともあり得るが、そのためには以上論じたように教学と経営の十分な意思疎通と協議によって、その時の最善の判断を下すよう双方とも努力することが求められるのである。そうしてみると大学にとってはどのように教学の意志をまとめるかが重要な問題となる。

これまでの文部科学省や経済同友会などの意見では、学長のリーダーシップを発揮し、素早い決断を下すことが強調されてきた。いわゆるトップダウンを勧めていることになる。しかし大学の教員はそれぞれの専門家として採用されているのであり、他から説得されて意見を変えることはない存在であ

る。それゆえ相互理解に基づく合意形成が重要である。合意が形成されていない、あるいは自分が納得していない事項については容易に従うことはできない。それは専門家としての責任でもある。それゆえ学長のリーダーシップとは、こうした学内の相互理解と合意形成を促進するために発揮すべきであって、それなしにはかえって事態を紛糾させ、決定や実施が遅れることになりかねない。学長がリーダーシップを発揮するために副学長など執行部を形成することや学長を支えるスタッフを置くことも意義がある。しかしそこが教授会に代わって決定するのでは、むしろ全体の合意形成が難しくなろう。

　教学の意志は教授会の決定として表される。教授会は当然教員層が全員参加すべきである。学部ごとあるいは全学の教授会などの区分がある場合があるがここではそれに立ち入らない。今日の状況では問題によって素早い意志決定が求められる場合があり、それをどう進めるかが重要となろう。教学の基本方針については教授会で決め、具体的な事項については担当部署に委ねて事後報告を受けるという場合がある。また重要ではあるが複雑な案件では、審議の準備のために調査委員会等などに委任して論点を整理してから審議することもある。教員の相互理解を広げ合意を形成しながら運営することが大学の自治にとっては不可欠であり、そのためにこうしたシステマチックな運営に習熟していく必要があろう。特に、学内の運営内規を整備することやそれに基づいた運営に努めること、報告書や資料の配付、シンポの開催など事前に必要な情報を共有すること、教授会の検討に付し合意を確認するにあたっては文書で行うことなどが重要となるだろう。

　大学が数百年にわたって、学問を発展させ、学生の教育を進めてきたのは、教員がそれぞれの専門について自発的に教育研究を進めてきたからに他ならない。教員の自発性こそが大学の機能を発揮するカギであろう。そして自発性を発揮するためには、相互理解の上に立って合意を形成することが不可欠である。押しつけられたという感じを持てば公然とあるいは隠然と拒否をすることになる。それゆえ大学の活動を進めるためには合意形成が不可欠なのである。教授会はそのための機関である。なお、ここでいう教授会は直接には学校教育法第93条に規定するものであるが、大学、学部あるいは学科等

教員の基本的な所属組織での会議であり、教育や研究など学内ないし学部あるいは学科の重要事項について全て取り上げ、全員の共通理解と合意形成をめざす会議体というべきである。近年、教育と研究の組織を分離し、教員の会議はそれぞれで直接かかわる事項だけを取り上げる場合があるが、それでは会議体ごとに構成員が異なり、扱われる情報に違いがあることになり、全体的な相互理解と合意形成は行いえない[17]。

なお、大学職員の行う業務は法令などに準拠して行わなければならない事項、教員の教学の立場からの意見を聞いて処理する事項も多くきわめて専門的な業務である。また学生との接触は教員とは違う立場から行っており、大学の教育や研究を進める上で貴重な情報である。こうした職員の力をどのように大学運営に組み込んでいくかが重要であるが、ここでは詳細に論ずることができない[18]。

大学改革の課題は大学がどの様に社会の期待に応えるかにあるかが重要であり、単に組織体制やガバナンスの問題にとどまってはならないことはいうまでもない。しかしこの点については改めて検討したい[19]。

[注]
1　拙稿「転機を迎えた大学法人制度と国公私立大学―国立大学法人化、私立学校法改正を中心に―」京都・高等教育研究会『大学創造』第18号、2006年10月
2　拙稿「国立大学法人と学校設置制度、法人格問題―私立大学の立場から考える―」『大学と教育』No.37、2004年3月
3　拙稿「戦前期私立学校法制の研究―私立学校の設立・組織を中心に―」『工学院大学共通課程研究論叢』第35-1号、1997年10月
4　中教審「新たな未来を築くための大学教育の質的転換に向けて～生涯学び続け、主体的に考える力を育成する大学へ～」答申、2012年8月28日など
5　拙稿「大学の法人制度とガバナンス問題―経済同友会『私立大学におけるガバナンス改革』を批判する―」東京高等教育研究所編『私立大学の未来を拓く』同研究所2013年3月所収、を参照のこと
6　学校教育法第93条では、「大学には、重要な事項を審議するため、教授会を置かなければならない」と規定しているが、これには国立、公立、私立による大学の区別はない。
7　東京高等教育研究所・日本科学者会議編『大学改革論の国際的展開　ユネスコ高等教育勧告宣言集』青木書店、2002年。本書は、「高等教育教育職員の地位に関する勧告」、「高等教育世界宣言」の他、ユネスコ・ICSU「世界科学宣言」1999年を収

録。拙稿による解説もある。また拙稿「知識基盤社会形成と大学の役割の探求―EUの大学政策を読む―」『私立大学の創造』No.28、2007年7月 および「2009年高等教育世界会議の意義」『私立大学の創造』No.34、2013年7月も参照されたい。
8 　前掲　注2参照
9 　前掲　経済同友会、8頁
10　学校法人の在り方として、一つの提案として日本私大教連は「私立学校法改正案要綱（素案）」2012年8月を発表している。
11　前掲　注2参照
12　この改正教育基本法第8条は私立学校条項というより国および地方公共団体の助成・振興の努力規定条項というべきである。なお、旧教育基本法では私立学校についての規定がなかったという主張はあたらない。本文でのべたことのほか、私学助成等については旧教育基本法第10条第2項で教育行政の目標として包括的に規定されていたというべきである。
13　私立学校では教員免許状のない校長の就任が特例として認められていた。ただし現在では社会人校長の規定ができたために、この点でも国公立との違いはなくなった。
14　第6条第2項、改正教育基本法では「全体の奉仕者」規定は削除されたが、第9条第2項で身分の尊重と待遇の適正については受け継がれた。
15　教育刷新委員会では1947年4月4日建議を行っている。海後宗臣編『教員養成』（戦後日本の教育改革8　東京大学出版会、1971年、412頁ほか参照。
16　ついでにいえば、改正教育基本法第16条に定める教育行政は、明確に国および地方公共団体の行うものに限定されている。
17　拙稿「私立大学の改革の課題と自治をめぐって」『大学創造』No.10　2001年2月、拙稿「大学の役割と組織運営のあり方を考える―今日における大学改革の課題をめぐって―」『私立大学の創造』第33号、2012年11月などを検討されたい。
18　拙稿「教育基本法『改正』と私大職員の課題」日本私大教連第3回職員フォーラム講演集、2008年3月など参照されたい。
19　たとえば拙稿「大学の社会的責任と大学設置法人のあり方を考える―地域社会との関わりを中心に―」『大学評価学会年報』第3号、2007年9月を参照されたい。

［参考文献］
拙稿「学校法人制度の意義と仕組み」細井科研最終報告書『大学法制の構造的変容の比較法的、法制史的・立法過程的および解釈論的研究』2008年3月31日所収

補　章　「グローバル国家」型構造改革と大学

岡田知弘

1.「グローバル国家論」と日本の高等教育

　本章の課題は、1990年代末以降の日本の大学改革、とりわけ国立大学の法人化及び再編政策を、この間の経済のグローバル化を背景にした多国籍企業主導の「グローバル国家」型構造改革との関連性で明らかにする点にある。
　「グローバル国家」とは、もともと経済団体連合会（以下、経団連と略）が、1996年に発表した「経団連ビジョン2020」で使用した言葉である。それは、端的にいえば「メガ・コンペティション（大競争）の時代にあって、意欲のある若者や、内外の独創的な企業が創意工夫に基づく自由な活動を行うことができる事業環境や生活環境を整備」するような「国のかたち」をつくりだすことであり、いわば多国籍企業が活動しやすい国家体制を構築することを意味していた。この「グローバル国家」論は、その直後の「橋本行革ビジョン」による六大改革、そして2000年代初頭の小泉構造改革、さらに現在の第二次安倍内閣による再版構造改革において、政策の根幹に据えられていく。
　その柱の第一は、「世界に開かれた」通商体制づくりであり、貿易関税撤廃だけではなく非関税障壁の撤廃による、サービスを含む商品、資本、そして労働力の自由な移動を認める通商圏域の拡大である。第二に、「市場化」と「地方分権化」によって国と地方自治体のあり方を、「多国籍企業に選んでもらえる国、地方自治体」に転換することである。それは、中央省庁再編と独立行政法人化、民営化、そして市町村合併、道州制導入を推進しながら、財政的には法人税減税と消費税増税を行いながら、歳出の重点を国際空港・

港湾、都市高速道路の整備におく一方、社会保障や教育に関わる公的支出を一層削減する行政改革要求である。第三に、多国籍企業の国際競争力を構築するための国立大学・研究機関の研究資源の活用と、国際社会で活躍することが期待される「グローバル人材」の育成機関として大学を位置付けることである。いわば、多国籍企業を中心とする経済成長に資する大学改革要求である。

とりわけ、第二次安倍内閣においては、第一の柱に連なるTPP(環太平洋経済連携協定)及び第二の柱の根幹にあたる道州制の推進とともに、第三の柱にあたる産業競争力強化のための教育改革プランのひとつとして、グローバル人材育成、国立大学のグローバル化、イノベーション人材育成等を掲げて、国立大学改革を推進しようとしている[1]。

本章では、以上のような1990年代末からの大学改革の政策的動向を、経済のグローバル化を背景にした多国籍企業の利益共同体である財界、とりわけ経団連の政策提言活動との関係で、検証していくことにする。その際、経団連が提唱してきた「グローバル国家」論の全体枠組みにある、「究極の構造改革」としての「道州制」論、そして「開かれた国」づくりをめざすために推進されつつあるTPP(環太平洋経済連携協定)と、高等教育との関係性についても、検討を加えてみたい。

2.「グローバル国家」型構造改革と
　行政改革の一環としての国立大学法人化

当初、国立大学の独立行政法人化問題は、行政改革との関係で橋本龍太郎自民党内閣時代に登場した。すでに1996年の経団連ビジョンにおいて、「中央政府のスリム化と省庁の再編成」が提唱され、政府の下で公務員削減と民営化を目的にした独立行政法人制度の導入が、イギリスでの経験等を参考に検討されるにいたった[2]。

同年の橋本行革ビジョンの時点では、公務員の削減率は10%であった。一方、橋本行革のもうひとつの重要な特徴は、中央省庁の再編によって単に

省庁の数を減らすということだけではなくて、内閣府を強化しようとした点にある。これは、阪神・淡路大震災の際に内閣の危機管理能力が弱いと批判されたことが口実となっていた。加えて、中央省庁再編の中で霞が関については政策立案・企画部門に特化し、政策を実施する部門に関しては独立行政法人として切り離すことになった。この一般的な行革論の下では、独立行政法人については、定型反復業務が想定されていた。例えば特許や貿易保険等々がその典型である。しかし、それは専門的かつ多様な教育、研究、医療活動を行っている国立大学には、そのまま適用できないものであった。

さらにもうひとつの特徴は、政策・事業評価制度を導入して、それによって財源や人員の資源配分を、中期計画期間という時限で区切って定期的見直しを図っていく仕組みが導入された点にある。独立行政法人通則法第35条によって、評価結果次第で、事務事業や組織の廃止や変更を柔軟に行うことが可能となった。このような評価にもとづく組織存廃の意思決定システムの導入も、ここで問題にしている学術研究体制・大学再編と強く関係してくる。

この独立行政法人制度の国立大学への一般的適用に対しては、当初、文部省（有馬文部大臣）も反発し、中央省庁等改革推進本部との妥協の線を探ることとなった。その結果として1999年1月26日に、国立大学を独立行政法人にするかどうかに関しては「5年後に結論を出す」という内容の閣議決定がなされる。その後、99年9月20日に文部省は「国立大学の独立行政法人化の検討の方向」という文書を発表し、国立大学の独立行政法人化をすすめる姿勢を明らかにした。その後、各地区別に国立大学の学長を集めて、説明会を開いていくものの、各大学や学会、あるいは教職員組合等々から強い反発があり、この線は挫折してしまうことになる。

そこで文部省は自民党文教族に下駄を預けることになる。2000年2月から、自民党内文教族の「高等教育研究グループ」が活動を展開し、学長クラスから5回にわたるヒアリングを行っていく。このヒアリングの対象には国立大学の学長だけではなくて私立大学の学長も含まれていたことに留意したい。

このような動きに対して国立大学側も陳情活動を強めた。東京大学総長の

蓮見国大協会長が同年3月16日に小渕首相と会見して、二つのことを要請する。一つは「独立行政法人化以外の形態で法人化してほしい」ということ、もう一つは「高等教育費予算を増額してほしい」ということであった。

ここで注目したいのは、国立大学の独立行政法人化の論拠の変化である。最初は行政改革論、とりわけ国家公務員の定員削減が論拠であった。ところが、2000年2月に自民党が動きだした頃から高等教育政策論の中に位置づけ直す方向へと転換していく。

つまり、独立行政法人化問題は、行政改革の一環としての国立大学の設置形態に留まる問題ではなく、日本の大学のあり方、あるいは高等教育、学術研究のあり方全体を根本的に変革するものとして検討されることになったのである。

すでに、経団連は、1996年ビジョンにおいて「世界のフロントランナーに相応しい研究開発体制を構築する」という大項目を立て、その基本に「研究開発」の強化をおき、「国の研究開発費、高等教育費を5年間でそれぞれGNP比1％に倍増し、大学および国立研究機関の機能を強化する。さらに、産学官相互の連携・交流の強化、科学技術行政の企画調整機能の強化・一元化、科学技術教育の充実強化を図る」としていた。

一方、麻生太郎を中心とする自民党の高等教育研究グループがまとめた2000年5月の提言では、大学の種別化、学部規模見直し、大学院の一層の重点化・大学間の再編統合推進、大学再編・淘汰の「国による責任」を強調したうえで、独立行政法人通則法の枠組みを踏まえた上での特例法制定が大学の在り方として相応しいこと、公立大学の独立行政法人化の推進と、高等教育・学術研究への公的投資の充実（国公私立含め）を掲げた。これらは、基本的には経団連の提言に沿ったものであった。多国籍企業の研究開発力を高める限りでの国による公的支出の増額と、大学の独立行政法人化を推進しようというものである。同時に、国立大学の法人化問題は、公立大学、私立大学を含む高等教育全体の問題へと展開していったのである。

さらに、経団連が提言した科学技術行政の企画調整機能の強化・一元化は、2001年に小泉純一郎内閣の下で実施に移される。内閣府直轄で総合科学技

術会議が設けられたのである。総合科学技術会議には人文社会科学から自然科学にいたる学問分野をすべて統括した科学技術の総合戦略を審議するという役割が与えられた。科学技術に関する予算配分、そして人的資源の配分の基本方針や国家的な重要プロジェクトもここで決定する仕組みである。しかもその際には評価制度が前提となっている。同会議で科学技術振興調整費の大枠予算を決定した後、文部科学省の下におかれている日本学術振興会等を通して、各大学に配分していく仕組みである。

　このような制度をつくることで、国家権力を掌握する為政者が、経団連等の要求に基づいて、経済成長のために必要な学問分野に「選択と集中」で競争的資金を配分することが可能となった。しかも、財界からの要求が、政府の政策決定に直接反映される仕組みとして、首相直轄の下に経済財政諮問会議が設置され、そこに経団連会長はじめ財界代表者が参画し、「グローバル国家」実現の体制を整えた点にも留意したい。

3. 小泉構造改革と産業競争力強化の一環としての国立大学法人化

　このように2001年の中央省庁再編は、公務員削減としての行政改革路線の単なる延長線上に位置するものではなく、「グローバル国家」への改変を目指すものであった。その一環として、国立大学法人化を含む学術研究体制の抜本的な変革をもたらすものであった。

　それが現実のものとなったのは、2001年4月の小泉純一郎内閣期であった。「構造改革」を前面に押し出した小泉首相は、同年5月11日の国会質問で、「国立大学の民営化に賛成だ。民営化できるものは民営化し、地方に譲るべきものは譲るという視点が大事」だと発言し、文部科学省と国立大学協会による独立行政法人化にかかる調査検討会議の議論をけん制した。さらに、首相発言を受ける形で、遠山文部大臣が、同年6月11日の経済財政諮問会議において、「大学（国立大学）の構造改革の方針」を提示するに至る。

　いわゆる「遠山プラン」である。そこでは、①国立大学の再編・統合を大

胆に進める、②国立大学に民間的発想の経営手法を導入する、新しい「国立大学法人」に早期移行、③大学の第三者評価による競争原理を導入し、国公私立「トップ30大学」を世界最高水準に育成する、とされていた。同会議で、遠山文相は、「日本経済の活性化の観点から、大学をどう変え、社会的貢献を効果あるものにするかという観点からまとめたもの」であるとし、「大学発の新産業創出の加速のほか、人材大国、都市再生なども視野に入れて取り組みたい。全体を一言でいえば、要は世界で勝てる大学をつくっていくということ」であると強調した。

その後、2002年3月26日に文部科学省の調査検討会議から「新しい『国立大学法人』像について（最終報告）」が出される。この段階での国立大学法人法案作成に至る前の「文部科学省モデル」は、①中期目標・中期計画の作成について、特例措置として、各大学からの事前の意見聴取義務を課すことを法令に規定し、中期目標期間を5年とすること、②学長人事は、大学からの申出に基づき、文部科学大臣が行うこととし、そのための特例措置を法令に規定すること、③教職員の身分を国家公務員とすること、④運営費交付金の積算方法については、大学の教育研究活動の水準を維持・向上させる観点から検討し、国立学校特別会計制度の利点をできるだけ維持すること、というものであった。

だが、2003年7月に成立した国立大学法人法とそれに基づく制度設計は、①根拠法は独立行政法人通則法に対して特例法として位置付ける、②設置主体は国ではなく法人、③6年間の中期目標・中期計画の策定については、大学からの事前の原案提出については、「文部科学大臣の配慮義務」を記すにとどめる、④学長の選考・任命については、半数の経営協議会（学外）委員を入れた学長選考会議での選任に基づいて文部科学大臣が任命するという方式をとる、⑤教職員の身分は、公務員型ではなく非公務員型とする、⑥運営費交付金については、毎年2％の経営効率化係数を乗じて減額する、というものであった。

この非公務員型に変わった国立大学法人制度に対する、当時の奥田経団連会長の評価が注目される。「現在、国立大学の法人化が進められておりますが、

来年度から国立大学が非公務員化することにより、自由な発想と競争原理によって、大学の研究成果が社会へと還元されていくことが期待されます。また、海外からの教授の採用や企業との人事交流、産学共同で技術系人材の育成を進めるといった、新たな発想で、産学官の連携を進めて参りたいと考えております」と発言しているのである[3]。すなわち、産業競争力強化の文脈において、非公務員型にすることで競争原理が働き、「自由な発想」の活用と、大学の研究成果の産業界の貢献が期待できるという論理であった。

さらに、国立大学の独立行政法人化の方向がほぼ決定された時点での『週刊現代』における、自民党高等教育研究グループの麻生太郎の発言も注目される。麻生は、記者の「この一年間で、小泉改革の具体的な成果といえるようなものが何かありますか」という質問に答え、「東京大学がなくなる。国立大学がすべてなくなることを決めたのがやっぱり大きいでしょうね。国立大学は全部なくなりますから、独立大学法人に変わる。そして数年後には、できるところから民営化ですよ」「いま、行政の簡素化や透明化に伴なって、人員的には絶対的に小さな政府が求められています。だけど、同時に防衛とか、外交とか、教育という面に関しては強い政府でなければなりません。大きくて強いじゃなくて小さくて強い政府というイメージが正しいんだ。そういう意識をきちんと持って国家を運営していこうとする人ですな。やっぱり憲法改正とか教育基本法とかいうのが避けて通れなくなってきてるんですよ」と述べたのである[4]。そこでは、「グローバル国家」論に基づく構造改革の一環として国立大学の法人化と将来的な民営化だけでなく、「小さくて強い政府」論に基づいて、憲法と教育基本法の「改正」も見据えられていたのである。

4. 構造改革の進展と大学再編圧力の高まり
―― 「究極の構造改革」としての道州制

一方、小泉内閣期において、財界の再編もなされた。2002年5月に経団連と日本経営者団体連盟（日経連）が合併し、日本経団連が設立された。こ

の新経団連が、2003年1月に新ビジョン「活力と魅力溢れる日本をめざして」を発表する。そこで、市町村合併の次の目標として「州制」の導入を書き込んだのである。さらに2006年5月に会長に就任した外資系企業キヤノン会長御手洗冨士夫の下で、道州制導入の政策提言活動を活発化する。2007年1月に発表された日本経団連新ビジョン (「御手洗ビジョン」) では、大学の「大くくりの再編」によるイノベーション力の向上とともに、道州制の導入、そして憲法改正を強く打ち出していた。2007年9月に小泉内閣を継承した第一次安倍晋三内閣は、その政権構想に、憲法改正、教育基本法改正、そして道州制導入を掲げたが、その背景には、「御手洗ビジョン」が存在していた[5]。

御手洗経団連では、道州制を、「究極の構造改革」と位置づけて、政府が設置した道州制ビジョン懇談会や地方制度調査会等で、座長、会長も送り込んで、制度設計に関与していった。そのなかで、道州制導入と大学ならびに科学技術戦略と深く関わる論点が、盛り込まれていたことに注意しなければならない。たとえば2007年3月に出された「道州制の導入に向けた第一次提言」では、「道州内の大学を拠点に、高度人材の育成と産学連携を推進することで、特徴ある産学クラスターが構築される」としていた。

自民党も道州制推進本部を立ち上げて、独自の道州制構想を検討していったが、財界の道州制論との共通点として、現状の都道府県制及び国の地方出先機関の廃止、そして国と州政府、基礎自治体との役割分担の明確化をうたっていた。後者についていえば、高等教育は、州政府の所管とされ、その限りにおいて、文部科学省等の廃止と同時に、府県の廃止による州内の国公立大学の統廃合が、必然的な課題として浮上することになった。

なかでも御手洗冨士夫経団連会長 (当時) は、道州制単位に大学を一つだけ設置する「御手洗構想」を各紙誌で展開した。2006年8月号の『文藝春秋』で、「国立大学はようやく独立法人化になったが、もう一段の改革をしなければならない。…これからは、総花的な予算をばらまくのではなく、数は少なくとも世界に冠たる研究機関をつくり、世界中から優秀な頭脳を集めるべきだ。そこに1千億円規模の予算を複数年度で投入するなど、思い切った投資をしなければならない。より具体的には、道州単位のプロジェクト推進を

考えるべきだろう。いま、各県に一つずつある国立大学を大胆に統合し、横並びで置いてある同じような学部を一ヶ所に集める。例えば試みとして九州でいえば、福岡の九州大学は法学部と経済学部、熊本大学は理工学部、長崎大学は医学部、といった具合にして、全体として大九州大学を作ればいい。人もモノもカネも注ぎ込んで、大規模な知の集積を作るべきだ。そして、九州で生まれた技術を九州で産業化し、九州に本社を置く会社が世界に出て勝負するようになれば理想的だ」と述べていた[6]。また 2008 年 7 月号の『文藝春秋』でも、「たとえば、九州各県にある国立大学を統合して、大九州大学にしてはどうか。その上で、医学部は長崎に、理工学部は熊本に、水産学部は鹿児島に、そして法学部は福岡に、と再編することで、これまで分散していた頭脳と予算を集積させることができる。大学での研究レベルが向上すれば、研究者や学生が世界中から集まるようになり、産学協同の観点からも企業誘致の有効打となるだろう」と主張した[7]。

このように道州制の導入とセットにして、大規模な国公立大学再編成を構想していることがわかる。こうした財界の大学再編構想が示されるようになると、経済財政諮問会議ならびに財務省からも財政支出削減のための国立大学の存廃に関する論議が浮上してくるようになった。

ひとつは、「運営費交付金を競争的資金化し、競争力のない大学から順番に淘汰すべき」とした 2007 年 2 月 27 日の経済財政諮問会議における御手洗日本経団連会長はじめ民間議員 4 名による提言である。そこでは、「研究予算の選択と集中」「オープンな教育システム」「運営費交付金の競争的配分」が具体的に政策提起されている。またこの提言は、2010 年度以降の第二期における国立大学予算の配分方法の抜本的な変更を示唆し、またこの提言にもとづいて 2007 年 5 月に財務省が実際の試算を行い、その結果を公表することで各大学の動揺を誘ったのであった。

もうひとつの動きは、国立大学・研究機関の「種別化・差別化」の論議であり、財務省から提案されたプランである。これは国が積極的に維持する必要のない大学については、これを民営化・私学化するものである。2008 年 7 月 1 日に閣議決定された教育振興基本計画は、財政支出の数値目標の記述

をめぐって文科省と財務省との間で激しい議論の応酬があった。ここで財務省・主計局は、「国立大学の機能分化」(2008年5月19日財政審議会への提出資料)を提出し、「国立大学法人運営交付金の配分ルールを大胆に見直すべき」として、①成果や実績、競争原理に基づく配分、②教育・研究の機能分化、再編・集約化、③一律並びの授業料の見直しを提起した。

その後、民主党政権の下でも、とりわけ菅直人内閣以降、新自由主義的な構造改革は推進され、財界の求める経済成長戦略への大学の研究開発機能の動員と、大学の種別化、「グローバル人材」育成のための大学改革が進められた。そして、冒頭に述べたように、2013年12月に発足した第二次安倍内閣の下で、第一次安倍内閣の下でとん挫した道州制導入や憲法改定とともに大学再編という一連の構造改革が再起動されたのである。

冒頭で述べた、産業競争力会議で下村文部科学大臣が示した国立大学改革プランの特徴は、これまで以上に経済の「グローバル化」に対応して、「外国人研究者の積極的採用」「トップ外国大学からの『ユニット』丸ごとの誘致」さらに、そのための「年俸制導入」「9か月雇用制度」等の「人事給与システムの断行」、「運営費交付金の戦略的配分」と、入試へのTOEFL等の活用と留学促進による「グローバル人材」の育成を強調している点にある。教育再生実行会議第三次提言「これからの大学教育等の在り方について」(2013年5月)においても、同様の目標のもとに、「イノベーションを担う」理工系人材育成を重視するとともに、大学が新産業創出のための投資ができるように国立大学法人法の改定を求めている。さらに、これらの改革を断行するために、教授会の審議機関化をはかり、学長のリーダーシップを強化するための学校教育法等の改定や、前述した人事・給与システムの改定も打ち出している。

5. TPP問題と日本の大学制度——おわりにかえて

独立行政法人、国立大学法人という形態は、名称によると、行政から独立した法人というふうに見えるが、本論で展開してきたように、実態は行政に

従属して改変を強いられる不安定な法人であるといえる。その本質は、「行政従属法人」と言ったほうが正しい。自律性が認められるとすれば、それは通則法の枠組みのなかでのみである。しかも中期計画の期間の範囲だけである。その中で大学の自治制度は一層後退し、文部科学省の管理下だけではなくて、財政誘導のなかで財務省の管理下にもこれまで以上に置かれつつある。本章で見てきたように、国立大学法人化後の大学再編・改革の動向は、その本質どおりの様相を見せているといえる。

　最後に指摘しておかなければならないのは、国立大学法人が、法的にはいつでも統合・廃止・民営化が可能な制度設計になっている点である。今日問題となっているTPPは、GATT協定第24条に定められたFTA（自由貿易協定）の一種であるが、FTAが例外分野を認めるのに対し、TPPはこれを認めない点に特徴がある。TPPは、米国の多国籍企業団体がオバマ大統領に要求したものであり、日本では2010年秋に菅直人首相（当時）が、日本経団連からの要請に応えて、同交渉への参加を表明した。2012年冬の総選挙において、安倍総裁が率いる自民党は、「TPP断固反対」を掲げて圧勝した。ところが、政権を奪還するや否や、安倍首相は米国はじめ11か国との事前交渉に合意し、2013年7月から本交渉に参加することになった。民主党政権首脳も、自民党政権首脳も、TPPは農業だけの問題であり、コメをはじめとする聖域5品目を例外化することが可能であるかのようにマスコミも使って宣伝してきたが、これが虚偽の事実であることが米国側文書によって既に明らかになっている。あらゆる商品貿易について例外なき関税撤廃の枠組みが適用されるうえ、投資及びサービス貿易、労働力移動の自由化といった非関税障壁の撤廃・緩和が、最大の焦点になっているのである。当然、こうしたサービス貿易及び投資の自由化の対象には、「大学」「高等教育」も含まれることになる[8]。

　すでにOECDは、「民間大学セクター」が世界でどれくらいの「教育輸出education export」をしているか、具体的なセクター名もあげながら分析し、ニュージーランドはすでに海外輸出全体のなかで教育部門が20％まで伸びてきていると報告している。またこうしたセクターが「教育産業部門」とし

て結合し、国際協定への圧力をかけていることも指摘されている[9]。

このことは、米国政府が、2000年代に入って対日要望事項のひとつとして、テンプル大学ジャパンの学校法人設立認可に関する規制緩和を求めてきていたこと(「2006年日米投資イニシアティブ報告」)によって裏付けることができる。また、上述の「下村プラン」の内容の多くが、在日米国商工会議所の『成長に向けた新たな航路への舵取り 日本の指導者への提言』(2010年)と重なることにも注目したい。そこでは、日本の学生及び教員のグローバル化のためのプログラムの開発支援の推進、外国人留学生のためのビザ申請の簡素化、日本の大学が優秀な外国人教授を迎え入れるための人事・給与システム・労働条件の整備、学校法人と同様の便益(免税、各種研究費・プログラムへの参加)を外国大学に与えること、日本に分校を設立しようとする外国の教育機関を積極的に募集し、日本の大学と他の共同事業としてまたは他の方法での提携を推進すること、さらに大学の認証基準の国際的統一が、盛り込まれているのである。

以上のことは、教育・大学分野もTPPの対象となり、単独あるいは合弁、買収、連携等の形態で外国の大学ビジネスが参入する可能性が高いことを示唆している。現行の日本の大学設置認可制度や国内大学への公費投入が、外国からの教育市場・大学市場への参入「障壁」とみなされれば、TPPの交渉分野の一つであるISD(投資家対国家の紛争処理)の提訴案件ともなりうるということである。現下の大学改革・大学再編の動きは、こうしたグローバル化の新たな段階に対応した、「グローバル国家」型構造改革の一環であることに十分な注意を払うべきである。

［注］
1 第6回日本経済再生本部会議における安倍首相の指示事項(2013年4月2日)。出所は、http://www.kantei.go.jp/jp/singi/keizaisaisei/dai6/siji.pdf。
2 以下の叙述については、岡田知弘「行政改革と大学審議会答申」『全大教時報』第22巻第6号、1999年1月、岡田知弘・二宮厚美「独立行政法人化で大学の自立性は高まるか」『経済』第62号、2000年11月、岡田知弘「国立大学の独立行政法人化と高等教育の再編成」高等教育研究会『大学創造』第11号、2001年、による。
3 2003年6月2日の第22回世界ガス会議東京大会における奥田経団連会長の講演録

より。出所は、http://www.keidanren.or.jp/japanese/speech/20030602.html。
4 『週刊現代』2002 年 5 月 1 日号。
5 道州制については、岡田知弘『増補版　道州制で日本の未来はひらけるか』自治体研究社、2010 年、を参照のこと。
6 御手洗冨士夫「新・経団連会長が緊急提言　日本経済イノベート計画 -- 卑怯な経営者は去れ」『文藝春秋』2006 年 8 月号。
7 同「今こそ平成版『所得倍増計画』を」『文藝春秋』2008 年 7 月号。
8 TPP については、岡田知弘『震災からの地域再生』新日本出版社、2012 年、第 6 章「TPP で被災地、日本の地域は救われるのか」、岡田知弘「直言　主権を脅かす TPP 交渉からは直ちに離脱すべき」『地域農業と農協』第 43 巻第 1 号、2013 年 7 月を参照されたい。
9 OECD,Internationalisation and trade in higher education（2004）

結　章　総括と問題提起

細井克彦

1．問題設定

　これまでの考察からも明らかなように、世界的な潮流になった新自由主義大学改革は実態的には破綻しているにもかかわらず、グローバル化の勢いとともに資本主義体制の生き残りをかけたしたたかさとしぶとさを示しており、一部の社会主義を標榜する国においてもなおこれに対抗する力を持ち得ていない状況がある。2008年のリーマン・ショックにはじまる世界的な金融・経済危機のもとで、アメリカ大統領選挙でのオバマの登場は「変化」を期待した世論の勝利であったが、2期目を迎えたオバマ大統領は、結局、新自由主義に代わる変化をもたらすことはできず、また、EUにおいてもアメリカ型新自由主義とは一線を画しながらも新自由主義の傾向を示しており、ギリシャの財政破綻等に象徴されるように、各国での財政危機が深刻であり、新自由主義政策への批判が高まっており、EUの存続が問われる状況も生まれている。アジアでも中華人民共和国が世界第2位の経済大国になったといわれるが、その政策実態は新自由主義の独特の展開であり、国内での経済格差をはじめ山積する矛盾を対外問題で国内融和を図ろうとして呻吟しているようである。日本でも、小泉純一郎新自由主義「構造改革」で矛盾が極度に達し、2009年夏に戦後はじめての本格的な「政権交代」が実現し、新自由主義の見直しが期待されたが、民主党政権は2009年マニフェストをことごとく反古にし、2011年の3.11東日本大震災・福島第一原発事故への対応もまともにできず、大惨事に便乗して一気に「改革」を進めようとする財界

結　章　総括と問題提起　315

にとり入った野田佳彦内閣のもとで小泉「構造改革」時代に逆戻りし、かつ、より新自由主義的な政策を遮二無二に進めてきた。いまや国家戦略として位置づけられた大学改革政策においても、財界の意を受けて文部科学省が「大学改革実行プラン」を作り、財務省の強力な財政誘導を背景にしながら、大学に対して強制的に「改革」の実行を迫っている。大学改革政策は、小泉時代の大学「構造改革」(「遠山プラン」)から新たな展開が図られ、新局面を迎えている[1]。なお、2012年末の総選挙後の第2次安倍晋三内閣のもとで教育再生実行会議が公表した第3次提言「これからの大学教育等の在り方について」は、本章では扱っていない。

　①「小さな政府」や「選択と集中」の名のもとに、市場競争一辺倒で、多国籍企業のグローバル競争のためには最大限の政策対応を促し、国民生活に不可欠な福祉、医療、学術・文化・教育などには大鉈を振るい、1％のために99％を犠牲にしても何ら厭うこともなく、あらゆるところで優勝劣敗、格差と貧困を常態化し、1％以外にたいしては自己責任論を振りまき、「我なき後に洪水よ、来たれ」とばかりのグローバル資本による階級的実権の奪取を本質とする新自由主義がまともな社会を構成する意思も能力もないことは明らかである。そのことは3.11東日本大震災・福島原発事故への日本の財界と政府の対応を見れば火を見るよりも明らかであろう。しかし、3.11後の問題状況の要諦は、3.11が戦後の日本社会、とくに高度経済成長以後の経済社会の構造ないしはシステムに起因しており、その解決には日本社会のあり方についての根本的な反省と変革が求められていることへの国民的なレベルでの認識（その運動も）が兆しはじめたことにあるだろう。本書を締めくくるに当たって若干でもこのための考察を行い、大学改革政策への問題提起を試みたい。

　②新自由主義大学改革は世界的な潮流であるが、それゆえに当然一般的な原理や手法がある一方、国や地域によって大学の歴史と伝統、自治と民主主義の成熟度などにより特殊性があることも間違いない。本書で考察した国や地域においても現れているので、これを整理するなかで、とくに日本の大学改革政策の位置を確認しておきたい。

③最後に、新自由主義大学改革をのりこえるための理論的な検討を行っておきたい。とはいえ、新自由主義大学改革とはなお当分の間は付き合うことになるであろうが、大学とは何か、社会における大学の存在意義を絶えず問い直す必要がある。

2. 3.11 東日本大震災・福島原発事故が提起するもの

(1) とくに原発事故が明らかにしたこと

2011 年 3 月 11 日に発生した東北地方太平洋沖地震は、マグニチュード 9 という巨大地震につづく大津波で、その後の余震を含め 2 万人をこえる死者・行方不明者をだし、残された者の生活や命を危機に陥れ、同時にそれらを引き金に起こった東京電力福島第一原子力発電所の爆発・大災害ではチェルノブイリ原発事故級のレベル 7 の（炉心溶融と水素爆発をともなう）過酷事故（シビアアクシデント）により放射能・環境汚染、10 数万人の周辺地域住民の避難生活、風評被害などこれから何十年にもわたる放射能との格闘という未曾有の大惨事をもたらした（3.11 東日本大震災・福島原発事故と呼ぶ）。地震や津波は自然災害の要素は強いものの、原発事故は自然災害をきっかけにした明らかな人災であることは疑いない[2]。もとより震災・原発事故からの復旧・復興にたいする政府の対応は、遅々として進まず二次災害ともいうべき人為的災害を拡大することにもなったが、政府の無策や東京電力の無責任さないしは意図的ともいえる情報隠し、事故・被害の過小評価や虚偽の宣伝とともに、背後には大惨事に便乗してグローバル競争への生き残りをかけた大企業のための経済再生を図ろうとする財界・経済界の野望を剥き出しにした復興論が跋扈していた。ところで、東日本大震災にはいくつもの固有の特質を含んでいるが、とりわけ原発事故という前代未聞の大災害を生じたことで際立っている。日本の高度経済成長は科学・技術の発展にともない国民の生活を豊かにしてきたが、反面、国づくり・街づくりが大企業中心に行われ、公害・環境破壊をはじめ、地域社会は解体され、人と人のつながりを希薄なものにし、人が生きる地域・社会ではなくなってきていた。高度経済成長が破綻しても

なお「成長・開発神話」にとらわれ、結局のところ国の政策も人々の生活もそれを変えることを厭ってきたといわざるを得ない。そして、1995年1月の阪神・淡路大震災のような大惨事が起こり、それを機に日本社会の脆さが露わになり、それにたいする反省・自戒もなされたのだが、やがて「強い国・日本」が叫ばれ、政策・行政もこれを推し進めた。高度経済成長と同時進行でそのうえに（社会の格差が大きくなり経済成長から取り残された地域・地方に「安全神話」とともに）原子力発電所の建設が展開された。そして、3.11東日本大震災・福島原発事故にいたったのである。その直後の3月18日に日本学術会議は全員総会を開き、「東北・関東大震災とその後の原子力発電所事故について」という幹事会声明を発表した。そのなかで、「今回の事態に照らして、災害の衝撃に対する社会・経済システムの備えを厳しく点検しなおすことが、不可欠です」と述べ、「日本学術会議は、今回の災害が顕示した日本の社会・経済システムの脆弱性を顕著に受け止め、その改善を真摯に模索して、次代に安心して引き継ぐことのできる新しいわが国の社会を構築するために科学と技術を活用する方法を、社会に向けて説明する責任を自覚して行動します」[3]と宣言した。3.11東日本大震災・福島原発事故が、とくに高度経済成長後の日本の「社会・経済システムの脆弱性」を露呈したという指摘とともに、「次代に安心して引き継ぐことのできる社会を構築する」という表明はひとり日本学術会議のものではないであろう。

　さて、福島原発事故についてはいくつかの調査・検証が行われ、報告書もだされている。たとえば、民間の『福島原発事故独立検証委員会　調査・検証報告書』(北澤宏一委員長：2012年3月11日) や、『国会事故調　東京電力福島原子力発電所事故調査委員会　報告書』(黒川清委員長：2012年7月5日)、政府事故調『東京電力福島原子力発電所における事故調査・検証委員会　最終報告』(畑村洋太郎委員長：2012年7月23日) などがある。国会事故調と政府事故調とはその性格上、福島原発事故にかかわる被害状況や事故対応の問題、技術的、組織的、法制的な問題や、あるいは諸外国・IAEA等との関係などを主な調査対象にしている。これに対して、民間事故調報告では、福島第一原発事故の原因には「技術的な側面」「制度・政策的な側面」と同時に「社会的

な側面」が存在するとしているところに特徴がある。もとより、国会事故調も政府事故調も福島原発事故の「社会的な側面」を認識していないわけではない。国会事故調の黒川委員長の「はじめに」でも明らかである。「福島原子力発電所事故は終わっていない。これは世界の原子力の歴史に残る大事故であり、科学技術先進国の一つである日本で起きたことに世界中の人々は驚愕した。世界が注目するなか、日本政府と東京電力の事故対応の模様は、世界が注目する中で日本が抱えている根本的な問題を露呈することとなった。想定できたはずの事故がなぜ起こったのか。その根本的な原因は、日本が高度経済成長を遂げたころにまで遡る。政界、官界、財界が一体となり、国策として共通の目標に向かって進むなか、複雑に絡まった『規制の虜 (Regulatory Capture)』が生まれた」とし、「経済成長にともない、『自信』は次第に『おごり、慢心』に変わり始めた」[4]としている。そこでは、エリート支配層は国民の命を守ることよりも「組織の利益」を守ることが優先され、世界の安全に対する動向を知りながらもそれらに目を向けず安全対策は先送りにされた。そして、日本の原発は、いわば無防備のまま、3.11の日を迎えることとなった、と。とはいえ国会事故調も政府事故調も、事故原因の「社会的な側面」については特別に論じていない。これに対して、民間事故調では「真実に迫るにはいくつものアプローチがあるはずです。調査・検証の目的も、政府事故調は『危機にあたっての、政府としてどうだったか』を対象とするでしょう。それは大切なことですが、対象はそれだけではないでしょう。政府の過去の政策、原子力安全規制体制と政官業の既得権益構造、官僚政治、それらの背後の社会意識や組織文化などにもメスを入れなければならないでしょう」[5]としている。そして、第3部 歴史的・構造的要因の分析、第4部 グローバル・コンテクスト、という部構成をもうけて分析・検討している。

　民間事故調報告書では、第1部 事故・被害の経緯、第2部 原発事故への対応、において、福島原発事故が「備え」のない原子力過酷事故であり、「人災」であったことを明らかにし、第3部で事故の歴史的・構造的な要因を解明している。そこでのキーワードとなるのが「安全神話」である[6]。

　「日本の原子力技術導入時から構築されてきた、『原発は安全である』とい

う漠然とした社会的了解は、原子力技術の考え方や、社会的な原子力技術の受容、安全規制における行政的な仕組みに少なからず影響を与えている。＜中略＞原発の安全性に対する楽観的な認識にもとづいてガバナンス体制が構築され、規制当局や安全規制に責任を持つ電気事業者、さらには原発立地自治体の住民や国民全体が『安全神話』を受け入れることで、日本の原子力事業が成り立っており、次第に事故の可能性を議論することすら難しい状況を生み、その結果、事故に対する『備え』が不十分になっていったのではないか」と。

　日本が原発を導入するにあたって、その安全性と技術的先進性が強調され、そのリスクを明示しないまま進められ、あるいはスリーマイル島原発事故（1979年）やチェルノブイリ原発事故（1986年）を経験した後にも、日本の原発だけは安全という神話が維持され、これらの事故の教訓をふまえた安全性の向上は不徹底のままという状況となった。さらに茨城県東海村のJOC事故（1999年）のように日本における原発事故でも過去の教訓は生かされることなく、「安全神話」に依存した体制は揺るがなかった。その背景には原子力船「むつ」の放射能漏れ（1974年）に端を発する反原発運動の盛り上がりにたいする反対派の安全性への疑念を否定するためにも、原発の絶対的な安全性を唱え、事故が起こることを想定することすら許さない環境が出来上がった、と。原発絶対安全という神話は、それを生みだした「原子力ムラ」（＝「原発利益共同体」）の存在があり、国民と国家の「安全」をおろそかにする原発政治と原発行政が浸透してきた。

　「絶対安全神話とは、原子力災害リスクをタブー視する社会心理を上部構造とし、原子力発電を推進する原子力ムラの利害関心を下部構造とする信念体系である。それは、原子力の導入、立地を受容するための環境づくり、イメージづくりであり、社会的合意づくりのために必要とされてきた。その背景に、第二次世界大戦の際の広島と長崎への原爆投下という日本の被爆体験とそれによる反核感情の根強さがある。

　1970年代以降、日本の原発建設が進むなかで、産官学と原発立地自治体の原発推進派―タテとヨコの原子力ムラ―は、原発反対運動に対抗するた

め、原発リスクを封じこめようとしてきた。」[7]

東京電力は福島原発事故が発生し、津波による全交流動力電源喪失という事態に陥った際に、津波の襲来を「想定外」だったとして責任回避したことは記憶に新しい。津波に関する多くの研究や他の原発での津波対策にもかかわらず、東電は聞く耳を持たなかった。「絶対安全神話は、安全性向上のための新たな科学的知見や技術革新の最新の成果を、既存の原子力発電システムに取り入れるいわゆる『バックフィット対応』をも妨げた」[8]のである。もとより、日本のように島国で周りが海でしかも活断層が密集した条件下に原子力発電所を立地するということ自体が尋常ではないのだが。

ところで、「安全神話」を作るのに主体的に関与し、原発を推進してきたのが、「原子力ムラ」であった。第9章 「安全神話」の社会的背景、において、「2つの『原子力ムラ』と日本社会」という観点から分析・検討されている。すなわち、一方に「中央の原子力ムラ」＝原子力行政・原子力産業であり、もう一方に「地方の原子力ムラ」＝原発および関連施設立地地域であり、その2つが原発を推進するという点において「共鳴」し、原発を維持する体制を作ったとし、この2つの強固な原子力推進の勢力は日本社会全体においていかに位置づけられるのか、である。結論的にいうと、中央・地方の2つの「原子力ムラ」は、原子力発電所を「置く側/置きたい側」と「置かれる側/置かれたい側」に位置づけられ、それぞれのなかで独自の「安全神話」を形成しながら、結果的に原子力発電を強固に推進し、一方で外部からの批判にさらされにくく揺るぎのない（閉鎖的・排他的な）体制を作ってきた。つまり、「原子力ムラ」というのは政治、行政、産業界、学識者、地方自治体によって構成される（原発利益）共同体のことであり、「原子力ムラの外部」、その共同体の外部にいる一般国民は、「無知・無関心」であり、そのなかに「安全神話」を築く土壌が作られてきた[9]というわけである。それゆえに、原子力と社会の関係を考えていくうえで重要なことは、『『安全神話』とはなんだったのかを改めて検証し、『中央の原子力ムラ』における政治と産業界、あるいはマスメディアや関連学会などとの強固な結びつきを相対化して、一般国民が、それぞれの関係性を批判的に検証する場を設ける必要がある。そう

することで、原子力をめぐる政治的、経済的判断がなされるプロセスを透明化し、国民が原子力政策を判断できるような情報提供がなされるべきである」[10]。3.11福島原発事故は、その社会的要因からの教訓として、国民自らが「原子力ムラ」にメスを入れ、「安全神話」を批判し、それをのりこえる（政策）主体たるべきことを求めているといえよう。そして、「次代に安心して引き継ぐべき社会を構築する」ことが必要になっている。

（2）原子力政策の形成期の特質と問題

　民間事故調の報告書でも明らかなように、原発推進勢力にとって原発は「安全・安心」であるという前提は、1955年の原子力基本法制定以来、かたちを変えつつ常に存在した[11]。このことは、戦後日本における原子力政策の形成期に遡る根深い問題を抱えていることを示しているであろう。そこで、この問題を簡単にでも振り返っておこう。そこには政策形成と政策内容との関係性もうかがえるであろう。

　第二次世界大戦後、日本の原子力研究はアメリカ占領軍（GHQ）によって禁止されていた。理化学研究所や阪大、京大のサイクロトロンの破壊は象徴的な出来事であった。原子核研究の基礎研究をやらせないというかたちで非軍事化政策を徹底しようとしたのであろう。しかし一方で、1949年にはイールズが新潟大学を皮切りに全国の大学で「共産主義教授」とおぼしき教授の大学からの排除（レッド・パージ）を呼びかけたのである。1950年初頭、日本学術会議の学問・思想の自由保障委員会は坂田昌一、武谷三男の提案によって原子力研究の自由を保障するために努力を行った。1952年にサンフランシスコ講和条約が発効して原子力研究の再開の問題が取り上げられるようになり、第13回総会に、茅誠司、伏見康司両会員により原子力委員会設置を政府に勧告する提案がなされた。討論では、「日本の現状からいって、平和的利用の意図が、軍事的なものに切り換えられる危険性が極めて強い」とする意見もあり、また日本に真の自主性がないために起こる危険や原子爆弾被災国として国民の間にある忌避感情などが指摘されていた[12]。そこには、坂田のように「過去において日本の科学者は政治家や軍人の意のままに動く

一介の職人に身をおとし、犯罪戦争に協力して巨額の研究費をかせいだが、日本学術会議はその発足に当りこのような卑屈な態度を強く反省したはずであった。私は日本の科学者が学者としての節操を枉げ、不浄の研究費によって学問の尊厳を汚すことが二度とあってはならないと切に願うのである」[13]という考えが反映されていた。

　1953年、アメリカ大統領アイゼンハワーは、突然国連総会で演説し、原子力の平和的利用のための国際原子力機関を設置する提案を行い、核分裂性物資の一部を国際機関に提供する用意があるとして注目を集めた。これは原子兵器、大量殺戮兵器を即時、無条件に禁止し厳格な国際管理機構を設置するという主張に対し、原子兵器禁止を棚上げにして平和利用を打ちだしたものであった。そして翌年1月、アメリカ国務省から日本政府へ演説の基礎資料となった「原発の経済性」という文書（アメリカの最高機密）が送付された。ここから原子力の平和利用の宣伝が行われるようになった。日本でこの問題が大きく展開するのは1954年の突然の原子力予算「原子力平和利用研究補助金」（2億5000万円）の計上であった。そこには中曽根康弘による強引なやり方で日本での原発政策を政治主導で行うきっかけになった[14]。これに対して日本学術会議は、「既に学術会議としては、原子核研究所の設置を勧告しており、その設立のための準備費を政府に要求していたのにたいし、一方、まだ学術会議として結論の出ていない、原子力研究に多額の予算が計上されたことについて大きな危ぐをもったのである」[15]としている。他方、アメリカで原子力法が成立したことから、アメリカから核分裂物資の配分を受けるには、アメリカとの間に双務協定を締結しなければならなくなった[16]。同年、太平洋ビキニ環礁でのアメリカ水爆実験があり、日本の第五福竜丸が被爆した。ビキニ事件である。原水爆反対の市民運動がはじまった。学術会議による声明にはつぎの一節がある。

　「不幸にして、現在の国際情勢は、この新しい型のエネルギー源につき科学的調査と開発を推進するに際し、それが、人類の平和と福祉に、積極的に役立つという確信を持たせるには程遠い状態にある。絶えずより巨大なより恐るべき原子兵器の生産が我々の周囲で行われているこの混乱を見る時、

我々は我々の希望の実現に絶望的ならざるを得ない。この矛盾は世界的なものである。」[17]

　学術会議の第17回総会では、原子力研究について、ふまえるべき原則と政府の原子力予算の計上への批判を行い、「原子力の研究と利用に関し公開、民主、自主の原則を要求する声明」を発した。また第18回総会では、「原子力の研究・開発・利用に関する措置について」を採択し、政府に申し入れた。そこには、「①あくまで平和目的に限定すること、②国民の福祉、経済的自立を目的とすること、③成果について、その他重要な事項がすべての国民に、公開されること、④民主的、自主的に研究・開発・利用の行われること、⑤関係する諸機関の人事についてとくに基本的人権を尊重すること、⑥放射線障害対策に万全を期すること、⑦原料物資は国民の利益のため、厳重に管理されること」の7要件を定めている[18]。1955年には国会に自由党、民主党、社会党で構成する原子力合同委員会（中曽根委員長）が発足し、そのもとで「民主・自主・公開」の三原則をうたった原子力基本法が制定され、原子力委員会が設けられて、原子力が国家事業として進められることになった[19]。

　ところで、アメリカが提供を申し入れた濃縮ウラニウム受け入れに対しては、学術会議において双務協定に規定されるべき機密保持の保証が原子力三原則のみならず、学問思想の自由の重大な危機をもたらすことが論ぜられた。第19回総会で羽仁五郎は、アメリカのひも付きによって「学問の自立的な発展を妨げ、またその自由をおびやかされる恐れが多分にある」とし、緊急提案を行っている（採択されなかったが）。また、坂田は「日本が来たるべき原子力時代に本当に備えるつもりであるならば、アメリカから輸入した原子炉を運転する技術を習得するだけで満足すべきではなく、わが国独自の学問とわが国独自の技術を生み出し、新しい時代の創造に一役買うくらいの心構えが必要である。そのためには目的意識をもつ強いワクにはめこまれていない自由な基礎研究を育成する方策が強力に実行されねばならない」[20]とし、「原子力研究に名を借りて研究費をかせぐような愚をくりかえすとしたならばそれは本末をとりちがえた自殺行為となるであろう」[21]と警告している。さらに、原子炉の移入が取り上げられるようになると、原子炉設置にともなう災

害の防止が重要かつ緊急の問題としてクローズ・アップされてきたが、とくに日本原子力発電会社がイギリスから購入しようとしていたコールダーホール改良型動力炉については耐震性や、温度係数、設置場所に予定されている茨城県東海村付近の気象条件、海流の状態などの問題をめぐって安全性への関心が高まった。イギリスで起こった大事故が国民の生活を脅かしていたことがある。これに対して坂田は、「軍事目的が優先する国々においては、原子炉の安全性の問題はとかく第二義的に扱われ、秘密裏に処理されがちであった。しかしわが国のごとく、ただ平和利用のみを目標とし、三原則にもとづいて原子力開発を行っている国においては、何よりも先に安全性がとり上げられ国民が納得し、国民の協力と監視の下に実行される災害防止対策が樹立されねばならない」[22]と原子力三原則の意義を述べている。そして、原子炉の安全性についての基本的立脚点を明らかにしている。「原子炉が未知の要素を多く含み、法則性の的確にとらえられていない装置であり、放射能障害が通常の毒物における障害とは質的にまったく異なった性格のものであることを正しく認識するならば、原子炉の安全性ととりくむためには、まず基本的な観点を明確にすることから始めねばならぬ」とし、「基本的な観点に立ち個々の問題ととりくんでこそ、はじめてどうすれば災害を防ぎうるかという実際に役立つ科学的な対策が生みだされるであろう」としている。「日本の学者には断片的な知識や末梢的なテクニックスだけを学問だと思いこみ、そのよって立つ基盤を明確にする基本的な物の考え方が学問を学問たらしめるうえに一番大切であることを忘れている人が多い」と指摘している。そのうえで、日本学術会議・原子力問題委員会の「原子炉およびその関連施設の安全性について」に言及している。そのなかで、とくに放射線障害（内部照射を含む）の特性と「安全性」の概念が重要であるとする。安全性の問題を考察するにはまず「放射線障害の特性」を正しく認識する必要があるとし「許容量」という名称が不適当であることもとり上げながら、「安全性」の概念について、3つの基本点からとらえている。要するに、①原子力の平和利用の際には「安全性」の保証がすべてに優先するという考えから出発しなければならない、②「安全性」の概念が単に科学技術的概念であるば

かりでなく、社会的概念である、③原子炉の安全性が、その固有の安全性のほかに設計、運転、保守等の人為的措置に依存している、ということである。このように考えるならば、設置場所自体が安全性の重要な要素である[23]。

　以上で原子力政策形成期に関する考察を終えるが、この時期には原子力研究や政策をめぐって国論が大きく二分されており、世界的にもその様相はあったとはいえ、とくに日本ではアメリカとの関係が強くかつ政治主導で原子力研究や政策が強引に方向づけられ、原子力基本法では「公開・自主・民主」が取り上げられたものの政策的な実体面ではないがしろにされ、かろうじて平和目的も残ってはいても「安全性」の問題とは分離され、むしろ科学的知見や民主主義が排除されたところに現在に続く根本問題があったといえよう。

（3）相似形としての原子力政策と大学改革政策

　戦後日本の大学政策は1953年に文部省（現文部科学省）の諮問機関である中教審（中央教育審議会）が活動をはじめてから約10年後（1963年）に1990年代に至るころまでの基本骨格が形成された。それまでとくに戦後改革期には一方でアメリカ占領軍がCIEを中心に教育関係の政策に関与し、他方で日本の教育刷新委員会が政策形成に重要な役割を果たしていた。しかし、この仕組みも政策の中身についても1950年代初めころから変化し、民主化を基軸とした政策が後退していった。その担い手となったのが中教審であった。中教審は諮問機関として必要とされる民主化の契機と専門化の契機のうち、当初においては後者にはある程度の力点が置かれたが、前者については「御用機関」との名称も付されたことに示されるように、政府や文部省の政策枠組みのなかでの審議、答申に終始した。そして、1980年代には臨教審（臨時教育審議会）が設置されると、これが内閣総理大臣の教育諮問機関であるにもかかわらず、2名を除いてすべての委員が教育関係者以外から任命された。ここに至っては専門化の契機もないがしろにされ、保守主義や新自由主義に傾倒した委員が任命されたといってよい。大学政策関連では1987年に大学審（大学審議会）が設置され、大学の代表でもない20名程度の委員が文部大

臣にたいする勧告権を持って大学政策の重要事項を審議することになったのである。2001年には中央省庁の再編で文部省と科学技術庁の統合で文部科学省が誕生し、そのもとで中教審が再生・発足することになった。しかも、新たに設置された内閣府には経済財政諮問会議、総合科学技術会議等が設置され、財界代表も議員として参加する仕組みになって、そこで大学についても政策の大枠を決定されることとなった。したがって、文科省・中教審はその下請け的な実行機関となったといえよう。そして、2012年以降は国家戦略会議が経済財政諮問会議等の役割を担っている。大学政策が科学的な知見や自治と参加による民主主義によるよりも、時の政治的な（または経済的な）要請（主に財界の要求）によって形成、実行される仕組みになっている。これは大学政策の中身にも深い関係があることはいうまでもない。

　戦後初期日本の大学のあり方に大きな影響を与えたのは、第一次米国教育使節団報告書であった。「高等教育」の章では「大学はすべての現代教育制度の王座である」にはじまり、大学の三大任務（知的自由による真理の探究、才能ある青年男女の教育、職業の訓練）を提示して、日本の大学制度のあり方を見直すことを提起している[24]。その一つが研究のあり方であり、「科学界における日本の参加は、創造的または独創的であるよりはむしろ、模倣的、吸収的であった」と指摘し、もう一つは教育に関して、才能ある青年を常に豊富に供給することであり、「高等の学問に進む権利のあることが、国民大衆にもまた高等教育を支配する行政機関にも、はっきりと認識されなくてはならない」[25]として、少数者の特権と特殊の利益が多数者のために開放されることが必要であるとした。そのうえで、教授の地位を保証するために学問の自由と経済的保証が社会からの贈り物として必要であり、とくに研究と教育を責務とする日本の高等教育機関において学問の自由およびそのための自治が最も重要かつ必要であるとした。また、学生にとっても自由と責任が必要であるとし、「あらゆる程度の高等教育を受ける自由」があること、自らの資力で勉学ができない有能な男女に財政的援助が与えられるべきであり、また男女同権が事実として確立されることが必要であるとした。この時点において、日本の大学にとってはとくに学問の自由と自治の確立、高等教育を受け

る権利の確認をはじめ、大学の大衆的基盤の拡大と民主化が必要であることを提起した点で画期的であったといえる。

　一方、中教審は1963年に「大学教育の改善について」答申（「38答申」）を発表した。本答申は、第11章でも指摘したように戦後初の本格的な大学政策として以後の中教審などの大学政策の基本骨格を形成したものであり、1971年の中教審答申「第三章　高等教育の改革に関する基本構想」（「46答申」）で体系化され、臨教審や大学審等を経て少なくとも1998年大学審「21世紀の大学像と今後の改革方策について」答申に至る大学政策の「原型」になっている。ここでは、2点だけ指摘しておきたい。1つは大学の種別化であり、2つは大学の自治に対する考え方である。38答申では、まず大学の目的・使命と「国家・社会の要請」との関連が密接になってきたという理由づけをし、戦後改革における大学制度では所期の目的を達成できないとして、大学の目的・性格により大学の種別を設けることを提起した。「①高度の学問研究と研究者養成を主とするもの、②上級の職業人の養成を主とするもの、③職業人の養成および実際生活に必要な高等教育を主とするもの」という基準にもとづいて種別化することである[26]。この考え方は、46答申ではいわゆる「5種8類型」に多様化するように体系化され、また98年答申でも高等教育機関の多様化・個性化というかたちのなかで大学の種別化が登場している。種別化の考え方は、大学というものの国際的な基準や第一次米国使節団報告書の理念からもずれるものであり、「国家・社会の要請」の名を借りた産業界からの要求を反映した大学制度の合理化案（とくに人材養成や財政配分の面での）といってもよい。つぎに、大学の自治については、38答申では大学の自治は学問研究の自由を離れては考えられないとしながらも、社会の変化に対応させるべきものであるとし、「国家・社会の要請と期待」に応じた管理運営が必要であるとする。大学は「社会制度」として「国家・社会との連携」を深めることによって、「閉鎖性」を排除し、「社会の発展」に寄与すべきであるという。そのために学内管理体制の確立や「学外者を加えた機関」を提起した。一方、大学における学生の地位については、学生を厚生補導ないしは教育指導・管理の対象としてしか位置づけず、「学生は教育を受ける

ものであるから、学生の自治活動は、わが国における大学の自治とは異なるものである」[27]とする。前者は文部省の懸案とされてきたが大学の批判や抵抗もあり、「46答申」では大学の「閉鎖的な独善」を打破するには「公権力の介入」も必要とした。そして、98年答申を機に学長を中心とする全学的な管理運営体制の確立と学外者の意見聴取のための運営諮問会議が設置されることになった。これに対して、後者の学生の位置づけは自治の主体としてはなお認められていない。学問の自由と大学の自治は大学の国際基準であるといってもよいが、日本では大学を国家の管理下に置くことが当然であり、98答申ではもはや大学の自治という言葉すら使われず、「新しい自主・自律の体制」と呼んでおり、そして、その構成員として学生が自治の主体になることは論外という発想である。

　2000年以降になると、新自由主義大学改革政策が本格的に展開をはじめた。2004年に国立大学法人化が発足し、公立大学も選択的に法人化することになった。このような大きな変化がありかつ大学評価制度が導入されて財政配分のあり方（国立学校特別会計制度の廃止）も大きく変わったものの、2005年の中教審「我が国の大学の将来像」答申に見るように、大学の「機能別分化」が政策の基軸に据えられ、大学の種別化とは異なるとされるが結果的には変わらないかたちで、財政の配分や人材育成論等にも適用されており、各大学の選択ということで結果については自己責任とされる論理を含んでおり、また、大学の自治についてもガバナンス改革（企業統治方式の導入）がとって代わり、「教授会の自治」などはむしろ攻撃の対象とされており、財界・経済界からの意見反映は直接的に行われる一方、学生の意見聴取はなされることがあっても学生の自治をもとに大学運営への意見反映という道筋はない状態であり、その点で大学政策の基本枠組みはほとんど変わっていない。とはいえ、現在では「選択と集中」という政策原理が強力に働き、前者とも連動して大学間の格差と貧困が拡大し、選別と淘汰の責任は結果責任として大学の自己責任とされる点でより強化されている。これは、あろうことか国が大学の目標を定め、大学がこれを実行し、その達成度を国の機関が評価して、つぎの政策に反映される仕組みが導入されたことによる。しかし、大学の政策

の失敗については、政府・文科省をはじめ政策担当者はもとより、大学においても経営にたずさわる学長や役員会、経営協議会等の大学執行部もその責任を取らず、何の権限もない大学教員には自己責任として評価の対象にされるのである。この構造は、原子力政策の構造に似ているのではないだろうか。

原子力政策では、「原子力ムラ」が政策形成からその実行にまで大きな影響力をもっており、かつ、「原発安全神話」がまかり通り、それに批判的な勢力や個人を徹底的に排除した。そして、原発事故が起こっても国も電力会社（東電）も一切責任を取ろうとしないのである。大学政策においても、その政策形成過程において財界の意見反映の場を作っても国民が意見を反映する仕組みはほとんどなく、最近ではパブリック・コメントを募集してはいるものの、アリバイ的であり政策の理念や基本骨格にかかわるような意見は排除される。大学にあってもその本質である自治は政策的に徹底して敬遠され、都合の良い外部の意見は聞いても、構成員として学生を自治の主体と認めることもしない。原子力政策と大学政策とはその構造の同質性を見ないわけにはいかない。

3．世界のなかの日本の大学──その普遍性と特殊性

(1) 世界的潮流としての新自由主義大学改革

新自由主義は、ハイエクやフリードマンなどのシカゴ学派といわれる経済学者がその礎石を築き、1973年9月のチリでの選挙で選ばれた民主的政権を軍事クーデターで転覆した軍事政権に迎え入れられた「シカゴ・ボーイズ」によって実験場として具体化が図られたことはよく知られている[28]。1979年の教育に関する大統領令を契機として教育政策が新自由主義路線に方向転換され、高等教育分野でも全面的な制度再編が実施された。「高等教育機関設立の大幅な規制緩和、高等教育の多様化、国立大学の分権化と地方大学への再編、高等教育財政方式の転換」など、シカゴ・ボーイズが描いた新自由主義的な青写真がとり入れられた。1980年代にはチリの大学制度は激変することになるが、1990年に軍政から文民政府に移行することになる。

文民政府は新自由主義的政策を継承しながら、国家による政策的介入政策を導入するように軌道修正することになった。チリの現代教育政策をつぶさに研究した斎藤泰雄は、チリにおける新自由主義教育政策はチリの教育に肯定的な成果をもたらした側面もあることは否定できないとしつつも、「しかしながら同時に、チリの経験は、市場化、民営化はけっして教育のすべての問題を解決する万能薬ではなく、限界を持つものであることを浮かび上がらせた」[29] と評価している。これは、チリにおける新自由主義教育改革の実験（先駆的事例）の結果に対する評価として注目したい。とはいえ、このような新自由主義的改革がなぜ世界的潮流にまでなったのかには別の要因からの考察が必要になる。それが本書で取り上げたグローバライザーによる新自由主義路線の採用という問題である。

以下で、本書の各論文（第I部）の論点を整理しておきたい。

グローバライザーについてはすでに説明したので、ここではグローバライザーと呼ばれる国際機関の特徴的傾向を見ておきたい。まず第1章では、グローバリゼーションと新自由主義の関係を理解しようとしている。グローバライザーには大きく2つの流れがあるとする。1つは市場派グローバリゼーション（IMF、世界銀行、OECD、WTO）であり、もう1つは正義派グローバリゼーション（UNESCOなど）である。その主流となっているのは前者であり、後者も近年こそ前者との交錯も見られるものの1990年代には独自のスタンスから高等教育への有力な提言活動をしてきた。市場派グローバライザーの契機となったのは、1980年代末のアメリカ合衆国政府、IMF、世界銀行によるワシントン・コンセンサスとそのプログラム（新自由主義政策）と見られる。IMF（国際通貨基金）は、通貨の安定を目指す国際機関であるが、ドルを基軸としており、出資金制をとっているので先進国に優位な制度といえる。わけても投票権はアメリカ合衆国にのみ拒否権があり、その意向が働きやすい仕組みになっている。世界銀行は主に途上国への融資を行う機関であるから融資の条件として、また、WTO（世界貿易機関）は貿易と関税の条件として新自由主義的項目を盛りこむことにより、その圧力で対象となった相手の国内事情とも相俟って、新自由主義が浸透していったことは見やすいであろう。そ

して、OECD（経済開発協力機構）は先進国間の政策協調機関であり、構造調整政策などを通じて加盟各国へ伝播していくことになる。このような新自由主義政策の一つとして、教育政策、高等教育政策も組みこまれてきた。市場派グローバライザーによる新自由主義型大学の特徴として、アカデミック原則から金銭原則への転換、自己の知識要求から産業界の要求へ、アカデミックの側に少ない自律性、消費者として大規模で多様な学生の受け入れといった諸論理が指摘される。

　以上のような国際機関のなかで、世界銀行の高等教育への注文はどうなっているかを、第2章が扱っている。世界銀行にとって高等教育は経済発展に貢献するかどうかが重要であり、1990年代以降に特徴的なのは財政のスリム化と高等教育の充実を同時に主張していること、そして高等教育を国家戦略として位置づけさせることであるとする。このための高等教育のガバナンス論が注目される。世界銀行による高等教育のガバナンスとは、大学経営の枠組みを規定する概念であり、大学経営の善し悪しを計測可能なものにすることであって、それゆえ、高等教育「サービス」の質を知ることが必要なツールとなる。したがって、高等教育ガバナンスにとって大学評価が重要な位置を占めるのである。そしてそれが、世界銀行が企図するこれからの高等教育の市場化および高等教育サービス貿易の自由化に必要だと考えられているとしている。

　そして、世界銀行・OECDは高等教育財政論を展開してきたが、その理論的支柱となるのは人的資本論であるとし、第3章で取り上げている。人的資本論は、1960年代には世界銀行が財政理論として採用していたが、1980年代の新自由主義の勃興とともにOECDも理論展開するようになった。さらに1990年代以降には、世界銀行とOECDの人的資本論は新自由主義的展開を図る。世界銀行・OECDによれば、現代高等教育は経済競争の主要な推進力であって、社会経済的要請に敏感に対応すべきものである。その制度設計は、国家経済や社会的目標といった外部の期待に応えるために、同僚性による管理と政府からの財政支出という自律性モデルから、高等教育機関外部の諸主体によって各機関を「方向づけ／舵取り」する必要性が強調され

る。高等教育機関の財政のあり方については、従来のように財政責任を国家が中心的に負うのではなく、利益を得るものによって分担・共有することが、ガバメントからガバナンスへという高等教育の転換モデルとされる。そこでは人的資本概念が介在するが、費用負担の主体として、政府ではなく「受益者」である家庭・学生を重視する考え方として収益率計算とともにコストシェアリング論というかたちで主張されている。

では、これらの国際機関からの高等教育への要請は、各国・地域や大学でどのように展開しているかを概述しておこう。

イギリス、アメリカは、1970年代末から80年代初頭にかけて、それぞれサッチャー首相、レーガン大統領の誕生を見て、新自由主義政策導入へのさきがけとなった。もとよりそれに先立つ時期からその基盤が形成されていたのだが、両者の登場によって明確な姿を見せてきたことはいうまでもない。第4章では、アメリカは建国当時から市場原理が有力に働いてきており、高等教育制度でもそれに親和的に発展してきたので、1980年代以降の新自由主義化という場合も、画然と区別しにくいところがあるものの、その政策的な特徴は確認される。第一段階ではとくに従来の州を基本とした教育行政を取ってきたアメリカで、連邦政府レベルの改革で経済競争力に資する人材育成を目的とするようになり、また公的財源からの財政支出から大学の授業料や寄付金、外部からの研究資金などによる多様な資金調達に切り換えられてきた。連邦政府奨学金の受給資格認定において、それまでの主導的な立場にあったアクレディテーション団体に代わって政府機関が設置され制度化された。また第二段階では、連邦高等教育法改正による新自由主義的側面が強化されたことを3つの角度から解明している。1つは学習成果の評価基準を通じた連邦政府の権限強化の動き、2つ目は詳細な情報公開の要請、3つ目は営利大学に対する規制の変容である。大学が州政府主導による教育成果に重点を置いたアカウンタビリティを強く求められるようになったが、オバマ政権でもその要請は強くなっている。一方、学生個人の情報にもとづく教育活動の成果を把握するシステムの義務的使用などは阻止されており、民間主導のアクレディテーション団体の支援による自己改善活動で多様なシステム

を構築してきたアメリカの高等教育の強靭さは注目されよう。

　第5章のイギリスは、とくにブレア政権期にグローバライザーによる国際的大学基準・枠組みづくりとヨーロッパでのボローニャ・プロセスに対して英国的対応（EUにおけるボローニャ・プロセスでの優位性の確保、アングロ・アメリカン諸国の一員として国際的高等教育市場への積極的な介入）を取ろうとしていたが、保守党政権下では高等教育財政政策における包括的支出抑制政策による大学のダメージも大きくなっている。近年の動向として、新自由主義的な財政原理を基底において大学統治形態を強引に改編しようとしている傾向がある。それは大学再編とガバナンスの変容過程における大学のミッションの再定義に関わる内容を含んでいるといえよう。1つは、エリート段階からユニバーサル・アクセス段階への移行における高等教育人口の拡大を支える財政構造のあり方（授業料、奨学金などの格差）、その公共性が問い直される。2つには、大学の国内的・国際的ランキングの英国発の指標化を提示することによる大学評価のあり方をどう考えるか。指標と数値化へのこだわりと、数値化できないものの評価をどうするか。3つ目は、アングロ・アメリカン諸国と呼ばれる英語使用諸国のグローバライザーとしての役割の問題である。その共通のシナリオとして、主人—代理人（PA）理論と公共財政施策の影響が強い。とはいえ、アメリカ、イギリス、ニュージーランドなどの位置関係をどう考えるかである。

　第6章で扱った、ニュージーランドは長らくイギリスの植民地を経験しており、大学制度もイギリスの影響を色濃く持ちながら発展してきたが、いち早く1980年代に労働党政権下で大学改革においても新自由主義政策が採用され、1990年代に国民党政権下で本格的に制度展開した。評価機関の設置とそれにもとづく資金配分への反映の仕組み、学生の授業料の導入とその大幅値上げなどである。しかし論文が指摘するように、1990年代半ば以降には小選挙区比例代表併用制が導入され、連立政権というかたちをとり多様な民意が政策形成に反映されることになる。高等教育予算の削減や授業料値上げ、学生ローン制度などの政策は維持されているものの、一方で現金給付の学生生活手当が制度化されるようになった。そして高等教育委員会（TEC）

が設置され、その選出にあたって民主的手続きがとられ、TECと各関係機関や関係者との協議と対話を重視した。大学行政・大学政策に関する合意形成システムがニュージーランドの伝統を引き継ぎながら生かされている。新自由主義改革はその理論内容に比べれば、実態において相当に異なる現実的運用が迫られている。ニュージーランドの大学における学生の参加・参画の伝統は現在逆流に会いながらも注目に値する。

　一方、インドネシア、ベトナム、中国、韓国などのアジアの場合はどうであろうか。本書で取り上げたアジア諸国は欧米や日本の植民地になった経験をもっている。そのなかで、中国とベトナムは社会主義を標榜している国でもある。まず、第7章のインドネシアでは長期にわたる独裁政権が崩壊して1990年代末には地方分権化することになり、2001年から実施している。論文によれば、そのもとで大学改革は国立高等教育機関82校のうち、有力4大学（インドネシア大学、バンドン工科大学、ガジャマダ大学、ボゴール農科大学）を先行して国有法人化し、その後、順次国有法人化（3校）した。2003年の教育法により、高等教育の経営は「自律性、公的アカウンタビリティ、質保証、評価の可視化」の原則で行うとし、「教育法人」を基本制度とし、実施組織と設置組織を分離することにした。このような制度形態を取ることに対して国民的論争があった。国立大学の商業化・営利化の問題、あるいは低所得層出身者の学生が国立大学等への入学を阻害されるといった批判である。長期にわたり法案の調整が行われ、ようやく2008年に教育法人法が国会を通過、大統領署名により法律として公布された。しかし、この法律に対して、憲法違反であるとの憲法裁判所の判断があり、教育法人法の再設計が余儀なくされた。現在、7つの国有法人大学を含めて（国立）教育法人大学化することになった。教育法人大学の内部組織の構造は、大学理事会、大学評議会、学内監査会、大学執行部であり、ステークホルダー論による国民参加と自律性付与によるガバナンス論を柱とする制度設計によって、主体的に教育活動を展開しうる。しかし、これに競争的な教育環境と質保証の枠組みが導入されることで、各教育法人組織は、社会的ニーズと顧客を重視した改革を迫られることになるとされる。

第 8 章のベトナムは、アメリカとの戦争で勝利したものの国土は疲弊したところから国際社会への復帰を果たすことに大きな努力をしてきたが、資本主義の原始的蓄積の段階にあり、社会主義の理念を掲げながらもグローバル化対応の影響、とくに WTO 加盟のなかで剥き出しの新自由主義に飲み込まれ、建国の理念との間に深刻な矛盾が露呈しているようである。WTO 加盟は、教育セクターの市場化を促進し、非公共セクターが公教育提供者としての位置を占め、教育がサービス商品として売買される仕組みを作り上げることに他ならなかった。中国の WTO 加盟とは異なり、実行猶予期間が与えられなかったことが大きいと論文は指摘する。そして、教育「社会化」政策の名のもとに大学の privatization（民営化）が推進される。しかも、それが無原則に拡大されたため、新設私立大学は利潤追求型優良企業になっているとされる。新自由主義の行き着く先が現実化しているようでもある。

第 9 章では、中国における大学改革の歴史的理解を示すなかで、とくに「改革開放」と国際機関の関与という問題を扱っている。「改革開放」下において行政も法律にもとづくという特徴的な変化があったが、教育関係ではなお現実が先行した。高等教育機関については自己責任のもとに意思決定ができる原則を認め、あるいは大学の法人化も国営企業の株式会社化という流れのなかで所有と経営の分離を図る制度改革が認められるようになり、その後、「中華人民共和国教育法」により（高等教育機関に「法人格」付与）確認されている。しかし、このような変化と改革には国際機関の関与があった。とくに世界銀行は 1980 年代には高等教育関係プロジェクトを開始しているものの、1989 年の天安門事件の発生によりいったん断絶したが、ふたたび接近している。そのような過程を経ながら、中国の大学政策は独自の展開を遂げている。学校の法人化、国家財政負担の軽減と民営学校（民弁大学、独立学院など）の激増、産学連携と大学企業の形成、大学内部管理システムの確立などの改革が進められた。社会主義を標榜する中国では、国際機関の要請に対して新自由主義の要素を組みこみながらも独自的な展開を図っているといえよう。

第 10 章では、韓国における李明博政権下の大学構造改革とその手法について国立大学を中心に検討している。韓国では国立大学法人化や大学評価に

ついては新しい法律化には相次いで失敗したこともあり、既存の法律に潜りこませて実施する手法をとっている。国立大学法人化については現在までに3大学（蔚山科技大、ソウル大、仁川大）が個別法により実施した。そこでは、目標設定の段階から国家意思が入れられうる目標・計画の設定や、政府関係者の理事会参加と総長の権限強化、国の専門的な評価機関等による評価制度の導入、評価結果の行財政支援への反映などの特徴がある。大学評価についても高等教育法の一部改正で、認証評価が導入された。大学教育力量強化事業では競争的資金の財政配分のための新しい評価方式が導入され、成果中心で、定量的評価が導入されている。定量的評価では「褒賞」だけでなく、「制裁」に作用する場合（とくに私立大学）もある。大学評価による大学の統制である。国立大学に絞ってみても、2010年以降の大学構造改革は激変を予想させるものである。その先鋒になっているのが「構造改革重点推進国立大学」指定の手法である。たとえば、大学特性化や産業との連携のための統廃合、教育大学と一般大学の統合、総長直選制の改善、成果目標制や教員成果給的年俸制の導入などである。そこでは大学間だけでなく教員間に競争が導入されている。そして、総長直選制廃止への誘動力となった評価方式を教育部が手に入れたことによる重大性は大学自治の問題として問い直されなければならない。

(2) 日本の大学改革の特異性

日本で本格的に新自由主義大学改革（政策）が展開するのは1990年代後半以降と見られる。第Ⅱ部では、日本における新自由主義大学改革の典型とされる国立大学法人を中心に、公立大学法人および私立大学の学校法人制度について概括的に捉えようとした。ここでは、各章を振り返りながら日本の大学改革（政策）の特徴を整理し、併せて第Ⅰ部の各国比較とも関連させて国際社会での日本の位置を明らかにしよう。

第11章では、日本における1960年代以降に見る国立大学の法人化の系譜をたどり、現在の国立大学法人制度はそれまでの法人化論と性格が違っていることを明らかにし、国立大学法人が大学政策のあり方にも影響している

ことをとくに教育基本法「改正」前後の政策を検討するなかで明らかにしている。とくに国立大学法人については、行政改革の影響を強く反映しており、独立行政法人の制度枠組みを踏襲していることから、国立大学法人化の理由とされた大学の「自主性・自律性」の確保が法制的にも保証されていないことを指摘している。たとえば、国が目標設定し、これにもとづいて大学が計画を作成、実行し、その達成度を事実上の国の機関が評価し、その結果を資金配分に連動させるという、目標管理の枠組みをそのまますべての国立大学に適用しているのは、世界でも例を見ないであろう。

　第12章では、国立大学法人化を構造改革・教育改革との関連づけのもとに位置づけ、教育改革における高等教育改革の相対的重点化、自由主義教育改革の大学版、教育基本法「改正」の先取りであり、行政改革に強い動機があることを明らかにしている。そのうえで、国立大学法人法の全体的な特徴を解明している。そこでは、設置主体と費用負担、「中期目標─中期計画」スキームによる大学統制、トップダウン型の大学運営、「教学」に対する「経営」の優位、学外者の大幅な関与、大学経営の「企業化」、学長選考制度の改変、教職員の身分の不安定化、立法過程における問題点（附帯決議）などが取り上げられている。附帯決議の多さは法人法の欠陥を如実にしており、立法府による法律の修正によって是正されるべきものであることを指摘している。さらに、国立大学法人法を批判的に検討するために、大学の原点に立ち返って、「学問の自由」、「大学の自治」の意義と法制、自治権の内容について原理的に明らかにしている。

　第13章では、国立大学法人化が組織改革の性格を持つことから、ガバナンスがどうなっているかを管理運営組織および教育研究組織の改革から検証している。本章は、国立大学法人法の実体的側面であり、「大学の自治」の観点からその妥当性を問うている。とくにトップダウン型の意思決定システムの問題や、研究組織と教育組織の分離およびそこでの人事権の上部組織への吸収の問題などである。学内でのトップマネジメントの強化が大学の自治システムを崩壊させることへの危惧が表されている。

　第14章では、公立大学の政策動向および法制の特徴をふまえ、法人化へ

の経緯と実態および評価制度の特徴を取り上げている。公立大学の法人化は、大学改革の一環として提起されたものの、行政改革の動きのなかで地方独立行政法人法に組みこまれ、多様な設置者（公立大学設置団体協議会）の思惑も重なって、公立大学協会の主張は必ずしも生かされず、国立大学法人とは異なる形態の公立大学法人が形成された。公立大学の法人化は当該自治体の判断で行うこととなり、設置団体の裁量権が大きく、設置者と大学の関係、大学行政のあり方に強い影響をもたらすことになった。2004～2005年に設置された4つの公立大学法人（国際教養大学、首都大学東京、横浜市立大学、長崎県立大学）だけで、再編・統合から法人化、1法人複数大学への大学統合、学長と理事長の分離も可、理事会を設置せず、任期制・年俸制導入、外国人学長などに至る公立大学の改革メニューがすべて揃っている。後追いだった公立大学法人がモデルになり大学法制の変容をもたらし、今度は逆に国立大学法人が後追いすることとなり、国立大学を含む大学と法人の再編・統合および改革の参考にされる可能性があると指摘している。

　第15章では、学校法人制度の特徴を国立大学法人等との比較のもとに捉えながら、近年とり沙汰される私立大学のガバナンス問題なるものを解明し、真に取り上げるべき私立大学の改革問題は何かを明らかにしている。財界はここ20年ぐらい大学改革を主導してきたが、学長や理事長のリーダーシップを強調し、スピード感を持った改革を行うため教職員にいうことを聞かす改革を求めてきた。近年では、経済同友会が教授会の存在が大学改革を阻害していると声高に攻撃している。要するに、理事会の権限と経営機能を強化し、大学改革が自由にできるように、その阻害物となる教授会を形骸化し、理事会の命令に従順にさせる仕組みづくりを求めている。その際、教授会を労働組合になぞらえ、教職員を従業員と見なして、従業員が経営者の指揮・監督に服すのは当然とし、あえて憲法違反（学問の自由、労働基本権などを無視）を承知で提言している。これは、私立大学のみでなく国立・公立大学にも通用するとされる。それに対して、学校法人の組織問題および大学の自治の問題こそが私立大学の真の改革課題であるとする。

　1990年代末以降の日本の大学改革（政策）、とりわけ国立大学の法人化お

よび再編を、経済のグローバル化を背景にした多国籍企業主導の「グローバル国家」型構造改革との関連性を解明するために、補章を設けた。90年代後半に登場した独立行政法人化問題は、行政改革の一環としての国立大学の設置形態にとどまる問題ではなく、日本の大学のあり方、あるいは高等教育のあり方全体を根本的に変革するものとして検討されてきたことを明らかにしている。そのうえで、国立大学法人化が構造改革と産業競争力強化の一環として、しかも、将来的な民営化や「小さな政府」論にもとづき、憲法や教育基本法の「改正」も見据えながら推進されたことを指摘している。その具体的な方向として、道州制問題やTPP問題が位置づいているのである。

　以上のような日本の大学改革の特質は、第Ⅰ部で概観した諸国との関係のなかで見るとどのような位置を占めるであろうか。新自由主義大学改革のいわば先進国であるイギリスやアメリカ、それに続くニュージーランドと、アジア諸国とでは明らかに大学の歴史と伝統が違っており、新自由主義と大学との関係のあり方は多様であることが分かるであろう。欧米の大学は大学にたいする共通理解が見て取れ、学問の自由と自治を尊重する歴史と伝統もあり、なおその土壌ないしは気風が残っているように思われる。アメリカの大学は市場原理になじみやすいかたちで発展してきた歴史的経緯があり、新自由主義政策によりいっそう競争原理と連邦レベルの統制が強化されているが、アクレディテーションとしての大学評価を生みだした国柄であり、国家統制機能が介在したにもかかわらず、なおアクレディテーション団体による改善活動が生きているとされる。また、ニュージーランドでも新自由主義に浸潤されているが、社会の大学に対する共通認識があり、大学財政の問題でも大学に必要とされる資金に対する社会的合意があるとされ、大学から搾り取れるだけ取るといったことではないようである。これに対して、インドネシアは植民地化や独裁政権を経験しながらも、大学の伝統を維持しようとする力も残っており、世界銀行などからの圧力で新自由主義に直面してもストレートに浸透している状態では必ずしもない。だからといって、学問の自由と自治が尊重されているかというと政府の財政措置の状況から見ても厳しいものがある。一方、中国、ベトナムは社会主義を標榜しているが、新自由

義に対して対照的な対処をしているようである。中国の場合は「改革開放」と時期を同じくして世界銀行との関係で改革に取り組んだが、天安門事件で断絶し、ふたたび接近しあるいはWTOへの加盟を行うも「中国的特色」といわれる独自の改革を進めている。これに対して、ベトナムの場合はいっそう厳しいといわざるを得ない。新自由主義があたかも自らが目指す社会主義に相当すると理解し、グローバライザーの提示する条件をいわば無条件に実施し、第2のチリのような新自由主義の実験場になっているように見える。中国では大学の自主的運営とはいわれるが、学問の自由と自治は省みられることはない。ベトナムもこの点でより厳しいものがある。また、韓国では、日本の大学改革の動向をよく研究しているようで、政策的な共通性もあるが、それに対する大学の教職員も日本の先例を見ながら法人化や大学評価に対する批判や抵抗を示し、しかも法律レベルでは政府にいったん断念させるところまで行っている。しかし、政府の強権と狡猾さで各個撃破的に法人化や大学評価が進められ、総長直選制の廃止に見るように大学の自治を「死に体」に追いやる。日本の場合はイギリス、アメリカに続いて新自由主義を指向したが、当初はなお経済的余裕もあり約10年間の猶予を持ったものの、いったんのめり込むと歯止めが効かず新自由主義改革で周回遅れの先頭に立つようになった。しかも、それが破綻し、「政権交代」や3.11大震災・原発事故にもかかわらず、国の政策（担当者）が財界や官僚に異常に弱く、経済発展と効率性を優先する回路に逆戻りし、いっそう新自由主義を昂進させている状況である。そして、他のアジア諸国と同じように大学における自治と民主主義の基盤（伝統や社会的責任にたいする自覚、あるいは財政などを含む）が弱いこともあり、かつ、TPP参加を契機に「外圧」も加わって、新自由主義の野蛮さがもろに現れてくる可能性も否定できない。日本の社会が岐路にあるのと同様に大学も分岐点を迎えている。

4. 大学の公共性と自治の再興

(1) 自己責任論の克服と大学公共性の再創造

　日本における大学改革（政策）は新自由主義の特質を持ちながら特異な形態をとって展開していることが理解されよう。本節では、新自由主義大学改革の全体動向を対象とするのではなく、日本の大学改革（政策）を念頭に置いて新自由主義をのりこえることを目指し理論的な検討を行うことにする。

　すでに見たように、日本において大学改革が本格的に新自由主義大学改革としての特質を備えるのは、1990年代半ば以降のことであり、とくに2004年の国立大学法人化はその画期をなすといってもよい。文部科学省は、国立大学の法人化は大学の「自主性、自律性、自己責任」を確立するために行うと繰り返し説明してきた。文科省が「大学の自治」という言葉を使わなくなったのはすでに文部省の時代からであったが、国立大学の法人化が日程に上るようになると、「自主性、自律性、自己責任」を多用するようになった。そしてそれが国立大学法人化の特質を象徴する言葉ともなったといえよう。端的に言うと、国立大学制度は国の責任で国立大学を設置しそれを（国の財政で）運営する仕組みであったが、国立大学法人制度は国の組織から離れて法人が大学を設置し自主的、自律的に運営することになるが同時にその財政も国からの交付金はあるものの実体的に設置者責任として大学法人自身が負うこと、つまり大学の自己責任としたのである。文科省のいう大学の自主性・自律性の確立とは、大学の自己責任体制の確立を意味したといっても過言ではない。そのための仕組みとして目標管理制度が導入されたのである。すなわち、国が大学の目標を設定し、これにもとづいて大学が計画を作成、（文科省が承認したものを）実施し、その達成度を国の評価機関が評価し、その結果を財政配分に反映させるシステムである。これは大学に対する新たな国家統制の形態であるが、それが大学の自己責任として転化されるのである。新自由主義大学改革において自己責任というのはたんなるイデオロギーではなく、制度実態に組みこまれていることに留意すべきであろう。大学は「知の共同体」から「知の企業体」へと組み替えられた。そして大学改革政策にお

いても、「選択と集中」が基軸的な原理になっているが、大学側にとっては「選択と自己責任」という論理が適用される。したがって、その結果として生じた大学間の格差と貧困のさらなる拡大も、各大学の自己責任とされることになる。実際には、財務省による大学財政に対する戦前からある大学の階層構造を利用した財政格差が法人化以前から使われてきたが、法人化後は運営費交付金の恒常的な減額や大学の機能別分化論を使ってより構造的な格差づくりがあるにもかかわらず、である。このような大学の自己責任体系を組み替える必要があるが、これについては次節で検討する。ここでは、その一つとして2012年9月に日本政府が行った国際人権規約社会権規約の高等教育（中等教育も）の漸進的無償化条項留保の撤回の意義について触れておきたい。

　日本は1979年に国際人権規約（A規約）に批准したが、その際に、中等教育と高等教育の漸進的無償化条項を留保してきた。日本政府がなぜ留保したかの確たる理由ははっきりとしないが、すでに中教審「46答申」において高等教育での受益者負担原則を確認、実施しており、当初から教育を権利と認めることに拒否的であったので、そこに根本的な理由があったのではないだろうか。しかし、やがて日本の学費が「世界一」高いという状況にもなり、一方で政府が批准した時期から国庫助成に関する私立大学全国教授会連合などの留保撤回に向けた地道な働きかけがあり、国連からも日本政府に留保撤回の勧告があったこともあり、やっと民主党政権下で今回の措置になったといえよう。A規約13条1項には、「この規約の締約国は、教育についてのすべての者の権利を認める。締約国は、教育が人格の完成および人格の尊厳についての意識が十分な発達を指向しならびに人権および基本的自由の尊重を強化すべきことに同意する。」[30]とある。今回の留保撤回は、教育の基本的な考え方やあり方（政策を含んで）にかかわる規定についても同意のうえで行われたはずであり、その意義は大きい。この人権条項を正当に実現するためには、現在のような私費負担を段階的に公費または社会的経費に切り換えていくことになるから、受益者負担原則は見直すべきことはもとより、そのことを通じて大学教育を商品としてのサービスではなく公共的性格を高めるものへと強化すべきである。

ところで、大学は教育と研究の義務を果たすことによって社会に貢献する責務がある。そのために、大学の科学者・研究者は、プロフェッションとして、①専門性、①自治権、③倫理契約、を欠くことができないものとして認められてきた[31]。そこに、「知の共同体」として大学の公共性を担保するゆえんがあると考えられた。しかし新自由主義大学改革のもとで、大学は「知の企業体」に組み替えられ、国の政策によって誘導され、目標を決められて、専門家でない者に評価・査定され、業績主義によって財政配分されるようになった。大学法人化によって大学に企業の論理ないしは経済の論理を導入することになったのである。しかも、「選択と集中」を特質とする大学改革政策によって、国策的な研究課題の設定と競争原理による資金の増大、産官学連携の推進、特許や起業などによる実用性と財政誘導が行われ、「知の商業化」が進むことになった。科学（の成果）は「公共財」ではなく、「私有化」される状況が現出しているのである。しかし、そのもとで、基礎科学や人文・社会科学には研究資金が回らず、研究の基盤が劣化・衰退してきており、カネが回ってくる分野では研究者の過労・健康破壊・精神疾患、モラルハザードにともなうさまざまな不正（資金の不正利用や流用、論文の盗用等）やアカハラ、セクハラなどが多発し研究環境の劣化もいわれる始末である。研究が経済的価値（交換価値として）で一元的に測られるシステムのなかでは、学術・科学・技術の健全で調和ある発展は望めず、基本的人権と人間の尊厳、世界の自由と民主主義と平和、および人類の福祉に寄与するという大学の公共的・社会的責任を果たすことはできないのである。このことは大学の科学者・研究者にとっても国家政策に無批判であってはならず、「学問の自由」の根源からその社会的責任を捉え直すことが求められることを意味する。

　市場競争原理と国家統制原理との融合した新自由主義的「公共性」は、経済的価値を至上のものとして絶対視し、権力的強制によって他の諸価値、文化的・人間的な価値や普遍的価値（人権、民主主義、福祉、平和など）を排除・解体しようとする特質がある。これに対抗するためには、基本的人権と人間の尊厳を確立し、自由と民主主義を発展させ、人類の福祉と世界の平和を希求する新たな公共性原理によって組み替えていくことが必要である。大学は

その過程を押し進めるためにこそ貢献すべきであろう。

(2) 学問の自由・大学自治の再構築に向けて

　中教審や大学審でも「大学の自主性・自律性」が大学の本質であると認めている。しかし、中教審等のいう「自主性・自律性」とは前節で見たように国家の責任を回避するための大学の自己責任体制に組み替えられていた。真の意味での大学の自主性・自律性とは、学問の自由・大学の自治を体現してこそ生きて働くのであり、ユネスコの高等教育に関する政策文書を繙けばそれが国際的な基準と見なされるのである。たとえば、「高等教育が成功的に機能し運営されるための前提条件の一つは、国家および社会全体との良好な関係のうちにある。これらの関係は学問の自由と機関の自治という原則に基礎をおくべきである」[32] とし、「学問の自由と機関の自治という原則」が国際的に認められた基準となることがとくに重要であると言明している[33]。また大学のガバナンスについても、企業統治方式が大学にふさわしくないことはつとに指摘されてきた。これも学問の自由・大学の自治によってこそ、大学にふさわしい（その特性を生かした）ガバナンスということができよう。

　ところで、学問の自由・大学の自治というと、現在において国が大学に直接介入したり、大学の研究者を辞めさせたりすることはないので、学問の自由・大学の自治は認められているという言説が国立大学法人化への過程でまかり通っていた。そのような露骨な大学への介入はなくなったかもしれないが、学長の任命や学生参加にかかわる仕組みなどに対する介入はなくなったわけではないことも認められる。しかし、大学法人化によって構造的な国家統制の仕組みができているのであり、大学の自主性・自律性の名のもとに正当化されている。その一つが前節で述べた、大学の目標管理制度である。国立大学法人は独立行政法人の基本枠組みを組みこんだものであり、目標管理制度はその一つである。繰り返すことになるが、国家が大学に目標を与え、大学が実行して国家の機関が達成度を評価し、結果を財政配分に反映する仕組みである。大学が真に自主性・自律性を確立するためには、この仕組みを取り除くことが必要であり、少なくとも抜本的に組み替えるべきある。その

際、国が大学に目標を与えるという世界でも類例のない制度はやめるべきであり、国の機関による評価とその結果にもとづく国の財政配分の仕組みは取り除かれなければならない。もう一つは、大学ガバナンスの名による企業統治方式は大学にふさわしくない。社会からの意見反映の仕組みは何らかのかたちであってもよいが、大学の構成員による自治が基本である。その際、学生も権利主体として自治に参加する仕組みを設ける必要があるだろう。ユネスコ「21世紀に向けての高等教育世界宣言」では、つぎのように規定している。

「国および教育機関の意思決定者は、学生および彼らの必要をその関心の中心におかなければならず、かつ彼らを高等教育の革新における主たる共同者および責任ある当事者とみなさなければならない。これには、教育の水準に影響する諸問題から、教育方法と教育課程の評価と革新、そして有効な制度的枠組みうちでの政策の作成と機関の運営等の諸問題における学生の参加が含まれなければならない。学生は組織をつくり自らの代表者を立てる権利を有するから、これらの諸問題への学生の関与が保証されなければならない。」[34]

高等教育世界宣言は、国や大学（の意思決定者）に対して学生を大学の構成員（「責任ある当事者」）であることを認め、教育の過程や大学の運営、政策の作成等において、学生が自らにかかわる諸問題には固有の権利を持って参加し、あるいはそれらの問題への学生組織の代表による関与が保証されなければならないとしている。すなわち、国の政策形成への学生代表の参加および大学における自治と参加の民主主義の保証を重視しているといってもよいであろう。

学問の自由・大学の自治の確立にとってもう一つ重要なことは、政策の形成過程とその中身を抜本的に組み替えることである。政策形成の問題でいえば、日本においては大学等教職員の団体の代表や学生の団体の代表が政策の作成に参加する仕組みはないが、これも国際基準から見れば異常ともいえよう。たとえば、ユネスコの「高等教育の教育職員の地位に関する勧告」では、「高等教育の教育職員を代表する団体は、教育の進歩に大きく貢献すること

ができ、したがって、理事者その他のかかわりのある団体とともに、高等教育の政策の決定に含まれるべき勢力とみなされ、かつ認識されなければならない」[35]と規定しており、大学・高等教育機関の教職員組合を含む団体を政策の決定に含まれるべき勢力と位置づけている。また、先の引用にもあるように、学生（組織）代表の政策形成への関与も保証しなければならないとしているのである。このように見てくれば、大学政策の形成過程を大幅に組み替える必要があることがわかるであろう。

　さらに、大学政策の中身の抜本的な組み替えが必要であるが、ここでは政策内容を一々取り上げるいとまがないので、基本的な考え方ないしは方向性を示しておきたい。現在の大学政策は、選択と集中、選択と自己責任原則、競争原理、管理・統制等を原理としており、大学の格差と貧困、弱肉強食の状況を露わにしている。これにたいして、新しい大学政策では、①すべての人の高等教育へ進む権利を保障すること、および②学問・科学・技術の自主的で調和的な発展を図ること、および③そのために大学財政の抜本的な拡充による基盤の整備・強化とその底上げおよび配分の民主化、を柱として、大学と国家・社会の関係を根本的に組み替え、学問の自由・大学の自治を保障して自治と参加の民主主義を確立することが求められている。若干の考察をすると、①については、原理的には戦後改革期に米国教育使節団報告書で提起されており、憲法の国民の教育を受ける権利の成熟社会における発展形態としてあるいは高等教育の漸進的無償化の現実化として捉えられるであろう。②では、今日、科学技術の資本主義的利用だけでなく、市場原理のもとで効率化と経済的価値に一元化する新自由主義的政策誘導により、基礎科学や人文・社会科学等の学問分野が危機に瀕している。このような状態は、3.11震災・事故を持ち出すまでもなく、政策が求める科学技術の実用化という面でも行き詰まることは目に見えている。学術・科学・技術が調和ある発展をするために、学問の自由と大学の自治が政策において生きて働く原理に据えられなければならない。また同時に、大学政策の形成に高等教育関係者が当事者性をもって関与する仕組みが必要であり、大学および大学における研究者の社会的責任に対する自覚が求められる。③については、とりわけ日本の

高等教育費における公財政支出が貧弱であることは繰り返し指摘されている。GDP 比で 0.5％というのは OECD で最下位であり、当面、せめて 1％、高等教育の無償化を段階的に実現するためには少なくとも 1.3〜1.5％にまで引き上げる必要がある。また、科学研究費については科学技術基本計画などにより膨大になっているが、その配分が政策誘導的で競争的資金に偏っており、学問の基盤自体を揺るがしている。したがって、高等教育費の財源確保とその配分の民主化と同様に、研究資金の配分においても抜本的な民主化が求められるのである。

おわりに

　戦後（とくに 1960 年代以降）の政府・文部省（文科省）の大学政策は、経済政策に従属したそれとして批判されてきたが、とくに 21 世紀以降には「経済再生」に向けた大学改革政策として再構造化され、政策における人間疎外ないしは非人間化が極度に進んだといわざるを得ない。そこでは経済発展とそのための国際競争力強化や産業競争力強化を絶対化し、「人間」を「人材 (human resource)」さらには「人財 (human capital)」とみなし、人間をモノ（資本）に還元して、人的資本 (human capital) として位置づけ、政策体系化している。新自由主義においては、人間的な価値や民主主義などは効率的な経済発展にとって邪魔な存在として扱われる。大学改革政策においても、学問の自由・大学の自治は経済成長にとって阻害の対象となるのである。しかし、3.11 東日本大震災・福島原発事故は、そのような社会・経済システムの脆弱性を白日のもとにさらしたのであり、社会のあり方と国民の生き方への反省を求め、政策の原理と体系の抜本的な組み替えを教訓として残したといえよう[36]。すなわち、国際競争力や産業競争力の強化を軸とした経済再生のための政策ではなく、維持可能な経済と人間の再生（人間の尊厳と人権の確立）を軸とした政策体系への転換であり、その重要な環として大学政策は形成され、学問の自由と大学の自治、民主主義の尊重をその柱とすべきである。

[注]
1 文部科学省「大学改革実行プラン」は、民主党政権末期に公表されたが、その後、2012年12月に復活した第2次安倍政権のもとでも引き継がれ、2013年4月に始まる第2期教育振興基本計画にも組み込まれている。
2 『国会事故調報告書（東京電力福島原子力発電所事故調査委員会）』では、結論的に「今回の事故は『自然災害』ではなく、あきらかに『人災』である」としている。徳間書店、2012年9月、12頁。
3 日本学術会議幹事会声明「東北・関東大震災とその後の原子力発電所について」2011年3月18日（www.scj.go.jp/ja/kohyo/pdf/kohyo-21-kanji-2.pdf）。
4 国会事故調報告書、5頁。
5 『福島原発事故独立検証委員会調査・検証報告書』（民間事故調報告書）、一般財団法人日本再建イニシアティブ、2012年3月、9頁。
6 民間事故調報告書、246頁。
7 同上、385〜6頁。
8 同上、386頁。
9 同上、332頁。
10 (10) 同上、333〜334頁。
11 同上、324頁。
12 『日本学術会議25年史』、日本学術会議25周年記念事業会、1974年3月、35頁。
13 坂田昌一『科学者と社会　論集2』、岩波書店、1972年12月、120〜121頁、樫本喜一編『坂田昌一　原子力をめぐる科学者の社会的責任』、岩波書店、2011年10月、7頁再収。
14 中山茂・吉岡斉編著『戦後科学技術の社会史』、朝日新聞社、1994年9月、72頁には、いわゆる中曽根発言が紹介されている。
15 同上、53頁。
16 西谷正『坂田昌一の生涯―科学と平和の創造―』、鳥影社、2011年11月、235頁、樫本前掲書、110頁。
17 学術会議前掲書、54頁。
18 同上、55頁。
19 中山・吉岡前掲書、75頁。
20 西谷前掲書、237頁。
21 同上、238頁。
22 坂田前掲書、155頁。
23 同上、157〜158頁。
24 教科教育百年史編集委員会権編『原典対訳・米国教育使節団報告書』、建帛社、1975年11月、119頁。
25 同上、119〜120頁。
26 横浜国立大学現代教育研究所編『増補新版　中教審と教育改革』、三一書房、64頁。
27 同上、81頁。
28 齋藤泰雄『教育における国家原理と市場原理―チリ現代教育史に関する研究』、東

信堂、2012 年 5 月。
29 同上、81 頁。
30 『教育小六法　2012』、学陽書房、1185 頁。
31 池内了『科学と人間の不協和音』、角川 one テーマ 21、2012 年 1 月、94 頁。
32 東京高等教育研究所・日本科学者会議編『大学改革論の国際的動向―ユネスコ高等教育勧告宣言集』、青木書店、2002 年、58 頁。
33 同上、62 頁。
34 同上、145 頁。
35 同上、114 頁。
36 民主党政権下で早々と行った原発事故「収束宣言」、再稼働の動きに続いて、第 2 次安倍内閣に至っては、原発再稼働・新設推進政策、原発輸出政策、「世界最高水準の規制（安全）基準」などと新たな原発政策の展開と「安全神話」の復活など、福島第一原発事故などなかったかのような無反省、無責任な政策がとられている。日本政府と財界が進める政策には、大事故から教訓をくみ取るどころでなく、目先の利益のために科学の成果や民主主義など人類と国民が蓄積してきた努力や価値に対する配慮は微塵もないと言わざるを得ない。一方、国会事故調、政府事故調などの報告をふまえながら、さらに突っ込んで「新しいエネルギー社会」に向けた提言を大阪府市エネルギー戦略会議（会長、植田和弘京都大学経済学研究科・教授）が『大阪府市エネルギー戦略の提言』（2013 年 5 月）を公表している。提言では、これからのエネルギー政策～4 つの視点～として、①原発依存からの脱却、②供給者目線から需要家・生活者目線へ、③再生エネルギーの拡大と省エネルギーの推進、④国から地方へ、を設定して、「4 つの視点にもとづいて新たなエネルギー政策を実行することは、電力供給の仕組みの再構築をもたらす。それは、単に当面のエネルギー問題を解決するだけでなく、日本の経済・社会システムを根底から変えることを意味し、新たな成長・発展につながる。われわれは、原発事故が起きたから、その後始末のためにやむを得ず新たなエネルギー政策を掲げるのではない。事故の教訓をふまえつつ、これを契機として新たな経済・社会システムに移行する前向きな覚悟を、すべての国民と共有することが重要である」としている。ちなみに、奥平康弘は論文「憲法第 9 条・考」（奥平・樋口陽一編『危機の憲法学』、弘文堂、2013 年）において、「"原発存廃"に関して『脱原発』論の『虚弱』さを例えるために『非武装中立』論を引き合いに出していることに注目したい」（415 頁）とし、「脱原発」論を批判するために「非武装中立」論を持ち出した、寺島実郎「戦後日本と原子力―今、思い選択の時」（『世界』831 号、岩波書店、2012 年）を紹介し、「非武装中立」論の根拠性から反証、批判している。

著者紹介

細井克彦（ほそい　かつひこ）
1944 年生まれ、東京大学大学院教育学研究科満期退学　教育行政学　宝塚医療大学・保健医療学部教授。
主要著書・論文　『現代日本高等教育行政研究』（単著）風間書房、2003 年；大学評価学会発行シリーズ「大学評価を考える」第 3 巻編集委員会『大学改革・評価の国際的動向』（共著）晃洋書房、2011 年；論文「大学政策の構造的変容と大学評価」、大学評価学会年報『現代社会と大学評価』第 7 巻、2012 年。

堀　雅晴（ほり　まさはる）
1956 年生まれ、関西大学大学院博士後期課程満期退学、行政学、立命館大学法学部教授。
主要著書・論文　『世紀転換期の現代行政学：ガバメント研究からガバナンス研究へ』晃洋書房　2014 年
ガバナンス論研究の現状と課題："スポーツのグッドガバナンス"に向けて　体育・スポーツ経営学研究　27 巻 1 号 2013 年
私立大学における大学ガバナンスと私学法制をめぐる歴史的検証：2004 年改正私学法の総合的理解のために『立命館法学』316 号、2008 年。

米津直希（よねず　なおき）
1982（昭和 57）年生まれ、名古屋大学大学院教育発達科学研究科、教育科学専攻、大学院生。
主要著書・論文　「ニュージーランドにおける学生自治会の法的地位をめぐる位置づけの検証―大学運営・政策決定及び質保障への学生参加の観点から―」大学評価学会年報『現代社会と大学評価』第 8 号、晃洋書房、2014 年

田中秀佳（たなか　ひでよし）
1977 年生まれ、名古屋大学教育発達科学研究科博士課程後期課程単位取得退学　教育経営学　帝京短期大学こども教育学科講師
主要著書・論文　「国際人権法における教育の漸進的無償化―日本政府による社会権規約第 13 条 2 項への留保撤回の意義―」日本教育法学会年報第 43 号、有斐閣、有斐閣、2014 年 4 月刊行予定
「私費負担軽減運動の歴史と到達点 - 教育財政の民主主義的・教育専門的統制」世取山洋介・福祉国家構想研究会編『公教育の無償性を実現する
教育財政法の再構築』第 10 章、大月書店、2012 年
「わが国における教育費研究の再検討―公教育における私費負担と「福祉国家」政策の理解をめぐって―」名古屋大学教育発達科学研究科紀要（教育科学）第 58 巻第 1 号、2011 年 10 月

日永龍彦（ひなが　たつひこ）
1964 年生まれ、九州大学大学院教育学研究科博士課程単位取得退学　教育学、学校・大学評価論　現職　山梨大学　大学教育研究開発センター・教授
主要著書・論文　『PDCA サイクル、3 つの誤読』（共著、晃洋書房、2011 年）『新しい高校教育をつくる』（共著、新日本出版社、2014 年（1 月刊））

姉崎洋一（あねざき　よういち）
1950 年生まれ、名古屋大学大学院博士後期課程単位等取得退学　教育学（高等継続教育、社会教育、教育法）、北海道大学教育学研究院・教授
主要著書・論文　「教育における公費・私費概念―その日本的特質―」世取山・福祉国家構想研編『公教育の無償性を実現する―教育財政法の再構築―』（大月書店、2012 年）、「新自由主義改革と大学ガバナンス」（大学評価学会『大学評価学会年報第 7 号』、2012 年、晃洋書房）、「地域教育経営における教育課程の位置と構造―内外事項区分論の教育経営論的発想―」（日本教育経営学会編『日本教育経営学会紀要』第 52 号、第一法規、2010 年）。

石井拓児（いしい　たくじ）
1971 年生まれ、名古屋大学大学院　教育発達科学研究科博士課程後期課程単位取得満期退学　教育経営学・教育行政学専攻、愛知教育大学　教職大学院准教授
主要著書・論文　「教育における公費・私費概念―その日本的特質―」世取山・福祉国家構想研編『公教育の無償性を実現する―教育財政法の再構築―』（大月書店、2012 年）、「新自由主義改革と大学ガバナンス」（大学評価学会『大学評価学会年報第 7 号』、2012 年、晃洋書房）、「地域教育経営における教育課程の位置と構造―内外事項区分論の教育経営論的発想―」（日本教育経営学会編『日本教育経営学会紀要』第 52 号、第一法規、2010 年）。

梅澤　収（うめざわ　おさむ）
1956 年生まれ、東京大学大学院教育学研究科博士課程単位取得退学、教育行政学　静岡大学教授
主要著書・論文　「教師の法制上の地位と役割」　伊藤敬編著『21 世紀の学校と教師』2001 年　学文社、「近代公教育制度の展開」フランス教育学会編『フランス教育の伝統と革新』2009 年大学教育出版、「インドネシアにおける大学改革・評価」大学評価学会編『大学改革・評価の国際的動向』晃洋書房 2011 年

山口和孝（やまぐち　かずたか）
1948 年広島県生まれ、国際基督教大学大学院教育学研究科博士後期課程単位取得退学、埼玉大学教育学部教授、教育学
主要著書・論文　「国立大学ガバナンスの構造と本質」『季論 21』第 7 号、本の泉社、2010 年、編著『センター試験　その学力に未来はあるか』群青社、2011 年、「ベトナム高等教育改革の構造と質保証問題」『大学改革・評価の国際的動向』（大学評価学会）、2011 年、「国立大学法人の構造」『危機に直面する日本の大学』合同出版、2013 年

光本　滋（みつもと　しげる）
1970年生まれ、中央大学大学院文学研究科博士後期課程単位取得退学（教育学修士）
高等教育論　北海道大学大学院教育学研究院　准教授
主要著書・論文　「大学の法人化と学問の自由・大学の自治」『教育法の争点』、法律文化社、2014年
「首長権限と公立大学行政の変容」『教育委員会の再生現代日本における教育と政治』、福村出版株式会社、2014年

岡田知弘（おかだ　ともひろ）
1954年生まれ、京都大学大学院博士後期課程修了。地域経済学、京都大学大学院経済学研究科教授
主要著書・論文　岡田知弘『地域づくりの経済学入門』自治体研究社、2005年、岡田知弘『震災からの地域再生』新日本出版社、2012年など。

浅野かおる（あさの　かおる）
1962年生まれ、東京都立大学大学院人文科学研究科教育学専攻博士課程単位取得満期退学　社会教育論　福島大学行政政策学類教授
主要著書・論文　「韓国の国立大学法人化をめぐる動向とその新自由主義的特徴」（『行政社会論集』第20巻第3号　福島大学行政社会学会　2008年）
「韓国における自治体改革と生涯学習―住民自治センターでの学びと活動を中心に―」（日本社会教育学会編『自治体改革と社会教育ガバナンス』東洋館出版社　2009年）
「韓国における大学改革と評価」（シリーズ「大学評価を考える」第3巻編集委員会編『大学改革・評価の国際的動向』大学評価学会　2011年）

成嶋　隆（なるしま　たかし）
1948年生まれ、一橋大学大学院法学研究科博士後期課程単位取得満期退学　憲法・教育法　獨協大学法学部教授
主要著書・論文　「教育と憲法」（樋口陽一編『講座憲法学4 権利の保障【2】』日本評論社 1994年）
「新教基法の憲法学的検討」（日本教育法学会年報37号 2008年）
「旭川学テ事件」（石村修・浦田一郎・芹沢斉編著『時代を刻んだ憲法判例』尚学社 2012年）

植田健男（うえだ　たけお）
1955年生まれ、京都大学大学院教育学研究科博士後期課程学修認定退学　教育経営学　名古屋大学大学院教育発達科学研究科教授
主要著書・論文　「カリキュラムの地域的共同所有」（梅原利夫編著『教育への挑戦2 カリキュラムをつくりかえる』国土社 1995年）
「教育課程経営論の到達点と教育経営学の研究課題」（日本教育経営学会『日本教育経営学会紀要』第51号　第一法規　2009年）
「学校の教育活動をめぐる実態と教育法」（日本教育法学会『日本教育法学会年報』第39号　有斐閣　2010年）

川口洋誉（かわぐち　ひろたか）
1979年生まれ、名古屋大学大学院教育発達科学研究科博士課程後期課程単位取得満期退学　修士（教育学）　教育行政学・教育法学　愛知工業大学基礎教育センター　講師
主要著書・論文　『未来を創る教育制度論』（北樹出版、2013年）
「教育特区における株式会社による学校設置と設置者の公共性」（『季刊教育法』第157号、2008年）
「学校設置者の多様化」（日本教育法学会編『教育法の争点』、法律文化社、2014年）

蔵原清人（くらはら　きよひと）
1947年生まれ、東京大学大学院教育学研究科博士課程満期退学　教育学、高等教育論、教員養成　工学院大学教授
主要著書・論文　『大学改革論の国際的展開　ユネスコ高等教育勧告宣言集』共著　青木書店　2002年、『日本の大学評価』共著　晃洋書房　2012年、『私立大学の未来を拓く―大学改革の現状とこれからの課題―』共著　東京高等教育研究所　2013年ほか

あとがき

　本書は、もともと日本学術振興会科学研究費補助金・基盤研究 B(平成 17 年度〜19 年度「大学法制の構造的変容の比較法的、法制史的、立法過程的および解釈論的研究―政府・大学間の契約関係と『学問の自由』との"組合せ問題"への日本的応答の普遍性と特殊性の究明―」および平成 20 年度〜平成 22 年度「グローバライザーによる新自由主義高等教育改革の動態に関する比較制度的・法制的研究」)による共同研究を基礎に成り立っている。前年の 2004 年 4 月にはすでに国立大学法人制度が発足しており、日本の大学制度自体が大きく変容していく時期に共同研究をはじめたことになる。メンバーは 1 回目と 2 回目とで若干の入れ替わりはあるものの 15 名に及び(これに外国人特別研究員(中国)、大学院生(いずれも当時)が数人)、かつ、全国各地の大学に散在していたので、一堂に会した合同研究会は年に 1,2 回とし、後は課題別および地域別(アメリカ、イギリス、フランス、ニュージーランド、インドネシア、ベトナム、中国、*韓国)にグループ研究を進めるやり方をとり、それぞれの分担の結果については各個人が責任を負うことを基本にしてきた。この間に、研究成果報告書は 5 冊出しており、また、刊行物として『大学改革・評価の国際的動向』を大学評価学会(シリーズ「大学評価を考える」第 3 巻、晃洋書房、2011 年)から出している(*韓国については 2 回目からで、刊行の際にメンバー以外の方に執筆依頼)。

　合同研究会は、名古屋、静岡、新潟、北海道、東京、大阪など、科研メンバーが属した大学等で行ったが、2005 年夏の静岡での合宿研究会が事実上最初のものであった。そこでは、まず国立大学法人の財政問題について静岡大学の専門家に講演してもらい、その後の課題別の報告および意見交換のなかで、初めて新自由主義について議論を交わした。発端は、科研メンバーの間で現在の「大学改革」を新自由主義と捉えることで一致しているのかとい

う問題提起にあった。これは当然出るべくして出たものであり、侃々諤々の論が出されたことはいうまでもない。世界的な潮流となっている「大学改革」、とりわけ日本での「改革」動向をどう捉えるかによって、これからの研究方向に関わる貴重な議論であったといえよう。とくに日本の「大学改革」について、新自由主義と捉えるかどうかには温度差があったし、より基本的に新自由主義をどう捉えるかについてはズレもあったことはやむを得ないと見てきたといえよう。しかし、この議論はそこで終わったわけではなく、各人の研究成果の報告や議論を通じて、繰り返し問い直され、深められることになった。ただ、新自由主義という概念をどう捉え、表現するか、あるいはそれとも関連して現在の「改革」動向にどう対応（抗）するかについてのスタンスにも現れることになっていることは否めないであろう。

　本書の刊行を決めた当初においては「新自由主義と大学改革」というタイトル（枠組み）で、いわば双方を相対化したかたちで問題を捉えてきたが、これでは本のタイトルとして一般的すぎるということになり、編者の判断で「新自由主義大学改革」とすることにした。他にもいくつか候補があげられたが、これまでの研究の経緯をふまえ、かつ、より端的に訴えることができるタイトルとしてこれを採用した。編著者としては、1980年代以降の世界的な「大学改革」の主要な潮流は、時期的、地域・国別にみれば違いがあり、また、変化を見せながらも新自由主義の特徴を刻印しており、わけても日本においてはこれを異常ともいえるかたちで深化していると把握している。ともあれ、このような捉え方の是非はもとより、本書がタイトルにふさわしい内容になっているかどうかについては読者の判断と批判に委ねたい。

　ところで、本書が検討の対象にしているのは時期的にはおおむね2012年10月頃までであり、その後の展開は各章の注などを使って最小限の補筆をするに留めている。とくに日本では2012年12月の総選挙で民主党政権が大敗し、自公政権の復活、第2次安倍晋三内閣が発足した。安倍首相は、「戦後レジームからの脱却」を掲げ、2006年の教育基本法「改正」に続き、今度は憲法「改正」を前面に掲げ、9条改定をめざして当面96条改定を打ち出し、また、原発再稼働・輸出政策、TPPへの参加、沖縄米軍基地拡大など日本

の安全や社会のあり方自体を大きく変えようとするだけでなく、教育分野でも6・3・3・4制の弾力化・複線化、大学・入試「改革」、管理主義的な教員政策などが予定されている（自民党教育再生実行本部第二次提言）。なかでも高等教育分野では、安倍内閣が発足後に出された教育再生実行会議第三次提言「これからの大学教育等の在り方について」や第二期教育振興基本計画（2013〜2017年度）などにも新自由主義の深化とともに新保守主義・ナショナリズムへの傾斜も顕著である。96条改定問題は、憲法の立憲主義を掘崩し、国家に対する制約を解き放そうとするものであり、ひいては大学と国民にとって生命線でもある思想・良心の自由、学問の自由、表現の自由やその他の人権・権利を縛り、大学の根幹を覆すものとして看過できない。これらの問題を含めて、第2次安倍内閣の高等教育政策や大学「改革」の分析・検討は他日を期すことにする。それにしても、アジア太平洋戦争の敗戦と日本社会の崩壊、また、東日本大震災・東京電力福島第一原発事故の大惨事、これらは根源において一つにつながっていると考えられるが、その痛苦の経験にもかかわらず、これらの歴史と現実につき何の反省もせずに教訓も汲み取らず、むしろこれを千載一遇のチャンスとする政治や経済とはいったい何なのかが問い直されなければならないであろう。学問・文化、科学・技術、高等教育・大学がそのような政治・経済の「しもべ」になってよいはずはない。人権と人間の尊厳を確立し、平和と民主主義を維持できない社会では、大学もその存立の基盤をなくすることになるだろう。とりわけ「政府の行為によって再び戦争の惨禍が起こることのないようにすることを決意」（日本国憲法・前文）した歴史の教訓を心に刻んで、本書がそのささやかな一助になることを期して世に問うことにした。読者のみなさまのご批判、ご助言をいただければ、幸いである。

　本書は、日本学術振興会平成25年度科学研究費補助金（研究成果公開促進費）の交付を受けて刊行されたものである。関係の方々には深く感謝し、お礼を申し上げる。併せて、これまでの共同研究に対してもご助力をいただき、支えて下さった多くの方々に感謝したい。また、研究の過程で国内はもとより

海外の大学等の数知れない研究者・高等教育研究者・研究スタッフ、および中央・地方の各レベルの高等教育行政機関の責任者・担当者の方々には、貴重な資料・情報の提供、あるいは意見交換を通じて寄せられた知見が本書の礎になっている。この場を借りて感謝の意を表すことでお許し願いたい。また、本書の出版にかかわって学振への助成金の申請をすすめ、その労をとり、刊行までにさまざまな助言やお世話をいただいた東信堂社長・下田勝司氏をはじめ、編集者のみなさま方にはご苦労をねぎらい、感謝する。

　2014年2月1日

編著者

事項索引

〔欧字〕

BHMN（国有法人）　　　123, 126
CLA（College Learning Assessment）
　　　　　　　　　　　72〜75, 77
EU（欧州連合）　85, 86, 92, 170, 314
HEFCE（高等教育財政審議会）　85, 88,
　　　　　　　　　　　　　90, 92
IAU（国際大学連合）　　　　15, 22
IMF（国際通貨基金）　4, 5, 12, 31, 32, 35,
　36, 85, 92, 104, 119, 146, 180, 209, 330
IPEDS（中等後教育統合システム）　71,
　　　　　　　　　　　　72, 75〜78
NACIQI（教育機関の質と誠実性に関す
　る全米諮問委員会）　　　　　73
NPM（新しい行政経営）　　　　104
NZ（ニュージーランド）教育法　108,
　　　　　　　　　　　　　　110
OECD（経済開発協力機構）　4, 6, 7,
　12〜17, 21〜23, 28, 45, 46, 49, 50, 51,
　53〜57, 59〜61, 85, 92, 95, 111, 113,
　116〜118, 173, 174, 180, 209, 311,
　　　　　　　　　　　　313, 331
PDCA サイクル　　　　　　158, 221
TEC（高等教育委員会）　107〜111, 114
TTP 協定（環太平洋戦略的経済連携協定）
　　　　101, 142, 147, 302, 310〜312
UGC（大学補助金委員会）　　　83
UNCTAD（国際連合貿易開発会議）　15

UNESCO（ユネスコ/国際連合教育科学文
　化機関）　4, 6, 7, 11, 12, 15, 16, 51, 52, 53,
　92, 120, 122, 124, 127, 145, 170, 290, 345
　――（・ILO）「高等教育教育職員の
　　地位に関する勧告」　　190, 290
　――「21 世紀に向けての高等教育世
　　界宣言」　　　　　　11, 291, 345
UR（Unit Record）システム　76〜78
Value Rubric　　　　　　　　　75
VSA（Voluntary System of Accountability）
　　　　　　　　　　　　　　74
WCHE（高等教育国際会議）　6, 7, 11, 12
WHO（世界保健機構）　　　　　18
World Bank（世界銀行）　　　　4, 5,
　12, 15, 25〜41, 45〜49, 51, 52, 56, 57,
　85, 91, 92, 119, 122, 140, 145, 146, 155,
　　　　　　　　　　　156, 170〜177
WTO（世界貿易機関）　4〜6, 11, 14〜
　16, 20〜22, 59, 85, 140〜142, 145〜
　　　　　　　149, 152, 157, 170, 180

〔ア行〕

アカウンタビリティ　68, 72, 74, 105, 121,
　　　　　　　　　　　　　　122, 136
アクレディテーション　7, 10, 69, 70, 72,
　　　　　　　　　　　74, 76, 79, 332
安倍政権　　　　　　　　　　　220
アメリカ合衆国　　　　　　　　330
アメリカ州立大学協会　　　　　74
アメリカモデル　　　　　　　　64

イギリス	231, 302, 324, 333
一般社団法人および一般財団法人法	284, 294
李明博政権	180〜182, 204
ウルグアイ・ラウンド	149
運営諮問会議	212, 328
運営費交付金	216, 234, 242, 243, 273, 283, 287, 306, 309, 310
営利大学	78
エージェンシー（制度）	231
公の性質	290, 295〜297
オバマ政権	64, 80

〔カ行〕

科学技術基本計画	212, 213, 230
科学技術基本法	212, 230
学外者の関与	234, 239, 240
学士課程教育	80, 220
学習成果	72, 74, 77, 79, 221
学生	
——参加	103, 104, 110, 111, 247
——生活手当（NZ）	110, 115
——ローン制度	106, 109, 111, 114
学長	
——選考会議	217, 234, 235, 239, 242, 245, 250, 273, 306
——のリーダーシップ	254, 273, 287, 297, 298, 310
学部	47, 87, 126, 155, 161, 162, 166, 168, 169, 173, 182, 196, 199, 233, 245, 248〜258, 270, 272, 275, 277, 278, 288, 293, 298, 304, 309
学部・研究科	168, 251〜257, 277
学問の自由・大学の自治	237〜243, 344〜347
学科目（制）	251〜253, 258

学校教育法	228, 232, 233, 241, 244, 247〜251, 254, 255, 274, 290, 294, 296, 298, 310
学校設置制度	291
学校設置法人	283
学校の設置者	285
学校法人	24, 282〜297, 312
金沢大学	255, 256, 258
ガバナンス	131, 134, 282, 286〜280, 285, 299, 338
グッド——	35〜37, 119
グローバル・——	12, 19
高等教育——	37, 38, 55, 331
大学——改革	103, 288, 289
カリキュラム	8, 24, 47, 50, 73, 94, 127, 132, 153, 154, 159, 161, 171, 172, 175, 176, 293
監事	216, 217, 234, 244, 245, 284, 288, 294, 295
間接方式	232
管理運営組織	241, 244, 249, 253, 258, 263, 265
『危機に立つ国家』	67
規制緩和	32, 67, 107, 119, 149, 150, 163, 210, 230, 312, 329
寄付行為	284, 285, 292, 294, 295
九州大学	255, 256, 258, 309
教育基本法	13, 209, 220, 229, 230, 290, 296, 297, 307, 308, 337
——改正	229, 230, 308
旧——	296, 297
教育研究組織	244, 249〜256, 258, 277
教育研究評議会	217, 218, 233〜236, 241, 245, 246, 258
教育公務員特例法	235, 248, 249, 263, 266

事項索引　361

教育再生実行会議　282, 310
　──「これからの大学教育等の在り方
　　について」　282, 310, 315
教育財政論　50, 54〜57, 331
教育振興基本計画　230
教育の成果　64, 65, 71, 80
教育法人法（インドネシア）　128, 129, 134, 135
教育輸出　112〜114
教育輸出税（NZ）　113
教員人事　236, 241, 242, 246, 247, 254, 256, 257, 262, 263, 266, 270
教員任期制　271
教員評価　108, 186
教学の意思　293, 295, 298
教授会　93, 183, 185, 212, 233, 241, 247〜250, 254, 263, 266, 270, 273, 277, 287〜290, 297〜299, 310
　──の自治　248, 328
行政改革　22, 84, 104, 164, 213, 214, 224, 231, 264, 270, 279, 302, 304, 305
競争（的）環境　66, 105, 210, 212, 217, 266
グローカル性　8
グローバライザー　11〜14
グローバリゼーション（グローバル化）　4〜14
グローバリズム　119
グローバル国家　301, 302, 305, 307, 312
　──型構造改革　301, 302, 312, 339
グローバル人材　222
経営協議会　217, 218, 233, 234, 235, 239, 241, 242, 245, 249, 253, 258, 306
経済財政諮問会議　209, 215, 223, 305, 309, 326

経済審議会答申「経済発展における人的
　能力開発政策の課題と対策」　28
経済同友会　287, 288, 290, 295, 297, 338
経団連（日本経済団体連合会）　301, 302, 304〜308, 312, 313
研究科　106, 168, 245, 251〜257, 277
憲法23条（学問の自由）　237, 241
小泉政権　209
公教育機関　286, 291, 295
公共財　8, 9, 17, 91
講座（制）　123, 228, 246, 251〜253, 258
構造改革重点推進大学（韓国）　197〜199, 201, 203
構造調整プログラム　31, 32, 41, 104
高等教育の漸進的無償化条項　221, 342
高等教育法（アメリカ）　69, 75, 78, 83
高等教育法（イギリス）　83, 85, 89
高等教育法（中国）　166
高等教育法（韓国）　181, 186, 187, 203
高等継続教育法（イギリス）　84
校弁企業　162
国際競争　64, 65, 119, 141, 145, 154, 229, 240, 272, 286, 302, 347
国際教養大学　271, 272, 276, 277
国際金融（貸付）機関　25, 104, 146
国立学校設置法　211, 228, 233, 249, 250, 251〜253
国立大学
　──成果目標制（韓国）　186
　──法人　182〜184, 186, 204, 208, 228, 230〜237, 241, 242, 244〜246, 249〜254, 258, 264〜268, 270, 272〜275, 277, 282〜284, 290, 302, 305, 306, 310, 311
　──法人附帯決議　218, 236, 337
　──民営化　209
「コストシェアリング」論　48, 49

コスモポリタン民主政　19
国家戦略会議　221, 326
国家防衛教育法（アメリカ）　28
コンプライアンス　67, 68

〔サ行〕

サービス貿易　16, 17, 38, 67, 311
　——に関する一般協定（GATS）　7, 8, 11, 14〜17, 20〜23, 146, 148, 149, 154
財政支援（ファイナンシング）　9, 15, 18, 120, 136, 181, 184, 186, 187, 189, 191, 192, 194〜196, 202, 203, 219, 220, 336
財政自主権　248
サッチャー政権　83, 84, 105
3.11 東日本大震災・福島原発事故　316
シカゴ学派　329
シカゴ・ボーイズ　120, 329
参入障壁　65
資源配分　47, 68, 216, 217, 303
自己責任　39, 106, 328
市場経済　66, 140, 142〜145, 150, 153, 155, 157, 160, 163
市場原理　33, 40, 45, 54, 65, 66, 104, 105, 119, 143, 147, 230
自助努力　26, 32, 34, 39, 40, 84, 123, 235
質保証（システム）　7, 12, 16, 85, 88, 99, 111, 121, 127, 134, 156, 168, 222, 334
シティズン　8
私的所有権　65, 146
市民社会　9, 18, 19, 36, 238
市民的自由説　237
自民党文教族　303
社会的責任　6, 8, 211, 221, 290〜300
社会的有用性　8
収益率計算　38, 48〜50, 52, 53, 56
受益者負担　31, 34, 48, 56, 143, 150〜152, 342

授業料　7, 40, 48〜50, 67, 74, 85〜90, 94, 95, 105, 106, 109, 113, 114, 123, 125, 143, 145, 148, 153, 156, 166, 167, 232, 268, 292, 310
主人―代理人理論　93
首都大学東京　22, 271, 272, 338
主要国首脳会議（G8/G20）　4, 5, 12
生涯学習　13, 54, 56, 121, 219, 222
条件整備義務　220, 253, 254
情報公開　110, 136, 284, 289, 332
私立学校法　282, 284, 294, 296
私立大学
　——全国教授会連合　342
　——におけるガバナンス改革　287
人格の完成　13, 17
新自由主義大学（改革）　10, 11, 101, 104, 106, 110〜112, 114, 115, 209, 315, 331
人的資本論　26, 32, 40, 45, 46, 49〜57, 165, 331
ステーク・ホルダー　12, 86, 92, 134, 288, 334
スペリングス報告書（アメリカ）　71, 77
正統性　19, 235
センター・オブ・リサーチ・エクセレンス・ファンド（NZ）　108
選択と集中　145, 305, 315, 328
全米州立大学・国有地交付大学協会　74
全米私立大学協会　75
専門的特権説　237
総長直選制（韓国）　184, 185, 191, 192, 196〜199, 201〜203
組織編制ガバナンス　250

〔タ行〕

大学関係者　16〜18, 66, 110, 142, 143, 182, 198,
大学管理機関　160, 234, 246, 248, 249

大学教育力量強化事業（韓国） 188
大学構造改革　180, 181, 186, 195〜198, 200, 215, 264, 268, 270, 279, 336
第3の道　102
大学私事化（privatization）　141, 145, 149, 152
大学公社案　208
大学職員　299
大学審議会（大学審）　208, 228
──「21世紀の大学像と今後の改革方策について」　210, 327
大学人　18, 94, 109, 287
大学設置基準　210, 228, 242, 250〜252
──の大綱化　251
大学の機能別分化　219
大学の公共性　341, 343
大学の自主性・自律性　121, 233, 249, 253, 268, 341
大学の自治　233, 237, 240〜243, 246〜249, 263, 268〜270, 290, 295, 297, 298, 311, 327, 344
大学の社会的責任　291, 300
大学の種別化　304, 310, 327
大学のミッション　95, 333
大学評価　16, 85, 86, 92, 95, 99, 110, 111, 139, 156, 160, 168, 181, 186, 211, 242, 243, 273, 274, 275, 278, 300
大学ランキング　8, 85, 279
第一次米国教育使節団報告書　326
達成度（outcome）　68, 71, 72, 109, 132, 231, 232, 242, 243
──評価　216, 231, 232
単科大学　124, 161, 185, 270, 271
小さな政府　50, 65, 111, 119, 150, 307
知識基盤社会　48, 57, 61, 71, 119
知識経済　8, 167, 183
知識社会　8, 53, 54, 108, 122

地方独立行政法人法　265〜269, 272, 274〜276, 281, 338
──附帯決議　218, 236, 337
中央教育審議会（中教審）　208, 228, 229, 253, 325
「高等教育の改革に関する基本構想」（46答申）　208
──「大学教育の改善について」（38答申）　210, 327
──「我が国の高等教育の将来像」　219
中期目標・中期計画　216, 253, 254, 257, 306
中国　6, 142, 146, 147
直接方式　232
チリ　6, 49, 101, 148, 330
筑波大学　251〜255, 258
デアリング報告（イギリス）　84〜86
天安門事件　163, 335, 340
伝統的な学生　66, 77
テンプル大学ジャパン　312
道州制　302
到達度　74
独立行政法人制度　213, 264〜266, 275, 302, 303
トップダウン　233, 291, 297, 337
トリクルダウン仮説　29
トロワ・モデル　125

〔ナ行〕

長崎県公立大学　271, 272
新潟大学　255, 257〜259, 321
日本学術会議　317, 321〜324
日本国憲法　220, 237, 247, 248
ニュージーランド　95, 311, 333
ニューパブリックマネジメント（NPM／新公共経営）　14, 37, 84, 85, 104, 108
任期制　228

認証評価　18, 219, 274～276, 278, 280, 289, 336
年俸制　187, 199, 262, 271, 272, 310
野田政権　221
ノンフォーマル教育　29

〔ハ行〕

バウチャー制度　105
パフォーマンス・ベイスド・リサーチ・ファンド（NZ）　108, 109
非公務員型　216, 269, 306, 307
橋本政権　208, 213
ビジネス・ラウンドテーブル（NZBR）　104, 105, 111, 115
評議会（評議員会）　93, 105, 111, 131～134, 184, 185, 216, 233, 234, 236, 248, 249, 284, 285, 288, 289, 292, 294, 295, 334
標準化　45, 71, 74, 154, 190
費用負担　48, 49, 53, 54, 231, 232
フェニックス大学　78
福島大学　255, 256, 259
ブラウンレポート（イギリス）　88
ブレア政権　85, 88, 102, 333
ベーシック・ヒューマン・ニーズ　28, 29
ベトナム　101
「ベトナム高等教育改革アジェンダ」　141, 144, 149, 152, 154, 157
ペル・グラント　67
ポスト NPM　14
ボトムアップ式　233
ポリテクニク　83, 84, 94, 171, 173
ボローニャ・プロセス　333

〔マ行〕

マネジメント　36, 37, 38, 116, 257, 258, 277, 337
マンパワー予測　46, 47, 49, 52
民営化　14, 15, 30～32, 40, 84, 88, 104, 105, 119, 143, 145, 148, 159, 209, 301, 302, 305, 307, 309, 311
民営学校（中国）　335
民法改正　284
文部科学省（文科省、旧文部省）　11, 16, 17, 18, 21, 23, 24, 96, 97, 209, 226, 227, 231, 233, 260, 261, 263～268, 275, 280, 281, 283, 293, 297, 305, 306, 308, 309, 311
──「大学改革実行プラン～社会の変革のエンジンとなる大学づくり～」　221

〔ヤ行〕

役員会　216, 233, 234, 239, 241, 244, 245, 249, 253, 258, 283, 329
ユニバーサル段階　80
横浜市立大学　269, 271, 272

〔ラ行〕

リカレント教育　13, 53, 60
理事（会）　24, 66, 86, 130, 131, 133, 134, 157, 159, 183～185, 204, 214, 217, 226, 233, 241, 244, 245, 249, 252, 257, 261, 262, 265, 267, 269, 271, 272, 281, 283～295
臨時教育審議会（臨教審）　84, 208, 228, 325
レーガノミックス　67
レーガン政権　31, 67, 70
ロビンズ報告（イギリス）　83
ロンギ政権　101, 104, 111

〔ワ行〕

ワシントン・コンセンサス　5, 6, 26, 31, 32, 39, 40, 119, 120, 145, 146

人物索引

〔ア行〕

アイゼンハワー，D.D.	322
アーキブージ，D.	19
麻生太郎	304, 307
エスクリガス，C.	6
大森不二雄	16, 22

〔カ行〕

兼子仁	246
北澤宏一	317
茅誠司	321
黒川清	317

〔サ行〕

斎藤泰雄	330
坂田昌一	321
サカロプラス，G.	47, 49
サッセン，S.	5, 11
澤昭裕	214
シュルツ，T.W.	26, 27, 46, 56
ジョンストン，D.B.	48
ジョンストン，D.J.	54, 55
スティーガー，M.B.	6
スティグリッツ，J.	119, 120
スプリング，J.	54

〔タ行〕

| 高柳信一 | 238, 240, 247 |
| 武谷三男 | 321 |

デイビス，B.	9, 11
寺﨑昌男	247
遠山敦子	209, 215
鄧小平	71, 74

〔ナ行〕

ナイト，J.	9, 11
永井道雄	208
中曽根康弘	208, 322

〔ハ行〕

ハーベイ，D.	6, 136
ハイエク，F.	54, 329
ハイネマン，S.P.	47, 49, 52
蓮實実	214
畑村洋太郎	317
羽仁五郎	323
藤田宙靖	214, 225
伏見康司	321
ヘンズレイ，G.	104
フリードマン，M.	329
ベッカー，G.S.	26, 27, 46, 56

〔マ行〕

| 松尾稔 | 214 |
| ミル，J.S. | 94 |

〔ヤ行〕

| 吉見俊哉 | 135 |
| 世取山洋介 | 230, 238 |

〔ラ行〕

ローズ, P.　　　　32

〔ワ行〕

渡辺治　　　　5

［編者紹介］（著者紹介参照）

細井克彦（編者代表）

石井拓児（編者）

光本　滋（編者）

新自由主義大学改革
──国際機関と各国の動向

2014年2月28日　初版　第1刷発行　　　　　　　　　〔検印省略〕
　　　　　　　　　　　　　　　　　　　　＊定価はカバーに表示してあります。

編者代表 Ⓒ 細井克彦／発行者 下田勝司　　　　　　　印刷・製本／中央精版印刷

東京都文京区向丘1-20-6　　郵便振替 00110-6-37828　　　　発　行　所
〒113-0023　TEL (03)3818-5521　FAX (03)3818-5514　　株式会社 東信堂
Published by TOSHINDO PUBLISHING CO., LTD
1-20-6, Mukougaoka, Bunkyo-ku, Tokyo, 113-0023, Japan
E-mail: tk203444@fsinet.or.jp　http://www.toshindo-pub.com

ISBN978-4-7989-1221-9 C3037　　　　　　Ⓒ Hosoi Katsuhiko

東信堂

転換期を読み解く——潮木守一時評・書評集	潮木守一	二六〇〇円
大学再生への具体像〔第2版〕	潮木守一	二四〇〇円
フンボルト理念の終焉?——現代大学の新次元	潮木守一	二五〇〇円
いくさの響きを聞きながら——横須賀そしてベルリン	潮木守一	二四〇〇円
大学教育の思想——学士課程教育のデザイン	絹川正吉	二八〇〇円
国立大学法人の形成	大﨑仁	二六〇〇円
国立大学・法人化の行方——自立と格差のはざまで	天野郁夫	三六〇〇円
転換期日本の大学改革——アメリカと日本	江原武一	三六〇〇円
大学の責務	D・ケネディ 立川明・坂本辰朗・井上比呂子訳	三八〇〇円
大学の財政と経営	丸山文裕	三二〇〇円
私立大学マネジメント	㈳私立大学連盟編	四七〇〇円
私立大学の経営と拡大・再編	両角亜希子	四二〇〇円
大学事務職員のための高等教育システム論〔新版〕——より良い大学経営専門職となるために	山本眞一	一六〇〇円
新自由主義大学改革——国際機関と各国の動向	細井克彦編集代表	三八〇〇円
新興国家の世界水準大学戦略——世界水準をめざすアジア・中南米と日本	米澤彰純監訳	四八〇〇円
原理・原則を踏まえた大学改革を——場当たり策からの脱却こそグローバル化の条件	舘昭	二〇〇〇円
改めて「大学制度とは何か」を問う	舘昭	一〇〇〇円
原点に立ち返っての大学改革	舘昭	一〇〇〇円
戦後日本産業界の大学教育要求——経済団体の教育言説と現代の教養論	飯吉弘子	五四〇〇円
イギリスの大学——対位線の転移による質的転換	秦由美子	五八〇〇円
新時代を切り拓く大学評価——日本とイギリス	秦由美子編	三六〇〇円
韓国大学改革のダイナミズム——ワールドクラス〈WCU〉への挑戦	馬越徹	二七〇〇円
韓国の才能教育制度——その構造と機能	石川裕之	三八〇〇円
スタンフォード21世紀を創る大学	ホーン川嶋瑤子	二五〇〇円
アメリカ大学管理運営職の養成	高野篤子	三二〇〇円
アメリカ連邦政府による大学生経済支援政策	犬塚典子	三八〇〇円

〒113-0023 東京都文京区向丘 1-20-6 TEL 03-3818-5521 FAX 03-3818-5514 振替 00110-6-37828
Email tk203444@fsinet.or.jp URL:http://www.toshindo-pub.com/

※定価：表示価格（本体）＋税

東信堂

現代アメリカの教育アセスメント行政の展開——マサチューセッツ州（MCASテスト）を中心に	北野秋男 編	四八〇〇円
アメリカ公民教育におけるサービス・ラーニング	唐木清志	四六〇〇円
現代アメリカにおける学力形成論の展開——スタンダードに基づくカリキュラムの設計	石井英真	四二〇〇円
ハーバード・プロジェクト・ゼロの芸術認知理論とその実践——内なる知性とクリエティビティを育むハワード・ガードナーの教育戦略	池内慈朗	六五〇〇円
アメリカにおける学校認証評価の現代的展開	浜田博文 編著	二八〇〇円
アメリカにおける多文化的歴史カリキュラム	桐谷正信	三六〇〇円
メディア・リテラシー教育における「批判的」な思考力の育成	森本洋介	四八〇〇円
「学校協議会」の教育効果——開かれた学校づくりのエスノグラフィー	平田淳	五六〇〇円
「主体的学び」につなげる評価と学習方法——カナダで実践されるCEモデル	土持ゲーリー法一 訳	一〇〇〇円
ポートフォリオが日本の大学を変える——ティーチング／ラーニング／アカデミック・ポートフォリオの活用	土持ゲーリー法一	二五〇〇円
ティーチング・ポートフォリオ——授業改善の秘訣	土持ゲーリー法一	二〇〇〇円
ラーニング・ポートフォリオ——学習改善の秘訣	土持ゲーリー法一	二五〇〇円
多様社会カナダの「国語」教育（カナダの教育3）	関口礼子 浪田克之介 編著	三八〇〇円
社会形成力育成カリキュラムの研究	西村公孝	六五〇〇円
現代ドイツ政治・社会学習論	大友秀明	五二〇〇円
発展途上国の保育と国際協力——「事実教授」の展開過程の分析	浜野隆 三輪千明 著	三八〇〇円
現代教育制度改革への提言 上・下	日本教育制度学会 編	各二八〇〇円
現代日本の教育課題——二一世紀の方向性を探る	村田翼夫 上田学 編著	二八〇〇円
バイリンガルテキスト現代日本の教育	村田翼夫 山口満 編著	三八〇〇円
日本の教育経験——途上国の教育開発を考える	国際協力機構 編著	二八〇〇円

〒113-0023 東京都文京区向丘1-20-6
TEL 03-3818-5521 FAX 03-3818-5514 振替 00110-6-37828
Email tk203444@fsinet.or.jp URL:http://www.toshindo-pub.com/

※定価：表示価格（本体）＋税

東信堂

比較教育学事典	日本比較教育学会編	一二〇〇〇円
比較教育学の地平を拓く	森山田肖稔子編著	四六〇〇円
比較教育学——越境のレッスン	馬越徹	三六〇〇円
比較教育学——伝統・挑戦・新しいパラダイムを求めて	M.ブレイ編著/馬越徹・大塚豊監訳	三八〇〇円
国際教育開発の再検討——途上国の基礎教育	小川啓一・西村幹子・北村友人編著	二四〇〇円
中国教育の文化的基盤	顧明遠/大塚豊監訳	二九〇〇円
中国大学入試研究——変貌する国家の人材選抜	大塚豊	三六〇〇円
中国高等教育独学試験制度の展開——普及に向けて	南部広孝	三二〇〇円
中国の職業教育拡大政策——背景・実現過程・帰結	劉文君	五〇四八円
中国の後期中等教育の拡大と経済発展パターン——江蘇省と広東省の比較	呉琦来	三八二七円
中国高等教育の拡大と教育機会の変容	王傑	三九〇〇円
現代中国初中等教育の多様化と教育改革	楠山研	三六〇〇円
ドイツ統一・EU統合とグローバリズム——教育の視点からみたその軌跡と課題	木戸裕	六〇〇〇円
教育における国家原理と市場原理——チリ現代教育史に関する研究	斉藤泰雄	三八〇〇円
中央アジアの教育とグローバリズム	嶺井明子・川野辺敏編著	三二〇〇円
バングラデシュ農村の初等教育制度受容	日下部達哉	三六〇〇円
オーストラリアのグローバル教育の理論と実践——開発教育研究の継承と新たな展開	木村裕	三六〇〇円
オーストラリアの教員養成とグローバリズム——多様性と公平性の保証に向けて	本柳とみ子	三六〇〇円
[新版]オーストラリア・ニュージーランドの教育——グローバル社会を生き抜く力の育成に向けて	青木麻衣子・佐藤博志編著	二〇〇〇円
オーストラリアの言語教育政策——多文化主義における「多様性」と「統一性」の揺らぎと共存	青木麻衣子	三八〇〇円
オーストラリア学校経営改革の研究——自律的学校経営とアカウンタビリティ	佐藤博志	三八〇〇円
戦後オーストラリアの高等教育改革研究	杉本和弘	五八〇〇円
マレーシア青年期女性の進路形成	鴨川明子	四七〇〇円
「郷土」としての台湾——郷土教育の展開にみるアイデンティティの変容	林初梅	四六〇〇円
戦後台湾教育とナショナル・アイデンティティ	山崎直也	四〇〇〇円

〒113-0023 東京都文京区向丘1-20-6
TEL 03-3818-5521 FAX 03-3818-5514 振替 00110-6-37828
Email tk203444@fsinet.or.jp URL:http://www.toshindo-pub.com/

※定価：表示価格（本体）＋税

東信堂

子ども・若者の自己形成空間——教育人間学の視線から	高橋勝編著	二七〇〇円
君は自分と通話できるケータイを持っているか——「現代の諸課題と学校教育」講義	小西正雄	二〇〇〇円
教育文化人間論——知の逍遙／論の越境	小西正雄	二四〇〇円
グローバルな学びへ——協同と刷新の教育	田中智志編著	二〇〇〇円
教育の共生体へ——ボディエデュケーショナルの思想圏	田中智志編	三五〇〇円
人格形成概念の誕生——近代アメリカの教育概念史	田中智志	三六〇〇円
社会性概念の構築——アメリカ進歩主義教育の概念史	田中智志	三八〇〇円
教育の自治・分権と学校法制	結城忠	四六〇〇円
教育による社会的正義の実現——アメリカの挑戦(1945-1980)	D・ラヴィッチ著／末藤美津子訳	五六〇〇円
学校改革抗争の100年——20世紀アメリカ教育史	D・ラヴィッチ著／末藤・宮本・佐藤訳	六四〇〇円
ヨーロッパ近代教育の葛藤——地球社会の求める教育システムへ	太田美幸	三二〇〇円
ミッション・スクールと戦争——立教学院のディレンマ	前田一男編	五八〇〇円
多元的宗教教育の成立過程——アメリカ教育と成瀬仁蔵の「帰一」の教育	大森秀子	三六〇〇円
未曾有の国難に教育は応えられるか	新堀通也	三二〇〇円
演劇教育の理論と実践の研究——「じひょう」と教育研究60年	広瀬綾子	三八〇〇円
自由ヴァルドルフ学校の演劇教育		
教育の平等と正義	K・ハウ著／大桃敏行・中村雅子・後藤武俊訳	三二〇〇円
〈シリーズ 日本の教育を問いなおす〉 拡大する社会格差に挑む教育	西村和雄・大森不二雄・倉元直樹・木村拓也編	二四〇〇円
混迷する評価の時代——教育評価を根底から問う	西村和雄・大森不二雄・倉元直樹・木村拓也編	二四〇〇円
教育における評価とモラル	西村和之編	二四〇〇円
地上の迷宮と心の楽園【コメニウス セレクション】	J・コメニウス／藤田輝夫訳	三六〇〇円

〒113-0023 東京都文京区向丘1-20-6
TEL 03-3818-5521 FAX03-3818-5514 振替 00110-6-37828
Email tk203444@fsinet.or.jp URL:http://www.toshindo-pub.com/
※定価：表示価格（本体）＋税

東信堂

宰相の羅針盤―総理がなすべき政策〔改訂版〕日本よ、浮上せよ！	村上誠一郎＋21世紀戦略研究室	一六〇〇円
福島原発の真実―このままでは永遠に収束しない―まだ遅くない――原子炉を「冷温密封」する！	村上誠一郎＋原発対策国民会議	二〇〇〇円
3・11本当は何が起こったか：巨大津波と福島原発―科学の最前線を教材にした暁星国際学園「ヨハネ研究の森コース」の教育実践	丸山茂徳監修	一七一四円
2008年アメリカ大統領選挙―オバマの勝利は何を意味するのか	吉野孝・前嶋和弘編著	二〇〇〇円
オバマ政権はアメリカをどのように変えたのか―支持連合・政策成果・中間選挙	吉野孝・前嶋和弘編著	二六〇〇円
オバマ政権と過渡期のアメリカ社会―選挙、政党、制度メディア、対外援助	吉野孝・前嶋和弘編著	二四〇〇円
北極海のガバナンス	奥脇直也編著	三六〇〇円
政治学入門	城山英明編著	一八〇〇円
政治の品位―日本政治の新しい夜明けはいつ来るか	内田満	二〇〇〇円
日本ガバナンス―「改革」と「先送り」の政治と経済	内田満	二八〇〇円
「帝国」の国際政治学―冷戦後の国際システムとアメリカ	曽根泰教	四七〇〇円
国際開発協力の政治過程―国際規範の制度化とアメリカ対外援助政策の変容	山本吉宣	四〇〇〇円
アメリカ介入政策と米州秩序―複雑システムとしての国際政治	小川裕子	五四〇〇円
ドラッカーの警鐘を超えて	草野大希	一〇〇〇円
最高責任論―最高責任者の仕事の仕方	坂本和一	二五〇〇円
震災・避難所生活と地域防災力―北茨城市大津町の記録	樋尾一起	一八〇〇円
大内尾寛	松村直道編著	

〈シリーズ防災を考える・全6巻〉

防災の社会学〔第二版〕―防災コミュニティの社会設計へ向けて	吉原直樹編	三八〇〇円
防災の心理学―ほんとうの安心とは何か	仁平義明編	三二〇〇円
防災の法と仕組み	生田長人編	三二〇〇円
防災教育の展開	今村文彦編	三二〇〇円
防災と都市・地域計画	増田聡編	続刊
防災の歴史と文化	平川新編	続刊

〒113-0023 東京都文京区向丘1-20-6
TEL 03-3818-5521 FAX03-3818-5514 振替 00110-6-37828
Email tk203444@fsinet.or.jp URL:http://www.toshindo-pub.com/

※定価：表示価格（本体）＋税